민중
만들기

The Making of Minjung: Democracy and the Politics of Representation in South Korea
by Namhee Lee

Originally published by Cornell University Press
Copyright © 2007 by Cornell University
All rights reserved.

Korean translation edition © 2015 by Humanitas Publishing Inc.
This edition is a translation authorized by the original publisher, via Bestun Korea Agency.
All rights reserved.

# 민중 만들기 한국의 민주화운동과 재현의 정치학

1판 1쇄 | 2015년 6월 22일
1판 2쇄 | 2017년 4월 22일

지은이 | 이남희
옮긴이 | 유리, 이경희

펴낸이 | 정민용
편집장 | 안중철
책임편집 | 최미정
편집 | 이진실, 윤상훈, 강소영

펴낸 곳 | 후마니타스(주)
등록 | 2002년 2월 19일 제300-2003-108호
주소 | 서울 마포구 양화로 6길 19(서교동) 3층
전화 | 편집_02.739.9929, 9930  영업_02.722.9960  팩스_0505.333.9960

페이스북 | facebook.com/humanitasbook
블로그 | humabook.blog.me
트위터 | @humanitasbook
이메일 | humanitasbooks@gmail.com

인쇄 | 천일_031.955.8083  제본 | 일진_031.908.1407

값 25,000원

ISBN 978-89-6437-228-9 93300

이 도서의 국립중앙도서관 출판시도서목록(CIP)은 e-CIP 홈페이지(http://www.nl.go.kr/ecip)에서
이용하실 수 있습니다(CIP제어번호: CIP2015013686).

# 민중 만들기

한국의 민주화운동과 재현의 정치학

이남희 지음

유리·이경희 옮김

후마니타스

| 일러두기 |

1. 한글 전용을 원칙으로 했고, 외래어 고유명사의 우리말 표기는 국립국어원의 외래어 표기법을 따랐다. 그러나 관행적으로 굳어진 표기는 그대로 사용했으며, 처음 나온 곳이나 필요한 경우 원어를 병기했다.

2. 단행본·정기간행물에는 겹낫표(『 』)를, 시·단편소설에는 낫표(「 」)를, 논문에는 큰따옴표(" ")를, 법률명 및 노래·공연·영화·방송명에는 가랑이표(〈 〉)를 사용했다.

3. 독자의 이해를 돕기 위한 옮긴이의 첨언은, 본문에서는 [ ] 안에 표기를 했고, 긴 설명을 요하는 경우는 각주로 처리한 뒤 [_옮긴이]라고 표시를 했다.

| 차례 |

# 한국어판 서문

이 짧은 서문을 쓰는 데에도 주저주저하면서 몇 달을 넘겼다. 아마도 책이 번역되어 출판된다는 기쁨보다는 그 내용이 어떻게 받아들여질까에 대한 두려움이 앞섰기 때문일 것이다. 사실 필자는 이 책을 쓰고 출판하는 과정에서 이 책이 한국어판으로 번역되어 나오리라고는 생각하지 못했다. 이 책은 그만큼 영어권 독자들을 대상으로 쓴 책이었다. 더군다나 이 책을 집필할 당시 필자 나름대로의 생각은 일정한 시간이 지나면 국내에서 좀 더 역량 있는 학자들이 이 주제를 다룰 것이고, 그렇게 되면 이 책이 다루고 있는 시대를 거쳐 온 당사자들의 격렬한 몸부림에 걸맞은, 그 많은 '인자'囚子들의 시대적 꿈, 고민, 아픔을 제대로 표현해 낸 저작이 나올 것이라고 기대하고 있었다. 그러나 책이 나온 후 꽤 많은 시간이 지난 지금까지도 그런 저작물이 나오지 않았다. 그래서 일단 무모하게나마 한국어판을 내보자고 시도한 것이다.

필자는 일찍이 민중운동을 학술적으로 서술한다는 것이 얼마나 무모한 일인가 하는 의구심에 시달린 바 있다. 또 논문을 쓰기 시작한 후에는, 더더욱 이 방대하고 복잡한 이야기를 역사학이 요구하는 엄격한 틀 안에서 어찌 온전히 담아낼 수 있으랴 하는, 학술적 글쓰기에 대한 불신을 키워 오기도 했다. 이 책이 다루는 주제는 정해진 틀에 맞추어 써야 하는 학술 논문보다는 소설로 풀어야 더 제대로 된 이야기를 할 수 있을 것이라고 생각했으나, 소설을 쓰는 것은 논문을 쓰는 것보다 더 자신이 없었기에 포기하기로 했다.

필자가 대학원을 다닐 때만 해도 ― 적어도 필자에게는 ― '한국학'은 실체가 없는 하나의 가능성에 불과했고, 학위를 마치고 대학에서 가르칠 수 있다는 생각은 아예 상상조차 해보지 못했다. 그 긴 기간 동안 각종 한계와 두려움 앞에서 필자의 흔들리는 마음을 줄곧 다잡아 준 것은, 한국의 민중운동이라는 이 중요한 이야기를 누군가는, 그리고 어떻게든 남겨야 한다는 생각과, 졸고일지언정 논문을 쓰는 것이 필자로서는 미력이나마 동시대를 살아가는 자신의 직분을 다하는 것이라는 생각이었다.

필자는 이 책에서 문화사라는 접근을 시도하고 있다. 이는 역사학에 새로운 방법론을 도입하고자 하는 필자의 욕심을 반영하는 것이기도 하지만, 더 중요하게는 어떻게 하면 미국 내 한국학이라는 테두리에 얽매이지 않고 보다 폭넓은 독자들과 이 중요한 이야기를 공유할 수 있을까 하는 필자의 고민을 반영하고 있다.

한국학 강의의 부재 속에서 주로 일본, 중국, 서양사 수업을 들으며 마치 남의 집 문간방에서 셋방살이하듯 대학원 시절을 보내면서, 그리고 지금과는 달리 당시만 해도 국내 학계와 교류가 거의 전무하던 상황에서 필자가 고민했던 것은 어떻게 하면 이 중요한 한국 현대사의 한 사건을 영어권 학계와 더 나아가 영어권 독자에게 알릴 수 있을 것인가였다.

따라서 이 책에 거론되는 여러 이론과 세계사적 경험의 비교는 필자의 그런 고민 속에서 출발한 것이다. 즉 한국 역사를 보편적 시각의 틀 안에 위치시키고자 하는 고민에서 출발한 것이다.

한국의 민중운동은 세계사적인 흐름 안에서, 특히 세계의 역대 변혁 운동사의 흐름 안에서 거론되어야 마땅한 커다란 사건이다. 1960년대부터 1980년대까지 긴 시간 동안, 각 세대별로 각각 특징을 지니면서, 지속적으로 진행된 이 사회운동은 한국의 권위주의적인 정권을 무너뜨렸을 뿐만 아니라 그 과정에서 '민중'이라는 개념을 만들어 내고, 엄혹한 억압 속에서도 그 개념을 둘러싼 다양한 실천 행위를 전개함으로써, 세계 여느 변혁 운동에 못지않은 풍부하고 소중한 사상사적, 정치적, 문화적, 운동사적 자산을 남겼다. 특히 그중에서도 1980년대 당시 운동권이 학생 또는 인텔리 신분에서 공장노동자로 정체성의 급변을 감행했던 행보는 — 물론 한국의 정치, 노동 현장의 특수한 상황에서 비롯되었고, 세계적으로 선례가 전혀 없었던 것은 아니지만 — 그 규모나 당대 사회에 끼친 영향 면에서 세계 어디에서도 유례를 찾아보기 힘들다. 필자가 이 책에서 여러 이론을 거론하며 부분적으로 운동권 당사자들에 대한 비판을 가했다 해서 그들의 희생정신, 그들의 시대적 사명감, 그들 행동의 역사적 가치가 축소될 수는 없을 것이다. 이 책에서 이론의 도입은 특정한 사건이나 현상에 대한 이야기를 좀 더 보편적으로 풀어 나가기 위한 하나의 방편이다. 어떤 경우에도 이론 자체가 현상의 역사적 의미까지 좌우할 수는 없다.

이 책이 다루고 있는 1970~80년대에 비해 이 책을 처음 집필할 당시인 2005~06년대의 한국 사회는 이미 많이 다른 시기였다. 따라서 그 변화된 시점에서 민중운동을 이야기하는 것이 무슨 의미를 담을 수 있을지 다시 한 번 고민하지 않을 수 없었다. 당시 한국 사회의 분위기는 마치 민중운동이 꿈꾸었던 새로운 세계로의 꿈과 희망이 일부 운동권의 정계 진출로 마무리되는 것처럼 보이는 듯했다. 마치 모든 1970~80년대 운동권이 정계 진출의 야망을 품기라도 한 듯, 혹은 운동권이 요즘 표현대로 마치 '스펙'을 쌓기 위해 민중운동에 투신이라도 한 것처럼, 2000년대 중반 한국 사회의 많은 사람들은 386세대 정치인 등장에 의구심을 떨구지 못한 채 그들의 행방을 예의 주시하고 있었다.

그러나 적어도 필자가 알고 있는 한 민중운동의 지평은 정계에 진출한 운동권이 보여 주는 행방만으로 판가름하기에는 그 폭이 훨씬 넓을 뿐만 아니라, 그들의 향후 행방 또한 쉽게 단정지을 것은 아니라고 본다. 한국 민중운동의 소중한 자산 역시 세계 어디에서, 언제, 어떤 모습으로 나타날지 예측할 수 없는 것이다. 2014년 9월 홍콩 민주화 시위가 있고 얼마 후 홍콩의 한 출판사에서 이 책의 번역에 관한 문의를 해왔다. 홍콩의 민주화운동에 한국의 민주화운동 경험이 중요한 시각을 제시할 것으로 기대한다는 것이었다.

필자는 이 책에서 직접 인용한 숫자보다 훨씬 많은 수의 운동권들을 면담했는데 그중 대부분은 지금까지도 사회에 알려지지 않은 그야말로 '이름 없는' 운동권이다. 운동권으로서 그들의 궤적이 길었든 짧았든, 많은 경우에 그 경험은 그들의 삶의 진로에 결정적인 역할을 했고 결코 지워질 수 없는 커다란 '사건'이었다. 필자는 이 책을 통해 민중운동이라는 폭넓은 현상을 다각적으로 살펴보고자 했다. 따라서 운동권이 경험했던 개인적 기쁨과 아픔, 집단적으로 미숙했던 점과 아쉬운 점도 함께 담아 보고자 했다. 이 책이 여러 분야의 주제를 다루고 있는 것은 필자의 이런 의도 때문이다. 다만 '운동권', 혹은 좀 더 넓은 의미에서 '386세대'라 지칭되는 세대와 동시대를 살면서, 또 멀리서나마 이들과 이 운동을 응원하고 지켜볼 수 있었던 것을 행운이라 생각하는 필자로서, 이 책이 운동권 당사자 일부에게는 필자의 의도와는 정반대로 누가 되지 않을까 주저되는 점 또한 사실이다.

필자가 알고 있는 한 한국 내에서 민중운동에 대한 조명은 아직 포괄적으로 이루어지지 않았고, 영어권에서는 현재까지도 학생운동, 민중미술 등 부문적, 단편적으로만 다루어져 오고 있다. 따라서 혹자는 민중운동이 '역사'로서 다루어지기에는 아직 이르다고 생각할 수 있겠다. 그러나 민중운동에 대한 학계, 정치권, 정부 차원의 역사화 작업은 물론 — 최근 일각에서 무모하게 이루어지고 있는 반역사화 작업 또한 포괄적 의미에서 역사화 작업이라 볼 수 있겠다 — 영화나 소설 등과 같은 대중문화를 통한 재현의 시도는 그동안 한국 사회에서 이미 다방면으로 폭넓게 이루어져 왔고, 또 앞으로도 지속될 것이라고 믿는다. 결국, 역사나 특정한 시기에 대한 '객관성'은 시간의 흐름으로 획득할 수 있는 것이 아닌 것이다.

이 책이 한글로 출판되는 시점은 한국 사회에서 전반적으로 "역사의 진보"에 대한 믿음이 옅어지는 때가 아닌가 싶다. 그렇다면 역사는 과연 진보하는가? 이 항구적인 질문에 그 누구도 확정적인 답변을 할 수는 없을 것이다. 다만 필자는 몇 년 전부터 심취해 온 발터 벤야민에 기대어 이 문제를 간략하게나마 언급하고 넘어가 보고자 한다. 잘 알려진 대로 벤야민에게, 과거를 역사적으로 진술한다는 것은, 랑케의 방식대로 "정말 있었던 그대로"의 과거를 인식하는 것이 아니라, "위험에 처한 순간 불현듯 떠오르는 기억을 포착하는 것을 의미한다. …… 적이

승리한다면 죽은 자조차도[강조는 필자] 적으로부터 안전하지 못할 것이라는 확신을 가진 역사학자만이 과거에서 희망의 불씨를 살리는 선물을 갖게 될 것이다"(Benjamin 1968). 벤야민에게 위험의 순간은 진정한 역사적 모습genuine historical image ― 혹은 역사 전복의 기억 ― 이 출현하는 순간이다. 필자는 아직도 이 말의 뜻을 제대로 이해한다고 할 수 없다. 다만 다음과 같은 해석에 동의하면서 나름대로 이 책의 말미에서 언급했던 민중운동을 역사화하는 것에 대한 의미를 역사의 진보 문제에 덧붙여 음미해 볼 수 있겠다. "아마도 바로 그 순간 역사는 쉬지 않고 '진보'한다는 안이한 생각이 사라져 버릴 것이기 때문이다. 현재의 패배로 생긴 위험은 앞으로 일어날 패배에 더욱 민감하게 만들고, 패배자들의 투쟁에 대한 관심을 고조시키며, 역사에 대한 비판적 시각을 고취시키기 때문이다"(Löwy 2005, 44).

어려운 조건에도 불구하고 한국어판 출판을 결정해 준 후마니타스의 박상훈 대표께 깊이 감사드린다. 그동안 한국의 정치, 노동 및 사회 제반 문제에 대한 공공 의제를 형성하는 데 중요한 역할을 담당하고 있는 후마니타스 출판사에서 이 책이 출판된다는 것이 무척 기쁘다. 또한 오랜 시간 동안 인내심으로 이 책을 편집해 준 편집진에 감사드린다.

또한 짧지 않은 이 책의 초역을 선뜻 맡아 수고해 준 용감한 젊은 학도 유리 씨에게 깊은 감사를 드린다. 특히 이 책은 여느 영어권 출판물보다 국내에서 발행된 책이나 자료를 많이 인용하고 있는데, 유리 씨는 수십 개에 달하는 그 자료들을 일일이 찾아서 원문으로 대체하는 수고를 해주었다. 그뿐만 아니라 원문에서 발견된 오류 사항 등을 지적해 고쳐 내는 등 그 열정으로 필자를 숙연하게 만들었다.

이 책의 한글판 출판 과정에서 결정적인 역할을 한 또 한 사람은 바로 필자의 동생이자 전문 번역가인 이경희다. 오랜 시간 동안 본인의 일을 제치고 초역 감수를 한 것은 물론, 문장 하나하나가 좀 더 정확하게 전달되도록 세심하게 신경을 써준 동생은 이 책의 원문에도 썼다시피 나에게 둘도 없는 동료이며 조언자다. 그가 이 책의 감수 과정에 쏟은 시간과 정성은 도저히 감당해 낼 수 없는 빚이기도 하다. 이 책의 감수 과정에서 책에 관한 문제뿐만 아니라 당시 한국 사회에서 불거져 나오는 제반 문제에 대해 이경희의 빛나는 예리함과 통찰력, 재치에 감탄하며 시간을 같이 보낼 수 있었던 것도 — 대부분 스카이프를 통해서였지만 — 이 책의 출판이 마련해 준 소중한 선물이었다.

이 책의 원문이 출판된 것은 2007년이다. 이 책을 쓸 당시에는 유인물이나 비간행 법정 문서 등의 형태로만 접할 수 있었던 많은 국내 문건들뿐만 아니라 이 책에서 다루는 주제와 관련된 여러 해외 출판물이, 그동안 한국에서, 전자의 경우에는 공개 출판되었고, 후자의 경우에는 번역 출판되었다. 이 새로운 출판물들에 의거해 텍스트를 일일이 개정한다는 것은 무리이겠기에 대부분 원문 그대로 남겨 두었다. 다만 원문에서 인용한 한글 자료가 영어로 번역된 경우, 혹은 영어 출판물이 한글로 번역된 경우, 이 책의 참고문헌 목록에서 각각 해당 항목별로 번역판 서지 정보를 표기했음을 밝혀 둔다. 또한 원문의 서너 곳에서 발견된 날짜 등의 확실한 오류는 독자들의 혼란을 막기 위해 특별한 언급 없이 정정했다.

2015년 5월
캘리포니아 팔로알토에서
이남희

# 감사의 글

이 책이 나오기까지 오랜 기간 동안 주변의 많은 분들께 신세를 졌다. 그중에서도 다음 분들께는 그 어떤 말로도 감사의 말을 다 전할 수 없다. 브루스 커밍스 교수는 이 긴 연구가 시작된 처음부터 지적 조언과 성원으로 필자를 안내해 주었다. 데츠오 나지타, 해리 하루투니언, 최경희, 윌리엄 시블리, 노마 필드, 프라센지트 두아라는 자신들의 학문과 필자에 대한 지지로 모두 깊은 영감을 주었다.

이 책이 출판되기까지 여러 형태의 초고를 꼼꼼히 읽고, 날카롭고 유익한 코멘트를 통해 좀 더 좋은 책이 되도록 기꺼이 도움을 준 여러 친구와 동료에게도 고마움을 전한다. 민중운동과 지식인의 역할, 그 외 여러 중요한 이슈에 대해 필자가 생각을 다시 하는 데 양우진의 영향이 컸다. 웨슬리 사사키 우에무라와 테오도르 유는 이 책의 여러 군데서 필자의 주장을 좀 더 명료하게 하는 데 도움을 주었을 뿐만 아니라, 귀

15

중한 사례들을 제공했다. 남화숙은 1960년대 한국 노동운동에 대한 나의 이해를 새롭게 해주었다. 권종범은 날카로운 질문을 제기하고, 이 책에서 제기된 여러 쟁점과 관련해 필자 스스로 자신의 입장을 명확히 할 것을 요구하며 초고의 완성도를 높여 주었다. 이 밖에도 존 던컨, 앙드레 슈미드, 피터 리, 토드 헨리, 알렉 레너드, 투우웅 누엔보, 서대숙, 이진경, 루스 배러클러프는 나의 초기 원고를 부분별로 읽고 비평과 조언을 아끼지 않았으며 격려와 유익한 제안을 해주었다. 코넬대학 출판부가 선정한 익명의 독자에게서 받은 훌륭한 서평은 최종 원고 수정에 큰 도움이 되었다. 많은 분들의 아낌없는 도움과 성원에도 불구하고 이 책에 부족함이 있다면, 그것은 오로지 저자의 책임이다.

필자에게는 참으로 다행히도 학계와 출판계의 복잡한 미로를 항해하는 데 수년 동안 한결같이 귀중한 시간을 내어 필자를 이끌어 준 조언자와 선배들이 있다. 이 자리를 빌려 구해근, 앙드레 슈미드, 최정무, 웨슬리 사사키 우에무라, 그리고 최경희에게 각별한 감사의 마음을 전한다. 또한 최장집, 백낙청, 김동춘, 조희연, 임지현의 학문에 대한 필자의 존경과, 이들의 학문이 필자의 연구에 미친 영향은 필자가 이 책에서 이들의 연구 결과를 인용하는 것에서 나타나는 것보다 훨씬 깊다. 이 책이 나오기까지 여러 단계에서 도움을 준 낸시 에이블먼, 헨리 임, 그리고 찰스 암스트롱에게도 감사의 마음을 전한다. 고# 제임스 팔레 선생님은 기꺼이 필자의 원고를 읽으시겠다고 제안을 해서 필자를 기쁘게 했다. 선생님의 타계는 한국학에 큰 손실일 뿐만 아니라, 개인적으로는 이 책을 개선할 수 있는 기회를 상실한 것이기에 아쉬움이 크다.

여러 스승과 친구들이, 먼 곳에서 혹은 가까이서 필자를 보살펴 주고, 삶의 여러 시련과 기쁨의 시간 속에서도 깊은 감사의 마음을 잃지 않도록 필자를 지탱해 주었다. 이 자리를 빌어 서승, 박선미, 임철, 황창링, 밀리 강, 그리고 손정인의 우정과 성원에 특별히 감사의 마음을 전한다. 남종훈은 내가 보낸 숱한 전자우편 문의에 대해 유머와 창의력을 동원해 매번 멋진 대답을 보내 주었다. 민중운동 30여 년의 거대한 미로를 헤쳐 나가는 데 조건영과 이범재(이동수)는 자신들의 백과사전적 지식을 필자에게 아낌없이 나누어 주고, 면담 대상자를 찾는 데에는 수개월에 걸쳐 필자를 안내해 줬다. 아울러 나를 믿고 시간을 내어 면담에 응해 주신 분들에게 각별한 감사의 마음을 전한다. 지극히 개인적인 문제를 건드리기도 했고 때로는 며칠에 걸친 면담이었음에도 불구하고 줄곧 인내심을 갖고 응해 주신 분들에게 특별히 감사드린다.

이곳 UCLA(캘리포니아대학 로스앤젤레스) 동아시아언어문화학과에서 가르치는 일은 참으로 축복이다. 나의 동료이자 조언자인 존 던컨은 정신적·지적·제도적으로 나에게 든든한 버팀목이며, 다른 동료 교수들의 지원과 학문적 자극 또한 나에게 좋은 환경을 조성해 주었다. 조지 더튼과 투우옹 누엔보는 여러 차원에서 나의 '길동무'가 되어 주었다. 그들의 우정에 깊은 감사의 마음을 전한다. 미리엄 실버버그의 학문과 불굴의 정신은 나에게 마르지 않는 영감의 원천이다. UCLA 대학원 학생들 또한 저마다의 연구 과제를 수행하면서 선생이자 연구자인 내게 도전과 영감을 선사했다. 언제나 지원을 아끼지 않는 동아시아언어문화학과 직원들은 또한 필자가 각종 행정, 기술 문제를 헤쳐 나갈 수 있도록 인내와 유머로 안내해 주었다.

이 책이 나오기까지 필자는 여러 기금과 연구비 지원을 받았다. 초기에는 풀브라이트 연구 기금, 미연방 사회과학연구협회 연구 지원금, 시카고대학 동아시아연구소 연구 지원금으로 연구에 착수할 수 있었고, 이후에는 UCLA 학술원의 연구위원회로부터 받은 기금과 교수 경력 개발 지원금 그리고 아시아연구협회 동아시아위원회로부터 받은 여행 경비에 힘입어 추가 연구가 가능했다.

나의 두 아이 한유와 한아는 뛰어난 유머 감각과 삶에 대한 넘치는 행복감으로 나에게 이 책 바깥에도 삶이 존재한다는 것을 상기시켜 주었다. 아이들은 나에게 크나큰 기쁨을 누리고 겸손함을 배우게 하는 원천이다. 이 아이들의 성장을 지켜볼 수 있는 특권에 감사한다. 오빠 이용일과 올케 이명실, 이모 김애순, 그리고 시부모님 최병송과 최정자를 비롯해 시댁의 여러분들이 성원을 보내 주었다.

이 책의 편집을 맡은 로저 헤이든에게 특별히 감사한다. 그의 열정과 예리함, 그리고 민첩함은 감동적이었을 뿐만 아니라 큰 도움이 되었다. 필자가 헤이든을 편집자로 만난 건 큰 행운이다. 더불어 이 책의 출판 제작 과정에 세심한 주의를 기울이고 인내와 유머로 감독해 준 테레사 제시오노스키와 교열·교정을 맡은 마사 월쉬에게도 감사하다.

헬렌 부르나스-나이는 선의와 인내심으로 필자가 원고를 가다듬는 데 소중한 도움을 주었다. 한국학센터의 김세정은 원고 최종 수정 단계에서 여러 가지 유용한 도움과 정서적 지원을 아끼지 않았다.

이 책을 준비하는 동안 수년간 많은 도움뿐만 아니라 사랑과 성원을 아끼지 않은 다음 세 사람에게 한없이 큰 감사를 전한다. 이들이 아니었으면 이 책을 끝낼 수 없었을 것이다. 나의 남편 마이클 최는 이 책의 모든 단계를 통해 줄곧 나를 지켜보았다. 여러 차례에 걸쳐 출판 원고를 빠짐없이 읽고 논평을 해주었고, 집안에서 필요한 일들을 처리해 주었다. 예리한 질문과 함께 좀 더 명징한 문장에 대한 요구를 했을 뿐만 아니라, 뛰어난 편집 감각과 전문가에 가까운 컴퓨터 실력으로 이 책이 나오기까지 실로 많은 기여를 했다. 그의 정신적 풍요와 무한한 에너지는 여러모로 우리의 삶을 풍부하게 만들어 준 선물이다. 나의 사랑하는 동생 이경희는 나의 말 상대자이자 열렬한 지지자로서 연구 초기부터 함께해 주었다. 이 책의 출판 작업에 요구되는 자료 수집 말고도 여러 가지 필요한 일을 기꺼이 해주었다. 동생의 격려와 도움이 없었더라면 특히 마지막 교정 작업 단계에서 내가 부딪친 곤경을 극복할 수 없었을 것이다. 동생과 동생의 남편 알렉 레너드는 필자가 지난 수년간 서울을 방문할 때마다 편안한 거처를 마련해 주기도 했다. 나의 어머니 소기순은 내가 다 헤아릴 수 없이 많은 방법으로 나를 양육해 주셨다. 어머니에 대한 감사한 마음은 미처 다 측정할 수 없다.

그러나 필자가 그 누구보다 큰 빚을 진 사람들은 아직도 대부분 무명으로 남아 있는 바로 한국의 운동권이다. 그들은 역사를 만들었고, 필자는 이 책에서 그것을 기록했을 뿐이다. 깊은 감사의 마음과 함께 이 책을 기꺼이 그들에게 바친다.

로스앤젤레스에서
이남희

● ● ●

이 책에 수록된 글과 관련해 몇 가지 출전 사항을 밝힌다. 이미 다른 곳에서 출판된 논문의 재수록이나 재인용을 흔쾌히 허락해 준 해당 편집자들에게 고마움을 전한다.

2장의 일부는 "Anti-Communism, North Korea and Human Rights in South Korea: 'Orientalist' Discourse and Construction of South Korean Identity," Mark Bradley & Patrice Petro, *Truth Claims: Representation and Human Rights*, Rutgers University Press, 2002에 해당된다.

4장은 "The South Korean Student Movement: '*Undongkwŏn*' as a Counterpublic Space," Charles Armstrong, *Civil Society in South Korea*, Routledge, 2002; 2006을 수정한 것이다.

5장은 "Between Indeterminacy and Radical Critique: *Madang-gŭk*, Ritual and Protest," *positions: east asia cultures critique* 11-3, 2003을 수정한 것이다.

6장과 7장의 일부는 "Representing the Worker: Worker-Intellectual Alliance of the 1980s in South Korea," *Journal of Asian Studies* 64-4, 2005에 해당된다.

## 서론

# 민중, 역사,
# 그리고 역사 주체성

이 책은 이른바 '민중운동'으로 일컬어지는 한국의 민주화운동에 참여했던 지식인과 대학생에 관한 것이다. 필자는 이 책에서 이들을 '민중운동가', '민중운동 활동가', 또는 '운동권'이라 명명한다('운동권'에 대해선 이 장에서 추후 더 설명할 것이다). 이 책은 이들이 1970년대와 80년대에 걸쳐 '민중'이라는 개념을 어떻게 만들어 내고, '민중'에 대해 어떤 논쟁을 벌였으며, '민중'에 대한 자신들의 고민을 어떻게 실천했는가를 다루고 있다. 민중운동은 당시 한국에서 정치·사회적으로 잘 알려져 있던 현상이었으며, 1980년대 말에 이르러서는 한국 사회를 군사정권에서 의회 민주주의로 전환시키는 동력이었다. 민중운동은 한국에서 20년 넘게 진행되었던 운동이며, 사회변혁의 범위나 권위주의 정권을 타도하는 데 성공했다는 점에서 동유럽 여러 국가나 남아프리카공화국의 사례와 같이 국제적으로 좀 더 널리 알려진 민주화운동에 필적한다.

이 책에서 필자는 민중 프로젝트[1]를 구조적 선제 조건, 억압적인 군사정권 및 급속한 산업화, 그리고 민중운동이 스스로 배태한 '정치 문화'가 복합적으로 상호 작용하면서 만들어 낸 산물로 이해한다. 여기서 말하는 '정치 문화'란 린 헌트가 프랑스혁명에 대한 연구에서 다룬 바 있는 "집단적 목적과 행동으로 표출되고, 또 그것을 형성한 가치관, 기대 심리, 암묵적 규칙"을 지칭한다(Hunt 1984, 10-11). 따라서 정치 문화란 비전, 언어, 코드, 이미지 등을 공유하는 것과 같은 상징적 행위로 구성되며, 이를 통해 새로운 정치적 주체성이 형성된다. 민중 프로젝트를 정치·문화·상징 권력의 장場에서 이루어진 힘겨루기의 산물로 이해할 때, 민중 프로젝트는 억압과 저항, 권력과 해방 사이의 경계가 고정되어 있는 것이 아니라 유동적이라는 것을 보여 주며, 국가가 주도한 민족주의·근대화 담론과, 이와 대립 관계에 있는 민중 담론 사이에 교차점이 존재한다는 것을 보여 준다.

이 책은 크게 세 부로 구성되어 있다. 제1부(1~3장)에서는 민중운동에서 운동권이 가지고 있던 중심적인 문제의식을 "역사 주체성의 위기"로 파악하고 이를 짚어 본다. 당시 지식인과 대학생 사이에는 한국의

---

1_이 책에서 '민중운동'과 '민중 프로젝트'는 특별히 구분되어 사용되지 않으며, 이 두 용어는 대체적으로 같은 의미를 갖는다. 다만 '민중운동'이 일정한 시기에 표출된 사회운동으로서 그것이 가지고 있는 역사적 맥락과 그 특수성을 강조하는 것이라면, '민중 프로젝트'는 '민중'이라는 개념이 생성되는 과정과 그 개념을 실천하기 위해 사회 각 분야(학술, 예술, 종교 등)에서 이루어진 다양한 시도를 이론적이고 보편적인 틀에서 강조하는 것이다. 따라서 이 책에서 민중운동은 1970년대 후반에서 1990년대 초반까지 나타난 일련의 사회운동 현상으로 본다면, 민중 프로젝트는 그 시대 구분이 좀 더 포괄적이다.

근·현대사는 실패한 역사이며, 민중은 역사의 주체가 아니었다는 역사의식이 만연해 있었다. 제2부(4~6장) "대항 공론장의 형성"에서는 민중운동을 '대항 공론장'으로 개념화한다. 민중운동가들이 전개한 대항 담론은 국가가 정한 공공 의제에 이의를 제기하며 1980년대 한국의 사회·정치 담론의 틀을 새롭게 짰다. 민중운동은 대항 담론을 전개시키는 공론장이었다. 제3부(7~8장) "재현의 정치학"은 지식인이 민중을 '대신하여' 말하거나 작품 등을 통해 형상화할 때 발생하는 여러 이론적·실천적 문제에 초점을 두고, 1980년대 노동운동이 전개되는 과정에서 발생한 노동자와 지식인 사이의 관계에 대해 논의한다. 또한 1980년대 후반 출판된 장·단편 소설에서 문학적으로 재현된 민중과 지식인의 모습도 살펴본다.

본 서론은 위의 주제를 각각 간단히 살펴보고, 마지막으로 운동권 지식인과 학생들의 사고에 영향을 미치고 이들을 하나로 묶어 준 1980년대 운동권 정서에 대해 간략하게나마 논의하는 것으로 마무리 짓는다.


## 1. 역사 주체성의 위기

민중을 일관적이고 단일화된 정치적 정체성을 지닌 존재로 설명하고 부각시키는 프로젝트였던 민중운동은 전형적인 한국의 포스트식민주의적 현상이었다.[2] 해방 이후 한국의 탈식민화 궤적은 많은 지식인에게 한국사는 실패한 역사라는 인식을 초래했다. 이 책에서 필자는 이것을 '역사 주체성의 위기'라 명명한다. 민중 담론은 바로 이런 위기의식에서 비롯되었고, 민중운동의 지적 기반은 바로 민중 담론이었다. 지식인과 학생들 사이에 만연해 있던 역사적 패배 의식은 이들로 하여금 한국 근·현대사의 주요 사건을 비판적으로 재해석·재평가하게 했다. 기존의 역사 서술에 이의를 제기하고 이를 다시 쓰는 과정에서 이들은 민중을 역사 발전과 사회변혁을 이끌 수 있는 진정한 주체로 파악했다.

한국인들의 부단한 항일투쟁에도 불구하고 한국의 해방은 1945년 한국인들의 직접적인 참여 없이 이루어졌고, 해방과 동시에 한국은 미국에 의지해야만 하는 새로운 형태의 종속 관계에 놓이게 됐다. 미국이 우위를 차지하고 있는 냉전 체제 속에서 한국은, 그 지정학적 위치상, 탈식민화 과정에서 제시될 수 있는 여타의 대안적 가능성이 원천적으로 봉쇄된 가운데, 자본주의적 발전이라는 경로로 여지없이 들어서게 되었다. 이와 같은 한국의 포스트식민주의 궤적은 결국 한국의 근대성을 다루는 주요 역사 서술 과정에서 결정적인 역할을 한다.

한국의 근대성에 대한 역사 서술은 주로 유럽 중심의 세계사적 관점에서 이루어졌고, 그 기원을 일본 식민 통치에 두고 있다. 또 근대에 대한 경험은 이에 대한 저항과 모방으로 설명되어 왔다. 한국의 근대성은 그리하여 "낭만적 근대 부정의 에너지로, 하지만 동시에 근대 따라잡기에 탈진한 형국"으로 요약되었다(Choi Won-shik 1995, 7).[3] 대부분의 역사 서술에서 한국의 근대는 또한 '단절된', '반동적인', '강요된' 것

---

2_여기서 포스트식민주의적(postcolonial)이란 '1945년 이후'를 의미할 뿐 아니라, 한국의 지식인들 사이에 널리 퍼져 있던 인식, 즉 해방 이후에도 식민 통치의 영향이 지속되고 있다는 인식을 반영한다.

3_이 글과 관련된 국문 논문으로는 최원식(1994, 6-13)을 참조할 것._옮긴이

으로 그려져 왔다. 즉 한국의 근·현대사는 식민주의, 외세 개입, 내전, 사회주의를 표방하는 북한의 권위주의, 남한의 권위주의적 군사독재, 그리고 남한과 북한 사이에 계속되는 대립과 갈등 같은 온통 부정적인 것들로 채워져 있다는 것이다(역사비평 편집부 1996; 이병천 1993, 304).

근대에 대한 이런 '부정적'인 인식은 한국에서 포스트식민주의 의식의 핵심을 이루었다. 식민지 경험은 동시대 모든 이념적·사회적·정치적·지적 단층선의 '근원지'로 간주되었다. 1945년의 남북 분단은 한국인의 위기의식과 결핍 의식을 지속시켰고, 남한과 북한 사이에 끊임없는 경쟁을 유발시켰다. 이후 3년에 걸쳐 치러진 유혈 내전은 남한과 북한에 각각 비민주적 체제를 형성시키고 합법화하는 데 일조했다.[4] 한국전쟁 후 반공주의는 남한에서 국가정책이었을 뿐만 아니라, 그 영향이 사회 전반에 깊이 내재화되었으며, 한국인들이 '자기 분열적'이 될 정도로 "폐쇄적 세계관과 질곡을 강요"했다(한국민중사연구회 편 1986a, 31).

부정적 근대에 대한 서술은, '실패'한 포스트식민주의 역사에 대한 서술을 동반했다. 이 실패한 역사를 가장 대표적으로 보여 주는 것은 독립적인 민족국가를 세우지 못한 것, 해방 직후 친일파와 부패한 정치·사회 지도자를 전면적으로 청산하지 못한 것이었다. 한국의 지식인과 대학생의 포스트식민주의 의식을 구성한 것은 이 압도적 패배 의식이었으며, 이는 광범위한 집단적 불만과 좌절감을 가져왔다. 필자는 이것을 '역사 주체성의 위기'라 부른다.

이런 역사 주체성의 위기는 한국에서만 유일하게 관찰되는 것은 아

---

4_Choi Jang Jip(1993, 13-50)을 참조할 것.

니다. 옛 서독과 일본의 경우, 전후戰後 대규모 사회운동을 경험하고, 이후 양국의 학생과 지식인은 주체성의 위기를 광범위하게 경험한 바 있다.[5] 독일의 경우, 1968년 이후 나타난 주체성에 대한 위기의식은 저항운동 속에서 교조주의에 빠진 지식인들의 자기 환멸로부터 시작되었다. 1968~69년 저항운동에 참여했던 독일 지식인들은 개인의 주체성과 관련된 사적 영역의 사안들을 사회 계급이나 집단 주체의 범주로 통합해 버린 자신들의 '경직된 유물론적 접근'에 대해 다음과 같이 비판한다. "정치적 실천이 살아 있는 경험으로부터 우러나오지 않았고, 선험적으로, 경직된 이론으로부터 강요되었다"(Von Dirke 1997, 33). 교조적 유물론은 계급 구조가 사회의 모든 것을 결정한다고 설파했다. 사회 현실은 본질적 모순과 주변적 모순으로 환원되었고, 정치적 실천이란, 곧 본질적 모순인 노동과 자본 사이의 모순을 제거하는 것을 의미했다. 이런 독일의 저항운동이 점진적으로 소멸되어 감과 동시에, 그동안 가장 중요시되었던 집단 주체성에 대한 의문이 대두되었다. 이와 더불어 혁명적 전위로 인식되어 온 지식인의 정체성, 즉 그동안 '당연히 그럴 것이라고 간주되어 온 정체성'보다는 이들 본래의 정체성에 대한 질문이 대두되기 시작했다. 독일 지식인들은 사회적 토대로부터 아무런 지지 세력을 형성하지 못했다는 사실을 깨달으면서 자신들의 분석과 전략을 재고하지 않을 수 없었다. 그들은 집단에서 개인으로 초점을 옮겼다. 이런 초점의 전환은 "프롤레타리아혁명을 위한 전위로서의 '객체화된 신분'으로, 혹은 혁명을 지지하며 그 여정을 함께할 도반으로서가

---

**5_**Adelson(1984)을 참조할 것.

아니라, 각자 특정한 주체성을 가진 개인" 차원에서 이루어졌다(Adelson 1984, 5-7).

독일 지식인들이 경험한 주체성의 위기가 독일에서 저항운동이 소멸되는 시기에 나타난 '개별 주체'individual agency의 위기였다면, 한국 지식인들이 경험한 주체성의 위기는 압도적으로 '역사적'이었으며 이들이 저항운동을 펼치는 근원이 되었다. 여기서 필자가 '역사적'이었다고 주장하는 것은 다음과 같은 점을 강조하기 위한 것이다. 첫째, 이 위기의식은 한국인이 스스로 자신의 역사를 책임지지 못했다는 의식에서 발생했다. 둘째, 이들 지식인이 갖게 된 일련의 문제의식은, 예를 들어 1980년 광주항쟁과 같은 구체적인 역사적 사건들을 중심으로 추동되거나 더욱 고조되었다. 셋째, 운동권 지식인들의 주요 관심사가 역사 발전의 주체agency of historical development였다. 한국 지식인의 이런 역사적 위기의식은 이들에게 실패한 역사에 대한 '부채 의식'을, 즉 실패한 역사를 '바로잡아야' 한다는 역사적 책임 의식을 가져왔다.

한국 지식인들 사이에서 역사 주체성에 대한 위기의식은 1960년대에 부상했으나 그것이 증폭된 시기는 산업화가 급속히 진행되고 박정희 유신 체제가 도래한 1970년대다. 근대화와 개발은 '미완성'의 '실패한' 역사가 가져온 궁핍으로부터 탈출할 수 있는 최초의 기회였으며, 국가와 개인에게 주어진 최우선 목표가 되었다. 근대화 담론은 '진보'와 '보편'이라는 언어를 구사했고, 이는 다른 곳에서와 마찬가지로, 한국에서도 희망과 발전을 추구하는 근거가 되었다. 또한 박정희의 개발 정책은 평등주의 공세를 함께 펼쳤으며, 이는 지식인들의 관심을 끌기에 충분했다(Lee Namhee 2004a). 그리하여 박정희 정권(1961~79년)은 근대화 프로젝트를 통해 국민을 해방시키는 동시에 예속할 수 있는 극단적 능력을 갖춘 한반도 최초의 근대 국가를 형성했다. 이 과정에서 국민은 한편으로는 국가 주도의 총력적인 개발 동원의 대상으로서, 다른 한편으로는 그것이 가져오는 물질적 번영의 수혜자로서 근대화 프로젝트를 경험했다. 개발은 또한 전 국민적 차원에서 커다란 성취감과 소외감을 동시에 가져왔다. 즉 과거와 현재, 도시와 농촌, 그리고 새롭게 부상하는 노동자계급과 중산층 사이에 심각한 단절을 가져왔던 것이다.

이 과정에서 지식인은 근대화의 수행과 비판이라는 이중 과업이 부여된 주역이 되었다. 1960년대, 다수의 지식인은 제도권의 기술 관료로 진출했다. 그러나 다른 한편, 사회적 단절감과 박정희 독재정치는 일부 지식인을 비판적 지식인이라는 범주로 결집시켰다. 합리주의와 서구화를 내세운 한국의 특유한 근대화 과정과, 한국을 신식민지로 인식하는 데서 오는 불안감은 이들 비판적 지식인으로 하여금 두 가지 관심사에 압도적으로 몰두하게 했다. 하나는 식민주의 사고방식의 극복이었고, 다른 하나는 역사적 주체의 복원(또는 창조)이었다. 문학비평가 정과리의 말대로, '제도권'(체제 내) 지식인이 "물질적 번영을 위한 국민의 총동원이라는 지상명령"을 담당했다면, '비판적'(반체제) 지식인은 이에 못지않게 "민족의 주체성 회복"이라는 강박 속에 있었다(정과리 1994, 1419). 이처럼 팽팽하게 대립하면서도 또한 평행하는 이 두 열망의 한가운데에 민중이 놓여 있었다.

민중은 통상 엘리트, 지도층, 더 나아가 교육받은 사람 또는 교양인이 아닌 '일반 대중'을 지칭했는데, 특히 기존의 사회·정치 체제 속에서 억눌린 사람이지만 억압에 저항해 일어날 수 있는 사람을 의미하게 되었다. 민중은 이런 맥락에서 역사의 진정한 주체로 설정되었다.[6] 따라서 지식인들은 민중을 국가의 단순한 '자원'[7]이 아닌, 국가가 주도하는 개발이라는 거대 서사에 저항하고 맞서는 정치적·문화적 프로젝트의 주역으로서 재구성했다. 여기서 민중은 근대와 근대화에 대한 원초적 대립 항으로 취급되지 않는다. 그럼에도 지식인들은 민중의 공동체적 전통을 개발의 잔혹한 속도와 유해한 부작용에 대한 잠재적인 해독제로 생각했다. 이렇게 민중은 지식인과 대학생이 한편으로는 '유토피아적 지평'을 간절하게 염원하는 장場, 다른 한편으로는 국가와 쟁투를 벌이는 장이었다.

따라서 '민중'은 물적·역사적 토대를 가지고 있는 분석적인 개념이 아닐 뿐더러 일반적으로 쓰이는 용어도 아니다. 비록 1970년대와 80년대의 민중 담론에서는 공장노동자와 농민들이 진정한 민중으로 분류되어 특권적 위치를 누렸지만, 1980년대 후반에 와서는 자영업자, 더 나아가 군부의 '민족주의적 요소'까지도 민중으로 간주되었다. 다시 말해, 민중이라는 용어는 다분히 추상적이고 가변적이었다. 그렇기 때문에 더욱더 민중운동은 민중에게 적대적이라고 여겨진 세력 — 이는 군사독재, 재벌, 외세로 요약된다 — 에 대한 대항 이미지의 강화를 부단히 요청했다. 민중 담론과 실천은 이렇듯 민중에 대한 찬양과 군사독재, 재벌, 그리고 외세에 대한 타자화가 결합되어 구성되었다.

민중운동에서 한국사는 주체성의 창조나 복원을 위한 원천이 되었다. 일군의 민중 지향적 사학자들은, 다양한 민중운동 단체들과 더불어

---

6_ 최장집은 민중에 대한 가장 포괄적인 관점을 제시하고 있다(Choi Jang Jip 1993, 17). 그 외에도 구해근(Koo Hagen 1993, 142-147)을 참조할 것. 그 밖에 한국 역사 서술 속의 민중 개념에 대한 논의로는 정창렬(1989a)을 볼 것.

7_ 사회적 '자원'으로서의 '인구'에 대한 논의로는 Chatterjee(1998, 62)를 참조할 것.

한국의 근·현대사뿐만 아니라 고대사 영역까지 면밀히 검토하기 시작했다. 이들에게 근·현대사는 실패한 것, 매우 의심스러운 것으로 여겨졌다. 동시에 근·현대사는 의미, 정체성, 미래를 협상하는 장이 되었다. 1장에서 다루고 있듯이, 민중사학자들은, 민중운동가들과 함께, 19세기 말 동학농민운동에서부터 일제하 반식민 투쟁과 좀 더 최근으로는 1980년 광주민중항쟁(약칭 광주항쟁)에 이르기까지 과거의 주요 사건들을 각종 기록 보관소, 연구소, 개인 서재, 개개인의 기억으로부터 끄집어내어 열린 광장으로 가지고 나왔다(이에 대해서는 1장에서 다룰 것이다). 민중사는 정부나 기성 학계의 입장에 때론 대립적이고 때론 대안적인 해석을 제기하면서, 역사적 사건과 관련 인물들의 역할, 그리고 정치 공동체에 대한 성격을 새롭게 정의했다. 이들의 새로운 역사적 주장과 해석은 각종 포럼, 세미나, 추모 행사, 시위 현장을 통해 대중적으로 전파되었다. 이렇게 한국사에 이의를 제기하고 이를 다시 쓰는 작업을 통해 이들 지식인과 대학생은 민중에 대해 일관되고 통합적인 정치적 정체성을 부여했다.

민중을 역사 주체로 이해하는 것과 동시에 운동권은 — 처음은 아니지만 분명 급진적이고 포괄적인 방식으로 — 국가의 기본적이고 규범적인 이념적 토대에 의문을 제기하고 재평가했다. 이를테면 반공주의 국가 이데올로기와 이것이 암묵적으로 의미하는 분단의 영구화, 미국과의 '불평등한' 관계, 분배의 정의를 무시한 경제성장 제일주의와 그에 수반되는 노동의 종속, 전통을 통치 수단으로 끌어들이거나 재발명하는 정치 논리 등이 그 대상이 되었다.

1980년대 국가와 민중운동 진영 사이에 벌어진 가장 극적인 논쟁 가운데 하나는 북한과 미국을 어떻게 볼 것인가에 집중되어 있었다. 필자가 이 책의 2장에서 주장하고 있듯이, 반공주의는 한국에서 국가와 사회의 자기 정체성을 구성했다. 대한민국의 건국과 주권은 북한을 '타자'로 전제하고 있다. 동시에 주체사상으로 대변되며, 반공주의와는 대척점을 이루는, 북한의 독립적인 이념, 정치, 문화의 발달은 한반도를 합법적으로 대표하는 유일한 정부임을 자임하는 남한 정부에 불안감을 선사했다. 한국은 국가 형성 과정에서, 반공주의 정책하에, 정부에 비우호적인 세력을 모조리 타자의 영역으로 추방시켰다. 민중운동 활동가들은 한국 사회 속의 타자, 곧 한국의 "기만당한 자의 아이들"[8]로서 사회에 위협적인 존재였다. 이들이 위협적인 세력으로 취급되었던 이유는, 이들이 실제로 어떤 정치적 힘을 가지고 있었거나, 혹은 누군가 그렇게 믿었기 때문이 아니라, 식민지 이후 대한민국은 통합된 민족국가라는 국가의 자기 정체성을 이들이 불안정하게 했기 때문이다.

미국은 사람들의 인식 속에서, 그리고 실제로 한국인의 삶에 지배적인 영향을 미치는 국가였고, 이는 역사 주체성 위기의 또 다른 원천이었다. 3장은 이 주제를 집중 조명한다. 한반도가 분단되는 순간부터 지식인들 사이에는 분단이 그릇된 역사이고 배반이라는 의식이 뿌리 깊게 내렸다(박현채 외 1988, 23). 그렇지만 동시에 지식인들은 이승만과 박정희의 왕조적 권위주의의 악순환을 깨뜨리기 위한 방법을 미국의

---

**8_**통차이 위니차쿤에 따르면, 냉전 기간 동안 태국에서 공산주의는 일반적으로 러시아나 중국 혹은 북베트남과 같은 나라와 동일시되었다. 그러나 수천 명에 이르는 중산층 학생을 포함한 태국 공산주의자들이 자생하게 되자, 공산주의자라는 용어는 사회주의자, 공산주의자, 그리고 좌파 일반을 모두 포괄했다. 공산주의자가 된 태국 학생들은 이후 "기만당한 자"(the deceived) 또는 "기만당한 자의 아이들"이라 불렸다. 위니차쿤은 이 집단을 "태국다움과 타자성 사이에서 만들어진 범주"라고 지칭한다(Winichakul 1994, 169-170 참조).

자유민주주의 이념 속에서 모색했다. 이들은 미국을 민주화운동에 대한 후원자로 생각했을 뿐만 아니라, 자신들과 국가 사이를 중재해 줄 잠정적 파트너로 간주했다. 하지만 그런 생각은 결국 환상이었음이 드러났고, 한국인의 뇌리에서 선망의 대상으로 절대적 지위를 차지하던 미국의 위상은 무너져 내리기 시작했다. 운동권의 의식을 장악하던 '역사 주체성의 위기'라는 시각에서 보았을 때 자기모순으로 점철된 미국에 대한 한국 지식인들의 이런 태도는, 광주항쟁 당시 미국이 광주 시민의 편에서 사태 해결에 개입하지 않았을 뿐만 아니라 오히려 시민군을 진압하는 데 깊이 연루되었다는 인식과 함께, 1980년대 후반 반미주의 돌풍으로 표출되었다.

미국에 대한 운동권의 태도에서 '코페르니쿠스적 전환'이 일어났다면, 북한에 대한 이들의 태도 또한 극적인 변화를 겪게 된다. 다만 후자의 경우 그 결과는 훨씬 파국적이었다. 당시 많은 민중운동가들은 북한을 자신들이 속해 있는 자본주의사회에 대한 평등주의적 대안으로 보았다. 남한의 급속한 산업화와 서구화는 북한의 '사회주의'혁명보다 어쩌면 훨씬 더 극심한 사회 변화를 초래했을 수도 있다. 이런 사회적 변화 외에도, 한국에서 1960년대 이후 태어난 세대는 치열한 경쟁의 대입 시험 제도를 거치면서 "원자화, 경쟁, 파편화"(Katsiaficas 1987, 199)라는 자본주의 논리를 몸소 체험하게 된다. 이런 배경에서 한국 정부가 타자화해 그 존재를 인정하지 않는 북한, 1960년대 초부터 남한이 부단히 추구해 왔던 모든 것을 단호히 부정해 온 북한은 운동권에게 자본주의가 상징하는 모든 부정적인 것들에 대한 안티테제가 되었다. 그러나 운동권이 당시 주체사상에 매혹되었던 것은 역사적 상상력의 결핍에서 초래된 것임이 판명되었다. 대안적 미래의 모색에 대한 오랜 역사가 있는 한반도에서, 주체사상 추종자들은 주체사상에 기반하고 있다는 북한 체제에서 손쉬운 답안을 발견했던 것이다. 이런 의미에서 북한은 아이러니하게도 운동권에게 역사 주체성의 위기의 또 다른 원천이자 새로운 주체성의 한계로 작동했다.

## 2. 대항 공론장의 형성

민중운동의 범례적 용어 가운데 하나는 '운동권'이다. 문자 그대로 '운동 영역'을 의미하는 이 용어는 운동권에 속한 개인 또는 민중운동 전체를 가리키거나, 혹은 둘 다를 지칭한다. 이 용어가 운동권 안팎에서 빈번히 호출되었다는 사실은, 기존의 공론장과는 구별되면서도 평행하는 대항적 공론장이 존재했다는 것을 암묵적으로 말해 주고 있다. 이 대항 공론장에서는 당시 일반적으로 대중들 사이에서 익숙했던 것과는 사뭇 다른 태도와 가치관이 작동했다.

정부와 언론은 운동권을 '주변적'이고 '하찮은' 것으로 폄하하는 동시에 '용공 세력', 즉 한국 사회에서 가장 위험한 잠재 세력으로 묘사했다. 운동권 역시 이 용어가 민중운동에 힘을 보태는 것인지, 혹은 한계로 작동하는 것인지를 놓고 내부적으로 동요했다. 운동권이 스스로를 부르는 호칭은 이 외에도 아방我方(동지), 활동가, 혁명가, 인자因子(세포조직), 인트(인텔리), 학삐리(학생, 혹은 학생 출신), 먹물(지식인, 혹은 지식인 출신) 등 다양했다. 이는 곧 운동권이 불안정한 자기 정체성을 스스로 드러낸 것이라 할 수 있겠다. 혁명가가 되기를 열망하는 활동가는 자신의 이상에 못 미치는 스스로를 견책하기 위해 종종 '학삐리'나 '먹물'과 같은 자기 비하적 용어를 사용했다.

이렇듯 '운동권'의 의미는 가변적이고, 이 용어에 대한 인식 또한 다양했다. 이 책의 제2부에서는 이런 운동권을 '대항 공론장' — 즉 지배 문화와 가치 체계에 맞서 반론과 대안을 맵핑mapping하는 영역 — 으로 개념화한다. '대항 공론장'은 페미니스트 학자들이 위르겐 하버마스의 "공론장"[9] 개념을 비판적이고 독창적으로 전유해 제시한 용어다. 하버마스의 개념이 비록 유럽 중심적이고 젠더 문제에 무신경하다는 지적을 받고 있지만, 그의 공론장은, 규범적 범주로서, 여전히 다채로운 해석과 구축 가능성을 열어 두고 있다. 공론장이란 '담론의 상호 영향력이 제도화된 공간'으로서, 그것은 단지 '합리적이고 비판적인 토론'을 통해 수렴된 기존의 확립된 '공공 의제'만을 다루는 공간으로 국한되지 않는다. 이 공론장은 종종 기존의 공공 의제에 도전하는 대안적 담론이 형성되는 장을 의미하는 것으로서, 이 형성 과정은 낸시 프레이저가 명명한 "하위 주체의 대항 공론장"subaltern counterpublics을 형성하는 과정이다. 이 영역에서 "사회적 종속 집단의 성원은 자신의 정체성, 이해관계, 요구 사항을 놓고 반대 입장을 정립하기 위해 대항 담론을 만들어 내고 유포시킨다"(Fraser 1996, 123). 예를 들어, 미국의 페미니스트 운동은 다양한 잡지, 서점, 출판사, 영화와 비디오 배포망, 강의 프로그램, 연구소, 학술 프로그램, 학술회의, 학술대회, 축제, 지역 모임 등을 운영

---

9_하버마스의 공론장(Habermas 1989) 개념에 대한 비판적 평가에 대해서는 특히 Cohen & Arato(1992); Calhoun ed.(1996)를 참조할 것. 또한 하버마스 분석에서 보이는 젠더의 부재에 대한 것은 Fraser(1987, 31-55)를 볼 것.

하고 있다. 페미니스트들은 이런 대항 공론장을 통해 '성차별', 일하는 기혼 여성의 '이중 노동', '성희롱' 등과 같이 사회 현실을 짚어 내는 용어들을 만들어 냈으며, 이런 새로운 용어들은 여성의 요구와 정체성을 새롭게 정의하는 데 결정적인 역할을 했다(Fraser 1996, 123).

이 책에서 필자가 사용하는 '대항 공론장' 개념 역시 이와 유사한 맥락을 갖는다. 하지만 하버마스의 공론장 개념에는 민중운동과 조응하는 또 다른 요소가 있다. 즉 이론적으로나 역사 경험적으로 '공론장'은 대체적으로 국가 및 경제 영역과 분리되는 '시민사회'의 발전에 필수적이라는 점이다. 예를 들어 폴란드의 솔리다르노시치(독립 자유 노동조합 연대), 프랑스의 제2좌파 운동, 독일의 녹색당 운동, 라틴아메리카의 신민주 좌파 운동과 같은 자유화·민주화 운동을 서술하는 데 있어 '시민사회'의 개념과 범주를 이해하는 것이 핵심적이다(Cohen & Arato 1992, 29-82). 한국의 경우 민중운동, 그중에서도 특히 학생운동이 시민사회의 '부활'에 가장 큰 기여를 했다는 것은 이미 기정사실이다(경남대학교 극동문제연구소 편 1993, 48).

대항 공론장으로서 운동권이 제시한 비전은 서구 자유민주주의를 전제로 하는 '자유화와 민주화'에 국한되지 않았다. 이들의 비전은 비인간화·개인주의화·파편화·소외와 같은 자본주의의 다양한 모순을 극복할 수 있는 공동체 형성과, 부와 평등 및 복원된 공동체를 모두가 향유하는 것을 포함했다. 그리하여 민중운동의 대항 공론장은 단지 국가에 대항하는 차원에서가 아니라, 전 사회적 해방 프로그램이라는 차원에서 운동권이 자신들의 정체성, 이해관계, 요구 사항을 전개하는 공간이었다. 이 책에서 필자는 민중운동을 세 영역으로 구분하고, 이들을 각각 대항 공론장으로 설명한다. 민중운동의 이 세 영역은 학생운동(4

장), 마당극 운동(5장), 지식인-노동자 연대(6장)다.

1970년대와 80년대의 학생운동은 대항 공론장의 형성을 압축적으로 표현하는데, 이때 학생들은 자신의 정체성을 재구성하기보다는 '공공 의제'를 재구성함으로써 국가의 지배 이데올로기에 맞섰다. 이 과정에서 당시 한국 사회가 직면하고 있던 정권의 정통성 문제, 분배의 정의, 광주항쟁의 진실, 통일 문제 등을 망라하는 정치·사회·경제·문화적 주요 쟁점들이 처음으로 본격 논의되기 시작했다. 처음엔 학생운동 내에 머물러 있던 이런 논쟁은 1980년 중반에 이르면 일반 대중들 사이로 확산된다.

한국의 학생운동은 또한 대항 공론장의 구축에 기본적인 여러 전략을 잘 보여 준다. 즉 운동의 비전과 잠재적 역량potentiality이 무엇으로 구성되고, 어떻게 조직되며, 표현되는지를 보여 준다. 바꿔 말해 1970~80년대 한국 학생운동에 대한 분석은 운동권 학생들이 어떻게 스스로를 하나의 사회운동으로 묶어 냈고, 그들의 정치 문화 — 즉 그들 사이에 공유된 비전, 언어, 코드, 이미지 등 — 를 선명하게 한 담론 전략은 무엇이었으며, 더 나아가 이 대항 공론장이 더 큰 사회변혁 과정과 어떤 연관을 맺고 있는가를 보여 준다.

1970년대와 80년대의 민중운동은, 또한 전위예술과 새로운 문화 실험의 장이었다. 일련의 대안적이고 유토피아적 문화 양식이 이 시기에 폭발적으로 전개되었다. 그중에서도 가장 역동적인 것은 전통극에 서구 연극의 일부 요소를 결합한, 일종의 '민중 극장'인 마당극이었다. 마당극 활동가들은 대부분 민중운동 진영에 속해 있는 '문화 활동가'로서, 이들은 마당극을 통해 새로운 형식의 연극뿐만 아니라 일과 놀이가 함께 어우러지는 새로운 형태의 공동체를 실현하고자 했다. 당시 한국의 주류 연극계에서는 전통극이 아리스토텔레스의 극적 요소를 결여하고 있다는 이유로 연극으로서의 가치를 인정하지 않았다. 이런 통념에 맞서 마당극 활동가들은 바로 그런 극적 요소의 부재를 마당극의 중요한 극적 특성으로 포착·부각시켰다. 전통극에 대한 이런 재작업이 이루어지면서 부상한 핵심 개념은 배우와 관객, 주체와 타자 사이에 허물어진 경계이며, 더 나아가 경계성liminality의 변혁적 힘이다. 마당극 활동가들은 마당극을, 바라만 보는 스펙터클로서의 연극에서 관객이 사건에 변혁적으로 참여하는 의례로 전환하고자 했다. 마당극이 기대한 효과는 관객이 분산된 개인에서 새로운 정치 문화 공동체의 비전을 공유할 수 있는 집단 구성원으로 탈바꿈하는 것이었다.

마당극 활동가들은 노동과 여가, 생산과 소비, 노동자와 지식인 간의 통상적인 벽을 허물고자 했다. 이들은 일과 놀이의 이음새 없는 그물망에서 공장노동자, 농민, 여성, 도시 빈민, 지식인 모두가 마당극의 생산자이자 소비자가 되어 자신들의 꿈과 일상생활 속의 관심사를 표현하길 바랐다. 마당극은 지배 문화의 헤게모니에 도전하는 데는 결국 한계를 드러냈고, 그 시도는 한시적이었지만, 합리주의와 시장 논리에 전적으로 함몰되지 않은 세상을 제안했다는 점에서 탁월한 대항 공론장이었다.

이 책에서 대항 공론장으로 다루는 민중운동의 세 번째 영역은 지식인과 노동자의 연대다. 1970년대, 일부 지식인과 학생, 기독교계 노동단체들은 노동자들의 저임금과 열악한 노동환경, 사용자들의 근로기준법 위반 등을 포함한 각종 노동 관련 문제를 노동자 자신과 일반 사회를 대상으로 제기했다. 노동자와 유기적으로 연대하고자 하는 지식인들의 그람시적 열망은 오랜 역사를 가진 것으로, 한국에서만의 독특한 현상은 아니다. 다만 한국에서 두드러진 점은 1980년대 다수의 지식인이 노동자로 거듭나겠다는 다짐으로 노동 현장에 직접 뛰어들면서 정체성의 변화를 겪었다는 것이다. 이는 1970년대의 노동자-학생(노-학) 연대 양상에 비하면 급진적인 변화이며, 1980년대 지식인들이 자본주의와 근대화에 대해 가지고 있던 인식과 한국 사회 미래에 대한 대안적 비전이 이전에 비해 그만큼 바뀌었다는 것을 예증하는 것이다.

이 시기 한국의 전반적인 국가정책과 관행은 민주주의와 평등에 대한 이상을 사실상 사치품으로 만들어 버렸고, 이에 운동권은 노동자와의 연대라는 대항 공론장에서 국가의 목표와 이상을 전도順倒했다. 자본주의적 발전은, 막대한 부와 빈곤을 동시에 생산한다는 점에서, 해방이 아니라 비인간화, 개인주의화, 파편화, 소외의 원천이라는 것이었다. 이제 새로운 이상은 부와 평등 그리고 공동체의 회복을 가져오는 경제 발전이었다.[10]

운동권은 또 노동자와 연대를 형성하는 과정에서 노동자에 대한 기성 사회의 표상을 거꾸로 뒤집었다. 그간 노동자는 사회 일반으로부터 '공순이', '공돌이'로 무시당했고 지식인에게는 계급의식이나 주체성이 결여된 사회 범주로 인식되었지만, 운동권은 노동자가 억압에 대한 저항을 통해 주체성과 계급의식을 획득했다고 보았다. 운동권은 노동자

---

10_사회학자 제프리 알렉산더에 따르면 서구 지식인들은 1960년대 사회·정치적 세계 질서의 전환을 설명하기 위해 새로운 이론을 발전시켰다. 근대성, 근대화, 그리고 자본주의적 발전에 대한 그들의 새로운 서사는 이들 개념과 연관된 이전의 상징, 기호들을 전도시켜 버렸다 (Alexander 1995, 66-78).

들의 저항이 그들을 경제·정치의 중요한 행위자의 위치로 끌어올리기에 충분하다고 보았다. 따라서 1980년대 운동권이 노동 부문에 개입한 것과 노-학 연대를 대항 공론장으로 구축한 것은 운동권이 직접 공장 노동자가 되는 물리적 개입 차원뿐만 아니라, 노동자들에 대한 사회적 인식의 근거와 사회가 노동자를 규정하는 조건 자체를 바꾸는 사회 담론적 차원에서 함께 이루어졌다.

## 3. 재현의 정치학

역사상 많은 해방운동과 마찬가지로 민중운동은 여러 모순과 각종 긴장으로 점철되었다. 서발턴Subaltern 연구가 가리키고 있는 '하위 주체'와 비슷하게 민중운동에서 '민중'은 풍부하고 복합적인 의식과 자율성을 갖고 있는 것으로 이해된다. 하지만 민중 프로젝트의 정치적 유효성을 강조하기 위해 민중은 종종 오로지 억압 속에서 고통 받는 개인들의 집합체가 되어야 했다. 이런 이중성은 민중이 이론적으로는 분명히 주체성을 가지고 있다지만 실천적으로는 혁명의 피被지도 대상으로서 지식인들의 지도를 받아야 한다는 모순을 낳았다. 지식인들은 민중의 혁명적 주체성을 확립하기 위해 앞장서서 지도해 나가야 할 필요성과 동시에 민중의 주체성과 자율성을 보장하기 위해 자신들의 존재를 부각시키지 말아야 할 상충되는 요구에 직면했다. 민중운동 안에서 긴장을 유발시킨 핵심적인 사안 가운데 하나는 바로 이 문제였다.

　운동권 지식인들이 스스로 거듭 다루어 온 이 문제는 다음과 같은 이론적 질문과 직접 맞닿아 있다. 즉 본질주의적 정체성의 해체와 유효한 정치 행동의 가능성은 과연 서로 대립할 수밖에 없는가 하는 문제다. 확실한 것은, '진보', '인간해방', '계급투쟁'을 본질적으로 권위주의적이고 폭군적인 거대 서사(Lyotard 1984)로 간주하는 포스트모던 사조와, 민중을 정치적 주체로 주조하려 했던 운동권 지식인들의 노력은 분명 대립 관계를 형성한다. 문화 이론가들은 일반적으로 '자율적 주체'라는 이상에 의거한 진보 정치의 가능성에 대해서도 회의적이다. 왜냐하면 이들은 '정체성'이라는 것이 고정되어 있거나 결정론적이라고 보는 어떤 인식에도 의문을 제기하기 때문이다(Ching 2001, 194). 따라서 민중운동에서 지식인들의 노력은 또 다른 형태의 정치적 억압과 배제라고 비난받을 수 있는 것이다.

지식인이 정녕 '민중'을 대변[11]할 수 있느냐를 둘러싼 회의懷疑를 두고 닐 라자루스는 "재현에 대한 …… 포스트푸코적 부정"이라 한 바 있는데(Lazarus 1994, 211), 서발턴 연구자들은 또 다른 맥락에서 이 회의적 사조에 통렬한 비판을 가한다. 예를 들어, 파르타 차테르지는 민중을 대변하는 지식인에 대한 비판은 여전히 제1세계의 특권적인 목소리이며, 반식민 운동이 확산된 이후에도 서구 산업사회는 여전히 "인식론적 특권"을 누리고 있다고 주장한다(Chatterjee 1986, 17). 더 나아가 가야트리 스피박은 (피억압자가 스스로 자기주장을 하도록 해야 한다는) '피억압자 정치학'에 대한 제1세계 지식인들의 관심은 그들이 누리는 특권

---

**11**_이 책을 통틀어 '재현'과 '대변'은 원서의 'representation'을 번역한 것으로, 이 두 단어는 동일한 의미로 사용된다._옮긴이

적 지위를 스스로 은폐할 수 있다고 일갈한다(Spivak 1988a, 284-85). 서발턴 연구와 같은 연구 프로젝트가 스피박에게 각별히 타당하고 유효했던 것은 바로 이런 이유에서다. 스피박은 서발턴이라는 범주가 예를 들어 빈농, 여성 등이 점하고 있는 다양한 주체-위치subject-positions를 균질적으로 포섭해 버리지는 않는지 의문을 던지기도 한다. 그러나 그녀는 서발턴 연구와 같은 프로젝트는 "전략적 본질주의"strategic essentialism를 대표하는 것으로서 이는 여전히 "정치적으로 중요한 문제를 제기하는 데 유용한 도구"라고 주장한다(Spivak 1988b).

이와 관련해서 스피박의 논점을 세밀하게 다루는 페미니스트 철학자 린다 알코프의 다음 설명은 민중 프로젝트를 생각해 보는 데도 적절하다.

피억압자가 자신의 진정한 이해관계를 투명하게 변호할 수 있다는 가능성에 근거해서 푸코와 들뢰즈가 타자에 대한 대변을 거부할 때, [스피박은] 그들이 취한 '자기부정적인 지식인'의 태도를 비판한다. 스피박에 따르면 푸코와 들뢰즈의 입장은 이 후퇴하는[12] 지식인들이 실제 누리는 재가(裁可) 여부 권력을 은폐하는 데 복무할 뿐이며, 이들 지식인은 그렇게 후퇴함으로써(경험이란 투명하고 자명한 것이라는) 경험에 대한 [그들의] 특수한 개념을 공고히 한다(Alcoff 1991-92, 22-23).

---

12_여기서 '후퇴'(retreat)는 앞서 같은 글에서 알코프가 독자적으로 사용한 말로서, 타인에 대한 일체의 재현 행위로부터 '후퇴'해야 한다는 일부 지식인들의 입장을 지칭하고 있다._옮긴이

알코프는 위에서 제기한 문제에 대해 [하위 주체에게] '말 걸기'라는 스피박의 제안에서 유용한 대안을 찾는다. 스피박이 제안하는 '말 걸기'는 "지식인이 자신의 담론적 역할을 저버리지 않고, 그렇다고 피억압자의 진정성을 자신의 것이라고 가정하지 않으면서도 피억압자가 새로운 역사 서술을 제시할 수 있는 '대항 문장'countersentence을 생산해 낼 수 있는 가능성을 여전히 열어 두고 있다"는 것이다(Alcoff 1991-92, 22-23). 알코프의 입장은 타자를 대신해 말하는 것speaking for others과 타자에 대해 말하는 것speaking about others이 명확하게 분리되어 있지 않다는 생각에 기초해 있다. 타자를 대신해 말하는 것은 타자에 대해 말하는 것을 수반하며, 전자든 후자든 재현의 모든 형태는 타자에게 영향을 미치는 중재나 설명의 형태를 취한다는 것이다.

알코프는 더 나아가 타자를 대신해 말하는 것은, 그것이 인식론적 문제를 안고 있음에도 불구하고, 특정한 상황에서는 여전히 유효하다고 주장하면서, "[말하기로부터] 절대적으로 후퇴하는 것은 정치적 유효성을 약화시키는 것이고, 형이상학적 환영에 기초한 것이며, 종종 지식인의 권력을 감추는 효과만을 가져올 따름"이라고 한다. 알코프는 이런 말하기의 필요성과 함께 '책임성'accountability이라는 중요한 화두를 제기한다. 즉 "말하기에서는 항상 말하는 자가 무슨 말을 하는지에 대해 낱낱이 설명할 수 있고accountability 책임을 질 수responsibility 있어야 한다." 이런 책임성은 말하기의 영향, 즉 "담론적·물질적 맥락에 그 말이 미치는 개연적 혹은 실제적 영향"을 분석하는 일과 밀접히 연관되어 있으며, "우리는 또 그 말이 어디로 가는지, 거기서 무엇을 하는지 살펴봐야 한다"고 알코프는 덧붙인다(Alcoff 1991-92, 24-26).

필자는 알코프가 위와 같이 제시한 말하기의 규명성과 책임성이라는 개념을 통해 한국 민중운동과 지식인들의 역할을, 특히 최근의 비판적 재평가의 맥락에서 재고하게 되었다. 운동권 개개인의 희생과 헌신은 1980년대 후반 진행된 민주화 개혁의 촉매제가 된 것으로 널리 인정받고 있으나, 그들의 역할이 힘없는 자들로 간주된 민중을 특권적 위치에서 대변한 것이 아니냐는 비판적인 시각도 있다. 예를 들어, 최정무는 한국 민중운동을 탈식민화 담론으로 적극 평가하면서도 민중을 '타자화'시키는 지식인들의 재현 양식을 비판한다. 즉 지식인은 민중을 재현함에 있어 민중을 분류하고, 전유하고, 동시에 종속시켰다는 것이다(Choi Chungmoo 1993). 민중운동에 대한 좀 더 최근의 논문들도 마찬가지로 과거 민중운동가들이 비민주적이고, 위계적이며, 성차별주의적이었다고 강도 높게 비판하고 있다.[13]

이 책은 구체적으로, 노동운동에서 운동권 지식인이 민중을 어떻게 재현했는가를 검토한다. 이 책의 7~8장에서 논의하듯이, 사회적으로 의식 있고 도덕적인 존재라는 지식인의 자기 표상(필자는 이것을 '도덕적 특권 담론'이라 부른다)은, 지식인과 노동자를 구별하는 선험적인 이분법에서 배태된 것이다. 이런 이분법은, 노동자는 주체가 아니라 대상이며 지식인의 양심적 실천의 수혜자일 뿐이라는 생각을 바탕에 깔고 있다. 동시에 지식인은 노동자를 다가올 혁명의 존재론적 영웅으로 추앙했는데, 이는 노동자에 대한 지식인의 모호한 입장을 드러내 주는 것이다. 따라서 지식인들은 그람시의 유기적 지식인과 레닌의 전위적 지식인 사이에서 갈등했음을 알 수 있다. 실제로 노동자는, 운동의 존재 이

---

13_ 특히 임지현(1998); Kwon Insook(2000)을 참조할 것.

유를 위해, 운동이 추구하는 혁명 가능성의 전제 조건을 충족시키기 위해, 종종 담론적·상징적 주인공으로만 존재했다.

필자가 이 책에서 이런 문제들을 검토하는 것은 단순히 지식인들의 모순과 결함을 지적하기 위함이 아니며, 오히려 재현의 정치학에 대한 현재의 논의를 반드시 다시 생각해 봐야 하는 중요한 이유가 있기 때문이다. 재현에 대한 비판적 검토는 중요한 과제로서, 이는 민족주의 문제에서부터 페미니스트 실천에 걸친 다양한 논의에서 그동안 절실히 필요했던 재고의 결과를 가져왔다.

예를 들어 역사학 분야에서는 재현에 대한 문제의식이 민족주의와 국가 건설에 대한 논의를 상당히 진전시키는 성과를 가져왔는데, 이는 특히 근대 국민국가가 '국민'의 이름으로 국가 내에 존재하는 다양한 목소리를 어떻게 억압했는가에 대한 우리의 이해를 확장시켜 주었다.[14]

그러나 필자가 이 책에서 주장하는 것은 단순히 지식인만을 비판하는 것은 너무 안일한 행위이며 심지어 정치적으로 무책임하다는 것이다. 재현의 부정은 타자를 대신해 말하는 모든 행위가 "[이미] 불신임 판정이 난 포부이자 은밀하게 권위주의적"(Lazarus 1994, 204)이라고 규정한다. 문제는, 그렇게 함으로써 타자를 대신해 말하는 모든 행위로부터 알코프가 제기한 책임의 문제를 제거시켜 버리는 것이다. 민중운동에서 '운동권'의 노력을 또 하나의 정치적으로 의심스러운 활동, 곧 지배적인 국가권력과 유사한 '권력에의 의지'에 근거한 활동으로 무분별하게 치부해 버리는 것은 이후 변화된 상황에서 계속되는 지식인의 지속

---

**14**_특히 Duara(1995)를 참조할 것.

적인 현실 참여 요구를 방기하는 것과 다름없다. 우리는 이런 종류의 비판이 정치·사회 참여를 둘러싼 확장된 논의를 부지불식간에 제한하거나 봉쇄하는 것은 아닌지 검토해 볼 필요가 있다. 지식인의 현실 참여 노력을 원천적으로 성립 불가능하고 정치적으로 정당화할 수 없는 것으로 묵살하는 것은, 비록 그 중요성이 축소되기는 했지만 여전히 유효한 지식인의 현실 참여를 묵살하는 것과 같은 것이다.


## 4. 지식인과 대학생

운동권 지식인은 누구였으며, 광범위한 군상의 개개인을 운동권이라는 정치적·비판적 유발성을 지닌 하나의 사회적 범주로 응집시켰던 역사적·담론적 과정은 무엇이었는가? 자크 랑시에르는 계급이란 "한 뭉치 [신분] 딱지로부터 나온 산물 …… 일정 횟수를 거친 절차, 인정 그리고 담론의 산물"(Rancière 1989, xxx)이라 설명한다. 지식인이 하나의 사회계층으로 형성되는 과정 역시 유사한 담론 과정을 따를 것이라고 생각한다. 다만 신분과 절차의 물질적 토대를 밝혀내는 시도는 이 책의 연구 범위를 벗어난다. 이 책이 주로 다루는 것은 운동권으로 일컬어진 민중운동에 참여한 지식인과 대학생이다. 따라서 이 책에서 필자의 논의는 운동권 지식인과 대학생을 응집시켜 주었던 열망의 핵심과 에토스가 무엇이었는지를 파악하는 것에 한정되어 있다. 즉 '어둠의 시대를 지키는 파수꾼'이 되고자 했던 지식인과, 이들의 자기희생 정신을 살펴본다.

한국의 1970년대와 80년대는 "인텔리겐치아intelligentsia를 인텔렉추얼intellectual과 애써 분간하려던" "격변기"였다고 송호근은 말한다(송호근 1994, 1473). 당시 인털렉추얼(지식인)과 인텔리겐치아의 차이를 어떻게 구분했는지는 여기서 논의 대상이 아니다. 다만 민중운동가들 사이에 널리 퍼져 있었던 '어둠의 파수꾼'으로서의 '지식인' 개념에 대해서는 20세기 중국의 경험이나 19세기 말 유럽 사회주의자들의 경험을 간략하게 살펴볼 필요가 있다. 좀 더 구체적으로는 1980년대 한국 운동권의 이상과 동경은 1871년 이탈리아 인터내셔널에 가입한 아나키스트 에리코 말라테스타Errico Malatesta로부터 찾을 수 있겠다. 그는 의대 중퇴 후 전기와 가스배관 정비기술을 습득한 이후부터 일흔다섯 살이 거의 다 되어 무솔리니로부터 가택 연금을 당할 때까지도 육체노동자로 지냈다. 말라테스타가 회고했듯이 노동자와 하나가 되고자 하는 열망은 인텔리겐치아의 열망이자 에토스였다.

> 노동은 모든 이에게 부과된 사회적 의무로 천명되었으며 …… 오로지 노동자의 조건만이 진정으로 인간적인 도덕성과 양립할 수 있는 것으로 간주되었고, 중산층 출신의 국제주의자들은 그들의 이상과 삶의 일치를 위해, 그리고 대중들에게 좀 더 다가가기 위해, 육체노동직 기술을 배우기 시작했다. 우리는 노동계급에서, 즉 산업 프롤레타리아와 농업 프롤레타리아에서, 사회변혁의 위대한 요소, 즉 사회변혁은 모든 이에게 진정 유익하며 새로운 특권 계급을 만들어 내지 않을 것이라는 확증을 보았다(Levy 1987, 159에서 재인용).

100년을 훌쩍 넘은 말라테스타의 이런 관찰은 1980년대 한국에서 수천 명의 운동권 학생과 지식인들이 자기 자신에게 위임한 임무가 되었다. 운동권은 노동을 사회적 의무로 여겼을 뿐만 아니라, "계급으로서의 자살[을 통해] 혁명적 노동자로서 부활"하고자 했다(Cabral 1969 & 1970, 110). 하지만 인텔리겐치아로서의 지식인의 의무는 나로드니키 Narodniki(인민주의자)로만 한정되었던 것은 물론 아니었다. '지식인'intellectual이라는 용어의 사용은 드레퓌스사건 당시 에밀 졸라를 비롯한 파리의 문인들이 발표한 "지식인 선언"Manifesto of the Intellectuals에서 유래한다. 이들 지식인들은 도덕적 이유에서 고결한 원칙을 위해 기꺼이 목청을 높일 준비가 되어 있었지만, 칼 레비가 지적하고 있듯이 "파리의 문학 살롱을 버리고 벨빌의 공장에 들어갈 의향은 추호도 없었다"(Levy 1987, 159). 근래 역사에서 대부분의 지식인은 파리 신사의 고매함과 이탈리아 아나키스트의 그람시적 열망 사이에서 갈등했으며, 한국의 지식인도 예외가 아니었다. 여기에 바로 한국의 운동권을 사로잡았던 자기희생 개념이 자리한다.

지식인에게 공통적으로 발견되는 자기희생 개념에서는 적어도 세 개의 전통을 찾아볼 수 있다. 그 첫 번째로 19세기 중반 출발한 생시몽주의를 꼽을 수 있다. 생시몽주의자들에 따르면 사회는 "유용한 계급과 무용한 계급"으로 양분되며, 지식인들은 스스로 "유용한 계급과 통합되거나 유용한 계급을 위해 일하고 싶어 했고, 진보와 역사와 하나가 되고 싶어 했으며, 세계를 단순히 이해할 뿐만 아니라 변혁시키고자"했다(Judt 1992, 205-206). 이와 밀접하게 연관된 두 번째 전통은 지성을 본질적으로 도덕적 범주로 보는 관점, 즉 지식인은 기존 질서를 초월해야 한다는 사상이다. 지식인의 활동에는 '윤리 규범적' 정의가 따르며, 지식인의 각종 활동은 이 정의에 따라 구분된다는 것이다. 이와 같은 맥락에서 사르트르는, 핵물리학자는 "핵실험 반대 청원서에 서명할 때에 비로소 진정한 지식인"이라고 주장했다(Konrád & Szelényi 1979, 8에서 재인용). 또 같은 맥락에서 노엄 촘스키는 미국의 지식인이 "자신들의 전문성을 미국의 베트남 참전을 옹호하기 위해 사용한 …… 권력의 대변인"이라고 비난한 바 있다(Fridjonsdottir 1987, 116에서 재인용). 세 번째 근원은 '배반자로서의 지식인'이라는 개념으로, 이는 자신의 계급적 존재 조건에 대한 배반을 지식인됨의 조건으로 여겼던 전후 프랑스 지식인들 사이에서 그 전형을 볼 수 있다. "지식인은 [그 신분적 한계에 의해 원천적으로] 스스로 추구하는 대의에서 늘 한 발 비켜서 있으며 따라서 결코 전적으로 '진정'하지 않기 때문에 대의에 대한 배반자다. 그렇지 않을 경우 지식인은 자신의 출신 계급에 대한 배반자다"(Judt 1992, 215).

한국 지식인들의 자기희생 정신과 배반자에 대한 개념은 식민지 시기로 거슬러 올라간다. 당시는 잃어버린 주권을 회복하는 것이 최우선 과제였으며 어떤 중도의 길도 지식인들에게 용인되지 않았던 시기다. 임헌영은 "만일 전면적 혁명을 촉구하지 않은 지식인이 있다면 그는 자아정체성이 없는 것이다"라고 말한 바 있다(임헌영 1992, 265-66). 친일 문제가 해방 후 반세기가 훨씬 지난 오늘날에도 한국 사회의 주요 정치 현안이 되고 있다는 사실 또한 유용한 계급으로서의 지식인, 도덕적 범주로서의 지식인에 대한 뿌리 깊은 인식을 부분적으로 설명해 주고 있다.

1960년대와 70년대에 걸친 급격한 산업화와 더불어 지식인은 모순된 욕망에 직면하게 되었다. 지식인은 특권 엘리트로서 그 자신의 물질적·사회적 성공의 기회를 확대할 수 있었을 뿐만 아니라 국가를 위해 일할 수 있는 기회도 많았다. 그러나 이 시기는 권위주의 정권이 분배적 정의를 희생시키면서 경제개발을 밀어붙였던 시기였고, 따라서 일부 지식인들은 조선 시대 선비의 전통에 따라 정부와 사회에 대한 도덕적 책임감을 유지했다. 즉 선비들은 권세를 따르기보다는 절의를 지키며, 청렴결백하고, 도덕률과 순수 학문 정신을 따르는 것으로 이상화되어 있었다. 지식인의 수적 팽창과 사회적 지위의 상대적 저하에도 불구하고 — 어쩌면 이는 지식인의 무산계급화일 수도 있겠다 — 지식인은 여전히 사회적으로 중요하고 의미 있는 존재로 여겨졌다.[15] 조선 시대 선비의 사회 비판은 한편으로는 사회 엘리트층으로서 그들이 정치권력에 대해 가지고 있던 권리 의식과 포부에 뿌리를 두고 있었으며, 다른 한편으로는 그런 의식이 표출된 것이다. 이와 유사하게 운동권 지식인은 지식인의 비판 전통을 단순하게 긍정하는 것에서 벗어나 자신의 정체성을 민중 속에서 찾고자 했으나, 엘리트주의에서 벗어나기는 여전히 요원했던 것이다.

1970년대 초, 대학 졸업 학위를 가진 사람이라면 모두 특권층 엘리트에 속했다. 출신 학교가 서울대, 연세대, 고려대와 같은 엘리트 대학이라면 한층 더 높은 특권층에 속했다. 1970년에 한국인은 일반적으로 평균 5.7년 정도의 학교교육을 받았다. 20~29세 연령대의 경우는 평균 8.3년의 학교교육을 받았다. 이 때문에 13~16년간 학교교육을 받은 대학생은 일반 사회에서는 물론 또래 집단과 비교했을 때에도 엘리트 집단에 속했다.[16] 당시 중산층은 극소수였고 대학 졸업장을 가진 사람이

---

**15**_1954~78년 사이 대중잡지에 실린 지식인의 글들을 분석한 연구에 따르면, 기고자의 46퍼센트가 지식인의 주요 의무로서 정부 정책을 비판하거나 민중을 계몽하는 작업을 꼽고 있었다. 이에 반해 20퍼센트 정도는 지식인의 의무란 국가에 필요한 지식을 제공하는 것으로 보았다 (Lee Ho-Ill 1995, 45-74).

라면 현재 자신의 사회경제적 배경과 무관하게 부르주아가 되는 길목에 있었다. "숨 막히는 부르주아" 출신이라고 불릴 만한 대학 졸업자는 당시 별로 없었던 것이다(Arendt 1969). 해방 후 한국 사회에서 막강한 평등화 장치 역할을 한 교육은 부모님과 종종 다른 형제들의 엄청난 희생으로부터 이루어졌다. 나이가 어린 남동생이나, 누나 혹은 여동생은 당시 공장에서 일을 하며 이들을 지원했다.

대학 졸업장은 학생들로 하여금 꿈과 목표를 이룰 수 있게 해주었다. 그 꿈과 목표는 상당 부분 유교적 의미에서 가족에 대한 책무였다. 요컨대 학생들은 자신의 성공을 통해 가족의 지위를 끌어올리고자 했던 것이다. 한편 민주화운동에 참여한 학생은 대부분은 자신의 사회적 신분 상승을 위해서가 아니라, 정의와 대의에 대한 신념 때문에 참여했다. 그러나 개인의 성공을 위한 노력과 사회정의를 위한 투쟁은 상충되는 목표가 아니었다. 어떤 의미에서 이 둘은 모두 '더 좋은 사회를 만들기 위한 것'이었고, 이런 노력은 어떤 경우에도 '이타적'이었던 것이다.[17] 그럼에도 불구하고 학생들은 한편으로는 성공에 대한 부모님과 자신들의 기대와 다른 한편으로는 자신들이 생각하는 사회적 책임감 사이에서 균형을 유지하기 위한 깊은 고민을 했다.

---

**16**_반면에, 1990년대 한국인은 인구 전체 평균 9.5년의 학교교육을 받았다. 그리고 20~29세 연령대 인구는 평균 12년의 학교교육을 받았다(김동춘 1994, 227).

**17**_이 경우 개인의 성공은 '서구적인 차원에서 말하는 개인주의적인 성공 추구'와 같지 않다는 것이다. 필자는 이것이 일반적으로 1980년대 말까지 많은 학생에게 적용될 수 있다는 점에 동의한다.

성공에 대한 학생들의 생각 속에 내재해 있던 멸사봉공(滅私奉公)의 근본 개념을 지적해 준 웨슬리 사사키 우에무라 선생에게 감사드린다.

한국의 지식인들이 스스로 배반자임을 고백하며 자괴감을 갖게 된 데에는 또 하나의 계기가 있었다. 그것은 한국 지식인들 사이에서 세계관에 대한 일종의 패러다임 전환을 가져오게 한 1980년 5월의 광주민중항쟁이었다. 1장에서 논의하듯, 광주항쟁 경험 이후 한국의 지식인은 지금까지와는 근본적으로 다른 차원에서 스스로의 '반역'을 고민했다. 희생자의 수가 노동계급과 룸펜프롤레타리아트에 지나치게 치우쳐 있다는 사실과, 시민 저항 과정에서 지식인들이 무기를 반환하기로 결정했다는 사실은, 이후 지식인들 사이에서 자신들이 광주를 '버렸다'는 엄청난 죄책감과 자책감을 불러왔다. 광주항쟁 이후 담론에서 식자층이나 지식인은 비겁하고 불순한 존재로 여겨지게 되었다. 지식인이란 주저하고, 흔들리고, 괴로워할 줄만 아는 무능한 존재로서, 그들은 종종 노동자와 그들 자신뿐만 아니라 혁명적 대의마저 배반한다는 것이다.

광주항쟁 이후 민중운동이 혁명적 급진화의 길로 나아간 데는 일부 그런 죄책감 탓도 있었다. 또한 이 죄책감은 1980년대 운동권 고유의 어휘를 양산했다. 그중 하나는 '기득권'으로, 진정한 운동권 지식인이라면, 자신들의 기득권, 즉 높은 학력과 사회적 지위로 인해 개인적으로 누릴 수 있는 특권과 혜택, 이 기득권을 자진해 포기해야 한다는 것이었다. 다른 하나는 '당위성'으로, 이는 명백하고 자명한 의무를 지칭하며, 지식인이 스스로의 특권과 혜택을 포기하는 것은 이 '당위적' 힘에 의한 것이었다. 많은 운동권 학생과 지식인들에게 기득권의 포기란 궁극적으로 대학 졸업장을 포기하는 것이었다. 또 어떤 이들에게 이것은 당시 해외로 나갈 수 있는 기회를 포기하는 것이었으며, 대학원 진학을 포기하고, 결혼을 포기하고, 의사나 변호사 아니면 예술가의 길을 포기하는 것을 의미했다. 민중운동에 자신의 일생을 헌신하기로 결심했던 운동권이었다면, 사귀는 사람이 대학원 진학 계획을 가지고 있다라는 것만으로도 관계를 끝내기에 충분한 사유가 되었던 것이다.[18]

운동권의 '성난 마니교주의', 즉 세계를 선과 악, 아군과 적군으로 구분하는 이분법은 사실상, 운동권의 헌신성 못지않게, 그들이 운동권에 투신하기로 결정하면서부터 감당할 수밖에 없었던 두려움을 드러내고 있다. 운동권으로 살겠다는 결정은 가장 극단적인 경우 미래를 포기하고, 일시적인 경우라 하더라도 당장 가족과의 모든 관계를 끊어 버리는 고통까지도 감수하는 것을 의미했다. 따라서 이들은 운동권에 가담하면서 한편으로는 자긍심을, 다른 한편으로는 죄책감을 가졌고, 그런 만큼 이들의 자기희생은 더욱 극적이고 치열했다. 이들은 동시에 역사가 풀지 못한 모호성, 즉 지식인의 정확한 역할이 무엇인가를 놓고 고민했다. 다시 말해 계속해서 민중에게 말을 거는 자로서 민중의 대변자 역할을 할 것인가? 혹은 지식인의 우월적 지식과 도덕적 권위를 전면적으로 부정하고 민중의 뜻에 복종할 것인가? 이 책은 운동권이 민중운동 속에서 이 딜레마와 어떻게 대면했는지, 이를 풀어내기 위해 어떤 다양한 노력을 했는지를 역사화하려는 시도다.

---

18_이희경 면담(2005/07/27).

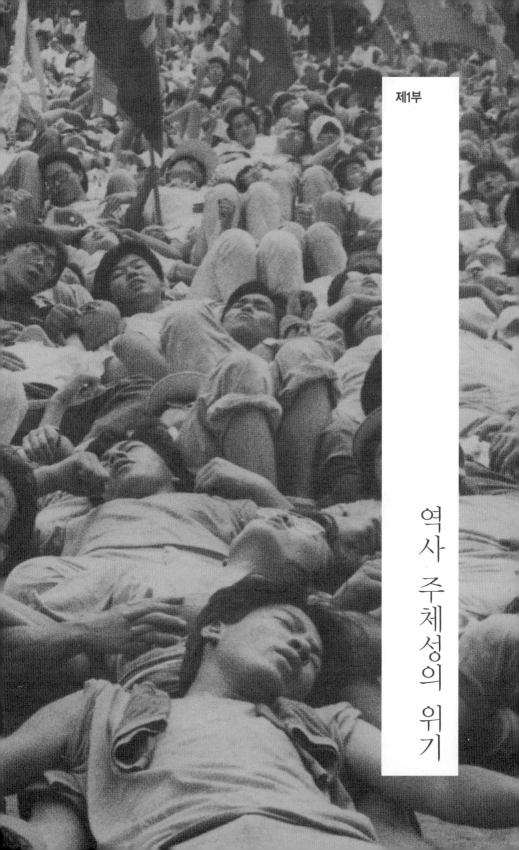

제1부

역사 · 주체성의 위기

# 1

# 민중의 형성

"오직 민중만이 완전히 민족적이며, 오직 민중만이 완전히 민주적이다. 이것이 [역사 발전의] 주체를 찾는 과정에서 시행착오를 겪은 한국 근대사에 대한 [나의] 성찰의 결론이다"(김민석 1985b, 6). 이는 1985년 민족통일·민주쟁취·민중해방을 위한 투쟁위원회(약칭 삼민투)[1]에 가담했다는 이유로 5년 형을 선고받은 당시 서울대 총학생회장 김민석이 "민중, 민족, 민주"라는 제목의 항소이유서에서 주장한 내용이다.

---

1_전국학생총연합(약칭 전학련)이라는 전국 규모의 학생 연합 조직의 전위 조직 격인 삼민투(三民鬪)는 1985년 서울 미국문화원 점거 농성을 포함해(이 책의 4장에서 논의) 1985년 학생운동의 대부분을 이끌었다.

김민석은 이 항소이유서에서 잘못된 역사는 반드시 적시에 "바로잡아야" 한다고 역설하고 있다. 한국은 근·현대사는 중요한 시점마다 빛나갔던 역사를 '다시 붙들어 맬' 수 있는 기회를 놓쳤다며, 1945년 8월 식민 통치로부터의 해방, 1960년 4·19혁명, 그리고 1980년 5월 광주항쟁 등을 그런 기회의 예로 들었다. 제때 바로잡지 못한 역사는 민중으로 하여금 더 크고 잔혹한 대가를 치르게 할 것이라는 것이다. 따라서 역사의 한계를 극복하기 위해 지식인과 학생은 민중과 단결해 과거에 실패한 사건들을 진정한 역사적 순간으로 바로잡아 놓아야 하는 부담과 책임을 안고 있다는 것이다(김민석 1985b, 6).

역사에 대한 김민석의 반복적인 호출은, 민중 담론을 형성함에 있어 운동권이 '역사'에 부여한 중요성이 어느 정도인지를 상징적으로 보여 주고 있다. 이는 또한 역사에 관한 한 자신들이 바로 정통한 해석자이자 대화의 상대라고 자임하던 1980년대 학생과 지식인들의 자만을 상징하고 있기도 하다. 이들은 지속적으로, 마치 주문을 외듯, 민중, 역사, 그리고 주체를 호출했고, 이는 바로 1980년대 한국 민주화운동의 성격과 내용 그 자체를 구성하고 규정하는 것이었다. 이들은 역사로 시선을 돌려 그 '교훈', '과업', '장애물'을 파악했으며, 현재와 미래에 대한 '결론'을 내리는 과정에서, '민중'이라는 개념을 만들어 냈다. 여기서 민중은 역사 발전의 진정한 주체, 즉 사회변혁을 이끌어 낼 수 있는 유일한 세력이었고, 따라서 오직 민중만이 향후 민주주의 사회의 온전한 주인이었다.

1789년 프랑스혁명에서 1989년 천안문사건에 이르기까지 혁명을 꿈꾸었던 이들은 정치·사회 담론을 동원하고 장악하기 위한 노력을 게을리하지 않는다. 이런 혁명가들에게 역사는 — '과거의 성격과 의미를 대표하는 것'으로서 — 더없이 중요한 이념적·지적 자원이 되었다. 역사 다시 쓰기는 사회·정치 담론의 역학 관계와 근거를 재구성하고 변경하는 데 중추적 역할을 담당해 왔다. 다시 말해, 역사는 시종일관 정치체body politic의 근거와 조건을 규명하는 작업에서 필수적이었다(Baker 1990, 32). 20세기 중국에서 역사는 혁명과 반反혁명을 설명하는 데 한 세기 내내 동원되었다(Schwarcz 1992, 112). 일본에서도 '민중사'는 전후 사회운동의 철학적 기반과 토대를 구축하는 데 결정적 역할을 했다(Sasaki-Uemura 1993, 58).

한국에서 민중운동의 전개는 한국 근·현대사에 대한 비판적 재인식과 밀접하게 연결되어 있다. 즉 민중운동이 '민중'이라는 개념을 형성하는 데 있어 핵심적 역할을 한 것이 역사적 사건에 대한 대안적 해석과 새로운 해석이었다. 역사 다시 쓰기는 공인된 기억과 대항기억이, 그리고 국가가 주도하는 지배 담론으로서의 민족주의와 운동권의 저항 담론으로서의 민족주의가 대결을 펼치는 과정이었다. 그리하여 한국사는 국가와 운동권이, 혹은 제도권 학자들과 새로 부상하는 재야 '민중 지향적' 학자들이 열띤 대결을 펼치는 장場이었다.

1970년대 말과 1980년대에 걸쳐 제도권 학계 밖에서 생산된 여러 형태의 역사 지식은 운동권의 과거사 재평가 작업과 맞물려 있었다. 첨예한 논란의 대상이 된 해방 이후 사건들은, 공개 포럼이나 세미나, 각종 기념행사와 시위를 통해 공론화되었다. 특히 역사적 사건에 대한 문학적 재현이며 대중적 형태의 대항기억이라고 할 수 있는 역사소설이 이 시기에 쏟아져 나왔다.[2] 이런 노력들은 사회적 기억[3]을 "행동으로 옮기고, 공연하고, 시연함으로써"(Healy 1997, 5-6) 민중을 역사적 주체로 형상화하는 데 기여했다.

1945년 이후, 학생을 포함한 지식인들 사이에서는 한국인이 한국 역사의 주체가 아니었다는 의식이 광범위하고 뿌리 깊게 퍼져 있었다. 필자는 이를 '역사 주체성의 위기'라 부른다. 이 장에서는 해방 후 남한에서의 사회운동 역사와 유신 체제의 등장을 간략하게 훑어보고 이 '역사 주체성의 위기'에 대해 살펴본다. 이어서 운동권에 혁명이라는 '과업'을 안기고 민중을 역사적 주체로 규정하는 데 가장 중요한 역할을 한 사건으로 광주민중항쟁을 논의한다. 아울러 민중 담론이 만들어지는 과정에서 논쟁과 동원의 대상이 된 1894년 동학농민운동, 1948년 제주4·3항쟁, 그리고 1950~53년 한국전쟁의 의미를 검토한다. 이 장의 마지막에서는 운동권의 각종 기념행사를 통해 새로운 의미들이 공공 영역으로 들어오는 과정을 살펴본다.

## 1. 사회운동 약사略史: 1960~70년

35년간의 식민 통치에서 벗어난 한국인들이 해방 후 품기 시작한 "갓

---

**2**_한국전쟁, 제주항쟁, 광주항쟁에 대한 대표적인 문학적 재현으로 조정래(1988), 현기영(1994), 홍희담(1988)을 각각 볼 것.

**3**_사회적 기억이나 집단 기억에 대한 이론은 모리스 알박스(Halbwachs 1992)에 의해 창시되었고 폴 코너턴(Connerton 1989)에 의해 상세히 설명되기에 이른다. 집단 기억은 과거에 대한 관심의 사회적 지향성을 드러내는데, 이는 개개인의 기억에도 영향을 미친다. 위 두 사회학자는 모두 '기억'과 '역사 서술'을 명백하게 구분하고 있으나, 페테르 고츠쵸크의 주장대로 이 둘은 명료하게 분리되거나 구별될 수 없다(Gottschalk 1997, 116-135).

태동한 천 개의 꿈"(Anderson 1991, 128)은 이후 극심한 이념 갈등, 대규모 사상자와 피해를 초래한 내전, 권위주의 정권에 대한 완강하고 지속적인 저항 등으로 얼룩진 잔혹한 국가 형성 과정에 맞부딪히는 운명을 맞았다. 1945년 이후의 한국 역사는 일련의 사회적 갈등과 저항만으로 환원될 수는 없으나, 해방 후 한국 지식인과 대학생의 의식을 구성하고 민중운동을 태동시킨 '역사 주체성의 위기'를 이해하기 위해서는 이를 간과할 수 없다. 여기서는 1960년대에 일어났던 한국 사회운동의 중요한 사건들을 간략하게 짚어 봄으로써 그 역사적 윤곽을 간략하게나마 그려 보고자 한다.

한국에서 사회적 저항은 오랜 역사를 지니고 있다.[4] 그러나 1960년에 일어난 4·19 학생 봉기는 민주주의를 위해 기꺼이 싸우겠다는 아래로부터의 광범위한 대중적 의지와 열망을 최초로 표출했다. 이와 관련해 한 학자는 "민족의 생존을 위해 피를 흘리며 싸운 예는 과거에도 있다. 그러나 우리가 민주적 권리와 개인의 자유를 되찾기 위해 우리의 피를 흘리기는 …… 처음"이었다고 말한다(차기벽 1983, 163). 4·19혁명은 고등학생들이 주도한 2·28 대구 학생의거에서 처음 시작되었다. 당시 대선을 코앞에 둔 정부는, 학생들이 야당 후보의 유세장에 가지 못하도록 일요일 등교 조치를 내렸다. 이에 학생들은 집권당과 당시 대통령이자 대통령 선거 후보였던 이승만을 상대로 거세게 저항했다. 3월 15일, 결국 야당 후보자 및 야당 지지자에 대한 살인과 폭력 속에서 선거가 실시된 결과, 학생과 시민은 곧바로 시위에 나섰다. 경남 마산에

---

4_이에 대해서는, 특히 Haboush(1994); 이재오(1984)를 볼 것.

서는 경찰 진압 과정에서 13명이 사망하고 123명 이상이 부상당하면서 시위의 불을 지폈다. 이후 수천 명의 고교생을 비롯해 이후 전국 규모의 대학생이 이승만의 하야와 부패 정권 타도를 요구하며 시위 대열에 합류했다. 교수단도 이승만의 하야와 "학생의 피에 보답하자"라는 구호를 내세우며 일어섰다. 시위대가 대통령이 집무하는 경무대로 향하자 구두닦이와 걸인 그리고 초등학생들도 "형과 누나에게 발포 금지!"를 외치며 시위대에 합류했다. 사망자 187명,[5] 부상자 6천여 명을 내며 58일간 이어진 시위 끝에 더는 선택의 여지가 없어진 이승만 대통령은 4월 26일 결국 하야를 선언했다(박태순·김동춘 1991, 70).

당시 시위에 참가했던 이들에게나 이후 세대에게 4·19혁명은 하나의 역사적 이정표이자 부채가 되었다. 4·19혁명을 통해 학생·청년층은 기성 정치인의 무능함과 부패한 사회 세력과의 결탁을 비판하면서 권위주의 정권을 타도하는 데 성공했다. 다만 이들은 혁명을 위한 멍석을 까는 데 성공했을지언정 스스로 혁명적 과업을 수행할 권력을 가진 혁명의 집행자는 아니었다. 실제로, 당시 시위대 학생들은 정권의 전복을 겨냥하지도 예상하지도 않았다. 4·19혁명은, '혁명'이라 명명할 수 있는가의 문제를 떠나, 대부분의 참여자에게는 뜻밖의 결과였다.[6]

---

5_ 이 수치가 반드시 정확한 것은 아니다. 부상자 중에서 후일 사망한 이들이 더 있기 때문이다(박태순·김동춘 1991, 70)._옮긴이

6_ 4·19혁명에 대한 연구와 관련해, '4·19 학생 혁명'에서 '학생'이라는 단어의 의미를 좀 더 면밀히 들여다볼 필요가 있다. 박태순·김동춘(1991)에 따르면, 1960년대 초 학생들은 한국전쟁의 여파로 인해 이후 세대와 비교해 인구 구성비가 달랐다. 학생들은 상대적으로 나이가 많은 경향이 있었으며, 이름만 학생인 경우도 많았다. 구두닦이 소년이나 양아치라 불리던 넝마주이도 신분은 '직업학교의 학생'이었다. 또한 서울 일각에서는 시위 현장에 조직적으로 나선 참가자

4·19혁명은 이후 세대의 지식인과 학생에게 일종의 역사적 책임감을 부여했다. 이들은 기꺼이 민족의 양심이 되었고, 이후 권위주의 정권에 맞서는 주도 세력이 되었다. 동시에 이들은 산적한 문제를 안은 채 5·16 군사 쿠데타로 인해 비극적으로 단명한 제2공화국(1960~61년)과 일부 4·19혁명 세력의 '변절'[7] 현상을 경험하면서 — '변절자' 중 다수는 이후 박정희 권위주의 정권을 적극 지지하거나 정권과 결탁했다 — 구조적 개혁 없는 혁명의 실패와 한계를 인식해야만 했다. 다른 한편, 일반 대중은 학생운동을 일시적이고 이상주의적인 돌발 현상으로 여겼고, 학생들이 생활인으로서 책임을 져야 할 때가 되면 학생운동은 이내 소멸할 것으로 보았다.[8]

요컨대 4·19혁명은 미완의 혁명이었다. 1980년대 민중운동에서 운동권은 1960년대 이후의 한국 사회를 크게 "4월이 남긴 과업을 적극 추진하려는 세력과 그것을 저지하려는 세력"이 쟁투를 벌이는 장으로 새롭게 규정했다(박태순·김동춘 1991, 110). 민중운동은 미완의 4·19혁명을 이어 나가기 위한 것이었다. 이를 두고 어느 시인은 "우리는 아직도 우리들의 깃발을 내린 것이 아니다. 그 붉은 선혈로 나부끼는 우리들의 깃발을 내릴 수가 없다"[9]라고 표현했다(최민지 1983, 218에서 재인용).

---

들이 대학생보다 뒷골목 깡패가 훨씬 많았다는 점도 생각해 봐야 할 것이다. 게다가 일부 대학에서는 정부 감독 아래 있는 학도호국단의 '타락한' 학생들이 시위를 적극 주도했다(박태순·김동춘 1991, 62-71). 이처럼 다양하게 구성된 시위 구성원을 '학생'이라는 이름으로 묶음으로써 4·19혁명은 한국의 대학생에게 역사적으로 유례없는 위상과 책임 의식을 동시에 안겨 주었다.

7_'변절' 개념에 대한 좀 더 자세한 내용은 박태순·김동춘(1991, 160-169)을 참조할 것.

8_이런 현상을 두고 한완상은 다음과 같이 요약한다. "저희들도 사회 나가 취직하게 되고, 마누라 얻어 자식새끼 갖게 되면, 다 변하게 되어 있지. 별수 있나"(한완상 1986, 102).

'혁명의 피'를 통해 정권을 잡은 제2공화국의 허정과 그의 과도정부는 학생들이 의기양양하게 교정으로 돌아가기가 무섭게 4·19혁명의 이념과 목표에서 멀어지기 시작했다. 소수의 학생과 지식인들은 곧바로 자신들의 혁명이 역사적으로나 대중적으로 아무런 위임도 받지 않은, 권력에 굶주린 정치가들의 수중으로 넘어갔다고 인식하기 시작했다. 혁신정당 대부분이 의석을 얻지 못한 7·29 총선의 결과는 학생들로 하여금 의회정치와 자신들의 '계몽' 프로젝트를 통해 민주주의를 실현시킬 수 있을 것이라는 생각에 더욱 의구심을 품게 했다.[10] 학생들은 새로운 집권당인 민주당의 정책과 행동은 4·19혁명 정신에 정반대되는 것이라고 생각했다.[11] 이들은 점차 빈곤, 정치 탄압, 사회 혼란 등을 포함한 남한의 각종 사회문제의 주요 원인으로 남북 분단을 지목하기 시작했다. 분단의 책임은 '자국의 이익만을 챙기는' 외세, 즉 미국과 소련에게 물어야 했다. 학생들은 "우리의 역사적 현실을 혁명적으로 변혁"하려면 "반봉건, 반외세, 반매판 자본"에 바탕을 둔 민족 분단을 극복하고 민족 통일을 이룩해야 한다고 주장했다(이재오 1984, 190에서 재인용).[12] 통일의 대의를 앞세운 전국 규모 학생 조직인 '민족통일연맹'[13]

---

**9**_이 구절은 박두진 시인의 "우리들의 깃발을 내린 것이 아니다"라는 시의 일부다._옮긴이

**10**_4·19혁명 직후 학생들은 학내 민주화를 요구하면서 동시에 '계몽운동'에도 주목하기 시작했다. 그리고 이 계몽운동은 서서히 국가 주도의 재건국민운동 정책과 그 궤를 같이하며 전개되었다. 이 운동의 일환으로 학생들은 새로운 농법 개발 및 농촌 생활환경 연구를 위한 연구회를 조직했으며, 농촌진흥청·농림부와 같은 정부 기관과 긴밀히 협력하기도 했다(이재오 1984, 192-193).

**11**_장면 정부에 대한 좀 더 자세한 논의는 Yang Sung Chul(1970, 140-147; 226-232)을 볼 것.

**12**_'구매자'라는 의미의 포르투갈어인 'Comprador'(꼼프라도르)는 "본래 외국 생산자와 국내시

이 1960년 11월에 결성되었다(Han Sung-joo 1974, 200-201).

전국의 대학생은 이 같은 통일 요구에 적극적으로 호응했다. 1961년 5월 13일 학생 대표단은, 일부 국회의원의 지지를 얻어, 통일로 향하는 첫 관문으로 정부가 남북학생회담을 허락해 줄 것을 요구하는 궐기대회를 가졌다. 학생들은 "가자, 북으로! 오라, 남으로! 만나자, 판문점에서!", "이 땅이 뉘 땅인데 오도 가도 못하는가!"와 같은 구호를 들고 나왔다. 자유주의적이었으나 무능했던 장면 내각(1960~61년)은 학생들의 남북학생회담 요청을 어떻게 받아들여야 할지 몰라 당황해 하다가 급기야 남북학생회담은 불법이라는 이유로 학생들의 요청을 거부했다. 그로부터 사흘 후인 5월 16일, 육군 소장 박정희를 중심으로 한 군부세력은 쿠데타를 일으켰으며, 통일에 대한 그때까지의 모든 논의와 학생 시위는 종결되었다(이재오 1984, 190).

5·16 군사 쿠데타 세력은 자신들이 4·19혁명 정신의 계승자이며, 미완의 혁명을 완성하는 것이 자신들의 목적이라고 주장하며 집권을 시작했다. 말로는 민중의 힘에 대한 역사적 정당성을 지지했지만, 그들

---

장 사이에서 중간자로 소매업을 하는 지역 상인을 일컫는다. 마르크스주의자들은 이 용어를 구체적으로 외국의 독점자본에 의존해 자신들의 특권적 지위를 누리는, 그리하여 자국의 식민지 점령에 대해 기득권을 가지고 있는 토착 부르주아층을 지칭하는 용어로 사용했다. 포스트식민주의 이론에서 이 용어는 좀 더 광범위한 의미로 사용되고 있다. 즉 학자, 작가, 예술가와 같은 지식인층까지 포함해서 식민지 권력에 의지하고 식민지 권력과 동일시함으로써, 지식인으로서의 독립성이 훼손될 수 있는 자들을 포함한다"(Ashcroft et al. 1998, 55). 4·19혁명 선언문에서 학생들이 사용한 '매판'의 의미는 마르크스의 용법에 해당되며, 구체적으로는 재벌, 정부, 그리고 고위 관료들을 지칭하는 데 사용하고 있다.

**13_** 정식 명칭은 '민족통일전국학생연맹준비위원회'로 1960년 11월 18일 '서울대민족통일연맹' 결성을 계기로 만들어진 전국 학생들의 통일운동 조직이다.

의 행동은 4·19혁명 정신에 전혀 부합하지 않았다(심재택 1983, 66). 군부 지도자들은 국민적 합의와 참여를 완전히 배제했으며 비록 나약하고 무능했을지언정 합헌적으로 선출된 정부를 무너뜨림으로써 민주주의에 역행했다(박태순·김동춘 1991, 135; Yang Sung Chul 1970). 뚜렷한 국정 비전이나 선명한 정치 이념이 없었던 5·16 군사 쿠데타 세력에게 반공주의와 산업 발전은 그들의 존재 이유가 되었고 국가정책이 되었다(이우영 1990, 231).[14] 이들은 유독 한국 사회의 "비능률, 나태, 부패, 퇴폐, 불순 세력, 용공주의, 좌익, 혼돈"만을 강조했는데, 어쩌면 이는 일정 부분 자신들 내부의 갈등과 혼란을 반영하는 것이었다(Han Sung-joo 1974, 1에서 재인용).[15] 쿠데타가 일어난 후 정치 활동에 적극적인 사람은 '빨갱이' 혐의로 검거되었으며, 통일운동에 적극적이던 학생 다수는 체포되거나 수배를 받아 도피해야만 했다.[16]

당시 지식인 가운데 그 누구도 5·16 군사 쿠데타를 어떻게 평가해야 할지, 또 신군부가 내세우는 민족주의적 비전을 어떻게 해석해야 할

---

**14_**박정희가 내세운 경제 발전은 이미 제2공화국에서 주요 쟁점이 되었던 정책이었다. 예를 들어, 1960년 8월 13일 윤보선 대통령은 취임사에서 "경제적 자유에 뿌리를 박지 않는 정치적 자유는 마치 꽃병에 꽂힌 꽃과 같이 곧 시들어 지는 것"이라고 말한 바 있다. 또한 '경제 제일주의' 원칙은 제2공화국 장면 총리의 정책이기도 했다(차기벽 1983, 171; Yang Sung Chul 1970, 226).

**15_**김동춘은 이 시기에 대해 다른 견해를 밝힌다. 김동춘(1990, 307-314)을 참조할 것.

**16_**쿠데타를 일으키고 그 다음 날 군부는 4천여 명의 진보적 지식인과 교원 노조 교사들 그리고 정치가들을 '빨갱이' 활동 혐의로 검거했다. 또한 군사정부는 이전 정부 시절 사형선고를 받고 수감되어 있던 정치범 1백 명 이상을 처형했다. 그뿐만 아니라, 사회 정화 운동의 이름 아래 불량배들과 심지어 경미한 교통 위반자들도 중형에 처해져 강도 높은 노동을 하게 했다. 대략 4천여 명의 '깡패'들과 수천 명의 걸인들이 서울 시내를 강제로 행진한 다음 노역을 위해 공공 사업장으로 보내졌다(박태순·김동춘 1991, 142; 156).

지에 대한 정확한 진단을 내놓지 못했다. 정부로부터 엄격하게 검열을 받고 있던 각종 대중매체는 주로 박정희의 민족주의적 행적을 보도했고, 미국 정부는 처음엔 박정희의 '좌익 전력'[17]에 의문을 제시했다. 따라서 지식인과 학생은 박정희의 국정 의제가 대체로 '민족주의적' 성향을 나타낼 것으로 조심스레 전망했으며, 일각에서는 그를 아예 이집트의 독립 영웅 가말 압델 나세르Gamal Abdel Nasser와 비교하기조차 했다(박태순·김동춘 1991). 당시 지식인들 사이에 가장 큰 영향력을 누리던 잡지 『사상계』[18]는 5·16을 "민족주의적 군사 혁명"으로 규정하고 지지를 표명하기도 했다. 5·16은 "민주주의의 이념에 비추어 볼 때는 불행한 일이요, 안타까운 일이 아닐 수 없으나 위급한 민족적 현실에서 볼 때는 불가피한 일이다"라는 논리였다(이종오 1988a, 49에서 재인용). 이 같은 인식은 개개인의 정치적 성향과 무관하게 당시 지식인들 사이에 널리 공유되어 있었다(Han Sung-joo 1974, 1).

박정희의 경제개발 5개년 계획은 국민에게 희망을 안겨 주었다. 1인당 국민소득이 연간 1백 달러였던 한국은 당시 세계 최빈국 대열에 속했는데, 이전 정권은 만연된 빈곤과 실업 문제에 줄곧 속수무책이었

---

**17**_1948년 여순반란사건 발발 당시 육군 소령이었던 박정희는 체포된 후 군법회의에서 남조선 노동당 군사 총책으로 무기징역을 선고받는다. 하지만 한국전쟁이 발발하자 박정희는 선고유예 조치를 받고 바로 군에 복귀했다. 좀 더 자세한 내용은 Kim Kwan Bong(1971, 144)을 참조할 것.

**18**_『사상계』는 한국전쟁이 아직 종료되지 않은 1953년 반정부 지식인 장준하와 백낙준이 창간한 월간지다. 비판적 지식인들의 글을 실었으며, 4·19혁명 및 1965년 한일회담 반대에 중요한 역할을 담당했다. 이후 1970년 5월호에 김지하의 시 <오적>을 실었다는 이유로 당국으로부터 폐간 처분을 받았다.

다. 이런 상황에서 근대적·자주적·민족적 경제를 이루자는 박정희의 주장을 거절할 사람은 많지 않았다. 1970년대와 80년대 반정부 활동으로 잘 알려진 김근태는 1963년 대선 당시 박정희가 내걸었던 "자립 경제의 발전을 통해서 우리 민생고 문제를 해결하겠다"는 공약이 자신과 주변 친구들에게 상당한 호소력을 지녔었다고 회고한다. 반면에, "미국에서 구걸 동냥을 하더라도 원조를 받아다가 국민을 먹여 살리겠다"고 한 박정희의 대선 경쟁자였던 윤보선 대통령(1960~62년)의 공약은 외세에 지나치게 의존하고 있다는 인상을 주었던 것이다(김종환 1988a, 298).

한일 관계를 정상화하기 위한 한일회담은 군사정권과 잠시나마 협력·공존했던 지식인과 학생을 다시 거리로 끌어냈다(박태순·김동춘 1991). 1964년 3월 국교 정상화를 위한 한일회담이 추진되고 있다는 사실이 알려지자, 많은 국민은 국교 정상화 이전에 일본이 먼저 과거 식민 통치에 대한 진심 어린 사과를 할 것을 요구했다. 이들은 국교 정상화 조약이 한국의 국익과 상충하는 것이라고 했고, '일본이 40년간 한국에 범한 만행을 정당화'시켜 주기 때문에 한국에 대한 또 하나의 치욕적인 사건이며, 한 발 더 나아가 이 조약은 일본에 한국을 지배할 수 있는 길을 다시 한 번 내주는 것이라고 했다.[19] 특히 학생들은 국가 지도층이 국가의 자존심을 개발차관과 경제원조에 대한 일본의 약속과 맞바꾸었다며 강력히 반발했다.[20] 일부 학생들은 특히 정부가 일본과

---

**19**_한일회담 반대에 대한 좀 더 자세한 내용은 Kim Kwan Bong(1971, 95-116)을 참조할 것.

**20**_집권당이었던 민주공화당은 일본이 약속한 경제 안정 기금에서 1억3천만 달러를 재산 청구처분 기금으로부터 선취했으며, 그 자금은 정부와 집권당이 당을 조직하는 데 사용했다는 설이 돌았다. 이런 루머는 집권당이 그들의 권력을 유지하고자 조약을 서두른 것이라는 의혹을

회담을 진행시키기보다 남북의 문화적·경제적 협력을 위한 발판을 구축해야 한다고 주장했으며, 일부 보수 정치인도 이에 동조했다. 요컨대 한일회담은 일부 군부 세력을 포함해 국민의 절대다수가 반대했다(Kim Kwan Bong 1971, 113-114).

이 조약의 배후에는 미국이 있다는 인식이 또한 널리 퍼져 있었다.[21] 야당과 언론은 '일본의 한국 경제 인수를 주재'하고 있는 미국을 비난했다. 학생 시위대 팻말에는 "미국은 가면을 벗고 진정한 우호국임을 보여라"라는 구호도 등장했다(이종오 1988a, 59). 윤보선 전 대통령 또한 이 같은 반미 정서에 호응해 미국이 일본에 한국 문제를 다루도록 종용하는 것은 "고리대금업자에게 자선사업하기를" 기대하는 것과 다를 바 없다고 비판했다(Kim Kwan Bong 1971, 106에서 재인용).

그리하여 한국에서 새로운 정치의식의 태동을 의미하는 또 하나의 역사적인 세대가 태어나게 되었다. 바로 '6·3세대'다. 1964년 6월 3일, 그해 3월부터 시작된 국교 정상화 반대 시위는 이날 급작스럽게 중단되었다. 서울 지역에 계엄령이 선포되고 대학 캠퍼스와 거리를 군인이 장악했기 때문이다.[22] 대학 교정은 '전쟁터'를 방불케 했고, 시위 주도자들은 퇴학 처분을 당했다. 체포된 학생들은 군사재판에 넘겨졌고, 시

---

더욱 증폭시켰다. 아울러 일본이 이미 여러 차례에 걸쳐 한국에 1억 달러 이상 상업 차관을 지원해 주기로 협약을 했다고 밝히자 불신은 더욱 커졌다. 이는 국교 정상화 이전에 일본으로부터 경제적 협력을 요청하지 않겠다는 이전 정부와는 대조적인 것이었다(Kim Kwan Bong 1971, 104).

21_한일회담에서의 미국의 역할에 대해서는 박태순·김동춘(1991, 169-184); Macdonald(1992, 116-135)를 참조할 것.

22_당시 상황에 대한 좀 더 자세한 내용은 이종오(1988a)를 참조할 것.

위 학생에 동정적인 교수들은 '정치적'이라는 낙인이 찍혀 학교를 떠나야만 했다. 캠퍼스에는 학생들의 패배감과 절망감을 쏟아 내는 구호만이 나부꼈다. "애통! 학문의 자유여", "게다짝에 멍든 대학, 총칼 앞에 통곡한다", "학원 침입이 국토방위냐", "범법 학교 폐쇄 전에 범법 국회 해산하라", "양키는 침묵하라"(이재오 1984, 246-252).

그로부터 1년 후, 1965년 6월 국교 정상화를 위한 한일회담이 서명되었고, 이를 계기로 약 6개월 동안 다시 대규모 시위가 잇달아 일어났다. 학생들은 단식투쟁을 단행했고, '민족적 민주주의 장례식'을 거행했다(박태순·김동춘 1991, 188). 그러나 학생들의 시위는 이번에도 무자비한 군의 개입으로 종결되었다. 서울 지역에는 위수령이 발동되었고, 교정에는 다시 무장 군인이 등장했으며, 대학에는 휴교 조치가 내려졌다.[23] 1964년 3월부터 1965년 9월까지 전국적으로 3백만여 명의 학생과 50만여 명의 일반 시민이 집회, 가두시위, 단식, 토론에 참여하며 정부의 한일회담 조인을 반대하는 활동을 펼쳤다. 이들은 성명서를 발표했고, 시위를 진압하는 군, 경찰, 최루탄 가스와 싸웠다(Kim Kwan Bong 1971, 109).

한일회담 반대 운동의 경험과 기억은 이후에도 계속 살아남아 대학 캠퍼스에서, 거리에서 다양한 형태로 나타났다. 1967년 6·8 총선에서는 대대적인 부정선거가 적발되었고, 1968년 박정희는 3선 개헌안 통

---

**23_**김관봉에 따르면 "위수령은 기본적으로 군사적 우발 사태로 인한 비상 상태가 발생한 경우 시장이나 도지사의 요청을 받아 해당 지역의 군사령관이 발동할 수 있다. 위수령은 해당 지역의 지속적인 민정 기능을 허용하고 '언론의 자유'를 허용한다는 점을 제외하고는 계엄령과 거의 동일한 효력을 지닌다"(Kim Kwan Bong 1971, 116).

과를 시도했다. 권위주의 정권의 이 같은 비민주적 행동이 있을 때마다 학생들은 캠퍼스에서 거리로 뛰쳐나왔다.[24] 당시의 한 대학생은 1968년 6월부터 1969년 12월까지 "전국의 대학과 고등학교에서 데모가 일어나지 않았던 날은 하루도 없었다"고 회상한다(이재오 1984, 253).

1960년대 한국의 사회운동에서 가장 눈에 띄는 집단은 대학생이었으나, 이 시기 한국에서는 학생들 외에도 개인적으로 혹은 집단적으로 사회적 문제들을 지적하고 문제 해결을 위한 대안을 제시하는 이른바 '혁신계'가 급부상하고 있었다. 이들이 제시하는 대안 중에는 종종 급진적인 것들도 포함되었다. 정권과 보수 세력은 이들을 '불온·불순분자'라는 명칭하에 일률적인 세력으로 취급했지만, 실제로 이 세력은 개개인의 배경, 현실 상황에 대한 분석, 미래에 대한 비전, 활동 내용 등의 면에서 매우 다양했다. 개개인의 배경을 보면 식민지 시기 항일운동에 가담했던 민족주의자도 있었고, 해방 후 남한에서 활동한 빨치산 출신도 있었다. 또 사회 현실에 대해 토론을 하며 비판적인 시각을 고양하기 위한 '학습' 혹은 '서클'[25]에 단순히 참여하는 대학생들인 경우도 있었다. 그들의 활동을 보면, 『사상계』와 같은 잡지와 『민족일보』와 같은 신문을 발행하기도 하고,[26] '한국농업문제연구소'를 설립해 농업 문

---

24_1969년 집권당인 민주공화당은 새벽에 국회 별관에서 여당 의원들로만 구성된 비밀 국회를 개회하고 1971년 박정희 대통령의 3선 출마를 가능하게 하는 헌법 개정안을 통과시켰다. 개헌 반대 학생운동에 관한 좀 더 자세한 내용은 서중석(1988a)을 참조할 것.

25_운동권의 '학습' 모임은 '서클'이라고도 불렸는데, 여기에 대한 좀 더 자세한 논의는 이 책의 4장을 참조할 것.

26_『민족일보』는 1961년 2월 창간된 일간신문이다. 이 일간지는 혁신계 주장을 개진하고 남북의 평화통일을 지지하며 소외 계층의 이익을 대변하기 위한 것이었다. 창간 3개월 후, 계엄

제를 연구하기도 했다. 후자의 경우, 당시는 인구 대다수가 농촌에 거주하던 시기로, 이들은 농업 문제를 자신들이 당면한 가장 시급한 현실 문제로 인식했다. 혁신계에는 또 사회주의혁명을 일으키기 위한 목적으로 조직된 통일혁명당(약칭 통혁당)과 같은 마르크스-레닌주의 지하조직원도 있었다. 2장에서 더 자세히 논의하겠지만, 위에 언급되었거나 미처 언급되지 못한 모든 개인 혹은 조직 세력은 그 정치적 관점이나 급진성 정도와는 상관없이 국가로부터 반국가 공산주의자로 낙인찍혀 혹독한 처벌의 대상이 되었다. 따라서 이후 세대의 운동권에게 1960년대 혁신 세력은 양날의 칼을 지닌 유산이었다. 즉 이들은 한편으로는 존경의 대상 혹은 영감의 원천이었으나, 다른 한편으로는 급진적 전망만 있을 뿐 대중적 기반 없이 지하로 내몰린 사회운동의 정치적 취약성을 적나라하게 드러내 보여 준 반면교사이기도 했다.


## 2. 유신 체제의 등장

1960년대가 4·19혁명이라는 민주화를 위한 희망적인 조짐으로 출발했다면, 1970년대는 근대적이고 산업화된 국가라는 큰 희망의 문을 열어 준 두 개의 화려한 개막 행사로 시작되었다. 하나는 1970년 4월 1일

---

사령부는 이 신문을 북한의 '원조'를 받았다는 혐의로 폐간시켰다. 또한 설립자이자 사장이었던 조용수는 1961년 12월에 처형되었다.

아시아 최대 제철소 설립을 위한 포항제철의 기공식이었으며, 다른 하나는 1970년 7월 7일 서울과 부산을 연결하는 경부고속도로 전 구간 개통 기념식이었다.[27] 그러나 그해가 다 가기 전, 민주주의에 대한 희망을 송두리째 뒤흔든 참담한 사건이 터졌고, 권위주의 정권의 강권 통치는 본격적으로 강화되기 시작했다.

1970년 11월 평화시장의 재단사였던 스물세 살 전태일은 노동자들의 열악한 노동조건과 저임금에 항의하며 분신자살한다.[28] 이 사건은 이후 도시 빈민, 실업자, 대학생들 사이에서 폭발적으로 일어난 일련의 시위로 이어진다. 그중 가장 눈에 띄는 사건은 1971년의 광주(지금의 성남시) 대단지 사건이다. 당시 박정희 정부는 서울시 빈민가 정비 및 철거민 이주 사업의 일환으로 경기도 광주에 위성도시를 계획하고, 1970년 10만 명이 넘는 철거민을 이주시켰다. 정부는 토지를 분양하고 융자를 약속하며 2만 세대가 넘는 철거민을 이주시켰으나, 대단지에 약속했던 공장, 학교 등이 들어서지 않자 이주민들이 다시 도시로 되돌아가는 현상이 벌어졌다. 대단지에 남은 주민들은 비만 오면 단지 전체가 진흙밭으로 변하는 비포장도로, 상하수도 시설의 부재 등 기반 시설의 부재와 불합리한 토지 대금 납입 조건 등에 대한 개선책을 여러 차례 걸쳐 요구했으나, 당국은 이를 번번이 묵살했다. 이런 상황에서, 1971

---

27_경부고속도로는 정부가 단독으로 재정을 조달하고 한국의 순수 기술력으로 건설되었다. 공사 기간은 2년 5개월로, 정부는 이것이 세계 최단 공사 기간이라는 점을 자랑스럽게 강조했다. 그러나 이 공사 기간 동안 77명이 사망했다. 이는 당시 공사가 얼마나 혹독했는지를 입증해 주고 있다.

28_좀 더 자세한 내용은 이 책의 6장을 참조할 것.

년 8월 마침내 3만여 명에 달하는 대단지 주민들의 분노가 집단행동으로 분출했다. 이후 이 사건은 1970~80년대 수도권 도시 빈민 시위의 서막을 연 사건이 되었다(채광석 1984).[29]

1971년 4월 치러진 대통령 선거에서 박정희는 결국 3선에 성공했다. 이 선거는 박정희 통치 기간(1961~79년) 동안 치러진 대통령 선거 가운데 마지막 국민 직접선거가 되었다. 선거는 '유권자에 대한 회유와 협박'을 통해 상대 후보였던 김대중을 근소한 차이로 누르면서 끝났다.[30] 이후 박정희는 1971년 12월 국가비상사태를 선포하고 같은 달 변칙적으로 국회를 열어 〈국가보위에 관한 특별조치법〉을 비밀리에 통과시킨다. 이로써 대통령은 "옥외 집회 및 시위를 규제 또는 금지하고, 물가·임금·임대료들을 통제하고, '국가의 목적을 위해 전국에 걸치거나 일정한 지역을 정해 인적·물적 자원을 동원하거나 통제 운영'"할 수 있는 권한을 갖게 되었다(Hart-Landsberg 1993, 185).

1972년 10월, 박정희 대통령은 계엄령과 유신헌법을 공포하면서 그동안 잔영으로나마 남아 있던 민주주의를 일거에 소각시켜 버렸다. 유신헌법은 남과 북의 궁극적 통일을 위해 발판을 준비하는 정치 개혁의 첫 단계로 선언되었지만, 대통령은 유신헌법을 통해 "국회의원의 3분의 1을 임명"할 수 있는 권한, "국회를 해산"시킬 수 있는 권한, "모든

---

29_이 사건에 대한 좀 더 최근에 출판된 자료로는 김동춘, "성남대단지사건의 재조명: 1971년 8·10 광주대단지 주민항거의 배경과 성격"(『공간과 사회』 21-4호, 2011)이 있다. 번역 과정에서 이 책 원문 내용이 김동춘 자료를 바탕으로 일부 수정되었음을 밝힌다. 따라서 번역문의 내용은 저자의 참고 자료 채광석(1984) 내용과 다를 수 있음을 밝힌다._옮긴이

30_이 선거에서 박정희는 득표율 53.2퍼센트로 당선되었고, 신민당 후보로 출마한 김대중은 45.2퍼센트의 득표율을 기록했다.

판사를 임명"할 수 있는 권한, "국회에서 통과된 법률의 위헌 여부를 결정하는 헌법위원회의 모든 위원을 임명"할 수 있는 권한을 갖게 되었다. 더욱 교활한 것은 "국가의 안전보장 또는 공공의 안녕질서가 중대한 위협을 받거나 받을 우려가 있"을 경우 박정희 대통령은 필요한 모든 비상조치를 취할 수 있게 되었다(Hart-Landsberg 1993, 186).

이런 조항들을 담은 유신헌법 공포는 '역사적인' 남북적십자회담과 1972년 7·4남북공동성명이 발표된 지 3개월 만에 일어난 일이다. 7·4 남북공동성명은 남북이 지난 25년 동안의 상호 적대적 관계를 청산하고 양측이 함께 힘을 모아 자주적이고 평화적인 한반도 통일을 앞당기겠다는 성명이었다(Kwak Tae-Hwan 1987).[31] 국민들은 이 소식을 감격적으로 맞이했다. 당시 학생운동을 하던 김근태는 공동성명 소식을 접했을 때 "심장이 울렁울렁 뛰었다"고 회고했다. 남북공동성명을 통해 남북의 평화적 통일을 이룩하기 위한 박정희 대통령의 해결 노력에 깊이 감동한 나머지 김근태는 과거 박정희 정권에 저항했던 일이 "철없이" 느껴졌다고 했다. 하지만 이후 불과 3개월 만에 유신이 한국을 강타하자 배신감으로 인해 김근태는 "미치기 직전"까지 가버렸다고 한다

---

31_7·4남북공동성명은 평화적 통일을 달성하기 위해 남북이 공동의 노력을 발휘할 것을 다짐하며 통일 협상을 위한 다음과 같은 기본 원칙을 도출해 냈다. 즉 통일은 외세의 개입 없이 남북 양자 협상으로 이루어져야 하고, 무력이 아닌 평화적 방법을 통해 이루어져야 하며, 남북한의 이념과 제도의 차이를 초월하기 위해 서로 노력한다는 것이다. 남북한 고위급 정부 인사들이 서로를 공식 방문했고, 남북조절위원회와 적십자를 통해 정기적인 연락선이 확립되었다. 하지만 1973년 고위급 적십자 회담은 박정희의 남한 단독 유엔(UN) 가입 선언과 중앙정보부의 야당 정치 지도자 김대중 납치 사건으로 좌절되었다. 이후 1984년까지 남과 북 사이에는 이렇다 할 접촉이 이루어지지 않았다.

(김종환 1988a, 299). 이후 전국민주청년학생총연맹(약칭 민청학련) 결성에 주도적으로 참여했던 이철의 경우 ─ 이에 대한 좀 더 자세한 내용은 4장에서 논의하겠지만 ─ 유신헌법은 말 그대로 그를 "죽음 일보 직전까지 몰고 갔다"(이철 1991a, 246). 유신헌법 철폐를 주장하다 사형선고를 받았기 때문이다.[32]

긴급조치 1호가 선포된 1974년부터 박정희가 피살된 1979년까지의 시기는 일반적으로 '긴급조치 시대'로 불린다. 1974년 1월부터 1975년 3월 사이에 아홉 번이나 긴급조치가 선포되었다.[33] 그중 가장 혹독한 조치는 긴급조치 9호였다. 이는 베트남의 공산화 이후 박정희가 국가 '총력 안보' 체제 구축전을 펼치던 속에서 선포되었다.[34] 긴급조치 9호는 헌법을 비방하는 일을 포함한 일체의 반정부 활동을 금지했다. 마틴 하트-랜즈버그의 말대로, "긴급조치 9호의 범위를 감안할 때 박정희 정권은 더는 긴급조치를 선언할 필요가 없었다"(Hart-Landsberg 1993, 198). 긴급조치 9호는 그야말로 국민을 대상으로 한 전쟁 선포였다.[35]

---

32_ 이철은 1974년 7월 13일 사형선고를 받았으나 1975년 2월에 사면되었다.

33_ 긴급조치는 유신헌법에 대한 비방 행위를 불법으로 간주했다(긴급조치 2·3호). 또한 긴급조치는 민청학련에 가담하는 것을 불법으로 간주했으며(긴급조치 4호), 군인들이 대학 캠퍼스를 장악하는 것을 가능하게 했다(긴급조치 7호). 1974년 1월 8일 선포된 긴급조치 1·2호는 유신헌법에 반대하거나 비방하는 자는 누구든 15년 이하의 징역형에 처한다고 명기하고 있다. 저소득층을 위한 세금 감면 조항을 담고 있는 긴급조치 3호는 민생 안정을 목적으로 하고 있다고 밝히고 있다. 긴급조치 7호는 1975년 4월 8일 고려대에서 있었던 대규모 시위 집회 직후 선포되었고, 이 조치로 고려대에는 휴교령이 내려졌다(이재오 1984, 276-283).

34_ 1975년 사이공(현 호찌민 시) 몰락 이후 고조된 반공주의는 한국 사회 전역을 휩쓸었다. 모든 학년의 교과서가 대대적으로 개정되었으며 정부와 종교 단체의 지원을 받는 반공 집회가 매일 열렸다(신동아 편집부 1975b, 389).

1970년대 한국의 민주화운동은 유신 시대(1972~79년)에 대한 강렬한 혐오로부터 탄생했다. 박정희는 많은 국민에게 물질적 풍요를 가져다준 경제 기적을 이루었을지언정,[36] 유신 시대의 가혹한 조치는 소수의 학생과 지식인들로 하여금 박정희 정권뿐만 아니라 박정희로 상징되는 남한 국가 체제 그 일체에 대해 등을 돌리게 했다. 이들 반정부 지식인에게 유신 시대는 부조리와 희비극의 시대였으며, 루머와 공포의 시대였다. 통일주체국민회의라는 거수기 기관을 통해 토론도 없이 선출된 대통령은, 국회의원의 3분의 1을 '추천'했으며, 이렇게 추천받은 국회의원 후보는 대통령을 선출한 동일한 거수기 기관을 통해 거대한 실내 체육관에서 '만장일치'로 선출되었다.[37] 1978년 대통령 선거의 경우, 단독 입후보한 박정희는 통일주체국민회의 전체 대의원 2,578명이 참석한 가운데 2,577표로 대통령에 당선되었다(한국방송공사 2005d). 언론인은 대량 해고되었으며, 보도 내용은 사전 검열을 받았다. 신문이 본연의 보도 기능을 상실한 가운데 유언비어가 난무하는 '유비 통신'이 대중매체를 대신했다.[38] 친한 친구와 만날 때에도 늘 주변을 살피고 누군가 몰래 대화를 엿듣고 있는지 확인해야만 했다. 정부에 대해 공개적으로 행한 비판은 물론이거니와, 친구나 이웃과의 사적인 대화 속에서

---

35_1974년 7월 16일 박정희는 "우리가 직면하고 있는 오늘의 상황은 '준전시 상태'가 아니라 '전쟁을 하고 있는 상태'라고 해야 할 것이다"라고 말했다(임헌영 1990, 301).

36_이 책의 4장을 참조할 것.

37_유신 체제에 대한 좀 더 자세한 내용은 Sohn Hak-Kyu(1989)를 참조를 할 것.

38_『동아일보』 광고 탄압과 노조를 결성한 언론인들의 대량 해직 사례는 박정희 정권의 언론 탄압을 보여 주는 대표적인 사례였다. 이 사건에 대한 자세한 내용은 Sohn Hak-Kyu(1989)를 참조할 것.

오간 정부에 대한 비판도 자칫 감옥행을 자초할 수 있었기 때문이다. 실제로 이 시기에 술집 주인, 교사, 손금쟁이, 레코드회사 사장 등을 포함한 수많은 시민이 '사실 왜곡'과 '유언비어 날조' 혐의로 투옥되었다(이재오 1984, 283).

박정희 정권을 향한 학생과 지식인의 분노·불신은 그들이 퍼뜨린 말을 통해서도 확인해 볼 수 있다. 당시에는 "전 국토의 감옥화"(교도소 증설 방침), "전 국민의 죄수화"(긴급조치 위반자가 늘어나는 현상), "모든 여성의 창녀화"(당국의 비호 아래 만연해 있던 '기생 관광'[39]), "경제의 매판화"(늘어나는 외채 현상)라는 말들이 유행했다(이재오 1984, 283-284). 시인 양성우는 한국 사회를 "겨울 공화국"이라 선언했다.

......

날마다 우리들은 모른체하고
다소곳이 거짓말에 귀기울이며
뼈 가르는 채찍질을 견뎌내야 하는
노예다 머슴이다 허수아비다

---

**39_**기생은 원래 매춘 여성이 아니었으나 1960년대 이후 기생집의 다수가 섹스 관광의 목적지가 되었다. 당시 정부는 관광을 '제3산업'으로 지정하고 전폭적인 행정 지원과 특권을 부여했다. 이에 1960년대 중반부터 1970년대 중반까지 한국의 관광업은 34.9퍼센트 성장했다. 특히 1965년 한일회담 이후 일본 관광객이 빠르게 증가해 1973년이 되면 총 외래 관광객 중 80퍼센트를 차지하게 된다. 일본 『주간 아사히』(週刊朝日, 1973/10/25)의 보도에 따르면 1973년 한국에는 27개의 관광 요정이 있었고 전국적으로 대략 20만 명 정도의 콜걸 조직이 있었다고 한다. 매춘 여성을 산업 역군이자 애국자로 지칭하며 '한국 여성들은 경제 발전에 필요한 외화벌이를 하고 있다'는 당시 문교부 장관의 발언은 널리 회자되었다(한국교회여성연합회 1984, 358-397).

부끄러워라 부끄러워라 부끄러워라

......

(양성우 1977; Sekai ed 1976, 350에서 재인용).


## 3. 역사 주체성의 위기

유신 체제의 폭정은 급속한 산업화에 따른 인적 비용과 환경 비용의 증가와 맞물리게 되었고, 이는 대학생과 지식인 사이에 이미 퍼져 있던, 근대사는 '실패한' 역사라는 인식을 더욱 강화시켰다. 역사에 대한 좌절감은 운동권에 한정된 것은 아니었다. 사회 지도층, 학자, 보수주의자에서 반정부 인사에 이르기까지 한국 사회의 다양한 구성원들 사이에 널리 퍼져 있었다. 예를 들어, 박정희는 그의 정권과 정책을 정당화하기 위해 한국 역사의 실패를 자주 환기시켰다. 1980년대의 유명한 소설가이자 현재 보수적 자유주의자인 복거일은 일본이라는 식민 통치자와 미국이라는 신식민 초강대국으로부터 한국이 식민지 고리를 끊지 못하고, 스스로를 해방시키는 데 실패했다고 목청을 높인 바 있다.[40]

또한 한국의 해방 후 시기를 "석녀의 헛구역질"과 비교한 이문열은 이 실패한 역사의 비극적인 아우라와 절망감을 어쩌면 가장 통렬하게

---

**40**_Park Chung Hee(1962, 22-23) 참조. 복거일에 대한 논의는 Choi Chungmoo(1993, 86-88)를 참조할 것.

묘사했다(정민 1988, 363). 이문열은 여기서 국가를 여성의 몸에 비유하는, 매우 익숙하지만 문제적인, 우를 범한다. 그럼에도 이 같은 비유가 시사하는 바는 당시 한국 현대사를 서술하는 지배적인 모티프가 바로 '실패'였다는 것이다.

1980년대 역시, 역사 서술의 지배적 모티프는 '실패'였다. 헨리 임이 지적했듯이 역사학자들의 해석적 입장을 구분해 주는 시금석이 바로 "주체(자주적 주체) 문제"였다(Em 1993, 452). 민중운동 활동가에게 '자주적 주체'가 아니라는 것은 한국인이 자기 역사의 주체가 아니었고, 그 실패는 미국이 주도하는 냉전 질서하에 놓여 있는 한국의 지정학적 위치로부터 기인한다는 것을 의미했다.[41]

따라서 비판적 지식인들에게 1945년 8월 15일은 식민 통치 종식이 아니라 '신식민지'로서의 시작을 의미했다(송광성 1989, 212-215). 그리하여 해방 후 기간은 "점령과 반역의 역사"이자 "자유민주주의의 허울뿐인 40년"이었으며, "역경과 희생이 누적된 역사"로서 "굴절되고, 왜곡된" 것이었다(오연호 1989; 김세균 1989; 박현채 1989; 송상헌 1989, 173). 황지우는 그의 시 〈대답 없는 날들을 위하여 2〉에서 해방 이후를 "처형받은 세월이었지 축제도 화환도 없는 세월이었지 …… 혼수상태의 세월이었지"라고 묘사하고 있다(김주연 1988, 191에서 재인용).

1978년, 70학번인 이시영 시인이 지적했듯이, 역사에 대한 실패감은 집단적이면서도 세대적인 절망감과 좌절감을 널리 유포시켰다.

---

41_ 이와 같은 역사 서술에 대한 비판적 견해에 대해서는 Jager(2003, 99-106)를 참조할 것.

우리 세대(1945년 이후 출생자로 70년대에 대학에 입학한 세대)가 지난 세월 동안 받았던 교육은 주인으로서의 교육이 아닌 손님으로서의 그것, 더 뼈아프게 말하자면 남의 나라 머슴으로서의 그것이었다고밖에 말할 수 없습니다. 큰 나라들에 의한 냉전 체제의 프로파간다를 우리 세대만큼 독하게 먹고 자란 세대도 아마 없으리라고 봅니다. 미국은 무조건 우리 편이고 소련과 중공은 무조건 나쁜 놈들이고 북한은 온통 동포 아닌, 사람도 아닌 빨갱이들만이 으르렁대는 춥고 배고픈 '남의 나라' 멀기만 한 땅이었으니까요. …… 분단이란 그 말조차 생소할 정도로 지리 교과서에 그려져 있는 3·8선에 지나지 않았고, 통일이라는 말도 노래책에서 나오는 가사에 불과했습니다. 분단 자체를 의식하고자 하는 또는 그것을 극복하고자 하는 어떤 노력도 의지도 실천적 자세도 체험을 통해 배워 본 적이 없습니다. …… 작문 시간이 되면 우유를 얻어 주신 '고마운 분'을 위해서 "우리 대통령은 우리 아버지"라는 이승만 대통령의 생신 축하 시를 썼습니다. …… 6학년 때 우리는 다시 5·16 혁명 공약을 외워야 했으며 그 후 국가고사라는 것을 치르고 중학교에 들어갔고 고등학교, 대학교를 숨 가쁜 경쟁 속에서 마쳤습니다만, 이제 와서 보면 몸은 내 것이로되 내 몸의 주인이 내가 아닌 것 같은, 머리는 내 것이로되 머리의 주인은 내가 아니고 남인 듯한 참으로 불쌍하기 짝이 없는 분열된 자신을 발견하고는 합니다. 비유를 들어 말씀드린다면 내 정신에 박힌 냉전의 파편이 내 몸 전체를 쓰라리게 하고, 아직도 도처에서 우리 시대를 짓누르고 있으며, 내가 16년간 교육받았던 분단 시대의 허위의식이 내 눈을 사팔뜨기로 만들어 놓고 아직도 더 많은 사팔뜨기를 만들기 위해 논리적인 허위 무장을 일삼고 있는 시대인 것 같습니다(이시영 외 1978, 7-8).

이시영과 서두에 언급했던 서울대 총학생회 출신 김민석은 공히 신체적 장애나 손상된 외모와 같은 신체 언어로 자신들의 좌절감과 고통을 표현하고 있다. 이시영 자신은 "사팔뜨기"가 되어 갔고 김민석에게 한국은 "상처로 뒤덮인 유린당한 몸"(김민석 1985b, 11)이었다. 이렇듯 나라의 현실에 대한 비유로 신체적 손상을 일컫는 용어를 쓰는 일은 우연한 것도 새로운 것도 아니었다. 과거 일본의 식민지 담론과 그에 대한 한국인들의 논박과 부정 역시 신체를 비유한 언어를 사용했다. 최정무의 표현대로 일본의 '내선일체' 개념은 "일본과 조선은 한 몸이라는 …… 허구를 만들어 내는 일본 제국의 동화정책의 이중 담론"이었다 (Choi Chungmoo 1993, 85). 또한 동화주의 담론의 이중성과, 피식민자가 겪어야만 했던 물질적·개념적 한계를 강조하기 위해 식민지 시대의 작가들은 불구이거나 장애를 지닌 인물을 작품에 자주 등장시키곤 했다고 최경희는 밝히고 있다(Choi Kyeong-Hee 2001). 해방 후 한국의 '신식민지' 상황을 여지없이 보여 주는 권위주의 정권의 정책은 지식인들을 여전히 결핍감과 무력감으로 포박했다.

반정부 지식인의 결핍 담론은 곧 실패의 서사였다. 이 서사에 따르면 한국사는 '단절과 왜곡', 어둠과 부정의 역사였다. 현재의 정권은 독재적이고 반反민족적이었으며, 한국 사회는 서구의 가치 체계, 특히 미국식 가치 체계에 너무 빠져 있었다.[42] 반정부 세력의 이런 결핍 담론은 국가 주도의 민족주의 및 근대화 담론과 대립적인 모양새를 취하고 있었지만 사실상 이 둘은 상호 의존적인 관계에 있었다(Lee Namhee

---

**42**_결핍 담론이 역사 서술과 그 외 여러 측면에서 함축하고 있는 의미에 대한 활발하고 깊이 있는 논의로는 Yang Woo Jin(2005)을 볼 것. 지식인들 사이에 팽배해 있던 '결핍 담론'과 그와 관련된 중요한 쟁점들에 대한 지적을 해주신 양우진 교수께 감사드린다.

2004a). 국가 주도의 근대화 프로젝트나 운동권의 저항운동이나 모두 국가nation와 민족people이라는 이름 아래 진행되었고, 국가는 '국민' 혹은 '시민'이라는 호칭을 사용하고, 운동권은 '민중'이라는 호칭을 사용했으나, 이 두 개의 프로젝트는 국가 주도의 경제 발전이라는 목표에서 하나로 모아졌다. 여기서 필자는 민중 담론 속에 내재된 비판 의식이나 반정부 세력의 진정성에 의구심을 제기하고자 하는 것이 아니다. 그보다는 반정부 세력이 가지고 있던 국가에 대한 문제의식은 국가가 추진하던 근대화와 경제 발전의 궁극적인 목표에 있었던 것이 아니라, 국가가 이를 추진하는 방법에 있었다는 것을 지적하고자 하는 것이다.

## 4. 민중사학

반정부 지식인들의 '실패' 서사는 '역사 바로잡기' 서사를 수반했다. 불명예스러운 역사를 바로잡는 일은 곧 '부끄러운 역사'를 끌어안는 동시에 자신들이 바로 그 역사의 공범자임을 인정함으로써 스스로를 구원하는 일이었다. 김민석은 다음과 같이 주장하고 있다.

> 누구도 역사를 바로잡으려는 우리의 강고한 의지를 무너뜨릴 수 없다. 다행히도 우리에게는 지난 20여 년 [민주화] 투쟁 유산이 있다. 그래서 우리가 정직하고 열심히만 한다면, 그리하여 과거를 무시하지 않는다면 한국 근·현대사의 모순을 진단할 수 있다. …… 반제 민족해방운동이 그 시대[식민지 시대]의 유일한 진리였듯이 그 진리를 오늘의 진리로 받아들이는 일이 우리에

게 주어진 당면 과업이다(김민석 1983b, 11).

역사 바로잡기를 과제로 내건 반정부 지식인들은 사회운동을 전개
함에 있어 대항기억의 힘이 막강하다는 것을 잘 알고 있었다. 미셸 푸
코는 강제적인 망각에 저항하는 대중 기억과, 이런 대중 기억이 저항적
으로 동원되는 방법에 대해 논한 바 있다. 그에 따르면 기억은 "실질적
으로 투쟁에서 아주 중요한 요소다. …… 대중의 기억을 지배하는 자는
대중의 역동성을 지배하는 것과 같다. …… 이 기억을 장악하는 것, 즉
통제하고, 관리하고, 이 기억으로 하여금 무엇을 담을 것인가를 지시할
수 있는 것이 관건"이라는 것이다(Foucault 1975, 25-26; Baker 1990, 31에
서 재인용). 국가가 기억과 망각을 '공작'한 사례는 많이 있으며, 마찬가
지로 사회운동이 대항기억을 동원한 사례 또한 많이 있다.[43]

갓 태동되었으나 활발했던 1970년대 남한의 사회운동은 그동안 개
별적으로 대안적 역사를 모색하던 연구자들을 고무시켰다. 이들은 민
주화운동이라는 전체적인 틀 안에서 하나의 그룹을 형성하면서 이후
'민중사관'이라고 불리게 된 역사 서술을 일구어 냈다.[44] 민중사학자들
은, 서발턴 연구자들이 그랬듯, 민중적 관점의 연구와 글쓰기로 기존
주류 학계의 한계를 극복하고자 했다.[45] 하지만 서발턴 연구와 달리 민
중사학은 민주화운동으로부터 영감을 받고, 민주화운동과 함께 발전

---

43_ 예를 들어, Watson ed.(1994)를 볼 것.

44_ 이와 관련해서는 무엇보다 한국민중사연구회 편(1986a; 1986b); 김인걸 외(1989)를 볼 것.

45_ 서발턴 연구에 대해서는 Guha & Spivak(1988)을 볼 것.

했다. 이를테면 1970년에 발생한 전태일의 분신자살은 이들 민중사학 연구자(그리고 그 외 비판적 지식인들)에게 자본주의 발전의 심화와 군사 독재 체제의 기본권 유린에 맞서 역사 속에서 자신의 정당한 자리를 주장하고 권리를 찾겠다고 일어서는 한국 민중의 용기, 헌신, 희생을 상징했다. 역사학자 이만열은 아래와 같이 쓰고 있다.

역사인식에서 민중을 역사의 주체로, 역사학의 주 대상으로 파악하게 되는 데에 결정적인 역할을 한 것은 1970~80년대의 어려운 시기에 고난받는 민중을 발견하게 되면서부터라고 생각한다. 지나간 자료의 문자 속에서 그것도 자칫하면 관념적으로 파악되기 쉬웠던, 그리하여 민중이란 나의 역사 경험과는 무관한 것으로 인식하던 역사학자들이 이제 민중이란 더 이상 그런 추상적인 존재가 아니라 바로 내 앞에 존재하고 나의 삶과 직면하는 존재임을 확인하게 되었던 것이다. …… 역사를 움직여 가는 민중을 보면서, 역사가들은 관념적으로만 되뇌이던 '민중이 역사의 주체이다'라는 말의 참다운 의미를 발견하게 되었고, 그런 관점에서 역사를 재조명하는 안목을 갖게 되었다 (이만열 1988, 13-14; 정창렬 1989b, 11-12에서 재인용).

한국사를 재인식하자는 학자들의 주문은 당시 지적 혹은 학문적 행위 이상을 의미했다. 한국에서 역사학은 1945년 남북 분단과 뒤이은 한국전쟁을 거치면서 인적·방법론적으로 대대적인 재편성을 거치게 되었다. 분단 직후, 대다수의 마르크스주의 사학자를 포함한 많은 좌파 지식인은 자진 월북했다. 이후 한국전쟁을 거치면서, 그나마 남아 있던 소수의 좌파 지식인과 중도파 지식인 다수가 자발적으로 월북하거나 강제로 끌려갔다(임영태 1989). 그리하여 한국전쟁 후 한국 사학계는 실중주의자(문헌 고증 사학자)들이 지배하게 되었다. 이는 곧 한국의 국사학자들이 대체로 1945년 이후 현대사 연구와 강의 자체를 기피해 왔다는 것을 의미한다. 해방 후 역사는 객관적으로 접근하기에 너무 근접한 역사이기에 역사학자가 다루기에 적합한 주제가 아니라는 것이 이들의 이유였다.

1980년대 후반까지도 현대사 — 즉 1945년 이후 한국사 — 를 강의하는 대학은 드물었으며 국사학자들은 자기 시대를 연구 대상으로 해서는 객관성을 유지할 수 없다고 줄곧 주장했다(강만길 1989). 역사학자 강만길은 이런 현대사 연구 기피를 식민지 시대로 거슬러 올라가 추적했다. 식민지 시기 한국의 역사는 기실 식민 예속의 역사였고, 따라서 이는 연구 대상이기보다는 "극복해야 할 장애물"이었다는 것이다(강만길 1989, 18-19). 그뿐만 아니라 식민 시기에 현대사를 연구한다는 것은 교단으로부터 추방이나 구속의 위험을 감수하는 것을 의미했는데, 그런 위험은 해방 후 1980년대까지도 줄곧 지속되었던 것이다.

현대사에 대한 연구 및 교육의 부재는 관변사학의 역사관을 사회 전반에 영속시키는 데 일조했다. 이 책의 2장에서 논의하겠지만 반공주의 국가 이념과 북한에 대한 불신감은 동시대 역사에 대한 대항기억의 출현을 봉쇄했다. 또한 계속되는 남북 분단과 대치 상황은 국가가 내세운 '선先성장 후後민주' 정책에 강력한 정당성을 제공했다.

1970년대 말 강만길은 현대사에 대한 기존의 비판적 접근 시도들을 '분단 의식'이라고 명명한 바 있는데 이 용어는 곧바로 지식인들 사이에서 널리 사용되게 되었다.[46] 분단 의식은, 미국과 일본을 상대로 한국은 과연 자주적인가라는 질문을 함축하고 있었으며, 나아가 당시의 정권을 미국과 일본에 조력하는 모종의 '부역자'로 인식했다. 분단 의식은 또한 '역사적 단절'의 책임이 한반도를 남북으로 분단하기로 결정한 미국에 있다고 보았다. 여기서 역사적 단절은 처참했던 한국전쟁과 1970~80년대 독재 정권에 의한 민주주의 발전의 탄압만을 의미하지 않았다. 그것은 반공 이념이 건국이념이 된 경위와 해방 후 활발했던 사회운동이 깡그리 소멸된 경위를 묻는 것이었다(최장집 외 1989, 65). 분단 의식 속에 내포된 미국에 대한 비판적 인식은 '역사 주체로서의 민중'이라는 개념과 더불어 민중사학의 핵심적 명제의 일부를 구성했다.

민중사학은 또한 민족주의 사학과 마르크스주의 사학에 대한 반발로 전개되었다. 민중사학자들은 한국의 민족주의 사학과 마르크스주의 사학이 19세기 말부터 일본 학자들이 유포한 식민사관의 유해한 영향을 극복하고자 노력했다는 것을 인정했으나, 둘 다 한계가 있다고 보았다. 즉 민족주의 사학은 민족을 '이상적으로' 해석해 민족을 제일의 역사적 주체로 보았고, 따라서 모든 역사를 민족이라는 범주 안에 포괄시켰다. 반면에, 마르크스주의 사학은 한국사를 보편적 역사의 일부로 편입시키고 한국사에 대한 일본 사학계의 견해를 진부한 것으로 깎아내리고자 했다. 하지만 민중사학자들이 보기에 이들은 서구 역사 발전의 틀을 '지나치게 기계적'으로 한국 사례에 꿰어 맞추고자 노력했고, 한국사의 독특하고 특정적인 면들을 짚어 내지 못했다. 따라서 기존의 한국 사관은 둘 다 모두 올바른 민중 이미지를 제시하는 데 실패했다는 것이다(김인걸 외 1989, 25).

---

46_강만길(1978, 15)을 참조할 것.

민중사학자들은 이렇듯 일정한 관점을 공유하고는 있었지만, 이들이 응집력 강한 독트린하에 일사불란하게 움직이는 동질적이고 단일한 조직을 형성하고 있었던 것은 아니었다. 실제로, 이들이 각자 사용한 '민중'이라는 용어가 1980년대에 들어서서도 서로 합의된 개념이었는지는 불분명하다. 1980년대 가장 영향력 있었던 출판물 가운데 하나였던 『해방전후사의 인식』(전 6권)[47]은 민중사관에 입각해 쓰인 대표적인 업적이다. 그러나 이 총서에 글을 기고한 학자들이 그 당시 모두 스스로 민중사학자임을 자임했는지는 의심스럽다.

따라서 민중사학을 1980년대 일반 역사학으로부터 구분한 것은 방법론이나 접근법의 차이라기보다 민중사학이 학문의 '과학성'과 '실천성'을 강조했다는 점이고, 한국 역사의 보편성을 획득하고, 민족주의적 민주화운동에 복무했다는 점이다(김인걸 외 1989, 25-26). 또한 민중사학자들은 지식인층이 일반 사회로부터 동떨어져 있는 계급이 아니라고 생각했다. 민중사학자들은 지식인이 발전해 한 단계 더 높은 역사의식을 갖기 위해서는 스스로 자신의 '소시민적' 한계를 극복해야 된다고 생각했고, 그것은 오로지 지식인과 민중 사이의 융합을 통해서만 가능한 것이라고 생각했다. 공개 심포지엄과 출판 활동은 '민중'이라는 개념을 정립하고 보급하는 중요한 자리가 되었다. 이는 곧 지식인이 민중을 동등한 자격으로 만나는 자리, 지식인과 민중 사이의 전통적 경계가 활발하게 해체되는 자리였다(김언호 1987, 3).

공개 심포지엄과 출판 활동 못지않게 민중사학자들이 중요하게 여

---

**47**_이 책은 1979~89년에 걸쳐 간행되었다. 이 책에 대한 평가 분석으로는 Em(1993)을 볼 것.

긴 것은 공동 연구와 공동 저술이었다. 공동 연구는 단순히 연구의 효율성뿐만 아니라 '경쟁과 성과 중심의' 학문을 배제하고 연구와 집필 과정에서 제기되는 각종 문제에 '공동으로 대처하려는' 목적의식에서 시도되었다. 즉 이런 시도는 이들에게 자신들이 누누이 강조하던 실천적 학문의 한 형태였다(김인걸 외 1989, 36). 제적된 학생운동가나 해고된 언론인이 차린 일련의 재야 출판사는 민중사학자들과 대중을 이어 주는 결정적 고리였다. 이들은 민중사학과 관련된 심포지엄을 지원하고 출판물을 간행했다. 운동권 사이에서 광범위하게 읽힌 대부분의 '사회과학 서적'은 이들이 출판한 것이었다. 따라서 이들 사회과학 출판사는 1970년대와 80년대 민중운동에 있어서 빼놓을 수 없는 일부다.[48]

역사 주체성의 위기에서 시작해 한국의 근·현대사는 실패한 역사라는 통렬한 좌절감이 '분단 의식'과 민중사관으로 무장한 일군의 소장파 학자들과 결합하면서부터 한국 역사학계에 비판적 시각의 연구가 본격적으로 시작되었다. 민중사학자들의 시각에서 볼 때, 1894년 동학농민운동부터 1980년 광주항쟁에 이르기까지 한국의 주요 역사적 사건은 현재에 적용되는 교훈을 제공했을 뿐만 아니라, 정권에 대한 암묵적인 비판과 더불어 미래를 위한 방향까지 제시해 주었다. 그중 1980년 광주항쟁은 민중을 역사의 주체로 규정하는 민중 담론을 부상시킨 가장 중요한 사건이었다.

---

**48**_1970년대와 80년대의 독재 정권에 대한 대항 문화적 세력으로서의 재야 출판사의 역할과 역사에 대한 좀 더 자세한 내용은 조상호(1999)를 볼 것.

# 5. 광주항쟁과 대항기억

1980년대에 "모든 길은 광주로 통했다."[49] 1985년 서울대 총학생회장이던 김민석이 "이 시대의 진실"을 열렬히 주창했을 때도, 그가 말한 '시대의 진실'은 광주항쟁이었다. 그 당시 광주를 간과한 시대의 진실은 있을 수 없었다. 즉 1980년대 민중운동의 모든 양상은 광주항쟁 경험이 '과잉 결정'했던 것이다.

## 광주항쟁의 전개: 1980년 5월 18~27일

절대 꺾일 것 같지 않던 유신 정권의 권력자는 자신의 최측근이었던 중앙정보부장이 쏜 총탄에 쓰러졌다. 반정부 지식인과 학생들에게 1979년 10월 26일 박정희의 죽음은 유신 시대로 대표되는 온갖 모순과 정치적 공포의 종말을 의미했다. 유신 시대가 시인 양성우의 표현대로 "겨울 공화국"이었다면 새로운 시대는 "서울의 봄"이었다.

유신 정권이 몰락하자 사회 전반에 걸쳐 민주화에 대한 열망이 봇물 터지듯 쏟아져 나왔다. 1980년 4월과 5월 강원도 사북 탄광의 광부들은 잠시나마 탄광촌을 점거하는 등 1980년 봄 노동운동의 서막을 열어 주었다. 서울에서는 청계피복노조가 생존권 보장을 요구하며 쟁의 투쟁을 벌였다. 전국적으로 대학생들은 캠퍼스 민주화를 외치며 '어용'

---

**49**_이것은 1980년대 유행하던 문구로 연구자나 민중운동가의 대화에서뿐만 아니라 잡지와 신문에서도 자주 등장하곤 했다.

교수 및 학장의 사퇴, 대학 시설의 확충 및 개선 등을 요구했다(배인준 1980, 249).[50] 학생들은 유신 잔당 타도, 신속한 정권 교체와 민간 정부 이양 등을 주장했다. 1980년 3월이 되자 거의 모든 대학에서 계엄 철폐, 반정부 인사 석방, 전두환 퇴진을 요구하는 시위가 잇따랐다. 전두환은 이후 제5공화국(1980~88년)의 대통령이 되었지만 학생들은 당시 전두환을 1979년 12·12 군사 반란의 주역으로 보았다.[51] 그리고 1980년 5월 15일 서울역 광장에는 학생 10만 명과 시민 30만 명이 모여 비상계엄 해제를 촉구했다.[52]

하지만 5월 18일을 기점으로 서울의 봄을 싹틔우던 목소리들이 일시에 정지되었다. 계엄령이 전국적으로 확대 선포되고, 국가안전기획부(약칭 안기부) 요원들은 정계 지도자와 학생 대표를 한 명씩 연행해 갔다. 무장한 공수부대 병력이 대학과 공단에 주둔했고 텅 빈 도심에는 탱크가 이동하는 소리만이 가라앉은 도시의 침묵을 깼다.

---

**50_**여기서 '어용'이란 이전 정권에 협력한 대학교수를 지칭한다. 그러나 학생들은 이런 어용 교수들의 퇴진 말고도, 폭력을 일삼는 교수와 무능하다고 여겨지는 교수의 퇴진도 함께 요구했다.

**51_**1979년 10월 27일 선포된 비상계엄 아래, 당시 보안사령관이자 박정희 대통령 시해 합동수사본부장을 맡았던 육군 소장 전두환은 그해 12월 12일 무혈 군사 반란을 일으키고 군 보안사령부와 중앙정보부를 장악했다. 그리고 곧바로 국가보위비상대책위원회 상임위원장이 된다. 그 후 전두환은 곧바로 최규하 정부 배후의 사실상 통치자가 되었다(Asia Watch 1985, 32).

**52_**1980년 5월 15일 서울역에 운집해 있던 학생 시위대가 해산하는데, '서울역 회군'이라는 명칭으로 잘 알려진 이 결정을 하게 된 이유는 학생회장단 내 군부 개입에 대한 두려움이 팽배해 있었기 때문이라고 알려져 있다. 이후 서울역 회군은 학생운동사에서 가장 논쟁적인 쟁점 가운데 하나가 되었다. '회군'은 전국 55개 대학 회장단 총회로부터 결정되었는데, 이후 여러 운동 단체들로부터 큰 비판을 받았다. 즉 의도하지는 않았지만 결과적으로 이 결정은 군부로 하여금 강경한 광주 진압을 준비하게 했다는 것이다(장신환 1985, 118-119).

| 1980년 5월 16일, 민주화를 요구하며 전남도청 앞에 모인 광주 시민들 | 눈빛출판사 제공                     ⓒ 신복진

1980년 3월, 새 학기가 시작하자 광주에서도 대학생들은 학내 민주화와 정치 개혁을 요구하기 시작했다.[53] 5월 18일, 다른 지역에서의 일상적 시위와 마찬가지로 광주 거리에서도 민주화와 정치 개혁을 요구하는 시위가 펼쳐졌다. 하지만 이날 광주에 투입된 공수부대는 시위자뿐만 아니라 주변의 무고한 사람까지 잔인하고 무차별적인 방법으로

---

**53**_이하 광주항쟁의 전개 과정에 대한 간략한 기술은 Chung Sangyong et al.(2003)의 내용에 의거했다.

살상했다. 이에 성난 시민들이 학생들과 합세하면서 평범했던 시위는 도시 전체로 확산되었고 10일 동안 지속된 대대적인 시민 항쟁으로 변모하게 되었다. 시민들은 시위대와 광주를 지키기 위해 무기로 무장했고, 5월 21일 공수부대를 외곽으로 몰아내는 데 성공했다. 광주 시민들에 의해 자발적으로 구성된 시민군은 그 후 5일 동안 평화롭게 자치활동을 펼쳤다. 광주 전남도청 건물은 항쟁 첫날부터 시민들의 다양한 활동 거점이 되었다. 군부대가 곧 공격할 것이라는 소문이 돌자 시민들은 광주시민투쟁위원회를 조직하고 광주를 지켜 내겠다고 결의했다. 5월 27일, 열여덟 대의 탱크와 헬리콥터를 포함해 각종 장비와 무기를 대대적으로 갖춘 공수특전대와 2만 명의 계엄군이 도청을 다시 장악했을 때 도청에 남아 있던 150여 명의 시민군은 주검이 되었다. 광주의 시내전화와 시외전화선은 이미 차단되어 있었다. 다시 말해, 5월 27일 새벽, 광주에서 군의 살육이 시작되었을 때 광주는 이미 철저히 고립되어 있는 상황이었다. 10일간에 걸친 항쟁 동안 2백 명 이상의 사망자와 수백 명의 실종자, 수천 명의 부상자가 발생했다.[54] 한미연합사령관은 광

---

**54_**광주항쟁 이후 많은 인권 단체는 사망자가 2천 명이 넘을 것이라고 추정했으나 정부는 191명 정도라고 주장했다. 광주항쟁 참여자들이 주축이 되어 광주항쟁에 대한 권위 있는 설명을 담은 영문 서적 *Memories of May 1980*(Chung Sangyong et al. 2003)가 출판되었다. 이 책은 당시의 정확한 사망자 수를 제시하지 않는다. 그러나 이 책은 그 당시 많은 주검이 암매장되었으며, 어디에 매장되어 있는지 아직도 그 행방이 묘연한 이유를 들어 정부의 공식 집계 수치에 대한 신빙성에 의심을 제기한다. 이 책은 5·18유족회가 조사한 집계에 따라 부상자로 1,468명을 언급하고 있다(Chung Sangyong et al. 2003, 386-389). 1994년 정부와 일반 시민의 지원으로 설립된 5·18기념재단에 따르면, 〈광주민주화운동 관련자 보상 등에 관한 법률〉이 개정되고 2004년 3월까지 다섯 차례의 보상이 이루어졌다. 광주항쟁 관련 피해자별로 총괄해 보면, 사망 피해 보상 신청자는 240명이었으며, 행방불명 보상 신청자는 409명, 그리고 상이 보상 신청자는 5,019명이었다. 이들 신청자 중 154명, 70명, 3,028명이 각

주에 대한 병력 투입을 승인했으며, 로널드 레이건 대통령은 당시 전두
환이 취한 일련의 조치와 이후 대통령이 된 전두환을 승인했다(Chung
Sangyong et al. 2003, 396).[55]

신군부 세력은 '사회악' 일소를 표방하며 사회 내 '불순분자'들을 잔
혹하고 신속하게 제거해 나갔다. 조직폭력배, 마약상, 절도범 등은 '재
교육'을 위해 군부대로 보내졌다. '삼청교육대'로 더 잘 알려진 이 '사회
정화 사업'으로 인해 5,603명의 공무원과 3,274명의 교사와 언론인이
파직되었으며 811명의 정치인의 정치 활동이 금지되었다. 1980년 4월
과 1981년 1월에 걸쳐 6만여 명이 '사회 풍토 문란'죄로 유죄 선고를 받
고 삼청교육대로 보내졌거나 군법회의에 회부되었다. 그중 39,742명
이 짧게는 한 달부터 길게는 2~3년까지 강원도 소재의 군부대에서 노
역을 하고 구타를 당하는 등 인간 이하의 취급을 받았다. 각 경찰서마
다 삼청교육대원 모집 할당량이 정해져 있었고, 경찰에 의해 무고하게
지목되어 희생을 치른 사람도 상당수 되었다. 광주항쟁에 참여한 학생
운동가와 노동운동가, 일반 시민뿐만 아니라 전국에 걸쳐 의사와 교수,
심지어 고교생까지도 검거되었다. 그중에는 단지 문신을 새겼다는 이
유로 끌려온 사람이나 가벼운 교통법규 위반이나 동네 싸움으로 끌려
온 사람도 있었다. 더욱이 고교 선생님으로부터 '비행' 학생 또는 (학생
운동에 가담한 전력이 있는) '의식화된' 학생으로 지목된 고교생도 삼청교

<hr>

각 보상을 받았다. 5·18기념재단 홈페이지에서 "광주민주화운동 관련자 보상 현황"(http://
www.518.org/main.html?TM18MF=A030106, 검색일: 2006년 8월 6일) 참조.

**55**_한미연합군사령부에 대한 논의는 이 책의 3장을 참조할 것.

육대로 보내졌다. 불시에 검거된 학생들에게는 반론의 기회가 주어지지 않았고 입소 전 가족과의 만남도 허용되지 않았다. 1988년 국방부 국정감사 발표에 의하면, 삼청교육대의 이른바 '재교육' 과정에서 50여 명이 교육 도중 현장에서 사망했고, 397명이 이후 '재교육의 후유증'으로 사망했다. 2003년, 삼청교육대 희생자와 그 유가족이 오랜 동안 펼친 청원 운동의 결과로 〈삼청교육피해자의 명예회복 및 보상에 관한 법률〉안이 국회에서 통과되었다.[56]

광주항쟁은 집단적인 "원초적 경험과 원죄"의 근원이 되었다(성민엽 1989, 1347-1348). 광주 출신 소설가 임철우는 다음과 같이 쓰고 있다.

> 수백 명의 죽음과 수천, 수만 명의 고통과 절규가 유언비어와 거짓이라는 이름으로 이웃들로부터 간단히 외면당하고, 그럴듯한 논리와 거짓 정보에 의해 너무도 쉽사리 합리화되어졌다. 진실을 알리려는 소수의 목소리는 철저히 차단 유린당하고, 폭력과 허위의 압도적인 위력 앞에 다수는 침묵한 채 등을 돌렸다. 지식도 양심도 도덕도 폭력의 아늑한 무대 뒤에서 길들어져 가던 시절(성민엽 1989, 1348에서 재인용).

광주항쟁 직후 민중운동 전반과 대학 캠퍼스에 스며든 절망감과 어두움은 당시 만들어진 민중가요 속에 고스란히 담겨 있다. 어느 민중가요는 '광주 이후'를 "어두운 죽음의 시대, 내 친구는 굵은 눈물 붉은 피

---

56_삼청은 '사회악'의 세 요소에 대한 정화를 의미한다. 세 요소란 폭력, 협박·사기, 그리고 부패를 말한다. 이 사건은 전두환 정권이 대량으로 인권을 말살한 또 다른 사건이기도 하다. 이에 대한 좀 더 자세한 논의는 삼청교육대인권운동연합 편(2003)을 참조할 것.

흘리며 역사가 부른다"[57]라고 표현했다. 또 다른 가요는 "낮은 어둡고 밤은 길어, 허위와 기만에 지친 형제들"을 노래했다. 음울하게 깔리는 선율과 "가자, 가자"의 후반부는 듣는 이에게 "주체할 수 없는 전율"로 다가왔다(이영미 1991, 286-287). 그렇게 많은 사람이 목숨을 잃은 뒤, 그리고 거리에서는 물론 강의실 내에서, 교정에서조차 말조심을 해야 했던 그 당시는 진정 낮은 어두웠고 밤은 길었다.

이들 노래 속에서 하느님은 귀머거리에 벙어리였다. 이들은 물었다. "하느님 당신은 죽어 버렸나, 어두운 골목에서 울고 있을까, 쓰레기 더미에 묻혀 버렸나."[58] 광주의 시인 김준태는 "하느님도 새떼도 떠나 버린 광주"라고 탄식했고(Kim Jun-Tae 2003, 27-32), 한 76학번 출신은 1980년도를 회상하며 "한국 최현대사에서 희망과 절망이 그해처럼 극명하게 교차한 적이 있었을까"(전상인 1994, 100)라고 묻는다.

## 역사적 사건으로서의 광주항쟁

광주항쟁은 이런 대항기억 과정을 통해서 진정한 '역사적 사건'[59]이 되었고, '전환점'이 되었고, "지난 100년의 흐름을 좌우한 분수령"(서중석 1989, 39)이 되었다. 1980년대 민주화운동에서 중요한 전환점을 가져온 운동권의 정치 문화적 변화 또한 광주항쟁을 재조명rearticulating하는

---

**57_**이 노래 제목은 〈친구 2〉로, 서울대메아리 편(1989, 287) 노래집에 수록되어 있다.

**58_**이 부분은 〈민중의 아버지〉라는 노래의 가사 일부이며, 운동가들 사이에 많이 불린 민중가요다. 이영미(1989, 165)를 참조할 것.

**59_**이에 대한 이론적 논의에 대해서는 Sewell(1996)을 볼 것.

과정을 통해 일어났다. 이전의 민주화운동이 '민주주의' 실현을 추구했다면, 광주항쟁 이후에는 '과학적 분석'과 '대중적 토대'에 근거한 혁명이 시급한 과제가 되었으며, 이에 대한 이론적 논쟁이 1980년대 운동권 문화를 장악하게 됐다. 이 과정에서 민중운동의 담론적 토대가 바뀌게 된 것이다. 이를테면 민중, 봉기, 혁명과 같은 용어가 당장의 급진적 정치 변화 추구의 맥락에서 쓰이면서 이전과는 다른 의미를 띠게 되었다. 1980년대 한국을 휩쓴 민중운동과, 민중운동이 품었던 한국 사회의 미래에 대한 비전은 광주를 간과하고 상상할 수도 가능하지도 않은 것이었다. 실패한 민중 항쟁이 당시의 사회운동에 패러다임 전환을 가져올 만큼 강력한 영향력을 가지게 된 데는 적어도 세 가지 선행조건이 있었다.

첫째, 광주는 중앙 권력으로부터 오랜 기간 차별받아 왔다. 오늘날 '지역주의'라고 불리는 것이다. 일부 학자는 한국의 지역주의 기원을 7세기 통일신라 시대까지 거슬러 올라가 찾고 있지만 지역적 차별이 체계화된 것은 박정희 정권하에서였다.[60] 박정희 정권의 불균등하고 차별적인 산업 개발 정책은 경제 발전 과정에서 전라도 지역을 사실상 소외시키고 말았다. 당시 호남 지역에 조성된 대규모 공업단지가 (영남권에 위치한 여덟 개에 비해) 하나밖에 없었던 점을 고려해 볼 때, 전라도는 과연 '내부 식민지'라는 호칭이 어울리는 지역이었다(김만흠 1997, 208). 상위 50대 재벌의 절반 이상은 영남 출신이었고, 영남 출신이 소유하는, 종업원 1천 명 이상의 대기업은 한국 대기업 전체 매출액의 61.3퍼

---

**60**_최장집(1991, 30-39)을 참조할 것.

센트를 차지했다. 한국 경제를 "경상도 재벌 자본주의"(황태연 1997, 9, 329)라 불러도 과언이 아니었다. 군대에서 은행, 학교에 이르기까지 한국 사회 전반에서 고위직은 경상도 출신이 장악하고 있었다(황태연 1997, 329-330).[61]

전라도 지역에 대한 구조적 차별은 전라도 출신에 대한 사회적 편견과 그 맥을 같이했는데,[62] 이는 이탈리아에서 남부 출신에 대한 부정적 이미지와 지역적으로 차별화된 이탈리아 산업 발전 역사가 그 맥을 함께한 것(Holub 1992, 224)과 유사하다. 박정희 정권의 불균등한 산업화 정책으로 전라도 출신은 한국 사회에서 최하위 계층 인구를 집중적으로 형성하게 되었으며, 이주 인구의 가장 큰 비율을 차지했다. 방송 매체는 한국 사회의 하위 계층을 묘사할 때 이들을 부정적 이미지로 재생산시키거나 강화시켰다(김만흠 1997, 163-164). 언어란 계급적 맥락뿐만 아니라 공간적 맥락을 갖는다는 그람시의 말처럼(Gramsci 1967, 29-51; Holub 1992, 139-140에서 재인용), 전라도 사투리는 한국 사회에서 오랫동안 후진성이나 촌스러움의 상징이 되어 왔다.

광주항쟁은 이처럼 오랫동안 누적된 박정희 정권에 대한 분노의 표출이기도 했다.[63] 광주항쟁이 터지자마자 신군부는 그것을 독재 권력

---

**61**_그 밖에 Yang Sung Chul(1994)도 볼 것.

**62**_한국 사회 내 지역 간 사회적 거리감을 측정한 한 조사에 따르면 호남 출신자에 대한 거부 의사가 잘 드러나고 있다. 이 연구에서 응답자의 절반 이상이 전라도 사람과 다음과 같은 관계를 맺고 싶지 않다며 부정적인 반응을 보였다. 즉 결혼 56퍼센트, 친구 61퍼센트, 동업자 63퍼센트, 세입자 59퍼센트 등으로 전라도 사람을 선택하지 않겠다고 응답했다(민경환 1991, 179).

**63**_지역주의에 대한 사회적 담론은 1980년 광주항쟁이 일어나기 전에도 있어 왔으나 지역주의

의 오랜 정치적 숙적이었던 김대중이 선동한 폭동으로 규정했다. 이와 같은 집권 세력의 태도로 인해 호남 주민들은 김대중의 정치적 수난을 자신의 수난과 동일시했으며, 김대중은 호남인들에게 누적된 집단적 수난의 상징이 되었다(최장집 1991, 34).

둘째, 운동권이 광주항쟁을 '혁명으로 나아가는 길'로 동일시하게 된 또 하나의 구체적인 이유는 '역사 주체성의 위기'가 이미 존재했기 때문이다. 앞서 언급했듯이, 역사적 단절에 대한 의식은 일본 식민지로부터의 해방과 더불어 미군의 남한 점령으로 시작한 한미 관계의 역사가 한국사를 굴절시키고 왜곡시켰다는 인식에서 비롯했다. 한국 사회가 반공주의적 통치 구조를 형성한 핵심 요소로 운동권은 분단과 미군의 남한 점령을 꼽았다.

광주항쟁 이전, 미국은 '신성불가침'의 영역이었다. 누구라도 한국의 지배 체제를 비판할 수는 있어도 한미 관계의 기초까지 파고들어 가서는 안 되었다. 그러니까 "예의범절을 지켜야" 했다(서중석 1989, 42). 1970년대 민주화운동 역시 미국의 지원에 의존적인 경향으로부터 완전히 자유롭지 못했다. 1970년대 많은 반정부 인사가 개신교나 가톨릭교 지도자였다. 이들은 기독교를 기반으로 한 국제 네트워크를 통해 재정 지원을 비롯한 각종 지원을 서구로부터 받고 있었다. 또 반정부 인

가 선거 정치에서 핵심 변수가 된 것은 1987년부터였다. 광주항쟁 이전의 지역주의 연구는 대부분 심리학적 관점에서 본 지역별 고정관념이나 편견에 대한 논의들이었다. 이에 대해선 김만흠(1997, 129)을 볼 것. 물론 1987년 이전의 대통령 선거에서 지역주의 변수가 없었던 것은 아니다. 이미 1963년부터 박정희가 태어나 자란 지역인 영남은 유독 박정희에게 표를 몰아주었던 반면에, 서울 주변 지역에서는 유력한 반대 후보자였던 윤보선에게 표를 던진 바 있다. 이와 관련한 내용은 Kim Jae-on & B. C. Koh(1976)를 볼 것.

사 중 서울 주재 미국 대사관 직원과 비공식 관계를 맺고 있던 사람들은 정부에 대한 강경 투쟁 전략을 주장하면서 미국이 기꺼이 자신들을 도우리라 믿었다(최장집 외 1989, 58).

미국은 민중의 편이라는 인식은 역사적으로 매우 강해 광주항쟁 당시 시민들은 미국이 자신들을 위해 개입·중재해 줄 것으로 기대했다. 미 제7함대 소속 항공모함이 부산에 정박했을 때 광주 시민들은 미군의 등장이 드디어 전두환의 군사행동을 견제·경고하기 위한 것이라고 믿었다.[64] 당시 광주 시민이 미국의 의중과 전략, 그리고 관점을 얼마나 중요시했는지는 이후 1997년 시작된 광주항쟁 관련 역사 기록 작업이 거듭 확인시켜 준다. 광주광역시 5·18사료편찬위원회가 총 41권으로 발간한 『5·18 광주민주화운동자료총서』 가운데 다섯 권(3,701쪽)이 항쟁 기간 중 주한 미국 대사관이 미 국무부로 보낸 비밀 전문 내용을 전적으로 담고 있다. 사료편찬위원회는 해당 다섯 권의 내용이 "미국이 우리 한국, 특히 광주항쟁을 어떻게 바라보고 있었는가를 이해하는 데 더할 나위 없이 중요한 자료"라고 밝히고 있다(광주광역시 5·18사료편찬위원회 편 1997b, 6).

한국인들의 의식 속에서 미국은 늘 특권적 지위를 누려 왔다. 미국이 광주 시민의 편에 서서 개입하지 않았을 뿐더러 오히려 시위대를 진압하는 과정에 깊이 연루되었다는 사실은 한국인들에게 예상치 못한 충격으로 다가왔다.[65] 민중운동의 관점에서 광주항쟁은 미국을 결정적

---

64_1980년 5월 26일에 돌려진 전단지를 볼 것(광주광역시 5·18사료편찬위원회 편 1997a, 81).

65_이와 같은 주장은, 다른 여러 이유 중에서 특히 광주항쟁 초기 단계에 한미연합사 직할 20사

으로 새롭게 바라보게 했다. 즉 미국이 한국과 긴밀히 연관되어 있다는 것 외에도, 한국 현대사의 아픔이라 할 수 있는 권위주의, 군사독재, 정치 폭력 등에도 책임이 있다는 사실을 일깨워 주었다. 그뿐만 아니라 미국은 한국의 상황을 이용해 자신의 군사적·경제적 이익을 도모했다 (이삼성 1993, 93). 이와 같은 미국에 대한 비판 의식은 한국 사회에서 한때 요지부동으로 보이던 냉전 이데올로기가 무너지는 시발점이 되었을 뿐만 아니라, 민주화운동이 혁명운동으로 노선을 선회하는 출발점이 되었다.

광주와 '혁명'을 동일시할 수 있었던 세 번째 구체적인 이유는 '민중'에 대한 개념이었다. 광주 이전에도 민주화운동 진영에서는 민중의 본질을 규정하고 설명하는 데 많은 노력을 기울여 왔다. '민중'이란 일상 어법에서 '서민 일반'을 의미했다. 하지만 이 용어는 평소 대중 사이에서, 혹은 공공 기관이나 대중매체에서 일반화되어 사용되는 것은 아니었다. 그보다는 '국민'이나 '시민', '대중'이라는 말이 더 자주 쓰이곤 했다. 그러나 광주항쟁 이후 그동안 '민중'이라는 단어가 가졌던 모호성은 한편으로는 더는 논란의 여지가 없을 정도로 명확해졌고, 다른 한편으로는 그동안의 논쟁을 더욱 가열시켰다. 광주항쟁 기간 동안 광주 시민은 민주주의를 수호하기 위해 스스로 무장하고 봉기에 나섬으로써 민중이 곧 역사의 주체임을 입증했다. 전남도청 건물에 남아 항쟁의 마지막 순간까지 진압군과 싸우다 의연하게 죽음을 맞이한 광주 시민 중 많

---

단이 투입되었다는 점에 기초하고 있다. 정부는 군대 파견의 목적으로 '군중 통제와 치안 유지'를 내세웠다(Peterson 1988, 61).

은 수가 최하위 계층인 노동자와 룸펜프롤레타리아트, 즉 마르크스에 의해 "불특정하게 산재한 대중이자 기생적이고 제멋대로의 게으름뱅이"(Chung Tae Shin 1991, 214)로 불리며 반혁명적 세력이라는 오명을 뒤집어쓰기도 했던, 그런 사람들로 이루어진 '민중'이었다. 반면에 지식인과 대학생 가운데 도청을 끝까지 사수한 자는 극소수였으며, 심지어 그들은 당국에 무기를 반환하고 파국을 피하자라는 주장까지 했다.

민중운동 진영에서 광주 시민은 이제 진정한 역사적 주체의 모범이 되었다. 죽은 자들은 그 죽음을 통해 '민주주의의 순교자'로 기억되었고, 그들이 흘린 피는 변혁의 제물이 되었다. 동시에 항쟁 기간 동안 노동자계급과 룸펜프롤레타리아트가 치른 과도한 희생[66]은 민중 담론을 더욱 논쟁적인 것으로 만들었다. 광주항쟁 직후 노동자와 룸펜프롤레타리아트는 진정한 혁명 전사로 간주된 반면에, 지식인과 학생은 광주를 '저버렸다'는 의혹의 눈초리를 받았다. 광주항쟁 와중에 체포를 피해 광주에서 탈출했던 학생 대표 박관현은 나중에 감옥에서 오랜 단식투쟁 끝에 사망했는데, 그의 죽음은 광주에 대한 속죄의 한 형태로 널리 인식되었다.[67]

---

[66] 노동자, 농민, 그리고 '룸펜프롤레타리아트'(이 용어는 본래 간헐적으로 수공업을 하는 사람들과 실업자로 정의되어 사용되었다)는 부상자의 59.9퍼센트, 사망자의 59.2퍼센트, 구속된 사람들의 58퍼센트를 차지하고 있었으며, 시민군 기동타격대의 80퍼센트를 구성하고 있었다. 해당 수치는 Chung Tae Shin(1991, 207-208)에 인용된 수치와 다양한 자료를 토대로 산출된 것이다. 계엄군의 계속되는 무차별 살상 속에서 광주 시민들은 5월 27일 정규군이 도청으로 진군하기 전 스스로 무장을 하고 하루 만에 기동타격대를 편성했다. 각 기동타격대는 대여섯 명으로 구성되었다. 이들은 순찰과 계엄군 감시 및 진군 저지, 그리고 수상한 사람을 체포하는 일과 공중 치안을 담당했다.

[67] 광주항쟁 당시 박관현은 전남대 총학생회장이었으며 1980년 5월 16일까지 시위를 이끌었

김인숙(82학번)에게 당시 대학생이란 "역사와 시대 현실에 가장 치열했던 공간, 잠자고 밥 먹고 숨 쉬는 것에조차 다 그런 색다른 의미가 붙어 있던 …… 자리의 한복판으로 들어서게 된" 것을 의미했다(김인숙 1995, 170). 운동권이 된 많은 학생들에게 개인의 진로를 고민한다는 것은 용서할 수 없는 사치였다. '무엇을 할 것인가'에 대한 대답은 '가혹하리만큼 명백'해 보였다. 서울대의 한 여학생은 그 명백함의 중압감으로 인해, 즉 그렇게 명백함에도 불구하고 자신이 운동에 헌신하지 않았다는 이유로 스스로의 '용기 없음과 위선'을 자책하며 1986년 한강에 투신했다(한완상 1986, 214-215).

위 세 가지 요인이 궁극적으로 민중운동에 미친 영향은 민중운동이 전적으로 그리고 결정적으로 바뀌어야 한다는 인식을 가져온 것이다. 이제 민중운동은 '혁명'운동이 되어야 했다. 혁명의 의미와 혁명에 도달하는 길에 대한 해석은 다양했다. 일부에서는 부분적 정치 개혁을 요구하는가 하면 또 다른 일부에서는 전면적 체제 변혁을 주장했다. 또 일부에서는 '반외세 민족해방'을 지향했고, 다른 일부에서는 '사회주의혁명'을 자신들의 운동 목표로 삼았다. 각자 내건 혁명의 목적과 무관하게 한 가지 분명했던 사실은 당시의 혁명운동은 활동가에게 목숨을 건 헌신을 요구했다는 점이다(최장집 외 1989, 57-58).

---

다. 경찰에 의해 수배령이 내려진 박관현은 광주항쟁 기간 동안 광주에서 탈출한 이후 서울의 한 공장에서 일을 했다. 1982년 체포되어 5년 형을 선고받은 후 그는 광주에 대한 진상 규명과 교도소 수형자에 대한 좀 더 나은 대우를 요구하며 단식투쟁에 돌입한다. 1982년 10월, 박관현은 40일간의 단식투쟁을 벌였고 결국 단식으로 인한 합병증으로 사망했다. Chung Tae Shin(1991, 186); 임낙평(1987)을 볼 것.

## 개인의 기억과 사회적 기억

광주항쟁에 참여했거나 이를 목격한 일반 시민 다수는 자신의 아들딸, 부인 또는 남편이 살해되었거나, 부상당했거나, 혹은 실종된 사실을 당국이나 주변에서 알게 되는 것을 두려워했다. 이들 개인의 기억을 집단적 기억과 사회적 기억으로 수렴하기 위한 노력은 항쟁이 끝난 직후부터 시작되었다. 대량 학살이 끝나자마자 진상 조사 요구가 제기되었다. 광주를 어떻게 기억할 것인가에 대한 투쟁은, 광주항쟁 첫날부터 시작해 1980년대 한국의 사회운동을 통째로 장악했다 해도 과언이 아닐 것이다. 광주항쟁이 발발하자 정부는 통행금지를 선포하고 언론을 통제했으며, 여행 금지령을 내렸다. 항쟁 기간 동안 광주와 광주 시민은 외부와 철저히 차단되었고, 이런 상태에서 신군부는 언론을 통해 광주 시민을 '반도', '폭도', '불순분자', '과격론자'로 묘사했다. 더욱 심했던 것은, 광주 시민이 '지역주의에 편승한 선동적 정치가' 김대중으로부터 모종의 지령을 받고 움직인다는 것이었다. 광주항쟁 이후, 진상 규명에 대한 요구가 끈질기게 있었으나, 그런 요구는 빈번히 무산되었다. 제5공화국(1980~88년) 시절을 통틀어 광주항쟁을 기념하거나 항쟁의 당위성을 주장하는 모든 행사나 행위는 곧 감옥행을 자처하는 것이나 다름없었다.[68]

---

**68**_예를 들어 광주항쟁에 대해 가장 먼저 출판된 책 『죽음을 넘어 시대의 어둠을 넘어』의 저자로 알려진 황석영은 '악성 루머 유포' 혐의를 받았고 10일 동안 구금되기도 했다. 이후 1990년대 말에 이 책의 원저자가 당시 전남대 학생 이재의였으며, 황석영이 원저자를 보호하고자 당시 이름을 빌려 준 사실이 알려지게 된다. 이 책은 *Kwangju Diary*(Lee Jae-eui 1999)라는 영문 제목으로 번역·출판되었다.

제5공화국의 이런 삼엄한 분위기 속에서 광주 시민, 대학생, 반정부 세력은 1984년부터 5월부터 광주 희생자들이 묻힌 망월동 묘역에서 추모 행사를 치르기 시작했다. 연례 성지 참배가 되어 버린 이 행사로 정부와 행사 주최 측은 수년간 첨예하게 대립했다. 정부 측은 갖은 수단으로 망월동 참배객을 막으려고 애썼다. 망월동 묘역 참배 자체가 불법행위로 규정되었고, 묘역에 이르는 길은 비포장도로로 방치되어 접근하기가 어려웠으며, 참배객은 무력으로 강제 해산되었다. 또한 정부 당국은 유가족으로부터 무덤 '사재기'까지 시도했다.[69]

5·18을 어떻게 부를 것인가에 대한 용어를 둘러싼 논쟁 역시 묘역 참배 못지않은 첨예한 대립을 가져왔다. 정부는 '광주사태'로 부를 것을 고집한 반면, 운동권은 '광주민중항쟁'으로 부를 것을 주장하고, 광주 시민을 평화를 사랑하는 민주 시민으로, 군부의 무차별 학살에 맞서 스스로를 방어하기 위해 '용감하고 굳건하게' 항거한 시민으로 규정했다.[70]

5·18 당시 항쟁에 참여했던 자들과 운동권은 자신들이 광주를 기억하고 호출하는 주인이 되고자 부단히 싸웠다. 광주의 의미가 다른 세력에 의해 손상되거나 전용되는 것을 막기 위해서였다. 광주항쟁은 이

---

69_ 필자가 1984년 망월동을 방문했을 때, 정부는 망월동 묘지에서 희생자의 묘를 이장하기 위해 어용 시민 단체를 앞세워 묘를 이장할 경우 유가족에게 가구당 1천만 원씩 지급했으며, 이런 노력 끝에 최소한 열 가구가 이미 묘지를 이장한 상태였다.

70_ 1988년 국회 광주특위 청문회에서 광주 사건은 '민주화운동'으로 규정되었다. 그리고 뒤이어 〈광주민주화운동 관련자 보상 등에 관한 법률〉이 제정되기에 이른다. 1994년에는 광주 5·18 관련 단체들을 총망라한 공익법인인 5·18기념재단이 출범한다. 이 재단 창립 회원 가운데는 김대중 및 국회의원들도 포함되어 있다. 김경호(1994, 28)를 참조할 것.

런 과정을 통해 '도덕적 특권'을 확보했는데, 이는 집권 정부에게는 없는 중요한 무기였다(정근식 1991, 151). 광주항쟁의 도덕적 특권을 동시에 민중운동 전반에 혁명적 방향을 부과했다.

광주가 이렇듯 1980년대 민중운동의 출발점이 되었다면, 그것은 또한 역사적 부채이기도 했다. 광주에 대한 학생과 지식인의 역사적 부채감은 이들이 굴절된 현대사에 갖는 부채감과 맥을 같이하는 것이었다. '광주를 저버렸다'는 죄책감과 광주 대학살에 맞서지 못했다는 죄책감은 운동권뿐만 아니라 일반 학생과 지식인 사이에 널리 퍼졌다. 1985년 당시 서울대 총학생회장이던 김민석은 "1980년 5월의 광주를 극복하지 않는 한 우리의 근·현대사는 결코 진일보할 수 없다. 5월의 광주라는 현실과 대면하지 않는다면, 더 나아가 광주를 극복하지 않는다면 정치, 사회, 경제, 종교, 문학, 음악, 예술 행위를 비롯해 심지어 사회운동까지 포함해 그 어떤 실천 행위도 불완전하며 위선적이고 헛될 뿐더러 기만적일 수밖에 없다!"라고 선언했다(김민석 1985b, 16).

더 나아가 김민석은, 한국 민중은 '역사의식 결여'로 인해 박정희 독재의 유산을 온전히 제거하지 못했으며, 이는 다시 광주의 실패에 부분적으로 기여했다고 주장했다. 패배할 수밖에 없는 싸움을 함으로써 광주 시민은 민중을 대신해 스스로를 희생시켰다는 것이다. "그 패배는 민중의 실패를 자신의 어깨에 짊어지고 민중의 역사 속으로 뛰어든 광주 시민의 의지의 소산이었다. 이는 민족을 위한 [광주 사람들의] 속죄 행위였던 것이다"(김민석 1985b, 20). 김민석은 여기서 1980년대 운동권에 널리 퍼져 있던 또 하나의 정서를 나타내 주고 있다. 요컨대 광주 시민은 민주화운동을 위해 스스로를 희생했다고 보는 시각이다.

# 6. 역사 다시 쓰기

민중운동 활동가들은 광주에 대한 재평가를 출발점으로 조선조 말부터 현재까지의 주요 역사적 사건을 재조명re-articulate하기 시작했다. 그들은 민중의 잠재력이 출현했다고 보이는 주요 사건에 중점을 두면서 현재를 다시 조명하기 위해 과거의 사건을 공공의 무대에 올렸다. 여기에 첫 번째로 검토되었던 사건이 바로 동학농민운동이다.

## 1894년 동학농민운동

1893~94년 말까지 지속된 동학농민운동은 한국 역사상 가장 규모가 큰 농민 무장봉기였다. 민중운동 활동가들은 동학농민운동을 평민이 부패 관료, 봉건적 사회질서, 열강의 침탈에 맞서 싸운 역사적 사례로 높이 평가했다. 동학농민운동은 만민의 평등을 선포한 인내천人乃天 사상 등을 포함한 동학사상을 기반으로 한 종교운동으로 시작했으나, 점차 토지 분배, 세금 감면, 인권, 그리고 조선의 정치적 독립을 요구하는 사회·정치 운동으로 발전했다. 1894년에 일어난 봉기는 관군, 청나라 원군, 일본군에 의해 잔혹하게 진압되었다. 이때 조선의 조정이 불러들인 청나라 원군과 이를 계기로 조선에 들어온 일본군은 청일전쟁이 발발하는 계기를 마련했다. 동학농민운동은 그 직접적인 목표를 달성하는 데는 실패했지만, 조선조 사회질서의 붕괴를 초래하고 이후 각종 민족주의 운동의 시초가 되었다는 점에서 한국 근대사에서 가장 중요한 사건으로 평가되고 있다.[71]

동학농민운동은 그동안 역사학, 종교학, 문학 등 여러 분야의 연구

자들로부터 꾸준한 주목을 받아 왔다. 또한 대중소설과 역사소설에서
도 주요 소재로 빈번히 등장했다.[72] 1994년에는 동학혁명 100주년을
맞아 학술대회, 창극, 농민전쟁 '재현'과 같은 각종 기념행사들이 다채
롭게 꾸며지기도 했다(채호철 1994, 46; 이문재 1994).

해방 후 시기에 활동한 학자들은 대부분 동학농민운동의 민족주의
적이고 반제국주의적 성격에 대해 의문을 제기하지 않지만 — 동학농
민군의 2차 봉기의 목적이 무엇보다 일본군 격퇴였다는 점은 잘 알려
진 바이기도 하다 — 이에 대한 평가는 학자들이 처한 사회정치적 상황
과 당대의 주요 사회적 관심사에 따라 바뀌어 왔다.[73] 무엇보다 동학에
관한 문헌은 워낙 방대하다. 따라서 동학농민운동에 대한 필자의 논의
는 여기서 민중운동과 직접 관련이 있는 부분에 한정되어 있다는 것을
미리 밝혀 둔다. 1970년대 말부터 부상하기 시작한 민중 지향적 역사
관은 동학의 민족주의적 측면뿐만 아니라 그 '혁명적' 요소를 강조했다.
요컨대 동학농민운동이란 19세기 내내 봉건 질서에 맞섰던 반란의 흐

---

71_1894년 1월 전북 고부에서 일어난 1차 봉기는 농민에게서 가혹한 세금을 거둬들인 고부 군
수에 저항한 것이었다. 농민들의 요구 사항에는 토지 분배, 세금 감면 및 인권이 포함되어 있
다. 농민군은 관군에 맞서 승리하면 관아의 세곡을 농민들에게 나눠 주고 다른 지역으로 이
동했다. 2차 봉기는 1894년 말 조선 조정이 동학군을 진압하기 위해 일본에 지원을 요청했을
때 일어났다. 동학에 대한 좀 더 광범위한 연구 목록은 Lew(1990)를 볼 것. 또한 동학농민운
동 100주년 기념 특별호 *Korea Journal* 34-4(1994) 역시 동학 관련 주요 국내 출판물에 대
한 간략한 내용을 소개하고 있다.

72_동학은 20세기 초 '신소설'부터 현대문학에 이르기까지 주요한 문학적 소재로 등장했다. 박
경리의 기념비적인 작품 『토지』와 더불어 북한에서는 박태원의 『갑오농민전쟁』이 대표적
인 사례다. 박태원의 소설은 1989년에 『박태원 대하소설: 갑오농민전쟁』(깊은샘)이라는 제
목으로 출판되기도 했다.

73_예를 들어 Lee Yong-ho(1994, 91)를 참조할 것.

름 속에서 싹튼 일반백성의 '각성된 계급의식'의 소산이었다는 것이다.

　이런 민중 지향적 관점은 1985년 민중운동의 절정기에 출판된 역사학자 박찬승의 논문에서도 확인할 수 있는데, 그의 연구는 동학이 어떻게 직접적으로 민중운동의 담론과 실천의 일부가 되었는지를 보여주는 좋은 사례다. 박찬승은 이 글에서 그때까지의 동학 관련 선행 연구가 농민군 참여자들, 특히 그들이 스스로 전망하는 미래에 대해 충분히 주목하지 못했음을 지적한다. 박찬승에 따르면 19세기 조선의 여러 농민 봉기는 농민군이 추구하던 정치적 목표나 지리적 범위 측면에서 한계가 있었다. 그는 1862년의 임술민란을 그 대표적인 사례로 지적했다. 경상도 진주에서 조세 폐단에 맞서 일어난 임술민란은 몰락한 양반층과 부민층에 의해 주도되었으며 이후 "농촌 노동자층과 실업자층"이 가담했다. 이들의 요구 사항은 '억압적인 봉건 체제의 모순'을 직접적으로 겨냥하기보다는 지방 관리들의 잘못을 문책해 달라는 것이었다. 그리하여 결국 임술민란은 처음 민란이 발생한 지역을 벗어나지 못했다는 것이다(박찬승 1985, 74).

　박찬승에 따르면 동학농민운동의 지도자들은 훨씬 선진적인 정치의식을 소유하고 있었으며, 농민들이 당면한 문제가 봉건 체제의 지배 계급에 내재되어 있다는 문제의식을 표출하고 있다. 이는 동학농민운동이 전국적인 조직으로 확대하려는 노력 속에서 이전의 농민 봉기들을 훨씬 앞질러 가는 중요한 요소였다. 동학 지도부는 농민 봉기의 지도자이자 몰락한 양반 출신이며 가난했던 전봉준과 같은 '혁신적 지식인층'으로 구성되었으며, 그 주요 세력은 봉건 체제에서 시달리던 일반 백성들이었는데, 여기에는 평민과 영세 상인뿐만 아니라 백정, 무두장이, 노비를 포함한 '천민'도 포함됐다. 따라서 동학농민운동은 구성원

각계각층의 이해관계를 다양하게 반영하고 있었다. 경제 분야에서 이들의 비전은 "봉건적 토지 소유와 그에 기초한 지주-전호제의 생산관계를 폐지하고 소작인에 농지 소유권을 주는 것, 소농민의 경제적 자립, (관의 상거래 독점 행태를 깨기 위한) 소상인에 대한 규제 해제였다. 이들의 사회·정치적 비전은 노비와 천민의 신분 해방, 문벌 타파 및 인재 본위의 관리 등용, 동학농민운동 동안 구성된 집강소를 중심으로 한 지방자치였다"(박찬승 1985, 64-69; 70-73).

케네스 웰스의 지적대로, 박찬승의 연구는 '주목할 만하거나 혁신적인' 방법론이나 새로운 정보를 제공하고 있지는 않지만 그의 글 속에는 동학농민운동이 "민중 정신을 찾아보고 한국 역사의 역학 관계를 찾아보기에 적절한 공간"(Wells 1995, 27)이라는 믿음이 암묵적으로 녹아 있다. 박찬승의 연구에서, 동학농민운동에 참여한 농민들은 양반층을 중심으로 한 조선 사회의 억압으로부터 자신들을 해방시키기 위해서뿐만 아니라, 그보다 한 발 더 나아가, 평등·자유·자립·자치에 기반을 둔 새로운 사회·정치·경제 질서를 꿈꾸는 근대적인 인간으로 다시 태어나기 위해 투쟁한다(박찬승 1985, 75).[74] 박찬승 이후에도 동학과 관련된 여러 연구가 동학농민운동을 근대 의식의 출발점으로 설정하고 있다.[75] 웰스에 의하면 박찬승은 또한, 만약 역사의 방향이 당시 민중의 손에 맡겨졌더라면 그들은 당대 사회정치적 문제들을 해결했을 것이라는 생각을 암암리에 비치고 있다. 웰스는 다음과 같이 지적하고 있다.

---

**74_**이 부분은 Ahn Byung-ook & Park Chan-seung(1994)에서 좀 더 명확하게 설명되어 있다.

**75_**특히 Lee Yong-ho(1994)를 볼 것.

[민중사학에 따르면] '봉건' 지배 세력은 농민운동이 해결하거나 미연에 방지할 수 있었을 모순에 갇혀 있었을 뿐만 아니라, 당시 국가조직을 개편하거나 국가를 구제할 그 어떤 대안적 전망이 있었다 할지라도 이는 [봉건세력의] 내적 모순으로 인해 역시 실패할 수밖에 없었거나, 민중 문화와는 동떨어진 외래 체제에 기반을 두고 있는 것이었다. [따라서, 민중사학이] 동학농민운동을 선택한 것은 1895년 갑오개혁뿐만 아니라 1896~99년 독립협회와 1919년까지의 계몽운동 그리고 식민지 시기에 전개되었던 모든 문화주의 운동에 대한 거부를 의미한다(Wells 1995, 27).

민중사학자들이 개항기와 식민시기 조선의 '부르주아' 민족주의 운동을 공개적으로까지 거부할 정도는 아니었다면, 1980년대 민중운동은 그것을 통째로 부정하는 데 일말의 거리낌이 없었다. 민중운동가들은 동학농민운동을 자신들이 상속받은, 그리고 이제 계승할 유산임을 천명했다. 1970년대와 80년대의 각종 투쟁 현장에 등장하는 성명서나 선언은 한결같이 '반제·반봉건·반권위'의 역사적 사례로 동학농민운동을 언급하는 것으로 시작하는 반면, '부르주아' 민족주의 운동을 언급하는 경우는 전무하다.[76]

동학농민운동 지도자 전봉준의 초상은 목판으로 인쇄되어 1980년대 전국의 운동권을 휩쓸었다. 이는 1960년대 서구에서 체 게바라의 초상이 유행하던 것과 마찬가지 현상이었다. 대학 세미나실, 재야 연구소, 학생들의 하숙집, 노동자들이 모이는 장소, 운동 단체 사무실 등에

---

76_당시 학생들의 성명서와 선언 내용에 대해서는 한국기독학생총연맹(1984a)을 볼 것.

서 목에 칼을 찬 전봉준은 날카로운 시선으로 들어서는 사람을 맞이했다. 당시 한 학생은 매일 전봉준 초상 앞에서 절을 하며 운동을 계속할 것을 다짐했다고 회고했다.[77] 동학 농민들이 불렀다고 전해지는 구전 민요 〈새야 새야 파랑새야〉는 시위나 집회 중에 자주 불렸던 운동권 노래다.

운동권은 동학농민운동의 강렬한 이미지를 반제국주의 기치로 삼아 자신들의 반정부·반미 투쟁에 적극 활용했다. 1980년대 중반, 국내 시장 개방에 대한 미국의 압력이 증가하고 있던 시절, 숭전대[현 숭실대] 학생들은 "한미 관계의 역사적 평가와 그 전망"이라는 심포지엄을 개최했고 잇따라 연극 〈녹두벌에 다시 피어오르다〉를 공연했다(구전에 따르면 전봉준은 작은 체구로 인해 '녹두장군'으로 불렸다). 학생들은 행사 후 "수입 개방 철회"와 "예속 경제 결사반대"를 외치는 시위를 했다(황의봉 1986, 332).

## 제주4·3항쟁

지식인과 학생들은 동학농민운동을 자신들의 선대가 외세에 맞서 투쟁한 자랑스러운 유산으로 받아들였다. 그러나 해방 이후 일어난 역사적 사건의 경우, 자신들의 운동 목적을 위해 이를 유보 없이 끌어안는 것은 정치적으로 위험했다. 해방 후 발생한 역사적 사건 다수에 대해 국가는 공식적으로 그것이 반정부적이고 용공적이었다는 입장을 취하

---

**77**_이경숙 면담(1993/03/15).

고 있었기 때문이다. 이에 공개적으로 이의를 제기한다는 것은 곧 감옥행을 의미했으며, 또한 자신들은 민족주의자라는 대중적 이미지에 손상을 입힐 우려가 있다는 것을 의미했다. 일례로, 1994년 8월까지만 해도 교수 아홉 명이 대학 교양과목 교재에 북한을 긍정적으로 묘사했다고 해 '이적성' 혐의로 기소된 바 있다(박성준 1994, 36-37).

정권의 지속적인 탄압과 학계의 제한적인 연구 활동에도 불구하고 1980년대부터 현대사의 몇몇 주요 사건이 공공 영역에서 거론되기 시작했다. 이런 사건 가운데 여기서 다룰 첫 번째 사건은, 1980년대 이전에는 거의 알려져 있지 않았던 제주4·3항쟁이다. 1980년대 말까지 '4·3사태'라고만 간단하게 그리고 모호하게 언급되어 온 이 사건은 실제로 1948년 5·10 총선거를 통해 남한 단독정부를 세우려는 미군정의 결정에 저항하던 좌익 세력이 제주도에서 경찰과 반공 토벌군을 공격하면서 일어난 사건이다. 미군과 경찰은 반란군을 진압하기 위해 이들을 샅샅이 추적하고 마을 전체에 불을 지르는 등 후일 베트남전쟁에서 사용한 전술을 펼쳤다. 이 사건에서 정확한 사망자 수는 여전히 쟁점으로 남아 있지만 사건에 대한 여러 기록은 제주도민의 10퍼센트 정도가 학살된 것으로 집계하고 있다. 이 가운데 군 당국이 무장 반군이었다고 인정한 사망자는 550명에 불과했다(Kim Seong Nae 1989, 5).[78]

---

78_ 김성례는 군의 공식 집계에 따라 8만65명이 사망한 것으로 정리하고 있다. 1956년 정부가 출간한 『한국편람』에는 사망자가 4만 명으로 되어 있다. 그리고 1960년 당시 국회의원 김성숙은 5만여 명이 학살되었다고 주장했으며 1963년 제주도에서 발행한 잡지 『제주도』에는 8만65명으로 파악되고 있다(윤석진 1988, 378 참조). 브루스 커밍스는 "제주민 대여섯 명 가운데 한 명" 꼴로 사망했다고 주장했다(Cumings 1990, 258 참조).

같은 해에 일어난 여순반란사건과 같은 무장봉기와는 달리 제주4·3항쟁은 1980년대 말까지 공공 담론의 영역에 들어가지 못했다.[79] 그 때까지 일종의 자발적 기억상실증이 제주도와 일반 대중을 지배하고 있었던 것이다. 유가족은 망자의 이름을 언급하거나 망자를 위해 제사를 지내는 것조차 두려워했다. 사건에 대해서는 정부의 공식 입장이 만연했고, 제주도 출신의 작가들이 내놓은 소설화된 기록만이 대항기억을 제시하고 있었다.[80] 하지만 1980년대 중반부터 광주항쟁과 더불어 고양된 민중운동은 제주4·3항쟁을 재평가하려는 다양한 활동과 합류하기에 이른다.

정부는 제주4·3항쟁을 '빨갱이 게릴라 폭동'으로 규정한 반면, 제주도에 기반을 두고 연구 활동 및 사회 활동을 펼치던 '제주4·3연구소'는 이에 대안적 관점을 제시했다. 즉 이 사건을 남북 분단과 '미국 제국주의'에 맞선 제주민의 저항으로 재평가한 것이다.[81] 또한 제주4·3연구소는 4·3 사건을 '제주 민중 항쟁'으로 명명하자고 제안했다. 이는 제주민을 자신의 신념과 이념적 헌신에 따라 의식적으로 행동한 정치적 행위자로서 부각시키기 위함이었다(Kim Seong Nae 1996, 13-14). 이와 같은 입장은 정부의 공식 입장을 정면으로 거스르는 것인 동시에, 운동권이

---

79_ 여순반란사건은 오늘날에도 광범위하게 연구되고 있다. 일례로 Cumings(1990, 259-267)를 참조할 것. 또한 이 사건을 기리는 많은 문학작품이 있다. 그중에서도 『태백산맥』(전 10권)은 기념비적인 작품으로서 가장 대표적이다.

80_ 이와 관련해 가장 많이 알려진 소설은 현기영의 『순이 삼촌』이다. 1979년에 소설이 출판되고 얼마 안 되어 현기영은 합동수사본부 지하실로 연행되어 고문을 당했다. 현기영 작품집은 1980년대까지 금서로 묶였다. 현기영(1993)을 참조할 것.

81_ 제주4·3연구소는 1989년 설립되었으며 1991년 잡지 『제주항쟁』을 발행하기 시작한다.

당대 가장 시급한 문제로 간주했던 민주화, 자주 국가, 남북통일에 대한 자신들의 관심을 직접적으로 대변하는 것이기도 했다. 따라서 민족해방 운동, 반식민주의 운동, 반제국주의 운동으로 새롭게 자리매김한 제주4·3항쟁은 이제 민중운동의 가장 직접적인 전례가 될 수 있었다 (Kim Seong Nae 1996).

1988년부터 제주4·3항쟁은 대학가에서 끊임없이 논의되는 쟁점 가운데 하나가 되었다. 1988년 이산하의 시 〈한라산〉은 대학생들 사이에서 널리 읽혔고,[82] 『제주민중항쟁』(아라리연구원 편 1988)이나 『잠들지 않는 남도』(노민영 편 1988)와 같은 제주4·3항쟁 관련 서적은 스테디셀러가 되었다. 제주4·3항쟁에 관한 학술 심포지엄에는 수백 명의 사람이 몰렸고, 모임 참석자 중 대다수가 젊은 대학생이었다고 전해진다. 발표 내용은 즉각 대자보 형식으로 교정에 게시되었고, 일부 대학 신문은 반란군의 호소문을 싣기도 했다(윤석진 1988, 378-379). 민중운동 진영의 학생과 지식인은 제주4·3항쟁 반란군의 위상을 진정한 민족주의자로 끌어올림으로써 당시 정치 담론 속에서 자신들의 위상을 또한 그에 못지않은 민족주의자로 자리매김한 것이다.

### 한국전쟁과 '수정주의' 연구

제주4·3항쟁에 대한 '성공적인' 진압이 이승만 정권(1948~60년)의 탄생에 결정적이었다면, 1950~53년의 한국전쟁은 이승만 정권이 시민사회

---

82_ 이산하(2003)를 참조할 것.

를 상대로 권력을 공고화하는 데 필수적이었다. 최장집에 따르면, 한국
사회에서 국가와 시민사회의 관계를 규정하는 데 한국전쟁만큼 결정
적인 사건이 없다(Choi Jang Jip 1993, 21-22). 그뿐만 아니라 한국전쟁은
미래의 한미 관계도 결정해 버렸다. 그렇게 결정된 관계의 가장 영속적
인 측면은 미군의 주둔과 한국에 대한 미국의 경제원조였다.

한국전쟁이 한국의 정치와 사회에 미친 중대하고 방대한 영향에도
불구하고 한국전쟁 연구는 1970년대 중반까지 거의 이루어지지 않았
으며, 그나마 진행되었던 연구는 대부분 해외에서 이뤄진 것이었다(김
명섭 1989, 183). 제주4·3항쟁의 경우와 마찬가지로, 민중운동이 전개되
고, 민중적 시각이 일정 정도나마 제도화되면서, 분단과 북한에 대해서
뿐만 아니라 한국전쟁에 대해서도 좀 더 학문적으로 비판적인 접근이
가능해졌다. 1998년 최장집을 둘러싼 논쟁이 보여 주듯이(이에 대한 좀
더 자세한 논의는 2장에 있다), 한국에서 한국전쟁에 대한 논문을 쓴다는
것은 스스로 집중적인 공적 감시의 대상이 되겠다고 자처하는 것이나
마찬가지였으며, 심지어는 친북 행위 혐의를 받거나 국가보안법 위반
대상이 되는 것을 자처하는 행위였다.

광주항쟁 이전부터 일부 학자는 한국에서의 미국의 역할에 대해 대
안적인, 또는 좀 더 비판적인 관점을 모색했다. 예를 들어, 1970년대 중
반 한국에 소개된 종속이론은 소수의 지식인 사이에 미국의 위신을 상
당히 떨어뜨렸다. 그러나 무엇보다 미국에 대한 비판 의식을 부각시킨
결정적인 계기는 '엄청난 충격을 몰고 온' 광주항쟁이었다. 광주항쟁 이
후 미국에 대한 태도 변화는 냉전 이데올로기가 무너지는 긴 여정의 시
작인 동시에 40년 이상 내면화된 서구적 세계관과 미국의 이상이 붕괴
되는 단초가 되었다.

미국의 역할에 대한 문제 제기와 함께 식민지 시기와 해방 이후 한반도의 공산주의자와 좌파의 역사적 위상은 긴급하게 재평가되었다. 이들에 대한 재평가는 현재를 어떻게 규정할 것인가와 밀접하게 연결되어 있었기 때문이다. 이삼성에 따르면, 한국전쟁에 대한 한국 학계의 주류 입장은 "한국 현대사에서 공산주의 운동의 역사적 정당성을 부정"하는 것이었으며, 대신에 공산주의 운동이 빚은 '죄악'을 폭로함으로써 좌파 세력을 비난하는 것이었고, 미국을 전후戰後 한국의 해방자이자 보호자로서 칭송하는 것이었다. 운동권은, 이처럼 오랫동안 적으로 인식되었던 좌파주의자들을 점차 한국 현대사의 격동이 빚어낸 각종 딜레마와 파편을 반영하는 통한의 주인공으로 인식하기 시작했다(이삼성 1993, 94-96). 광주항쟁 이전부터 이와 같은 입장의 세력이 소수나마 있어 왔지만, 앞서 언급했듯이 이런 입장은 광주항쟁과 더불어 널리 확산되었으며 동시에 이는 현대사에 대한 체계적인 재해석에 대한 폭발적인 요구로 이어졌다.

이삼성에 따르면, 이런 요구에 대한 응답 가운데 하나가 해외 학계의 '수정주의' 연구였다. '정통'을 주장하는 학자들은 계속해서 한국전쟁을 소련 제국의 확장주의 산물이라 보았던 반면에, 수정주의자는 한국전쟁의 책임을 미국과 한국이 좀 더 짊어지도록 했다. 브루스 커밍스, 존 할리데이, 개번 맥코맥 등으로 대표되는 한국전쟁 관련 수정주의는 미국과 여타 지역에서 1970년대 베트남전쟁에 대한 반발과 더불어 발전했다.[83] 또한 이들 해외 학자는 2장에서 논의하듯이 당시 억압적인 정

---

83_한국전쟁에 대한 수정주의 연구의 역사와 수용 그리고 현 단계에 대한 논의로는, 유영익 편

치 상황에 처해 있는 한국학자보다 학문적 발언에 있어 '자유로웠'다.

수정주의 연구는 한국전쟁에 대해 대체로 '급진적인' 해석을 내놓았다. 해방 후 정치 공간에서 좌파의 역할을 재조명했으며, 한미 관계는 갈등으로 점철된 격동적인 관계였음을 시사했다. 또 수정주의 연구는 한국 사회에서 해방 전후의 좌파 세력이 누리던 광범위한 지지 기반을 확인했으며, 동시에 우파의 대미 의존도를 노출시켰다. 수정주의자들은 미국과 한국 국민 사이의 갈등의 기원이 국내에서 대중적 기반이 취약했던 우파 세력과 미국이 함께 손을 잡은 데 있다고 보았고, 이들의 연구는 이런 한-미 갈등이 어떻게 참담한 피해를 낳은 한국전쟁으로 이어졌는지를 보여 줬다(이삼성 1993, 96).

이삼성을 비롯해 민중사학 관점을 공유하는 여러 학자에 따르면 수정주의 해석 가운데 가장 급진적인 연구는 브루스 커밍스의 『한국전쟁의 기원』(전 2권)이다. 이들은 커밍스의 저술이 한국 현대사 연구에 새로운 지평을 열었다고 환영했다. 한완상과 박명규는 이 책이 "한국전쟁 연구를 서술적 차원에서 분석적 차원으로 끌어올려 놓았으며" 보수적 시각이 지배적인 학계의 현대사 연구를 "민중적이고 진보적 시각에서 재해석했다"라고 호평했다(한완상·박명규 1992, 9). 또한 박명림은 커밍스의 연구가 한국전쟁을 국제학의 마땅한 연구 주제로 도약시켰으며, 향후 한국전쟁뿐만 아니라 한국 현대사 연구와 방향 전반에 커다란 영향을 미칠 것이라고 했다. 커밍스의 분석에 대한 동의 여부와 상관없이 앞으로의 학자들은 커밍스의 이 역작을 필수적으로 참고할 수밖에 없

---

(1998)을 참조할 것.

으리라는 것이다(박명림 1996, 41-42).

커밍스는 한국전쟁에 대해 "내전이자 혁명전쟁"이라고 정의한다 (Cumings 1990, 667). 이 전쟁은 남북통일을 추구했던 전쟁으로서, 통일과 함께 대다수 농민이 간절히 바라던 토지개혁을 위시한 사회혁명을 동시에 추구했기 때문이다. 이런 노력의 사회적 기반은 북한의 무력에만 있었던 것이 아니라 남한의 광범위한 대중적 지지에도 있었다. 다시 말해, 남한에 사회혁명을 지지하는 사회적 조건과 세력이 있었다는 사실, 그리고 북한이 남한을 점령하고 있던 3개월 동안 남한 사회 내부 지지 기반을 바탕으로 인민위원회를 복원하고 토지개혁을 추진했다는 사실은 이 전쟁이 혁명전쟁이었음을 말해 준다는 것이다. 즉 커밍스에 따르면 한국전쟁은 "나라를 통일하고 변혁"하려는 전쟁이었다(Cumings 1990; 이삼성 1993, 96).

해방 후 한국 좌파의 위상 문제를 두고 국가의 공식 입장과 첨예하게 대립해 온 민중운동가들의 입장에서 『한국전쟁의 기원』은 다음 세 가지 점을 시사했다. 첫째, 미군정 기간 동안 한국의 좌파는 일반 대중의 광범위한 지지를 받았다. 둘째, 이 한국의 좌파 세력은 미국에 의해 철저히 와해되었다. 셋째, 이 좌파와 미국의 대결은 급기야 한국전쟁을 발발하게 한 주요 요인이었다. 이와 같은 재해석은 좌파에 대한 미국의 무자비한 '반혁명'이 없었다면 남북 분단이 고착되지 않았을 것이라는 의미를 함축하고 있다(이삼성 1993, 96). 따라서 민중운동가들의 입장에서 『한국전쟁의 기원』은 자신들의 역사적 과업을 확인해 주는 효과를 가져왔다. 즉 한국전쟁이 '내전이자 혁명전쟁'이었다면, 이는 국가의 해석을 정면으로 부정할 뿐 아니라, 독립적인 통일국가를 수립하려는 해방 이후 사회운동의 타당성을 인정하는 것이기 때문이다.

## 역사와 대항기억:『아리랑』

민중사학자와 활동가들이 국내에서 역사 다시 쓰기에 몰두해 있는 동안 식민지 시대에 대한 또 하나의 대항기억이 은밀히 싹을 틔우고 있었다. 김산의『아리랑』(Wales & Kim San 1941)은 식민지 시대의 한 조선인 혁명가에 대한 감동적인 이야기로서, 1980년대 중반부터 민중운동 진영의 관심을 끌면서 커다란 영향을 미쳤다. 당국이 금서 조처를 취하기 전까지 학생과 노동자, 직장인, 전문가, 군 장병 등을 망라해 많은 이들이『아리랑』을 읽었다.

김산(본명은 장지락으로 추정되고 있다)은 3·1운동에 대한 일본의 무차별 진압을 경험한 후 열네 살의 나이에 일본으로 유학을 떠났다. 이후 그는 만주와 상해의 독립운동에 합류하기 위해 학업을 포기한다. 1924년에는 이미 공산주의자가 되어 있었고, 중국공산당에 가입한다. 무정부주의에 대한 예전의 그의 믿음은 중국에서의 혁명이 마침내 동아시아의 혁명을 이끌 것이라는 믿음으로 바뀌었던 것이다. 1927년 상해에서 장제스蔣介石가 노동자운동을 궤멸시키고 국공합작이 붕괴되자 김산은 지하에서 활동하게 된다. 광둥 코뮌의 실패 후 불어닥친 '반혁명 대숙청'을 피해 지하로 은신했으나 결국 체포되고 말았다. 이후 그는 감옥에서의 고문과 10년간의 정신적·육체적 결핍과 궁핍을 견뎌야만 하는 등 "죽은 사람보다 더한 고난"을 겪어야 했다(Wales & Kim San 1941, 58).

1937년 중국 연안에서 님 웨일스(헬렌 포스터 스노우)를 만날 당시 그는 한국 공산주의자와 민족주의자로 구성된 통일전선의 대표였다. 그의 지성과 그가 살아온 삶에 대한 이야기에 매료된 웨일스는 김산과의 대화를 적기 시작했다. 이는 이후『아리랑』이라는 책으로 묶이게 된다. 1941년 이 책이 영어로 출판되던 무렵 김산의 행방은 묘연했다. 이후 밝혀진 바로는, 김산은 웨일스가 그를 마지막으로 만나고 얼마 안 되어 일제의 스파이라는 누명을 쓰고 중국공산당에 의해 처형되었다고 한다. 처형 당시 그는 아직 삼십 대에 불과했다.[84]

김산은 피식민 지식인의 초상화 그 자체였다. 그의 삶은 19세기 말부터 20세기 초 한국의 불운한 역사 변동과 떼놓을 수 없는 궤적을 그린다. 첫사랑에 대한 아픈 기억부터 한때 자살마저 생각하도록 한 동지들의 죽음과 자살을 포함해 짧은 생애 동안 그가 경험한 좌절과 번민을 생각하면 그의 곧은 성품과 불굴의 정신은 더욱 감탄스러운 것이었다. 자신이 생각하는 혁명적 비전을 설명하는 동안에도 존재론적 상념에 잠기곤 했던 그는 "우리 시대 가장 잔혹하고, 가장 추하고, 가장 혼돈스런 소용돌이 중 하나에 내던져진 감수성 예민한 지식인"으로서 "마음속 깊은 곳에서는 이상주의 시인이자 작가"였다(Wales & Kim San 1941, 53). 그가 받은 정규교육은 미미한 것이었으나, 그의 영어 회화 능력은

---

84_1983년 옛 동지들과 아들 고영광의 헌신적인 노력으로 중국공산당은 김산을 복권시킨다. 김산이 일제에 체포되어 고문을 받고 석방된 후에도 활동을 계속한 것이 나중에 중국공산당의 의심을 사게 된 것이다. 그런데 이후 중국공산당은 국민당으로부터 몰수한 문서들 가운데 김산 체포에 대한 내용을 발견하게 된다. 국민당 심문관은 굽힘이 없이 자백을 거부하는 김산을 "어리석은, 머리만 큰 바보"라고 표현하고 있었다. 게다가 거기에는 그를 체포한 일본 경찰로부터의 지령도 있었다. 결국 이 문건들은 김산 사후에 비로소 그를 구명해 주었다. 김산의 아들 고영광은 1981년에서야 처음으로 『아리랑』을 읽었다. 그때까지 중국어 번역본이 없었을 뿐더러 문화혁명 동안 김산의 가족은 반혁명자로 낙인찍혀 있었기 때문이었다. 1985년 이 책은 중국 연변 조선족 자치구에 소재한 『길림신문』에 연재되기 시작했다. 한국에서는 1946년부터 16개월 동안 월간 잡지 『신천지』에 처음으로 연재되었다. 1959년 리영희 선생이 일본어판을 구입한 후 한국에 들어오게 된다. 1984년 내려진 판매 금지 조치는 1987년 철회되었고 1992년 재발행되었다. 윤해동(1990); Wales & Kim San(1941)을 참조할 것.

훌륭했고, 러시아어를 한국어로 번역할 수 있을 정도였다. 『아리랑』을 읽은 1980년대 사람들에게 김산은 '동양의 체 게바라'였다.

『아리랑』은 1984년에 한국어로 완역되어 첫 출판되었지만 이내 금서로 지정되고 말았다. 그러나 한국어판이 출판되기 훨씬 이전부터 대학생과 지식인을 대상으로 한 지하 서클에서는 일본어판 책이 필독서로 읽히고 있었다. 김영삼 대통령 시절인 1993년에 이르러서야 책이 다시 출판되었고, 정부는 비로소 식민지 시기의 항일 민족주의 운동에서 사회주의자들의 기여도를 재평가하고자 하는 움직임을 보였다.[85]

『아리랑』은 19세기 말과 20세기 초라는 격동의 시기에 중국, 만주, 러시아, 일본, 미국 등에서 활동하다 죽은, 어디에 묻혀 있는지조차 알려지지 않은 수많은 무명의 혁명가들에 대한 증언이다. 한국 사회에서 이렇게 잊힌 자들은 공산주의자, 사회주의자, 조합주의자(생디칼리스트), 무정부주의자 그리고 '중간파' 혁명가들을 포함한다. 사회주의 색채를 지녔다는 이유로 이들의 흔적은 해방 후 역사 기록에서 하얗게 지워져 있지만, 이들은 한국의 현대사 공간에서 얼마나 많은 활동이 다채롭게 펼쳐졌는지를 증언해 주고 있다. 김산 평전은 1980년대 학생과 지식인들 사이에서 깊은 반향을 불러일으켰다. 그들은 자신들 역시 혁명의 시대에 살고 있다고 생각했으며, 아직 알려지지 않은 더 많은 김산이 있을 것이라고 생각했다.

---

85_조용준, "〈인터뷰: 한완상 부총리 겸 통일원장〉 핵사찰 이뤄지면 기업인 방북 허용," 『시사저널』 202호, 1993, 29쪽 참조. 인터뷰 당시 한완상은 부총리 겸 통일원 원장이었다.

## 7. 역사의 재구성: 기념행사

지금까지 필자는 한국 현대사를 다시 쓰는 일은, 곧 민중을 역사 주체로 세우는 일이었으며, 또한 한국의 현대사에서 학생과 지식인의 지위를 민족적·혁명적 위치에 자리매김하는 것이었다고 주장했다. 역사 다시 쓰기란 기존의 '역사적 사건'들을 새롭게 해석하는 데 국한되지 않으며, 그간 의미가 모호하거나 혹은 규명되지 않은 사건을 '역사적'으로 의미화하는 작업까지를 포괄한다. 이렇게 재구성된 역사는 기념제와 같은 기억 만들기 공공 행사를 통해 상식의 영역에 들어서게 된다. "이와 같은 [공공] 행사에 참가하는 사람들은 다른 사람들 역시 이와 같은 행사에 대해 알고 있음을 안다."[86] 어떤 사건에 대한 공통 지식은 그 사건이 역사화되는 데 매우 중요하다.

사회학자 폴 코너턴은 "기억 형성의 사회적 과정에 대한 연구는 공통적으로 기억하게 하는 것을 가능하게 하는 전달 행위를 연구한다는 것이며 …… 과거의 이미지나 과거에 대한 회고적 지식은 (일정 정도 의례적인) 퍼포먼스, [특히] 기념제를 통해 전달되고 지속된다"고 했다 (Connerton 1989, 39-40; Chwe 2001, 90에서 재인용). 한 발 더 나아간다면, 이들 기념제는 과거 사건에 부여된 의미를 단순히 '전달'하고, '지속' 해 주는 데 그치지 않는다. 기념제는 그 자체로 종종 "파편적이고, 경직되어 있고, 의구심을 수반하는" 개별적이고 사적인 기억을 온전하게 유

---

86_ '공통 지식'에 대한 필자의 이해와 역사적 사건의 의미 획득 과정의 중요성은 모두 Chwe (2001)에 그 기반을 두고 있다.

| 1988년 1월 16일, '민주 열사'를 위한 추모제를 마친 후 집회를 위해 행진하는 학생들 | 한국일보사 제공

의미한 것으로 만드는 등 과거 사건에 대한 지식과 의미를 구성하기도 한다(Gottschalk 1997, 116-135).

민중운동에서는 아직 제대로 '역사'가 되지 못한 사건을 기념하는 일이 민중 담론을 형성하고 민중운동을 지속키는 데 필수적이었다. 1970년대와 80년대를 통틀어 다양한 사건과 인물에 대한 기념행사는 거리 집회만큼이나 쉽게 볼 수 있었고, 그만큼 민중운동의 중요한 일부를 차지했다. 1970년 열악한 노동환경에 맞서 싸우다 분신한 전태일이나 1987년 최루탄에 맞아 사망한 이한열처럼, 저항의 일환으로 스스로 죽음을 선택하거나 시위 도중 사고로 사망한 자들은 이런 기념행사를

통해 민주주의를 위한 순교자가 되었고, 따라서 이들은 애국자, 즉 열사가 되었다.[87]

실제로 이들 사건과 인물 가운데 일부는 주로 기념행사를 통해 역사적 중요성을 획득해 왔다. 기념행사가 있기 전까지 이들 사건의 의미는 아예 규명되지 않았거나 혹은 모호했다.[88] 예를 들어 유신 정권의 몰락을 가져온 간접적인 계기가 된 1979년 10월 부마항쟁은 지식인과 학생에 의한 정기적인 기념행사로 인해 역사적 의미를 획득했다. 학생들은 잘 알려진 공공장소나 대학 광장에 당시에는 공식적으로 받아들여지지 않은 역사적 사건이나 인물의 이름을 붙여 그들을 추모하고자 했다. 예를 들어, 박정희 정권에서 내란음모죄로 처형된 사람이나, 광주항쟁 참여자 같은 사람들의 이름이 여기에 포함된다(윤석진 1988, 379). 또한 광화문이나 극장 앞과 같이 사람들이 많이 모이는 공공장소는 이들 기념행사의 개최지가 되었다(황의봉 1986, 354).

이와 같은 기념행사나 작명 행위는 과거에 대한 재해석을 확산시켜 줄 뿐만 아니라 민중운동과 일반 사회 간에 새로운 합의의 기반을 마련하는 역할을 수행했다. 프랑스혁명기의 축제에 대한 모나 오주프의 연구는 어떻게 축제 의식과 이들 의식에서 사용된 언어가 '국민 통합의 기능'을 담당하는지 보여 주고 있다(Ozouf 1988). 민중운동의 숱한 집

---

[87]_이한열은 1987년 6월 항쟁 시위 중 최루탄에 맞은 후 사망했다. 그의 장례식에는 1백만 명 이상의 군중이 집합한 것으로 알려져 있다.

[88]_이와 관련해, 1969년 뉴욕 맨해튼 소재 스톤월 바를 중심으로 일어난 일련의 시위 사건이, 처음에는 잘 알려지지 않았으나 어떻게 반복적인 공공 기념행사를 통해 미국 게이·레즈비언 인권 운동을 상징하는 중대한 역사적 사건이 되었는지에 대해서는 Chwe(2001, 91)를 참조할 것.

단적 추모 활동은 운동권을 하나로 결집시켜 주었다. 즉 운동권은 과거와 현재에 대한 교훈을 통해 사적 기억이나 고민을 초월하고자 했다. 적지 않은 경우 이들에게 '영감을 주었던 전형적인 인물들'은 바로 주변 동료들이었다. 운동권 주변에는 고문으로 죽거나, 사고로 죽거나, 스스로 저항의 한 방법으로 죽음을 선택한 자들이 많았고, 운동권은 이들의 죽음을 기념했기 때문이다. 따라서 프리드리히 니체가 "기념비적 역사"(Nietzsche 1980; Schwarcz 1994, 51에서 재인용)라고 부른 과거는 한국의 운동권에게는 과거일 뿐만 아니라 현재였던 것이다. 역사학자 베라 슈와츠에 따르면, 기념비적 과거는 "개인에 대한 규범적 기대"(Schwarcz 1994, 50-52)로 인해 개인에게 영감을 주는 동시에 위압적 부담을 주기도 한다. 운동권이 기념한 사건과 개인들은 통합과 영감의 원천이기도 했지만, 그것은 또한 운동권이 가진 교조주의적 역사의 일부를 구성했다.

'민중'을 역사적으로 모호한 개념에서 역사와 정치의 주체라는 강력한 개념으로 탈바꿈시킴으로써, 운동권 학생과 지식인은 민중 중심의 미래 공동체를 기획했다. 서론에서 논의했던 것처럼 민중의 형성은 또한 급속한 산업화와 근대화 과정에서 비롯한 깊은 소외감의 소산이기도 했다. 이 민중 만들기 과정은 하나의 담론적 실천으로서, 지배적인 국가 담론과 민족 정체성을 둘러싼 끊임없는 교섭, 논쟁, 그리고 전유專有를 수반했다.

# 2

# 반공주의와 북한

1982년, 문부식은 광주항쟁 무력 진압에 미국이 개입한 것에 항의하며 부산 미국문화원 방화 사건을 기획한 혐의가 인정되어 사형을 선고받았다. 그는 사형선고를 겸허히 받아들였지만 빨갱이라는 혐의만은 벗겨 주기를 요구했다.

내가 용공, 불순 세력이요, 좌경 의식을 가졌다는 말은 정치권력이 만들어 낸 것이다. 나는 관제 빨갱이일 뿐이다. 빨갱이라는 누명만 벗겨 준다면 나는 최후진술을 하지 않을 용의도 있다. 민주주의를 부르짖는 것이 어찌 빨갱이인가? 우리나라의 정치학 사전에 '빨갱이란 반독재 민주주의를 부르짖는 애국자를 독재자가 남용해서 붙인 이름'이라고 기재해야 오해가 없을 것이다(강준만·김한표 2004, 238-239에서 재인용).[1]

빨갱이 혐의에 대한 문부식 자신의 강력한 부인은 제쳐 두고서라도, 그가 공산주의나 북한 주체사상에서 영향을 받았을 가능성은 거의 없어 보였다. 그는 보수 성향의 신학대학 4학년 학생으로서 학생운동에 적극 참여한 전력도 없었고 당시의 각종 이념적 흐름에도 별 관심이 없었다. 그는 광주의 비극이 광주 시민의 비극만이 아니라 모든 한국인의 비극이며, 학살에 책임 있는 자들은 반드시 심판을 받아야 한다고 생각했다. 이런 믿음으로 그는 미국을 상징하는 건물을 표적으로 삼았다(문부식 1999a, 229). 문부식과 그를 숨겨 준 가톨릭 신부를 포함해 부산 미국문화원 방화 사건 관련자는 모두 국가보안법 위반으로 기소되었다. 재판 기간 동안 문부식은 부산 미국문화원 방화 사건에 대한 변론보다는 빨갱이 혐의의 부인에 더 많은 시간을 할애했다. 이 같은 사실은 당시 한국에서 반공, 국가 안보, 국가 감시의 기술이 얼마나 긴밀히 연결되어 있는가를 보여 주는 것이다.

필자가 이 장에서 주장하는 것은, 한국에서 반공주의는 처음부터 북한의 '실제 공산주의자'들과 그들의 추종 세력만을 겨냥했던 것이 아니며, 국내의 반정부 세력을 겨냥하고 있었다는 것이다. 남한과 북한이 서로 붙어 있다는 점, 참담했던 한국전쟁의 기억, 그리고 지속되는 남북 대치 상태로 인해, 반공주의는 한국에서 사회통제의 한 형태로서 유난히 그 맹독성을 떨쳤으며, 국가권력의 효율적인 도구가 되었다. 한국에서 반공주의는 내부의 사회 비판적 요소를 '타자'의 범주로 추방시키고 그 자체로 국가 정체성을 구성했다.

---

1_문부식은 6년 9개월간 복역 후 1988년에 석방되었다.

이 장은 크게 세 절로 구성된다. 1절은 한국 국가 형성의 궤적과 교육 프로그램 속에서 반공주의가 어떻게 헤게모니적인 사회 담론으로 부상했는지 그 윤곽을 그려 본다. 2절은 반정부 지식인이나 학생들을 대상으로 날조된 간첩 사건을 통해 사회 내부의 탐탁지 않은 요소나 세력을 침묵시키는 과정에서 국가보안법과 반공법이 수행한 역할을 살펴본다. 3절은 운동권 내부에서의 반공주의 문제를 간략하게나마 논의할 것이다.


## 1. 헤게모니로서의 반공주의

한국에서 반공주의는 오랫동안 '헤게모니'를 장악해 왔다. 즉 반공주의가 특정한 계급 이익을 표출하거나 투사하는 것이기보다 "구체적이고 지배적인 의미와 가치에 의해 실천적으로 조직되어 체험되는 총체적인 사회적 과정"이었던 것이다(Williams 1977, 109). 1960년대 이래 반공주의는 국가 안보 및 공공 안전과 동일시되는 한편, 단순히 국가정책상의 원칙이나 주의로서가 아니라 다수 성원의 삶에 철저하고 깊이 내면화된 체험의 세계가 되었다. 1960년대 후반 이후 국제사회의 해빙 무드와 국내의 긴장 상태는 공히 반공주의를 더욱 강화시키도록 했다. 미국은 아시아 지역 분쟁에 관여하지 않겠다는 1969년의 닉슨독트린과 1972년 리처드 닉슨 대통령의 중국 방문은 한국인에게 미국이 한국을 더는 군사적으로 보호하지 않을 수도 있다는 생각을 하게 했다. 이런 가운데 북한은 1960년대 중반부터 한국에 대해 더욱 호전적인 태세

| 1972년 4월, 정부 지원 반공주의 집회 | 중앙일보사 제공

를 취했다. 북한은 1967년 린든 존슨 대통령의 한국 방문에 즈음해서 경원선 철도를 폭파시키는가 하면, 1968년에는 청와대의 박정희 대통령을 암살하기 위해 무장 공비 습격 사건을 일으켰다. 그리고 같은 해 강원도 울진 삼척으로 무장 공비를 침투시키기도 했다. 국내적으로는 지식인·학생·노동자들이 박정희 정권을 반대해 강력한 반발이 일고 있었다. 이 같은 사태 전개 속에서 정부는 국가 안보를 어떤 대가를 치르고라도 지켜야 할 '절대 명제'로 선포했고, 1972년은 국가가 지정한 '총력 안보의 해'가 되었다.

한국 정부는 1968년부터 국가비상사태 체제를 가동하면서 사회 전면을 대상으로 대대적인 국가 안보 정책을 취했다. 그리하여 그해 '향토예비군'이 창설되었고, 군복무를 마친 18~50세의 신체 건강한 남성은 모두 동원 대상자가 되었다. 1972년에는 민방위 훈련이 시행되면서 매달 15일이 되면 시민들은 마치 전 국토가 일시 마비되는 것 같은 경험을 해야 했다.[2] 이에 앞서 1971년에는 무속인조차도 반공주의 기치를 내건 '대한승공경신연합회'로 조직되었다(Choi Chungmoo 1987, 75). 패선업계 또한 이 집단 히스테리로부터 자유롭지 못했다. 1972년 한 유명 디자이너는 "국가비상사태 속의 바람직한 여성 옷차림"이라는 제목의 의상 발표회를 열었는데, 무대에 선보인 각종 의상에는 비상식량을 넣는 주머니가 달려 있었다(KBS 2003). 시민들은 주변 곳곳에 적이 숨어 있을 수 있다는 이야기를 매일같이 들어야만 했다. 공공건물, 학교, 길가, 가게 등 어디든 숨어 있는 간첩에게 자수를 촉구하는 포스터와 현수막을 볼 수 있었다.

권혁범에 의하면 반공 수사는 1998년에 이르러서도 약화되지 않았으며 여전히 '독점적인 패권'으로서 국가가 주도하는 담론을 지배했다. 1998년 주요 도시에서는 적어도 81종의 반공 표어가 새겨진 포스터와 현수막을 여전히 볼 수 있었다(권혁범 1999, 77-78). 반공 현수막은 관공서, 한국자유총연맹이나 대한민국전몰군경유자녀회와 같은 관변 단체는 물론이고 요식업 조합, 의사회, 고속버스 회사, 은행과 같은 민간단체의 건물에도 나붙었다(권혁범 1999, 57). 1998년 여름에는, 지하철에서 한 승객이 '김일성'이라는 단어가 들어간 제목의 책을 읽고 있던, 일본에서 온 한국인 승객을 수상히 여겨 경찰에게 신고한 일도 있었다.[3]

권혁범이 지적하듯이, 누군가 이런 현수막의 반공 표어들을 진지하게 받아들이든 그렇지 않든, 건물이나 길거리에 존재하는 이 반공 표어

---

**2**_민방위 훈련은 1989년부터 매년 아홉 차례 정기 실시되었으며, 1992년부터는 연 3회로 훈련 횟수가 감소되었다.

**3**_권혁범(1999)을 참조할 것.

들은 북한에 대한 한국의 '공식적인' 태도가 된다. 이 현수막들은 국가 권력의 이름으로 시민들로 하여금 같은 생각을 할 것을 요구하고 있다. 또한 반공 현수막이 붙어 있는 장소가 공공장소라는 사실 자체가 그 현수막으로 하여금 무엇이 올바른 정치 담론인지를 규정하는 권위를 갖게 한다. 시민들은 현수막을 무심하게 스쳐 지나갈 수도 있다. 하지만 그것에 반항하는 구체적 행위에는 '용공'이라는 딱지가 붙게 되고 그에 상응하는 처벌이 따르게 된다(권혁범 1999, 57).

반공주의는 관 주도를 통해서만이 아니라 언론 매체, 기독인 보훈 단체 및 각종 시민 단체를 통해서도 장려·후원되기도 했다. 예를 들어, 1982년 부산 미국문화원 방화 사건 직후 국내의 주요 일간지는 일제히 반공에 충성할 것임을 선포한다. 『중앙일보』는 심지어 "반공과 친미는 헌법 이상의 국민적 합의"라고 주장하기도 했다(김기영 2001). 조선일보 사는 1998년 말 그들의 정치적 근력을 과시한다. 『월간조선』이 최장집 교수를 겨냥해 그가 학술 논문에서 한국전쟁에 대해 서술한 내용이 친북적이라고 비판하면서 당시 최장집 교수가 맡고 있던 대통령자문정책기획위원장의 사임을 촉구한 것이다. 결국 최장집 교수는 김대중 정부의 지원에도 불구하고 보수 야당을 비롯해 고위급 퇴역 군인, 재향군인회 등의 집중 공세에 사퇴를 하고야 말았다.[4]

김동춘은 한국의 반공주의 경험이 매우 독특한 것이라고 지적한다. 미국, 일본, 그리고 서독에서도 한때 반공의 바람이 몰아친 만큼 한국의 반공주의는 그 자체로 독특하다고 할 수는 없다. 그럼에도 한국의

---

[4]_이에 대한 좀 더 자세한 내용은 고려대학교대학원 정치외교학과(1998)를 참조할 것.

경우 특수하다고 말할 수 있는 이유는 반공주의가 "사회 행위 주체들을 강제로 결속하고 정치적 반대 세력의 억압을 동원하는 시멘트"로 작동한 곳은 한국밖에 없기 때문이다(김동춘 1997, 37). 그에 따르면, "나는 반공주의자다"는 말은 실로 그 무엇이라도 가능하게 하고 용서하게 하는 면허, 면죄부, 만능열쇠였다. 반대로, "너는 빨갱이다"는 테러, 고문, 그리고 누군가를 실제로 41년 동안 투옥할 수 있는 물리적인 힘을 휘두를 수 있게 했다.[5]

박정희 정권 시기 어느 정치 망명자의 주장처럼, 한국에서 빨갱이라는 범주는 광범위하고 유동적인 것이었다.

> 한국에서는 공산주의자도 빨갱이지만 사회주의자도 빨갱이며, 진보주의자도 빨갱이며, 미국에 비판적이어도 또한 빨갱이다. 그리고 이상주의자도 휴머니스트도 또한 빨갱이가 될 수 있는 곳이 한국이다. …… 극우에겐 극우가 아닌 모든 자가 좌익이다. 한국에서는 이 모든 좌익[이] 빨갱이가 될 수 있다. 침묵하지 않을 때 말이다. 그러므로 극우가 아닌 실존주의자는 모두 빨갱이가 되어야 하는 곳이 바로 한국이다. …… 내가 빨갱이가 되어야 하는 이유는, 내가 공산주의자이기 때문이 아니라 바로 당신네 나라의 '앙가주망'이라는 말을 알았기 때문이다(홍세화 1995, 151; 권혁범 1999, 65에서 재인용).

위 인용문의 홍세화는 자신이 왜 망명을 요청하는지 이해하지 못하

---

5_1999년 2월 25일 대통령 특별사면으로 석방된 열일곱 명의 장기 복역수 가운데 한 명이었던 우용각은 40년 7개월이라는 수감 생활을 했다. 좀 더 자세한 내용은 "출소 장기수 17인의 삶으로 엮는 분단 현대사"(안영민 1999)를 참조할 것.

는 프랑스 관리에게 '진짜' 프랑스 공산주의자가 한국에서는 공산주의자가 될 수 없는 이유, 오로지 한국인만이 빨갱이가 될 수 있는 이유를 설명한다. 당시 한국에서는 지배 정권에 반대하는 자는 모두 '공산주의자'였기 때문이다. 유신 시대 이후 줄곧 박정희 정권의 초법적 조치에 맞섰던 김대중은 그 시기 한국의 대표적인 '공산주의자' 인물이었다(강준만 1996, 371-372). 한승주는 한국의 반공 정책이 어떻게 '사회주의자 혹은 급진주의자'를 '민주사회주의자, 무정부주의자, 혹은 노동 이익(노동조합주의자)과 같이 공산주의자도 아니고 사회주의자도 아닌' 사람들과 구분하지 않고 모두 '공산주의자'를 지칭하는 '좌익'으로 묶어 동일화했는지 설명해 주고 있다.

> 한국에서 좌익이란 …… 자본주의와 현행 사회 경제 질서를 거부하는 세력으로 규정될 수 있다. 이들은 평화통일을 지지하며, 그와 같은 목적 달성을 위해서는 북한과의 화해가 필요하다고 믿는다. 또한 미국에 대한 한국의 지나친 의존에 부정적인 태도를 취하고 있으며, 공산 진영과 비(非)공산 진영 사이의 세계적인 갈등에 대해서는 모호한 태도를 취한다(Han Sung-joo 1974, 77).[6]

---

6_1980년대 학계와 활동가 그룹에서는 '좌익' 대신 중립적인 '좌파'라는 표현을 사용했다. 반면에, 정부 당국은 이들 개개인이 사회에 '위험한' 존재라는 것을 강조하기 위해, 그리고 이들을 마르크스-레닌주의나 북한의 주체사상을 맹신하는 추종자로서 각인시키기 위해 '좌익'이나 '용공'이라는 표현을 사용했다. 정부출연연구기관인 '공안문제연구소'에는 다양한 사회운동 단체가 발행한 시청각 자료와 출판물의 분석을 통해 좌익 요소를 분석하는 연구자들이 있었다. 1989~94년 사이에 이 연구소가 감정한 건수는 2만1천 건에 달한다. 그중 67퍼센트가 '좌익, 용공, 그리고 친북' 판정을, 17퍼센트가 '반정부' 판정을 받았다. 안전하다고 판정을 받은 분석물은 16퍼센트에 불과했다. 박재권(1994)을 참조할 것.

한국 정치가 자본주의의 발전, 남북의 지속적인 긴장 관계 그리고 대미 의존이라는 쟁점과 대부분 연관되어 있다는 점을 고려해 보면, "반공주의의 내용, 그것의 구체적 의미, 그것이 행사되는 방식, 그 형성의 역사는 우리 현대사이고, 지난 시절 우리의 정치사회적 갈등 그 자체다"라는 김동춘(1997, 37)의 주장은 과장된 것이 아니다.

## 2. 반공주의: 역사적 맥락

국가라는 차원의 한 사회에서 '타자'라는 개념은 대체로 원초적으로 형성되거나 확고하게 정해진 사회적 범주가 아니다. 그것은 그 역사적 전개 과정을 통해 끊임없이 논쟁의 대상이 되고 재구성된다. 한국 사회에서 타자로서의 공산주의자는 식민지 시기와 해방 후 특정한 상황의 산물이자 이후 한국 정치발전의 산물이다. 일제 식민지 당국은 공산주의자를 '범행자' 내지는 '죄인' 취급을 했다. 일본에 저항하는 세력은 누구든 그런 취급을 받았는데 만주국의 비적匪賊 또한 일반적으로 공산주의자로 불렸다(한석정 1999, 168-169).

한국 공산주의자들은 일제에 강력히 저항했고, 그 특유의 분파주의와 정당 조직으로서 짧은 기간 동안만 유지되었음에도 불구하고, 해방 이전까지 국내에서 폭넓은 지지를 받고 있었다. 서대숙은 한국의 공산주의자에 대해 다음과 같이 서술했다.

[그들은] 조선 혁명의 주도권을 민족주의 세력에게서 빼앗는 데 성공했다. 즉

조선 민중, 특히 학생, 청년 단체, 노동자, 농민들 사이에 뿌리 깊숙이 공산주의 영향의 씨앗을 심었다. 그들이 보여 준 불굴의 정신과, 때론 집요할 정도의 성공에의 의지는, 지식인과 작가들 사이에 깊은 영향을 미쳤다. 오랜 세월, 영원히 이어질 것만 같았던 외세에 굴욕 당해 온 조선의 장년 세대에게, 공산주의는 새로운 희망 또는 마법의 등불과도 같았고, 이들은 이로부터 혁명적 활기를 얻을 수 있길 바랬다. …… 조선인 일반에게 공산주의자들의 희생은, 어쩌면 공산주의 사상 그 자체보다 더, 훨씬 강한 호소력을 주었다(Suh Dae-Sook 1967, 132).

공산주의 세력에 대한 한국인의 시각은 1945년 분단 및 미국과 소련의 한반도 진주를 거치면서 변화하기 시작했다. 한국인은 일제로부터 독립을 하게 되었으나, 그것은 자신이 전개한 투쟁의 결과가 아니라 세계대전 종식의 결과였다. 독립적이고 통일된 민족국가에 대한 이들의 열망은 냉전 체제 속에서 한국이 차지하고 있는 지정학적 위치로 인해 우선순위에서 밀려났다. 한국의 좌파는 자신들의 의지와 상관없이 강대국의 이해관계 속에서 만들어진 정치적 제약들로 인해 좌절하기도 했지만, 식민지하에서 독립운동을 한 자신들에게 해방된 국가에서 주도권을 행사할 역사적·도덕적 권한이 있다고 믿었다. 그러기에 이들은 사회주의 한국에 대한 자신들의 비전을 끊임없이 밀어붙였다. 한국의 우파는, 국가 주도권에 대한 역사적·도덕적 정당성을 결여하고 있었지만, 자신들의 기준에 의해 한국의 미래를 설계할 권리를 완강하게 주장했다. 통일 한국을 수립하기 위한 중도파의 노력에도 불구하고, 1948년 미국과 소련의 전폭적인 지원에 힘입어 남과 북에는 각기 다른 정권이 수립되었다. 그리고 1950년, 무력을 사용해 한반도를 통일하려는 또 하나의 시도가 한국전쟁을 초래했다.

좌파에 대한 대중적 수용의 전환점은 1945년 12월 모스크바 3상회의 결정에 대해 좌파 진영이 지지 입장을 밝히면서 일어났다. 모스크바 3상회의는 한국에 대한 4대 강국의 신탁통치안을 결정하기 전에 먼저 임시정부를 설립할 것에 동의했다.[7] 하지만 미군정과 일부 우익 세력의 언론 조작으로 인해 한국인들은 모스크바협정이 곧 신탁통치의 시작인 것으로 믿었다. 그들은 미국이, 실제로 이 협정을 지지했음에도 불구하고, 반대하고 있다고 믿게 되었고, 소련과 그들의 지령을 따르는 좌파 세력이 협정에 동의하고 있다고 믿었다. 한국인에게 신탁통치는 또 한 번의 외세 지배를 암시하는 것이었고, 이들은 그것을 받아들일 수 없었다. 대중은 거세게 반발했다. 임시정부 설립이라는 제안에 고무된 좌파는, 자신들이 신탁통치를 지지하지 않았음에도 불구하고 신탁통치에 대한 아무런 입장 표명이 없이 협정안의 전문全文을 지지한다고 발표했다(Cumings 1981, 223; 박태균 2005, 92-96). 좌파의 입장과 상관없이, 많은 사람은 이후 공산주의자를 국가의 미래 따위는 안중에도 없는, 어쩔 수 없는 모스크바의 하수인들이라고 믿게 되었다(박태균 2005, 97).

해방 직후 나타난 정치적 혼란은 상당 부분 국내 좌우 대립에서 비롯된 것이지만, 한국에서 공산주의와 좌익 세력이 소멸되고, 우파 세력이 강화된 데에는 미국의 대한對韓 정책이 결정적이었다. 미국의 대한 정책은 아시아에서 미국의 군사 및 안보 이익에 유리하도록 결정되었고,

---

7_모스크바 3상회의에 대한 좀 더 자세한 내용은 Cumings(1981, 215-227)를 참조할 것.

그 핵심은 "소련 공산주의의 확산 봉쇄, 정치 안정의 확립, 그리고 미국형 민주주의와 자본주의 발전에 찬동하는 국내 세력의 확보"에 있었다 (Kim Hyun Sook 1991, 20). 브루스 커밍스가 간결하게 표현했듯이, 한국 정치를 인솔하던 자유와 민주주의라는 미국의 이상은 곧 "반공주의를 지칭하는 미국의 암호"였다(Cumings 1990, 28). 일본의 식민 통치가 끝난 한국에서 미군정은 효과적인 반공주의 전파자임을 입증했다(김동춘 1997, 44). 1948년 단독정부가 수립되었을 때는, 해방 공간의 혁명적 상황은 완전히 통제되었고, 기존 정권에 저항하던 좌파 세력은 지하로 숨어들게 되었다. 그리하여 더글러스 맥아더 장군은 "이제 한국은 모든 반체제 세력에 맞서는 난공불락의 성채"라고 선언했다(Kim Hyun Sook 1991, 25에서 재인용).

신탁통치 논란이 보여 주듯, 냉전 체제하에서는 간단하게 단정지어 구분할 수 없는 여러 사회정치적 쟁점들이 단순한 '친공' 대 '반공' 문제로 귀결되었다. 일제하 식민 당국에 대한 정치적 충성과 활동으로 해방후 일제 잔재 청산의 대상자가 될 만한 자들에게 반공주의자로서 새로운 정치 생명과 정체성이 주어졌다. 반공주의자와 공산주의자가 적나라하게 구분되는 세계에서 공산주의자 또는 그에 동조하는 이들은 '반민족적'인 동시에 '불순분자'가 되어 버렸다. 이들은 곧 '적색 비적, 악귀와 같은 흡혈기'로 낙인찍혔다. 사회는 이런 세력들을 "마치 굿판의 악귀처럼 액막이해야 할 두려운 잡귀"마냥 일소해야만 했다(Kim Seong Nae 1989, 290). 이들은 시민권을 가진 국민으로 대접받지 못했을 뿐만 아니라, 인간 이하로 간주되었다(김동춘 1999, 37). 좌익으로 낙인찍힌 사람들의 가족이나 친지는 연좌제를 통해 공무원 채용과 사관학교 입학에서 제외되고 해외여행이 금지되었는데, 이로 인해 이들은 회사에

취직하기도 어려웠다.[8]

　해방 후 한국 사회에서 반정부 세력의 제거는 일본의 식민 통치하에서조차 보기 드물었던 야만적이고 잔인한 폭력과 함께 진행되었다(김동춘 1999, 36). 여기에 월남 기독교인들을 비롯해 북한 체제를 피해 남으로 내려 온 인구가 가세하면서 '빨갱이 사냥'은 더욱 사나워졌다.[9] 경찰들은 무분별하게 사람들을 체포해 좌익으로 몰았다. 이런 일이 비일비재하게 되자 '관제 공산당'이라는 새로운 용어가 등장하기도 했다. 잠시나마 좌익 운동을 했던 경험이 있는 사람들 가운데 일부는 경찰의 보복을 피하기 위해 국방경비대에 자원해서 들어가기도 했다(김계유 1991, 249). 1946년 미군정 시기 방한 중이던 『시카고 선타임스』 기자는 다음과 같이 기술한 바 있다. "희생자에게는 이미 '국가의 적' '공산주의자'라는 선고가 내려진 후였다. 경찰은 자신들이 옳다는 것을 '증명'하기 위해 어떻게든 '자백'을 받아 내려고 했다"(Gayn 1948; Kim Hyun Sook 1991, 193에서 재인용).

　좌익이나 반정부 인사로 간주된 이들에 대한 대량 살상 및 강간 행위는 해방 직후에만 벌어진 단발적인 일이 아니었다. 지금은 제주4·3항쟁으로 알려진 제주도민에 대한 대량 학살은 한국전쟁이 발발하기 2년 전인 1948년에 일어났다. 이미 1장에서 살펴본 것처럼, 제주4·3항쟁 당시 미군 장교의 지휘 아래 동원된 경찰과 반공 토벌군은 제주도

---

8_ 연좌제는 1980년대 초에 공식적으로 폐지되었으나, 재벌 소유 대학의 교수 및 직원 임용과 같은 사례의 경우에는 1990년대까지 지속되었다고 한다. 이 정보를 알려 준 피터 슈뢰퍼(Peter Schroepfer)에게 감사의 마음을 전한다.

9_ 강인철(1992)을 참조할 것.

주민의 10퍼센트 이상을 살상했다. 나아가, 여수와 순천에 주둔하고 있던 14연대가 제주4·3항쟁 진압 출동 명령을 거부했을 당시(여순반란사건), 해당 지역 주민들에 대한 즉결 처형과 무차별 구금이 자행되기도 했다(Cumings 1990, 259-267). 당시 수천 명이 처형이나 구금을 당했는데, 감옥에 남겨진 사람들은 이후 한국전쟁 기간 동안 모두 처형되었다. 실로 많은 사람들이 죽고, 많은 가족이 이후 구직을 비롯한 그 밖의 사회 활동으로부터 배제되었다. 이를 두고 이 지역 한 시민은 "호남 지방에 인물이 없는 것은 우연이 아니다"라고 말하기도 했다(김계유 1991, 249).

　　정부에 의한 잔인한 좌파 진압은 국민보도연맹 사건이 다시 한 번 잘 보여 준다. 1949년 잔존하는 좌파 세력을 소탕하기 위해 정부가 조직한 이 국민보도연맹은 가입한 사람들에게 그들의 과거 좌익 전력을 일체 불문에 붙이겠다고 약속했다. 하지만 한국전쟁이 발발하자 대부분의 국민보도연맹 가입자들이 집단 총살되었고, 최근에야 그 시신의 소재가 파악되었다(조성구 1990, 160-161; 한지희 1996). 이 외에도, 한국전쟁 당시 북한이 남한을 점령한 기간 동안 북한군에 협력했다는 이유로 5만여 명의 시민이 무차별적 살상과 고문을 당했으며, 이러저러한 규제를 받았다(박원순 1990).

　　그러나 대부분의 한국인에게 한국전쟁은 여전히 반공주의를 체험한 대표적인 사건으로 남는다. 한국전쟁은 약 3백만 명 이상의 민간인 목숨을 앗아 갔으며, 절반 이상의 한국 산업 시설과 주택의 3분의 1을 파괴했다. 전쟁 기간 중 북한군, 혹은 국군과 협력했다는 이유로 숱한 민간인들이 투옥되거나 총살당했다. 남과 북 양측에 의해 자행된 이런 잔혹한 행위는 한국인에게 무엇보다 깊은 전쟁의 상처로 남았다. 이렇게 전쟁 기간 도중 겪게 된 북한에 대한 두려움과 적개심이 한국에서 반공주의가 국가정책으로 세워지고 그것이 깊숙이 내면화·일상화되는 데 한몫했다. 이와 관련해 최장집은 다음과 같이 쓰고 있다.

한국전쟁은 가장 중대한 전환점이었다. 그에 선행하던 모든 사건들, 이를테면 식민지 경험, 해방, 분단과 점령 등이 최종 귀착된 대단원이었으며, 동시에 한국전쟁은 전후 한국 정치의 새 출발점이기도 했다. 여느 국가-시민사회의 관계에서처럼 한국전쟁도 갈등 요소 형성에 결정적이었다. 전쟁 전 남한 정부는 내부의 지지 기반이 취약했지만, 한국전쟁을 통해 그 존립의 정당성을 위한 이념적 기반을 획득하게 된 것이다. 일상생활과 유기적으로 연관되고 체험된 반공주의는 남한 정부의 이념적 정당성을 위한 최고의 동인으로 자리 잡았다(Choi Jang Jip 1993, 21-22).

또한 한국전쟁은 전후 한국에서 미국의 패권을 공고히 했다. 이는 전후 한국의 주도적인 지적·사회적 패러다임이 미국 지향적으로 된 것과 맥을 같이한다. 이삼성에 따르면, 한국인은 전후, 한국의 사회적·정치적 문제가 한국이 충분히 미국화되지 못한 데서 기인한다고 생각했다(이삼성 1993, 91-93). 결국 반공주의와 미국화에 대해 광범위하게 펴져 있던 열망은 서로 상승작용을 일으켰다는 것이다. 많은 한국인에게 공산주의자란 결코 용서받지 못할 죄인이다. 그들은 분단의 원흉이었으며, 증오의 씨를 뿌렸고, 정상적인 민주주의 발전을 저해한 장본인이었다. 또한 그들은 소련을 등에 업고 한반도 북쪽에 전체주의 정권을 수립했다. 무엇보다 그들이 용서받을 수 없는 점은 한국전쟁을 야기했다는 것이다.

왜 한국은 그런 공산주의자들을 갖는 불행을 겪어야 했던가? 이 문제에 대한 해답은 역시 한국 자신의 불행한 후진성에서 찾아지지 않으면 안 되었다. 결국 서구 지향적 세계관은 반공주의와 결합함으로써 한국 민족의 반쪽이 지향하는 사회상에 대한 증오로 더욱 내면화되었다. 말하자면 미국이 패권을 가진 냉전 질서의 한 쪽에 우리가 속해 있음으로써 우리의 의식 속에 강하게 뿌리박힌 것은 우리 민족 자신의 자기 경멸과 의식의 차원에서의 동족상잔이었다. 그로 인해 사라지는 것은 곧 우리 민족과 미국 사이에 존재할 수 있는 모순과 갈등의 요소였다. …… 냉전 시대 우리의 의식 속에서 미국에 대한 존경과 우리 자신의 역사에 대한 경멸은 그처럼 동전의 양면과 같은 것이었다(이삼성 1993, 92).

대부분의 한국인에게 한국전쟁은 최악의 상흔을 남긴 집단적 경험이었음에도 불구하고, 전쟁이 끝난 후에도 이 경험은 계속해서 공개적으로 되풀이되어야만 했다. 북한에 대한 적개심과 공포를 유지하고 사회적 결속을 효과적으로 다지기 위해서였다. 한국전쟁이 끝나자마자 모든 국민이 극렬 반공주의자가 되어 있었던 것은 아니다. 1956년에 치러진 대통령 선거만 보더라도, 투표자 9백만 명 중 2백만 명 이상은 북한과의 평화적 통일을 포함한 '사회민주주의' 강령을 내세운 진보당 후보 조봉암에게 표를 던졌다(서중석 1999, 149). 이 선거는 비록 일반 진보당원들 및 진보당 선거 운동원들에 대한 숱한 폭행과 테러 속에서 진행되었고, 집권당의 선거 운동원들은 이들에게 조봉암에게 표를 던지면 목숨이 위태로울 것이라고 위협하기도 했지만(서중석 1999, 131-149), 이때까지도 한국 사회는 전쟁에 대한 개인의 경험이 국가를 위해, 국가에 의해 유용한 사회적 기억으로 굳어지기 이전이었다. 1960년대 후반에 이르게 되면 조봉암이 내놓았던 강령을 추종하는 정치인이라면 그 누구라도 당시 시작된 정부의 집중적이고 체계적인 반공 캠페인으로부터 살아남을 수 없었을 것이다. 조봉암은 모호한 간첩 활동 혐의를 받고 1959년 처형되었고, 이후 그를 추종하는 정치인은 사실상 단한 명도 살아남지 못했다. 나중에 다시 논의하겠지만, 박정희 정권이정권을 공고히 할 수 있었던 데는 반공 정책이 크게 기여했다. 박정희정권은 한국전쟁에 대한 집단적 기억을 전유함으로써 한국 사회에 "자유 진영이라는 가상 공동체의 회원 자격"을 부여하고, 이런 착각은 시민사회에 대한 국가의 강력한 지배력을 제공했다(김동춘 1999, 39).

## 3. 국가권력과 감시의 도구서의 반공주의

권위주의 정권이 사회를 통제하고 감시하는 주요 기제 가운데 하나는국가보안법과 반공법의 무차별적인 적용이었다. 1948년에 처음 제정된 이래 몇 차례 수정을 거듭한 국가보안법은 "국헌을 위배해 정부를참칭하거나 그에 부수해 국가를 변란할 목적으로 결사 또는 집단을 구성한 자"라면 누구라도 중범죄자로 엄정히 처벌할 것을 요구했다(Shaw ed. 1991, 184에서 재인용).[10] 실로 국가보안법은 광범위하게 적용되었는

---

10_1991년 남한과 북한이 동시에 유엔에 가입한 후에도, 2000년 6월 남북정상회담이 개최되기 이전까지 북한은 여전히 적성국 지위에서 벗어나지 못했다.

데, 자본주의경제에서의 불평등, 정치적 자유의 결핍, 한미 관계와 통일 등에 대한 의견을 표명하는 자도 그 법에 저촉되었다(Amnesty International 1986, 5). 국가보안법이 시행된 이듬해 이 법에 의해 검거 또는 입건된 사람이 무려 118,621명이었으며, 132개의 정당 및 사회단체가 해산되었다. 그리고 이 법에 의해 약 9천 명의 군 관계자가 숙청되었다(박원순 1989, 314). 1961~80년 사이 총 6,735명이 반공법과 국가보안법 위반으로 체포되었다(박원순 1992, 31). 1981~87년 사이에는 총 1,512명이 국가보안법 위반으로 재판을 받았는데, 그중 13명은 사형을, 28명은 종신형을 선고받았다. 1984년과 1987년 사이에 국가보안법 위반 혐의로 재판을 받은 사람들의 숫자는 다섯 배 증가했다. 이는 국가보안법 관련 사건의 증가와 정권에 대한 비판의 증가 사이에 밀접한 관계가 있음을 거듭 입증해 준다(박원순 1992, 36-37).

1958년 개정된 국가보안법에서는 '공산주의자'와 '반국가 활동'에 대한 범위가 더욱 넓어졌으며 개념 또한 이전보다 더욱 모호해졌다. 야당과 정적, 진보 정당과 공산주의 단체, 이승만 대통령의 정치적 경쟁자들과 국가 안보를 위협하는 세력 사이에는 거의 차이점이 없었다. 이승만과 집권당은, 예를 들어, 앞서 말한 조봉암과 같이, 그들에게 동의하지 않는 자들을 정적이 아니라 국가의 적으로 규정했다.

1961년 군사 쿠데타 이후 선포된 반공법은 반체제 세력들에 추가적으로 대응하기 위해 만들어졌으며, 1962년에는 기존의 국가보안법이 개정되었다.[11] 반공법은 "반공 태세 강화[와] …… 국가의 안전을 위

---

11_Yang Sung Chul(1970, 224-225; 243)을 참조할 것.

태롭게 하는 반국가 활동 차단"을 목적으로 하고 있으며, "반국가 단체
나 그 구성원 또는 국외 공산 계열의 활동을 찬양·고무 또는 이에 동조
하거나 기타의 방법으로 반국가 단체를 이롭게 한 자"는 이 법에 의해
7년 이하의 징역에 처하게 되어 있다(Shaw ed. 1991, 184에서 재인용).

　이승만 정권에서 국가보안법이 정적을 공격하기 위한 무기였다는
사실은 제1공화국 법무부 장관이었던 권승렬의 공공연한 발언을 통해
서도 확인할 수 있다. "국가보안법은 총하고 탄환입니다. …… 이것은
물론 평화 시기의 법안은 아닙니다. 비상 시기의 비상조치니까 이런 경
우에 인권 옹호상 조금 손상이 있다고 하더라도 불가분 건국에 이바지
하지 않으면 안 되리라고 생각합니다"(박원순 1989, 320에서 재인용). 권
승렬이 말한 '비상 시기'는 대한민국 건국 이래 50년 이상 지속되었다.
1988년 제6공화국의 대통령으로 취임한 노태우 역시 취임사에서 국가
보안법이 당시까지 수행했던 정치적 역할에 대해 다음과 같이 인정한
바 있다. "물량성장과 안보를 앞세워 자율과 인권을 소홀히 여길 수 있
는 시대는 끝났습니다. 힘으로 억압하거나 밀실의 고문이 통하는 시대
는 끝났습니다"(Amnesty International 1989, 182에서 재인용). 국가보안법
은 여러 수많은 집단의 끈질긴 폐지 노력에도 불구하고 여전히 남아 있
다.

　반공주의의 제도화는 1980년대까지 줄곧 공포의 문화를 조성했던
중앙정보부의 창설로 완성되기에 이르렀다.[12] 1961년 5·16 군사 쿠데

---

12_1981년 전두환이 권력을 잡은 지 얼마 안 되어 중앙정보부는 국가안전기획부로 그 명칭을
　변경했다. 이후 1999년 김대중 정부는 이를 다시 국가정보원으로 명칭을 바꾸고 국가보안법
　의 반(反)인권 행위를 용인하지 않을 것이며 더는 정치적 도구로서 국가보안법을 사용하지

타 직후 창설된 중앙정보부의 주요 기능은 박정희 정권의 연장이었다. 무소불위의 권력을 휘두르는 기관으로 "한국 위의 한국"(박태순·김동춘 1991, 205에서 재인용)으로도 알려진 중앙정보부의 핵심 첩보 활동 가운데 하나는 반정부 인사와 학생 단체에 대한 감시였다. 웬만한 집 찬장의 숟가락 개수까지 헤아리고 있다고 회자되던(한용 외 1989, 15) 중앙정보부는 광범위하게 구축된 정보망을 토대로 민주주의를 요구하는 이상주의적인 대학생과 지식인들을 급진적 혁명 집단으로 둔갑시키는 데 탁월한 솜씨를 발휘했다.

중앙정보부와 그 후신인 국가안전기획부의 테러로부터 안전한 사람은 아무도 없었다. 이들 정보기관과 경찰은 국가보안법 위반 혐의로 작가, 언론인, 교사, 예술가, 음악가, 종교인 등을 무작위로 구속시켰다. 1972년 유신헌법의 선포와 함께 공포 분위기는 더욱 고조되었다. 유신 시기(1972~79년)에 국가보안법과 반공법의 이름으로 무차별적으로 체포·구금된 이들이 급증하면서 사람들은 이 법을 막걸리법이라고 조롱하기도 했다. 여기에는 사연이 있는데 어느 농부가 막걸리 취기에 정부를 비방을 한 탓에 2년 형을 선고받고 감옥살이를 한 일이 있었던 것이다(이재오 1984, 283). 1945년 후 북으로 간 작가들의 시집을 갖고 있거나, 마르크스주의에 관한 책을 출판하는 행위, 북한 관련 서적을 소지하거나, 간첩 혐의를 받고 있는 교수와 접촉하는 행위, 심지어는 학생들을 공산주의 지지자로 몰아세우는 당국에 대한 비판 행위까지도

---

않겠다고 선언한다. 중앙정보부의 유래와 활동에 대한 내용은 Yang Sung Chul(1970)을 참조할 것.

1980년대 후반까지 모두 국가보안법 위반 혐의로 구속·투옥될 수 있는 근거가 되었다(Amnesty International 1986, 19-20).

일단 국가보안법이나 반공법 위반으로 고발되면 신속하고 공정한 재판이 이루어질 가능성은 거의 없었다. 용의자는 밤에 자택에서 검거되어 눈에 덮개가 씌워진 채 경찰의 대공분실, 정체불명의 건물, 혹은 간혹 호텔 같은 곳으로 연행되었다. 연행된 이들에게는 폭행과 고문은 물론이고, 신체적 학대와 협박이 일상적으로 가해졌다. 수사관은 예외없이 협박으로 취조를 시작했다. 어떤 사건에 연루되었는지 여부와 관계없이 공산주의자로 이미 낙인찍힌 용의자들을 자신들은 언제든지 쥐도 새도 모르게 없앨 수 있으며, 용의자의 운명은 결국 자신들에게 달려 있다는 식이었다. "네가 이곳에 들어온 것은 아무도 모른다. 이제는 네가 고문에 못 이겨 죽어 버린다 해도 행방불명으로 처리하면 된다. …… 휴전선에 데려다 놓고 월북하는 것을 사살했다고 발표하면 된다"(민주화실천가족운동협의회·민족민주운동연구소 편 1989, 45).[13]

1986년, 민주화운동청년연합(약칭 민청련) 의장이던 김근태는 남영동 대공분실로 연행되어 두 달간 수감되었다. 그는 3주 동안 매일 5시간씩 전기충격과 물고문을 당해야만 했다.[14] 취조 내내 심문자는 김근태 의장을 다음과 같이 협박했다. "장의사 사업이 이제야 제철을 만났다. 이재문이가 어떻게 죽었는지 아느냐. 속으로 부서져서 병사를 했다

---

13_이는 노동운동가 이태백 씨가 1982년 대공분실에서 심문받을 당시 들은 협박 내용 중 일부다. 좀 더 자세한 것은 민주화실천가족운동협의회·민족민주운동연구소 편(1989, 45)을 참조할 것.

14_한국기독교교회협의회 인권위원회 편(1987, 444-468)을 참조할 것.

[이재문은 통일혁명당 사건에 연루되어 조사를 받다 사망했다. 통일혁명당 사건에 대한 내용은 이 책의 162-167쪽에 자세히 서술되어 있다]. 너도 각오해라. 지금은 네가 당하고 민주화가 되면 내가 그 고문대 위에 서줄 테니까 그때 복수해라"(한국기독교교회협의회 인권위원회 편 1987, 395). 김근태의 동료였던 이을호 역시 44일 동안 계속된 고문의 후유증으로 이후 정신과 치료를 받아야만 했다(Amnesty International 1986, 22-23; 71-74).

인권 운동가들의 오랜 주장에 따르면, 한국에서 일반 국민은 간첩이나 국가보안법 위반 사범에게 가해지는 고문은 어느 정도 필요한 것으로 받아들인다고 한다. 1987년 서울대 3학년이던 박종철이 고문으로 사망했을 당시 사건을 보도하던 일부 기자들은, 그를 고문하던 수사관이 박종철이 연루된 사건이 공안 사건인지, 그보다는 좀 더 일반적인 시국 사건인지 아마도 헷갈렸던 것 같다고 보도했다. 이런 보도가 함축하는 바는, 박종철이 국가보안법 위반 혐의로 연행되었다면 고문으로 인한 그의 죽음은 그리 큰 문제가 안 되었을 수도 있다는 것이다(박원순 1989, 320).[15]

## 반공 교육

반체제 인사에 대한 고문을 용인하고 심지어 정당화할 정도로 반공주의에 대한 사회적 동의가 이루어지고 내면화될 수 있었던 것은 투철한

---

[15]_실제 운동권 활동가가 아니었던 박종철은, 운동권인 그의 학과 친구의 소재를 파악하고자 하는 경찰에 의해 연행되었다.

반공 교육 때문이었다. 1960년대 초부터 정부는 반공 교육의 강화 및 확대를 지속적으로 추진했다. 반공 교육의 주안점은 여전히 아이들에게 북한과 공산주의에 대한 적개심을 심는 것이었다. 반공주의의 내용을 담은 여러 교재들에 대한 분석을 보면 이들 교재에는 공산주의 역사나 주요 쟁점에 대한 내용은 거의 없으며, 왜 그리고 공산주의의 무엇을 반대해야 하는지에 대한 논의 또한 없다. 즉 반공주의 교육의 핵심은 공산주의와 공산주의자에 대한 악마화였던 것이다(권혁범 1999, 49-56; 권인숙 2005, 83; 이규환 1993).

반공 교육을 통해 장려된 적대 문화의 가장 극적이고 상징적인 사례가 바로 이승복 사건이었다. 1968년 당시 아홉 살이었던 이승복 어린이는 북한에서 내려온 무장간첩에 의해 살해되면서 "나는 공산당이 싫어요!"라고 외쳤다는 것으로 유명하다. 이 이야기는 초등학교 도덕 교과서에 실렸고, 어린이 웅변대회의 단골 주제로 등장했으며, 거의 모든 초등학교에는 그의 동상이 세워지고, 그에 관한 이야기가 영화로 만들어져 배포되었다. 이와 같은 이승복 찬양은 1990년대까지도 지속되었다. 한 어린 소년이 공산당이, 따라서 북한이 "싫어요"라고 외쳤다는 내용은 공적 토론의 대상이 되지 않았다. 그러다 1998년 일군의 기자와 학자, 시민 단체가 이 사건의 진위 여부에 대해 공개적으로 의문을 제기하게 된다(권인숙 2005, 83).

교육에서 반공주의의 제도화는 5·16 군사 쿠데타 이후 반공이 국시로 선포되면서 시작되었다. 반공주의를 포함하기 위한 교과서 개편이 그 첫 걸음이었다. 1963년 문교부는 다시 한 번 각급 학교 교과서를 전면 개편하고, 모든 교과과정에서 반공 교육을 더욱 강화하도록 했다. 더불어 초·중·고등학교 전 학년에 지금까지 없었던 별도의 '반공 도덕'

| "나는 공산당이 싫어요"
이승복 동상 앞의 학생들 |
조선일보사 제공

시간을 개설했다. 이와 같은 획기적인 조치에도 불구하고 1960년대 반공 교육은 다소 형식적인 형태에 머물렀고, 1960년대 말에 이르러서야 본격적인 양상을 띠게 되었다(한만길 1997, 334-35).

1960년대 말 반공 교육은, 앞서 언급했듯이, 공산권에 대한 미국의 정책 변화와 일련의 무장간첩 침투 사건과 함께 일대 전환기를 맞이하게 된다. 정부는 향토예비군을 발족하는 한편, 총력안보의 일환으로 1969년부터 대학과 고등학교에 교련 과목을 설치해 군사교육을 실시했다. 모든 젊은이에게 북한의 군사적 도발 위협에 적절한 대비 태세를 갖추도록 하려는 것이었다. 남자 대학생은 졸업을 하려면 필히 교련 과목을 수강해야만 했고, 여학생은 구급법이나 간호법 교육을 받아야만 하는 등 당시 사회가 규정하는 성 역할에 부합된 교육이 실시되었다(한만길 1997, 334). 1972년 유신 체제의 등장과 함께 반공 교육은 그 내용과 국가 안보 의식을 강조하는 측면에서 더욱 체계화되어 갔다. 사진 전시회, 강연회, 웅변대회, 국방 강화 주제의 글짓기 등 전교 차원의 반공 활동과 행사가 유신 시절 내내 정기적으로 실시되었다. 간첩을 당국에 신고하는 방법과 같은 내용도 교과과정에 들어가 있었다(한만길 1997, 340-341).

개편된 반공 교육에 대한 대학생들의 가장 큰 불만 가운데 하나는 졸업 자격을 위해 강요된 '국민윤리'와 같은 교양 필수 과목이었다. 고교 교육 내용의 반복에 불과하다는 것이 학생들의 일반적 인식이었다 (고석규 1989, 26-27). 대학 교과과정에 '국민윤리'를 추가한 것은 정부가 정권을 정당화하려는 시도라며 논객과 교육자들로부터 비판을 받았다. 한 교육자는 "국가의 역할을 강조하는 데 한국사만 가지고는 도저히 약하다고 본 것"이라며 당시 상황을 비판했다(김진균 외 1988, 26). 당시 문교부가 발표한 '국민윤리' 과목의 목표는 실제로 "국가 발전, 반공, 국가 안보에 대한 학생들의 책임 의식 고취"였다(Jayasuriya 1980, 66에서 재인용). 국가주의에 대한 기존의 진부한 강조와 별 차이가 없는 이 조치에서 유독 달라진 것이 있다면, 이제 국가주의는 국가 안보와 동일한 것이 되었다는 것이다.

반공주의는 박정희의 '한국식 민주주의'를 구성하는 요소 가운데 하나이기도 했다. 한국식 민주주의란 "우리 실정에 맞고 우리 문제 해결에 도움이 되는 우리의 민주주의"였다. 정부는 한국식 민주주의의 근거는 '총화 호국'이라는 한국 역사 전통에서 찾아볼 수 있다고 주장했고 (전인권 2002, 148), 이와 같은 주장은 앞서 언급한 '총력안보'라는 구호로 표현되었다. 박정희는, 유신 시대 민주주의란 "자주국방 및 국방력 강화" 그 이상도 이하도 아니라고 했다(전재호 1998, 3).

## 학도호국단

학도호국단은 전국적인 준半군사 조직으로서 반공 교육과 긴밀한 관계에 있었다. 이 시기 대학생과 정부 사이 큰 갈등을 빚은 학도호국단은, 1949년에 그 체제가 처음 도입되었다. 이는 독일에서 1920년대 유학한 안호상 초대 문교부 장관의 제안에 의한 것이었다. 안호상의 제안은 국민교육과 반공주의를 동일시했던 그의 '일민주의 사상'에서 뿌리를 찾아볼 수 있다. 그는 다음과 같이 말하고 있다. "학생들은 자력으로 학내 공산 분자들의 파괴 행동을 막아 내고 열심히 공부해야 하며, 학생들은 이기적인 행동을 버리고 씩씩하고 협동적이며 조직적인 행동과 기풍을 길러야 한다"(여영무 1984, 241).[16] 그는 또 "학원 내의 공산 세력을 분쇄하며, 민족의식을 고양함으로써 애국적 단결심을 함양"(여영무 1984, 241)시킬 목적으로 학생의 신체 훈련을 강조했다.

학도호국단의 기본 사상과 언어는 히틀러의 유겐트 조직과 놀라울 정도로 유사했는데, 무엇보다 조직 생활, 씩씩함, 협동 정신과 체육을

---

16_안호상의 '일민주의' 개념에 대해서는 Cumings(1990, 211-218)를 참조할 것.

강조한다는 점에서 그러했다. 히틀러의 경우 "종족 보존을 위한 국가적 관심사"(Rempel 1989, 163)로서의 교육을 강조했다면, 안호상은 한국의 '민주주의'를 북한으로부터 보호하는 수단으로서 교육을 강조한 셈이다. 1950년 한국전쟁이 발발하자, 학도호국단의 학생은 학도병으로 동원되었다.

학도호국단은 철저히 국가가 통제하는 조직이었다. 각 도시의 중·고등 및 대학교의 모든 학교에 조직되었으며, 조직의 최고위 지도부는 다름 아닌 대통령과 문교부 장관으로 구성되었다(여영무 1984, 240). 정부는 호국단의 군사훈련을 특히 중요시했다. 호국단이 공식적으로 창설되기도 전에 2천4백 명 이상의 학생이 장교 후보자로 선발되어 훈련을 받았다. 당시 교관이 될 만한 장교가 거의 없었기 때문에 고등학교 체육 교사가 선발되어 사관학교에서 군사훈련을 받고 소위로 임명되어 각 학교에 담당 군관으로 배치되었다. 호국단의 군사훈련에는 학생뿐만 아니라 교사와 직원들도 참여했던 것이다.

학도호국단은 애초부터 교사와 학생의 원성을 불러일으켰으며 급기야 1960년 4·19혁명 이후 폐지되었으나 1975년 국무회의에서 '학도호국단 설치령'으로 부활되었다. 이 학도호국단의 부활에 감히 항의하는 사람은 많지 않았다. 베트남에서 공산 월맹이 승리 한 후 공산주의에 대한 두려움이 널리 퍼지면서, 학생들은 정부 정책 비판에 주춤했다(한만길 1997, 341; 여영무 1984, 247). 이후 각 대학의 각종 학생 자치 단체, 과외활동 단체(이하 '서클'이라 부른다), 과별 학습 단체 등은 학도호국단으로 흡수되었다. 호국단에 흡수되지 않은 자치 서클은 서울대의 경우만 2백 개 이상이 강제로 자동 해체되었고, 다른 대학도 같은 선례를 따랐다(신동아 편집부 1975a, 390). 체육 서클을 제외한 학생 서클이

호국단 산하로 편입된 후 대학생 활동은 전반적으로 크게 억제되었고 감시되었다. 열 명 이상의 집회나 외부 인사의 학내 초청은 학교 당국의 사전 승인을 받아야만 했다(신동아 편집부 1975c, 349).

이승만 정권에서와 마찬가지로, 개정된 학도호국단 역시 국가비상시 정규군에 징집될 수 있도록 했다. 이런 목표하에 호국단은 군대 조직과 같이 분대, 소대, 중대, 대대, 연대, 사단으로 편성되었으며, 각각의 최고 사관은 대통령이 임명했다(한만길 1997, 340-41). 호국단의 부활과 군사훈련의 도입으로 인해 캠퍼스는 연병장이 되었고 학생들은 사병이 되었다. 1978년 한 고등학교 교사는 학생 조회에 참석할 때마다 "일제의 망령이 되살아나고 있는 듯한 착각"에 빠졌다고 진술하고 있다.

> 교련복에다 각반을 찬 학생들이 어깨에 목총을 메고 소대별, 중대별로 도열해 있습니다. 교장 선생님이 운동장에 모습을 나타내자마자 군가조의 주악이 울리고 …… 연대장이라 불리는 군도를 찬 학생의 "임석 상관에 대하여 받들어 총!"하는 구령에 따라 수천 학생들은 일제히 "충효!"하는 소리와 함께 "받들어 총"을 합니다. 그리고 교장 선생님의 사열이 시작되고 또 주악이 울려 퍼집니다. 사열이 끝나면 각 소대, 중대별로 분열이 있습니다. 보무도 당당히 사열대 앞을 통과하는 힘찬 '학생 군인'들 …… '호국'이라는 이름으로, 혹은 '배우면서 싸우자'는 구호 아래(이시영 외 1978, 29).

캠퍼스 생활을 장악한 호국단과 학생을 대상으로 한 군사훈련은 군사주의가 대학뿐만 아니라 한국 사회 전체를 장악하고 있었음을 보여준다. 정부는 대학 문제에서도 군사령관이 명령을 하달하듯 개입했다(Choi Q Won 1982, 249). 당시 고려대 총장이었던 김준엽은 학자로서 높은 평가를 받고 있었지만, 이 같은 상명하달식 간섭에 질려 3년 만에 총장직을 사퇴하기도 했다. 그가 총장으로 있던 당시에는 비서실에 열두 명의 기관원들이 배치되었는데, 그는 전임 총장들이 이들에게 관행적으로 제공했던 일당 지급을 거부했다. 그는 또한 문교부의 요청에 따라 외국 고위 관리에게 명예 학위를 수여하는 것도 거절했다. 고려대 학생들이 집권당인 민주정의당 당사에서 농성을 벌이자 교육부 장관은 김준엽 총장에게 이들 학생을 총장 직권으로 제적하라고 요구하며, 이를 따르지 않을 경우 '반정부' 인사로 간주하겠다고도 했다(오효진 1988, 292; 295).

김준엽이 보기에 정부와 문교부는 군사령관 격이었고, 대학 총장은 중대장, 학장은 소대장, 교수는 분대장, 그리고 학생들은 사병과도 같았다(오효진 1988, 293). 총장은 문교부 장관의 제청으로 대통령이 임명하고, 학장은 총장의 제청으로 문교부 장관이 임명했다(김광일 1987, 331). 정부는 대학의 캠퍼스를 마음대로 열고 닫았다. 서울대는 1946년 개교 이래 열다섯 차례에 걸쳐 휴교를 강요당했고, 학생이 아닌 자들에게만 캠퍼스 출입이 허락된 때도 있다(김광일 1987, 338).

학생들은 계속해서 호국단의 폐지를 요구하고 학내 군사훈련을 거부했다. 그들은 국가 안보의 준비 태세는 자신들의 자발적 의지에서 나와야 한다고 주장했고, 상위하달식 명령 체계는 국방 당국과 학생들 사이의 불신을 조장해 궁극적으로 국가 안보의 기반을 약화시킨다고 주장했다. 또한 학내 군사훈련은 학생들의 사고를 흑백논리의 틀에 맞추고 창의력과 비판적 사고 기능을 마비시켜 단세포적인 인간으로 만듦으로써 오히려 국가에 해를 입히고 있다고 주장했다(배인준 1980, 245). 지식인 사회 역시 학생의 입장에 가세해 학생들의 군사훈련은 상명하복의 문화를 퍼뜨리고 사회 전체를 군사적 긴장 관계에 묶어 둔다고 하며 이를 비판했다. 이들은, 군사훈련은 한국 사회에 여전히 뿌리 깊게 작동하고 있는 유교적인 봉건 요소와 결합하면서, 한국 젊은이들의 민주주의 정신 함양을 저해한다고 비판했다(김진균 외 1988, 25).

학생들은 학도호국단, 학내 군사훈련, 전방 입소 훈련[17]에 대해 집요하게 반대했으나 징병제에 대해선 침묵했다. 1949년 제정되고 (1957년에 일부 개정되는) 병역법에 의거해 18세 이상의 '신체적으로나 사회적으로 복무에 적합한' 남성은 징집 대상이었다.[18] '여호와의 증인'과 같이 종교적인 이유로 병역을 거부하는 소수를 제외하고 양심적인 이유에서 병역을 거부하는 학생은 없었다.[19] 강력한 반공 교육과, 병역은 '남자가 지켜야 할 국가 의무'라는 인식이 반복되어 강조되면서, 학생들은 징병제를 두고 '개인의 자유와 양심'의 차원에서 고민할 수 없었던 것이다.

---

17_전방 입소 훈련은 대학 1학년 남학생을 상대로 문무대라 불리는 학생중앙군사학교에서 1주일 동안 실시되는 병영 집체 훈련이다. 1977년에 시작되었으며 1989년 학생군사교육단 (ROTC)을 제외하고 모두 폐지되었다. 학생들은 그들이 미국의 용병으로 전락해 버리고 있다고 주장하며 전방 입소 훈련에 강력하게 저항했다. 1986년 당시 서울대 학생이었던 김세진과 이재호가 병영 집체 훈련에 저항하면서 분신자살을 했다. 그들의 저항은 당시 널리 퍼져 있던 반미주의의 일부였고, 이들의 죽음은 곧 반핵·반전 운동과 연결되었다. 이들의 저항이 좀 더 구체적으로 전방 입소 훈련과 관련되었다는 것은 그리 주목받지 못했다. 한국에서 징병제 문제가 공론화된 것은 2001년이 되어서였다. 좀 더 자세한 내용은 "폭력의 문화를 거슬러: '양심적 병역 거부'의 의미를 묻는다,"『당대비평』19호(2002)를 참조할 것.

18_군 복무 기간은 1990년대 후반에 들어와 육군은 26개월, 해군과 공군은 28개월로 이전에 비해 짧아졌다.

19_한홍구에 따르면, 2003년 양심에 따른 병역거부로 투옥된 1천5백여 명의 젊은이들 중에 학생운동에 참여한 자는 오직 한 명이었다. 학생운동에 연루되어 징역형을 치른 학생들은 대부분 병역이 면제되었기 때문에 학생들이 병역 문제를 다소 소극적으로 다루었을 수도 있다고 한다(한홍구 2003b, 217).

권인숙에 따르면, 한국 사회의 군사화는 단순히 군비 증강에 대한 사회적 동의 혹은 징병제에 대한 사회적 반대의 부재만을 의미하지 않는다. 그녀는, 개인은 국가의 하위 단위로서, 국가의 안녕과 번영이라는 대의를 위해 개인의 안녕과 이해관계는 무시되거나 희생되어야만 한다는 사회적 인식이 팽배해 있다고 지적한다. 군사주의는 곧 국가주의의 거울이라고 그녀는 덧붙인다. 군사주의는 국가를 절대적 실체로 설정해 그 어떤 개인보다 우위에 놓은 다음, 집단 내 위계질서는 필요한 것으로 당연시한다(권인숙 2005, 14-15; Moon Seungsook 2005, 46-55). 이렇게 만연한 국가주의적 사고는 한국에서 민족주의와 반공주의를 등치시켰고, 이는 다시 병역을 거부하거나 그 제도를 비판하는 행위를 반反민족적이고 비非애국적인 행위로 등치시켰다. 한국의 학생운동은 민족주의적 성향이 강했고, 한국 사회에 만연해 있는 군사주의를 비판적으로 지적하고 있었음에도 불구하고, 운동권 스스로 군사주의 문화로부터 벗어나지는 못했다.[20]

## 4. 내·외부의 적

반공 교육 및 이와 관련된 모든 국가 장치의 목적이 국민으로 하여금 '적'과 싸울 태세를 갖추도록 준비하는 것이었다면, 적의 존재는, 그것

---

**20**_학생운동의 군사주의적인 하위문화에 대한 논의로는 권인숙(2005, 86-111)을 참조할 것.

이 실제이든 상상이든, 언제나 당연한 것으로 간주되었다. 적은 어느 한곳에 머물러 있지 않았고, 어느 한 지역으로 국한되지 않았다. 적은 도처에 존재했고 언제나 무자비했다. 북한만이 적이 아니었다. 한국 사회가 어떻게 변해야 하는가라는 질문과 관련해 국가와 의견을 달리하는 것처럼 보이는 사람이라면 누구라도 적이 될 수 있었다. 즉 앞서 1장에서 논의했던 '혁신계' 인사들과 같은 사람들이 바로 그랬다. 이들은 국가보안법, 반공법과 같은 합법적 수단을 거쳐 국가의 적이 되었다. '적'에 대한 담론과, 여러 이질적인 저항 세력을 국가에 반대하고 공산주의를 추종하는 하나의 통일된 세력으로 적대시하는 것은 반정부 세력을 제거하고 사회를 통제하는 효과적인 방법이었다.

그렇다고 해서 모든 간첩 사건이 조작되었다거나 중앙정보부의 활동이 전적으로 터무니없다는 말은 아니다. 당시 중앙정보부의 논리에는 역사적·사회학적인 근거들이 있다. 분단 이후, 한국 내 사회주의혁명을 꿈꾸는 자들은 혁명을 수행하기 위한 전위당 조직을 꿈꾸거나, 조직을 만들기 위해 실제로 다양한 시도를 했다. 김일성은 1950년대에 자신의 권력 기반을 공고히 하고, 북한 경제가 일정 수준의 발전을 이룩한 후 1960년대 초부터 한국의 혁명운동에 대해 구체적인 관심을 표명하기 시작했다. 김일성은, 한국에서 민주적인 변화를 시도했던 4·19 혁명이 실패한 이유가 마르크스-레닌주의에 입각해 인민 대중의 이익을 대변하는 혁명적 전위당이 없었기 때문이라고 보았고, 이에 남한에 지하당 구축을 촉진하기 위해 북한 내 국가기관의 개편을 시작했다. 북한의 정책 당국자들이 '대남 공작 사업'(시기에 따라 그 명칭이 다양하다)이라 명명한 북한의 대남 활동에는 북한의 여러 기관이 관련되어 있었는데, 이들 기관들은 한국에 대한 정보를 수집하고, 남한 전위당을 조직

하기 위해 파견될 요원들을 훈련시켰다(박태순·김동춘 1991, 225-226).[21]

그러나 1964년 김일성은 '독자적 남조선 혁명론'으로 입장을 선회한다. 한마디로 남조선 인민 스스로 혁명을 수행해야 한다는 것이다. 김일성은 한국 내부의 독자적 혁명이 성공적으로 완수되면 남한이 북한과 통일할 것이고, 그때가 되면 비로소 한반도 전체의 혁명이 완성될 것이라고 생각했다(우태영 2005, 90). 이제 북한은 지원자의 역할을 맡았다. 다시 말해, 이전 북한의 입장과는 달리, 한국 내 전위당은 더는 조선노동당의 지부가 될 수 없었다. 한국의 전위당은 조선노동당으로부터 독립된 상태에서, 남한 혁명가들의 능력과 역량에 걸맞은 힘을 얻게 될 것이었다(박태순·김동춘 1991, 226). 하지만 동시에 김일성은 남조선 혁명의 성공적 완수는 '전체 조선 인민의 숭고한 민족적 임무'라고 생각했다. 이 때문에 그는 남한 출신의 인물을 혁명 간부로 키워 "체계적으로 교양 육성"한 후 "정치, 경제, 문화의 모든 분야에서 선봉적인 역할"을 맡기고자 하는 북한의 노력은 모순적인 것이 아니라고 생각했다(우태영 2005, 91). 또한 김일성은 남조선 혁명의 주된 임무는 "남조선에서 미 제국주의 침략 세력을 내쫓고 그 식민 통치를 없애며 군사 파쇼 독재를 뒤집어엎고 …… 남조선 사회의 민주주의 발전을 이룩"하는 것으로 보았다(우태영 2005, 89에서 재인용). 달리 말해, 남한에 필요한 것은 노동자를 중심으로 하는 사회주의혁명이 아니라 미국의 '식민 통치'로부터의 민족 해방인 것이었다(우태영 2005, 89-90). 이와 같은 남한의 혁

---

21_남한 혁명에 대한 북한의 입장은 복잡하며 긴 역사를 지니고 있다. 이 지면에서 이것을 다 요약하기는 어렵다. 이에 대한 좀 더 구체적인 논의는 조희연(1992)을 참조할 것.

명은, 지배 엘리트 계층을 제외한 나머지 모든 사회 부문이 연합 전선을 구축해 선도해야 하는 것이었다.

앞서 간추려 본 김일성의 공공연한 입장과 북한 당국의 대남 공작 사업에 근거해 한국 정부는 국내 사회운동이 북한에 의해 조종된 것이라고 비난했다. 김일성의 남조선 혁명론은 북한이 직접 주도하는 남한 혁명에 대해 석연치 않은 생각을 가지고 있던 남한의 구·신세대 혁명가, 혹은 혁명 신봉자 모두를 고무시켰다. 하지만 남조선 혁명의 자율성에 대한 김일성의 입장에도 불구하고 국내의 혁명 추진 세력은 북한과 관계를 맺지 않을 수 없었다. 북한을 떼어 놓고 한국에서의 혁명이 온전히 완성될 수는 없었다. 바로 이 점이 당시 혁명가들이 처한 곤경이었으며 또한 중앙정보부의 존재와 활동의 바탕에 깔린 논리였다.


## 간첩 사건

북한의 개입이나 역할과 관계없이, 정부가 발표한 각종 간첩단 사건은 중요한 사회적 기능을 가지고 있었다. 간첩 사건에 대한 중앙정보부의 폭로(이는 날조를 포함한다)는 당시 정권이 일상적으로 활용하던 것으로, 이는 대중에게 체제 비판의 위험성을 경고하는 동시에 반정부 세력을 제거하는 일거양득의 기능을 수행했다. 대부분의 간첩 사건은 대통령 선거운동 기간이나, 격렬한 학생·노동자 시위 같은 정치적 사건이 발생한 직후에 발표되었다. 1960년대만 해도 최소한 세 건의 대규모 간첩 사건이 발표되었다. 이들 사건에는 지식인과 대학생 그리고 '혁신계' 인물(1장에서 논의한 바와 같이 이들은 해방 직후 각종 좌파 조직에 가담하다가, 1960년대에 사회운동에 참여한 자들을 지칭한다)이 연루되어 있었다.

첫 번째 사건은 1964년 8월 14일에 표면화되었다. 당시는 한일회담 반대 시위로 전국이 들끓고 있을 때였다.[22] 중앙정보부는 이날 '인민혁명당(약칭 인혁당) 사건'을 발표한다. 대학교수·기자·학생들이 북한의 지령을 받고 한국에 사회주의혁명을 일으키기 위해 학생 시위를 주도했다는 것이다. 중문학자 임창순, 경제학자 김병태, 언론인 정도영을 비롯해 지식계에 잘 알려진 사람이 연루되었으며(박태순·김동춘 1991, 213) 이들 대부분은 한일회담을 적극적으로 반대한 인물이었다.

이 간첩단 사건은 누가 봐도 남한의 혁신계와 북한 당국에 대한 박정희 정권의 경고였다. 즉 한일회담 반대 투쟁의 확산과 더불어 혁신계 세력이 다시 고개를 들기 시작했으며, 이와 동시에 북한은 대남 공작 활동을 이행하기 시작했다는 것이다(조희연 1993, 105). 이 사건의 용의자들은 모두 전위 조직의 존재는 물론, 자신들이 북한 간첩이라는 정부의 주장을 강력히 부정했다. 이들이 북한과 '조직적이거나 지속적인' 관련을 맺었다는 결정적 증거는 없었다(조희연 1993, 104).[23] 그럼에도 불구하고 체포된 47명 중 대부분은 혹독한 고문을 당했다. 게다가 이 사건에서 일부 검사는 공소 유지 불가능을 이유로 기소를 거부하고 사표를 제출한 일이 벌어지기도 했는데, 이는 오랜 기간 정권의 하수인으로 알려진 검찰에서 좀처럼 찾아보기 힘든 용기 있는 행동이었다(이재오 1984, 247). 1974년 유신에 대한 저항이 격렬하게 전개되는 와중에, '제

---

22_이 책의 1장을 참조할 것.

23_조희연에 따르면, 이들 중 한 명은 실제로 북한을 방문했으며 그로 인해 1967년 사형에 처해졌다(1993, 104, 각주 20).

2차 인혁당 사건'이 발생했다. 정부는 위에 언급한 '제1차' 사건의 기소자들을 '인혁당재건위' 조직으로 규정한 후, 이들 재판에 대한 최종 항소를 기각한다는 대법원의 판결 이후 18시간 만에 여덟 명을 사형시켰다(세계 편집부 1986, 101).[24]

1960년대의 두 번째 대규모 간첩단 사건은 1967년 대선 및 총선 직후인 7월에 발표되었다. 두 선거가 부정선거였다는 시각이 널리 확산되어 있었으며 이에 대한 규탄 시위가 잇따랐던 상황이었다. '동백림(동베를린) 사건'이라고 명명된 이 사건에서 중앙정보부는, 국제적으로도 잘 알려진 작곡가 윤이상을 포함해 유럽에 거주하는 일군의 한국인을 간첩 혐의로 고발했다. 총 열다섯 명의 대학교수, 의사, 미술 작가, 공무원이 동베를린 주재 북한 대사관을 왕래했고, 그중 일부는 직접 평양을 방문해 간첩 활동을 위한 밀봉교육을 받았다는 것이다(세계 편집부 1986, 17; 이재오 1984, 255-256). 며칠 뒤 중앙정보부는 또 다른 간첩단 사건을 발표했다. 이 사건에서는 유럽에서 유학 중이거나 유학 경험을 가진 주요 대학의 교수들이 동베를린 조직과 접촉하고 있다는 혐의를 받았다. 잘 알려진 서울대 사회학과 황성모 교수를 비롯해 몇몇 교수가 자신의 소속 학과에 '사회주의혁명 기반을 마련'하고, '불온사상을 고취'시키며, 사회불안을 조장해 결국 북한을 이롭게 할 목적으로 여러

---

24_2005년 12월 7일, 국가정보원의 '과거사 진실 규명을 통한 발전위원회'는 1·2차 인혁당 사건은 유신 반대 운동을 억누르기 위해 중앙정보부가 조작한 것으로 조사를 결론지었다. 이에 대한 좀 더 자세한 내용은 이명건·박형준, "인혁당-민청학련 사건은 조작," 『동아일보』(2005/12/08)를 참조할 것. 이 위원회는 국가정보원이 그 전신인 중앙정보부가 관련되었던 사건들을 조사함으로써 국민의 신뢰를 얻기 위해 설립한 기구로, 국가정보원의 고위 관리와 시민이 위원으로 참여했다.

시위를 주도하는 별도의 서클을 조직했다는 것이다(세계 편집부 1986, 24-58).

위에서 언급했듯이, 중앙정보부가 1967년 7월 일련의 간첩단 사건을 발표할 당시는 같은 해 대통령 선거(5월 3일)와 총선(6월 8일)에서의 각종 부정행위를 규탄하는 학생 시위가 격렬하게 일어나고 있었다. 7월의 간첩단 사건 발표는 이처럼 확산 중인 저항운동을 약화시키고 학생 서클 집단과 반정부 세력 간의 교류와 접촉을 현재는 물론 미래에도 차단할 목적이 분명히 있었다(조희연 1993, 107).

유럽의 한국인 거주자들이 연루된 사건 역시 당시 국외에서 추진력을 더하고 있던 민주화운동 세력을 거세하기 위함이었다.[25] 이들에 대해 가해진 혹독한 처벌의 강도를 염두에 두었을 때, 이후 한국 안팎에서의 민주화운동이 북한과의 어떤 의도하지 않은 접촉을 (또는 북한과 접선하고 있는 것으로 알려진 사람과의 만남을) 피하고자 엄격한 자기 검열을 가했다는 것은 그리 놀랍지 않다(홍세화 1995, 61). 이 간첩단 사건에 연루된 194명 중 31명이 구속되었고, 그중 두 명은 사형선고를 받았고 나머지는 징역 3년 6개월에서 무기징역까지의 징역형에 처해졌다(세계 편집부 1986, 19; 59).[26] 작곡가 윤이상은 1995년 독일에서 조국으로 귀

---

25_유럽, 일본, 북미에 거주하는 한인들은 1970년대 초 민주화 세력을 형성하기 시작했다. 그러나 이들은 주로 한국 관련 문제를 토론하고, 신문을 발행하며, 가끔씩 한국 대사관 앞에서 시위를 하는 정도였으며, '혁명'과는 거리가 멀었다. 그중 북한에 가족이나 친지가 있는 몇 명은 다양한 이유로 동독을 경유해 북한을 방문했는데 이는 한국 정부로 하여금 이들을 북한 첩자로 몰아세우기에 충분한 이유를 제공했다.

26_2006년 1월 26일 '국가정보원 과거사건 진실규명을 통한 발전위원회'는 혐의자들 중 일부가 북한을 방문했고 금품을 받은 것은 인정되지만 그들이 간첩 활동을 한 것은 아니라고 발표했

향하려던 생전의 소망을 이루지 못하고 숨을 거두었다. 그는 (1957년부터 거주했던) 서독 자택에서 1967년 중앙정보부에 의해 납치당해 서울로 이송된 후 종신형을 선고받는다. 하지만 세계 유명 음악인들의 석방 요청으로 인해 1969년에 석방되었고 서독으로 귀환했다.[27]

1960년대와 70년대에 걸쳐 중앙정보부가 발표한 간첩단 사건들 가운데, 관련자들이 북한과 '조직의' 차원에서 '직접적으로' 접촉한 경우는 아마도 1968년에 발표된 '통일혁명당' 사건이 유일할 것이다. 이 사건에 대한 중앙정보부의 최초 발표는 국민을 향한 다음과 같은 경고로 시작한다. "북괴는 폭력 전술에 의한 무력적화통일을 위해 게릴라전을 지원할 수 있는 기반 구축과 민중을 선동하여 봉기시킬 수 있는 지하당 조직에 혈안이 되어, 고도로 지능화한 수법으로 국내 각계각층에 손을 뻗치고 있다." 이어 중앙정보부는 "소위 혁신의 탈을 쓴 용공사상의 배격과 배타적인 민족주의를 앞세우고 반국가적인 언동을 일삼으면서 불평불만을 선동하는 용공불순분자"를 파악·색출하기 위해 "가일층 분발해 줄 것"을 정부 측에 요청했다(세계 편집부 1986, 67).

중앙정보부에 의하면 북한은 한국에서 사회불안을 선동하고 무장봉기를 수행하기 위해 국내 명문대 출신 학생들과 사회운동 경험이 있는 인사들을 포섭했다. 그리고 이들은 잡지사, 학사주점, 불교청년회,

---

다. 좀 더 자세한 내용은 "동백림 사건 조작됐다," 『주간 다산인권』(252호)을 참조할 것.

**27_**동백림 사건은 중앙정보부가 조작했던 초기 간첩 사건 가운데 하나로, 중앙정보부는 이 사건을 대단히 서투르게 다루어 당시 그 악명과 무능함이 국제사회에까지 널리 알려지게 되었다. 윤이상이 남한으로 납치, 송환되자 서독 정부는 외교 관계 단절 및 경제원조 중단이라는 초강수 대응으로 한국 정부를 압박했다.

기독청년경제복지회를 포함해 각종 위장 사업이나 단체를 구성하고 있다는 것이다. 이들 구성원은 무장봉기 수행을 위해 마오쩌둥, 베트콩, 동학 반란의 게릴라 전술을 연마했다는 것이다. 이후 이들 중 네 명은 1969년에 사형되었으며 나머지는 2년에서 20년까지의 징역형을 선고받았다(세계 편집부 1986, 67-78).[28]

이들 조직의 핵심 성원이 북한을 방문하고 자금을 받았으며, 또 일부는 김일성을 만났고, 중앙정보부가 언급한 위장 조직을 모두 운영했다는 사실에는 의심의 여지가 없다.[29] 그렇다고 해서 이 '사실'이 그 자체로 사건 전체의 진실을 말해 주지는 않으며, 이 사건은 어쩌면 영원히 그 복잡한 내막을 온전하게 다 드러내지 못할 수 있는 사건일 수도 있다. 통일혁명당 사건 당사자들의 대부분 대학 교육을 받은 30대 청년들이었다. 왜 그렇게 많은 전도유망한 청년이 북한과 연계되어 있는 조직에 가담했을까? 이전의 간첩단 사건의 선례에서 명백히 알 수 있듯이 일단 발각되면 감옥에서 평생을 보내거나 사형선고를 받을 수도 있다는 것을 이들은 알았을 것이다. 그들은 북한을 어느 정도나 알고 있었을까? 무엇을, 얼마큼 알았던 것일까? 무모함에 가까운 이들의 행동을 뒷받침한 역사적·사회학적 논리는 과연 무엇인가? 여기서는 비록 그들 개개인이 품었을 만한 동기와 그것을 둘러싼 상황에 대해 상세히 언급

---

**28_**이 사건에 대한 좀 더 자세한 내용은 박태순·김동춘(1991, 215-240)을 참조할 것. 당을 재건하려는 시도는 1970년대와 80년대까지 계속되었다. 그 밖의 내용은 세계 편집부(1986); 박원순(1992)을 참조할 것.

**29_**조희연에 따르면 다섯 명의 핵심 당원들은 각각 1~4회 북한을 방문했으며, 방문할 때마다 며칠씩 체류했다고 한다((조희연 1993, 290).

하기에는 지면이 충분하지 않지만, 간단하게나마 다음과 같은 사회정치적, 그리고 지성사적 맥락을 짚어 볼 수 있을 것이다.[30]

1960년대 후반, 필자가 앞서 1장에서 논했던 역사 주체성의 부재에 대한 위기의식은, 소수의 학생과 청년 지식인들 사이에서, 악화 일로를 거쳐 새로운 국면에 다다랐다. 즉 군사정권의 가혹하고 억압적인 조치로 인해 모든 저항운동은 침묵당했으며, 1960년 학생운동, 1964~65년 한일회담 반대 운동과 같은 대중적인 저항이 반복해서 일어났음에도, 그것이 한국 사회에 민주화를 위한 변화를 가져오는 데 실패했기 때문이다. 명민하고 사회의식이 있는 젊은이는, 사회 이론 서적을 읽거나 후진국인 조국의 경제 발전과 사회 개혁 방향을 고민하는 데에 자신들의 대학 생활을 보냈다. 일부는 마르크스의 『자본론』, 레닌의 『무엇을 할 것인가?』, 고리키의 『어머니』를 읽으며 혁명을 꿈꾸었다. 일부는 '레닌 모자'를 쓰고 다니며 레닌의 후예임을 자처했다. 그러나 이들 청년 지식인들에게는 조직도, 이론도, 경험도 없었으며 혁명운동을 펼치기 위한 훈련도 되어 있지 않았다(박태순·김동춘 1991, 215-218). 이런 상황에서 나이가 있고 경험 있는 혁명가들이 이들을 접근해 왔던 것이다. 이들 경륜 있는 혁명가 중에는 식민지 시대 독립운동을 한 사람들도 있었으며, 이미 신화적 존재가 되어 버린 사람도 있었다. 이 때문에 이들 혁명가들이 한국에서 사회주의혁명을 이끌 지하 전위당의 조직 목표

---

**30_**이 부분에 관련한 필자의 생각은 많은 부분 이 시기 지하조직에 대한 광범위한 연구를 해온 연구자들의 작업을 기반으로 하고 있다. 필자의 생각을 정리하는 데 특히 박태순·김동춘 (1991)과 조희연(1993)의 연구가 도움이 되었다. 여기에 수록되어 있는 내용의 일부는 이들의 책에서 가져온 것이며, 해당 부분은 쪽수를 표기했다.

를 내걸고 함께 일 하자고 접근했을 때 대부분은 망설이지 않았다.[31]

그러나 이들 젊은 당원 대부분은 통일혁명당의 전체 조직 구조나[32] 사정을 몰랐으며, 많은 경우 북한과 연계되어 있다는 사실도 모르고 있었다. 결국 이들을 지하당으로 이끈 것은 한국에 민주화와 번영을 가져올 혁명에 대한 강렬한 욕구, 지속적인 조직 활동에 대한 경험의 부재, 그리고 일정 정도 순진함과 허세가 결합된 혁명 낭만주의인 것이다. '통일혁명당'이라는 이름에도 불구하고 이들의 활동은 대부분 당이나 혁명을 조직하는 것과는 무관했다. 이들이 맞닥뜨린 정치적 억압과 물질적 제약 앞에서, 실로 이들이 할 수 있는 주요 활동은 이들이 예전부터 해오던 것을 계속해서 하는 것이었다. 즉 이들은 계속해서 마르크스-레닌주의 서적을 읽고, 서로 논쟁을 벌이고, 잡지에 글을 기고했다(그들은 이런 잡지에서 자신들의 혁명적 전망을 주창하기도 했지만, 물질적으로나 지적으로 박탈당한 포스트식민지 지식인으로서 자신들이 겪는 좌절을 토로하기도 했다). 조직화에 대한 진지한 노력이 전혀 없었던 것은 아니나 그 성과는 미미했다. 대부분은 학교 동기나 선후배, 지인을 '조직'했는데, 이들은 대부분 자신과 이미 정치적 분석과 전망을 공유하는 자들이었다.

나이가 있고 경험이 많은 당원과 젊은 당원에게 통일혁명당은 다소 다른 의미로 다가왔을 수 있다. 북한이 남조선 혁명을 '지원'하는 방법 가운데 하나는 해방 직후 좌파 조직에 가담했던 인물을 포섭하는 것이

---

**31**_통일혁명당의 주요 지도부인 김종태, 김질락, 이문규에 대한 좀 더 자세한 내용은 박태순·김동춘(1991, 219-223)을 볼 것.

**32**_당의 조직 구조에 대한 좀 더 자세한 내용은 조희연(1993, 287-293)을 볼 것.

었다(조희연 1993, 108-109; 148-149). 그중 일부는 남조선노동당[33] 간부를 지낸 사람도 있었고, 몇 명은 검거 당시 노동운동에 활발하게 관여하고 있었다.

이들은 대부분 북한 당국이 남파한 월북 출신의 친척이나 친지에 의해 포섭되었다(한국전쟁 당시 많은 사람들이 이산가족이 되었고 이들은 공개적으로 접촉하거나 만날 수 없었다). 포섭된 이들은 북한으로부터 조직화 전략 및 전술을 익히고 학습 받기 위해 초청을 받았다(그 외에 일본 주재의 북한 조직원을 통해 포섭된 사람도 있었다). 통일혁명당의 핵심 당원들은 이렇게 포섭되었다. 당의 핵심 조직가 가운데 한 명이었던 정태묵은 북한에서 남파된 동생이 접촉했다. 그는 그 후 북한을 방문하고 자금과 지시를 받았다. 통일혁명당 전라남도 조직의 책임자였던 최영도는 남파된 조카의 설득으로 북한을 방문했다(조희연 1993, 149).

오랜 기간 사회운동을 하면서 숱한 좌절을 경험했으나, 그래도 아직 사회주의 이상을 완전히 포기하지 않은 나이 든 이들 당원들에게, 통일혁명당은 사회주의 혁명가로서의 예전의 실패를 극복하고 자신들이 조직 활동을 재개할 수 있는 기회를 의미했을 것이다. 당에 가입한 이들 가운데 일부는 농민 학교를 세우고, 농협 직원으로 일하며, 도시 빈민 청년들을 조직했다. 핵심 당원들의 북한과의 접촉에도 불구하고 당시 주체사상은 체계적으로 조직에 도입되지 못한 듯하다. 이들은 계

---

33_ 남조선노동당은 1946년 조직되었다. 미군정에 의해 금지되자 지하조직으로 잔존하면서 미군정에 반대하는 일련의 대규모 시위를 조직했다. 1947년 통일을 목적으로 게릴라전을 전개하지만 많은 대원들이 체포되어 감금되었다. 1949년 북조선로동당과 합병해 북한의 집권당인 조선로동당이 된다.

속해서 마르크스-레닌주의 도서를 주로 읽었다. 일부는 심지어 김일성의 독립 무장투쟁에 대해서조차도 북한 소설을 통해 알게 되었다고 했다(박태순·김동춘 1991, 236).

이상에서 통일혁명당 조직 당시의 주변 상황에 대해 그 윤곽만을 간략히 살펴보았다. 무엇보다 중요한 것은 1960~70년대 간첩단 사건을 당시의 사회정치적, 그리고 지성사적 맥락과 이념적 지형에서 봐야 한다는 것이다. 이는 아무리 강조해도 지나치지 않을 것이다. 그렇지 않을 경우 이들 사건 관계자들은 시대착오와 불가사의를 대표하는 상징이 되어 버리는 것이다. 이들을 둘러싸고 있던 현실의 복잡성을 간과하게 되면, 그들은 한갓 지난 시대의 이념적 광기를 환기시킬 뿐이거나 역사의 희생양이 되어 버리기 때문이다.[34]

북한은 계속해서 한국의 사회운동에 영향력을 행사하고자 했고, 한국 정부는 그런 시도를 사실로 입증하려 했음에도 불구하고, 실제 전위당을 조직하는 데 관련된 사람들은 대부분 자생적 사회주의자들이었다. 즉 이들은 북한의 주체사상으로부터 영감을 받았을 수도 있고, 북한과 접촉을 했을 수도 있지만, 북한으로부터 지령이나 지원을 받지는 않았다. 이와 관련한 대표적인 사례가 남조선민족해방전선(약칭 남민전)이다.

1979년 10월 초에 치안 당국에 의해 발각된 남민전은, 당국의 발표에 의하면, 한국에 사회주의 정권을 수립하기 위한 혁명적 전위당이었

---

**34**_불행히도 이와 같은 간첩단 사건은 지난 시대의 일로만 넘겨 버릴 수 없는 것 또한 현실이다. 필자가 이 글을 쓰고 있는 2006년 10월 현재, 과거 학생 운동권 출신인 민주노동당 간부들이 연루된 또 하나의 간첩단 사건이 한국 사회를 떠들썩하게 하고 있다.

다. 이 전위당은 학생, 지식인, 그리고 긴급조치(1장 참고) 위반 수형자 등을 포섭해 "폭력적으로 적화통일을 기도"했다. 또한 이들은 "도시게 릴라 전법으로 사회 혼란을 조성하여 …… 적화를 획책"했다. 10월 16 일에 치안 당국은 남민전 간첩단 사건 관련자 76명 가운데 46명을 검 거했다고 발표했다(세계 편집부 1986, 103).

1976년 남민전이 조직되었을 당시는 당시 민주화운동의 미래가 암 담한 시기였다. 박정희 정부가 취한 일련의 비상계엄 조치로 말미암아 그 어떤 반정부 운동도 효과적으로 봉쇄되었던 것이다. 그러던 차에 남 민전 지도부는 사이공(현 호찌민) 함락으로 고무되어 있었다. 그들은 이 를 통해 미국 제국주의의 약화 조짐과 제3세계 국가에서의 반제 민족 해방 운동의 고양을 보았다. 박정희 정권의 극단적 조치들 또한 권위주 의 정권의 '최후의 발악'으로 비쳤던 것이다 .

남민전 조직화의 직접적 계기는 1975년에 선포된 긴급조치 9호와 같은 해 제정된 사회안전법이었다(조희연 1993, 161). 일체의 반정부 활 동을 금지하는 긴급조치 9호로 그나마 남아 있던 합법적이고 공개적인 운동의 공간들이 모두 폐쇄됨에 따라, 모든 운동 단체들은 이제 지하로 숨어들 수밖에 없었다. 또한 같은 해에 비전향 좌익수와 비전향 만기 출소자를 '보호감호'하기 위한 목적으로 사회안전법이 제정되었다(이 부분에 대한 좀 더 자세한 논의는 이 장의 뒷부분에 제시되어 있다). 이 법이 제 정됨에 따라 전과 경력이 있는 운동가들은 재수감되지 않으려면 전향 을 해야 했으며, 이를 거부할 경우 재수감되거나 무기한 도피 생활을 해야만 했다(조희연 1993, 161). 이 같은 상황에서 그들은 당시 펼쳐지고 있던 각양각색의 유신 체제 반대 운동을 통일하고 발전시키기 위한 중 앙집권 체제의 통합된 지도부가 필요하다고 생각했다. 이는 이전 1960

년대 초반의 실수를 반복하지 않기 위해서였다.

남민전의 궁극적인 목표는 한반도에 사회주의국가를 건설하는 것이지만, 그들이 설정한 당장의 과제는 유신 체제 반대 운동을 효과적으로 전개하기 위해 이념과 정치 성향의 내적 차이를 불문하고 사회 각 부문과 각계각층을 통합시키는 것이었다. 남민전은 지하에서 활동했고, 기관지『민중의 소리』를 발행했으며, 무장 단체를 조직하고자 했다. 남민전은, 조직 결성 후 3년 반이 지나고, 몇 차례 부잣집에 침입해 강도질을 한 후, 1979년 조직원 전원이 체포되어 장기 징역형 선고를 받았다.[35]

간첩단 사건의 대상은 국내의 한국인에게만 국한되지 않았다. 동백림 사건이 보여 주듯이 해외 한인 사회 역시 간첩단 사건에 휘말리곤 했다. '구미 유학생 간첩단 사건'은 1985년 미국 웨스턴일리노이주립대에서 유학 중이었던 한국인 유학생들이 연루된 사건이다. 정부의 발표에 따르면, 김성만·양동화·황대권은 유학 기간 중에 북한의 정치체제에 관한 서적을 탐독했고, 헝가리와 동독에서 북한 공작원을 만났으며, 반정부 활동에 대한 정치 세뇌 교육과 행동 지침을 전수했고, 북한 공작원에게 남한 학생운동에 대한 정보를 전달했다고 한다. 체포된 이들은 모두 혹독한 고문을 당했다. 이후 김성만과 양동화는 사형선고를 받았으며 황대권은 무기징역을 선고받았다(민주화실천가족운동협의회·민족민주운동연구소 편 1989, 51-68).[36]

---

35_ 남민전 조직과 재판에 대한 자세한 내용은 세계 편집부(1986, 103-242)를 볼 것.

36_ 1988년 김성만, 양동화는 무기징역으로, 황대권은 20년 형으로 감형되었다.

## 장기수와 전향 제도

날조된 것이든 실재에 근거한 것이든, 간첩단 사건은 장기수의 존재 이유를 해명해 준다. '장기수'라는 별도의 용어로 장기 수감 정치범을 지칭하는 나라는 전 세계적으로 한국이 유일한 나라일 것이다. 1989년 국제엠네스티 보고서에 따르면, 북한 간첩 또는 공작원 혐의로 복역 중인 장기수는 2백 명이 넘었다. 이들 중 대부분은 한국전쟁 중에, 혹은 전쟁 후에 체포되었는데, 이들에 대한 혐의는 이들이 북한 공작원이라거나 혹은 전쟁 당시 북한군에게 협력했다는 것이다. 한국은 1994년 당시 세계 최장기 복역수 두 명을 수감하고 있었다. 1951년 25세의 나이에 체포되어 수감 생활을 시작한 김선명과 1953년에 체포된 안학섭이 바로 그들이다.[37]

악명 높았던 한국의 전향 제도는 이들 수감자의 장기 복역에 일조했다. 반공주의로의 '사상' 전향을 약속하는 문서에 서명하는 것을 거부한 사람은 이미 형량을 채웠을지라도 사회안전법에 의거해 계속 수감되었다(Amnesty International 1995, 186). 여타 법령 사례와 마찬가지로 사회안전법 또한 일제 식민 통치 시기까지 거슬러 올라가는데, 그 기원은 1925년의 치안유지법이다. '전향'(일본어로는 '덴코')이라는 용어는 일본 마르크스주의자들이 처음 사용한 것으로, 동료 마르크스주의자들로 하여금 상황 추수적인 개인의 편협한 경험주의를 극복하고 이론과 실천 모두에서 '확고하고 자율적인' 입장을 발전시키도록 촉구·장려하

---

**37**_장기수에 대한 좀 더 자세한 내용은 Amnesty International(1986)을 볼 것. 김선명과 그 외 장기수에 대한 이야기는 영화(〈선택〉, 2003)로도 만들어졌다.

기 위함이었다. 그런데 일본 당국은 이 용어를 전유해 "마치 변절이 상황에 대한 주체적인 태도 변화인 양, 그리하여 정체 모를 외국 사상에 현혹되었던 재[左]파가 천황제의 정통 사상으로 돌아오는" 것을 일컫는 데 이 용어를 사용했다(서준식 1993, 19). 이후 1933년을 기점으로 일본 공산당 지도부가 옥중에서 하나둘 전향하기 시작했고, 그 뒤를 이어 기간 당원들이 대거 전향함에 따라, 일본의 전향 제도는 전시[戰時] 일본 공산당 몰락의 원인이 되었다.

1945년 식민 통치의 종식과 함께 법으로서의 전향 제도는 종식되었다. 하지만 현실에서는 국내의 국가 안보 장치에 잔존하는 일제 식민주의 영향과 미군정의 반공 정책으로 인해 전향 제도는 사실상 부활되었다. 예전의 정치범은 비밀 요원이 되거나 좌익 조직과의 단절을 공개 선언하도록 강요받곤 했다. 1956년 정치범이 '전향자'와 '비전향자'로 분류되면서 전향 제도는 공식적으로 다시 복원되었다(서준식 1993, 18-23).

1961년 5·16 군사 쿠데타 직후 비전향 좌익수 3백여 명이 대전으로 이송되었으며 이후 대전 교도소는 정치범 수용소가 되었다. 전향 권유 사업은 살인적인 고문 과정을 수반한 결과, 1974년 말에 이르면 교도소에는 1백 명 남짓의 정치범만이 남았다. 1975년에 제정된 사회안전법은 이들 미전향 정치범이나 미전향 만기 출소자를 '보호감호'하기 위한 것이었다. 사회안전법이 1989년 '보안관찰법'으로 대체되기까지 만기 출소자 150명이 재판 없이 구금되었으며, 그 가운데 16명이 옥사하고 51명이 비전향 상태에서 출소했다(서준식 1993, 23).

1980년대 말까지 장기수는 공공 영역에서 존재하지 않았다. 개인이든 집단이든, 북한과 연관된 것으로 추정되는 이들을 돕는 일은 그 성격이나 정도와 상관없이 위험한 일이었다. 장기수 문제에 대한 조직적인 대응은 1986년에 이르러서야 시작되었다. 정치범 가족을 중심으로 조직된 민주화실천가족운동협의회(약칭 민가협)가 장기수 석방 캠페인을 처음으로 시작한 것이다. 1989년, 정치범으로 감옥 생활을 한 경험이 있는 한 소설가가 장기수 문제를 다룬 단편소설 모음집을 출판했다. 작가는 인간 이하의 취급을 당해야만 하는 교도소 안의 생활 조건을 상세히 묘사하고 있는데, 장기수를 다룬 문학 작품집은 그의 소설이 처음이었다.[38]

## 서승과 서준식 형제

한국의 장기수 정치범 사례 가운데 가장 잘 알려진 사례는 서승·서준식 형제 사건이다. 이들 형제는 '재일 동포'[39]였다. 서승·서준식 형제의 사례는 일본 내 소수자로서 이들이 차지하고 있는 주변적 위치만을 상징적으로 드러낸 게 아니었다. 이 사건은 재외 한국인의 삶에 분단이 미치는 악영향과, 한국의 사회 일반 속에서뿐만 아니라 민주화운동 진영 속에서 재일 동포가 갖는 모호하고 논쟁적인 위상을 상징적으로 보여 주고 있다.[40] 재일 동포 사회는 1945년부터 두 거대 단체를 중심으

---

**38_**이 소설집은 김하기의 『완전한 만남』(창작과비평사, 1990)이다. 김하기는 9년간 수감 생활을 했다.

**39_**재일 동포들은 당시 일본 사회에서 자신들의 지위를 강조하기 위해, 혹은 민족적 자존심을 표현하기 위해, "자이니치 칸코쿠진"(재일 한국인), "자이니치 조센진"(재일 조선인) 이라는 공식 명칭 외에도 스스로를 다양하게 불렀다. 이와 관련한 좀 더 자세한 내용은 Chung (2000)을 참조할 것.

로 양분되어 있다. 재일본조선인총연합회(약칭 조총련)는 사회정치적으로 북한과 관련되어 있고, 재일본대한민국거류민단(약칭 민단)은 한국과 관계를 맺고 있다(Ryang 1997).

역사적으로, 개인이 조총련을 선택하게 되는 이유는 딱히 한국이나 북한에 대한 그 개인의 어떤 특정한 정서적 교감 때문이라기보다는 조선인에 대한 일본의 법적·사회적 차별이 더 큰 이유를 차지한다. 해방 직후부터 조총련은 재일 동포의 일본에 대한 비#동화정책을 지지했다. 조선인 학교, 자체 영리사업 등과 같은 각종 제도와 프로그램을 운영해 재일 동포들이 최소한의 문화적 자부심과 정치적 정체성을 갖는 것을 가능하게 했다. 애초 다수의 조총련은 남한 출신이었다. 이 사실은 지리적 연고가 조총련 선택의 주요 요인이 아니라는 점을 의미한다.[41] 일본은 북한과 공식적인 외교 관계를 맺고 있지 않았지만, 웨슬리 사사키 우에무라에 따르면 일본 정부는 "북한과의 교류 수단으로서 일본 사회당이나 조총련과 같은 단체를 비공식적으로 이용했다."[42] 이는 그렇지

---

**40**_1970년대와 80년대에 걸쳐 2백여 명의 재일 동포가 국가보안법 위반 혐의로 남한에 수감되었다. 문부식(1999b, 379)을 볼 것.

**41**_이 중요한 사실을 지적해 준 웨슬리 사사키 우에무라께 감사를 표한다.

**42**_조총련과 관련된 일본의 최근 동향에 대해 개인적인 서신을 통해 알려 준 웨슬리 사사키 우에무라의 날카로운 지적을 인용해 보면, "북한이 최근 1970년대에 일본 어린이들을 납치해 공작원으로 훈련시키려고 했다고 인정하자 일본 사회는 히스테리에 가까운 반응을 보이고 있는데, 나는 이 현상을 중요하게 본다. 자이니치의 위상이 일본에서 일정 정도 자리를 잡아 가는 시기에 이런 현상이 벌어지고 있다. 납치 문제는 일본 사회가 (안전해 보이는 방법으로) 극단적인 민족주의를 나타내고, 북한을 다시 한 번 '미치광이'로 악마화하면서 조선에 대한 식민 통치와 독립을 추구했던 조선인에 대한 일본의 처우를 정당화시키는 수단이다. 이 문제를 통해 일본은 또한 남한의 머리를 거만하게 한번 쓰다듬어 주는 것이다."

않아도 복잡한 일본 사회 내 조총련의 지위가 일본 정부의 이런 조치로 인해 한층 더 복잡해진 측면이 있다는 것을 시사한다.

'한국의 적'으로서의 북한의 지위는 조총련에도 적용되었다. 최근까지도 조총련은 한국에서 기피 대상이었다. 따라서 1980년대 말까지 한국을 방문하는 재일 동포 대부분은, 서승·서준식 형제와 마찬가지로 민단 계열이었다. 이들 재일 동포가 한국에 유학하고자 할 경우에는 엄격한 이념 검열을 거쳐야만 했다. 이들은 이른바 '특별 교육'을 받아야만 한국의 정규 학교에 입학할 수 있는 자격이 주어졌다.

그러나 이렇게 한국에 도착한 후, 이들 중 대다수는 한국의 억압적인 정치 상황과 한국 지식인들의 자기 검열에 이질감을 경험해야만 했다. 재일 동포 사회의 절반은 조총련이었고, 일본에서는 공산당이 합법적인 정당으로 존재한다. 즉 이들은, 당시 한국에 비해 좌파적 관점에 비교적 관용적인 환경에서 성장했다. 따라서 일부는 서승·서준식 형제의 경우처럼 한국 방문 이전에 북한을 먼저 방문하기도 했다. 1971년 중앙정보부에 의해 체포되던 당시 서울대에 유학 중이던 서승·서준식 형제는 반정부 학생 시위를 선동했다는 혐의로 국가보안법 및 반공법에 의해 기소되었다. 그들의 또 다른 '범죄' 혐의는 과거의 북한 방문이었다(Amnesty International 1989, 7-8; Suh Sung 2001). 서준식은 자신의 회고록에서 8일간 북한 방문의 대가로 17년간 옥고를 치러야 했다며, 이는 북한에서의 체류 하루당 평균 2년이 되는 셈이라고 밝힌 바 있다.[43]

---

43_ 이 내용과 다음 두 문단의 내용은 서준식(1988, 225-240)에 바탕을 두고 있다.

회고록에서 서준식은 자신이 겪은 고난의 여정을 한국 당국자가 과연 이해할 수 있을까 궁금해 한다. 재일 동포 2세였던 그는 조국인 대한민국 방문을 갈망하면서 고교 시절을 보냈다. 중학교 3학년 때, 그는 자신의 정체성 문제를 놓고 오랫동안 고민한 후 교내 웅변대회에서 자신이 한국인임을 고백하기로 작정했다. 이후 그는 후쿠다福田라는 성을 서徐 씨로 바꾸고(일본 정부는 1985년까지 귀화 과정의 일부로 야마토 민족 성씨 하나를 취하도록 했다), 열아홉 살에 한국으로 건너와 서울대 어학연구소에서 한국어를 공부하기 시작했다.

일본의 비교적 풍요롭던 물질적 환경에 익숙했고, 고국으로서의 한국에 와서 지내려는 오랜 열망을 품고 있었던 서준식은, 서울에서 맞닥뜨린 숱한 걸인과 창녀, 그리고 신문팔이나 구두닦이, 껌팔이 등으로 일하는 어린이들을 목격하고 충격을 받았다. 도처에 널려 있는 영자 게시판이나 광고 역시 그에게 큰 충격이었다. 한국에서 보낸 그의 나날들은 수많은 한국인이 겪고 있는 '궁핍과 고통'에 대한 충격, 분노, 비통함으로 가득 찼다. '사회과학적 분석'을 좋아하는 그의 지적 성향과, '진정한 인간 해방'에 대한 그의 모색이 그를 사회주의와 마르크스주의 사상으로 이끌었다. 그가 7년 형기를 마친 후에 당국이 10년 동안 그의 석방을 거부한 이유도 단순했다. '여전히 사회주의의 우월성을 믿고' 있는 그는 '사회에 위험한 존재'였다.

서승·서준식 형제 사건은 재일 동포에 대한 한국 정부의 가혹한 태도를 보여 준다. 재일 동포가 관련된 간첩 사건에는 국내의 반정부 인사나 인권 단체가 개입하기가 특히 어려웠다. 자신들마저 연루될 수 있는 위험부담이 컸기 때문이다. 서승·서준식 형제는 국내 활동가들로부터 특별한 지원을 받지 못한 채 각자 근 20년 동안 옥중 생활을 했다.[44]

형 서승은 조사 과정에서 고문을 견디다 못해 자살을 시도하다 심각한 화상을 입었으며, 동생 서준식은 7년 형기가 끝난 후에도 사회안전법에 의거해 10년을 더 감옥에서 보내야만 했다.[45]

　서승·서준식 형제 사건이 가장 잘 알려진 사건이고, 어쩌면 가장 심한 사건일 수도 있다. 그러나 재일 동포와 일본을 방문한 한국인이 연루된 간첩 사건은 이 외에도 많다. 1974년, 한국의 한 소설가와 재일 동포의 우연한 만남은 중앙정보부에 의해 간첩 사건으로 둔갑했다(임헌영 1990). 인권 변호사 박원순이 지적했듯이 1970년대와 80년대에 한국을 방문하는 재일 동포는 누구든 중앙정보부가 조작하는 간첩 사건의 잠재적 후보 연루자가 되었다(문부식 1999b, 379에서 재인용).


## 5. 반공주의와 민주화운동

대중 속에 편집증적으로 스며든 반공주의는 국가의 탁월한 전략이었다. 즉 국가는 대중의 불안을 이용해 급진 세력을 '적'이라고 규정했고, 적이기에 처분되어도 괜찮다는 인식을 퍼뜨렸다. 누구든 일단 공산주의자 또는 북한 간첩으로 낙인찍히면, 법정의 판결을 통해 누명을 벗는

---

**44_** 일본에서는 서승·서준식 형제의 석방 운동에 많은 지식인과 사회운동가들이 참여했다.

**45_** 서승은 처음에 사형을 선고받았지만 이후 무기징역으로, 그리고 다시 20년 형으로 감형되었다. 그는 1990년에 석방되었다. 서승은 수감 생활 중 독서와 필기도구가 제한되고 시설이 한정된 독방에서 17년을 보냈다. 서준식은 1988년에 석방되었다.

일은 자주 일어나는 일이 아니었을 뿐만 아니라, 그렇다 하더라고 별다른 소용이 없었다. 낙인찍기의 잔존 효과로 인해 한번 낙인찍힌 공산주의자나 간첩은 사실과 관계없이 위험한 존재이고 절대 상종해선 안되는 인물이 되었다. 중앙정보부의 간첩사건 조작과 여타 공포 조성 수법을 익히 알고 있던 반정부 인사와 학생들은 1980년대 중반까지도 혹시 꼬투리가 잡히지 않도록 부단히 자기 검열을 해야만 했다.

이런 차원에서 반공주의는 국가가 독점한 담론은 아니었다. 1970년대 전체와 80년대 대부분의 시기에 걸쳐, 다수의 활동가들 역시 반공주의의 주술에 빠져 있었고, 비록 반작용에서 비롯된 것으로 소극적이었을 망정 이들은 반공주의 담론의 형성에 참여했다. 시위 학생들은 종종 북한의 독재 체제를 비판하면서 북한의 정권 교체를 요구했다. 1960년 4·19혁명 당시 학생들이 자주 외친 구호 가운데 하나가 "민주주의 바로잡아 공산주의 타도하자"였다(이효선 1985, 289에서 재인용). 1980년대 광주항쟁 동안 시위자들은 "유신 잔당 척결하고 김일성을 몰아내자"(이효선 1985, 290에서 재인용)라고 외쳤다. 반정부 시위에 대해 정부는, 학생들의 시위가 정치적 혼란을 야기하고, 북한이 이 틈을 타그들에게 유리한 행동을 취할 수 있다고 종종 주장했다. 1960년대부터 80년대 초까지 학생들은 간헐적으로 이 같은 정부의 논리를 똑같이 받아들여, 북한을 향해 자신들의 투쟁을 부당하게 이용하지 말라고 경고하기도 했다.[46]

1970년대 초반 시인이자 반정부 지도자였던 김지하는 민청학련 사

---

46_김민석(1985a, 33)을 볼 것.

건 등으로 사형이 구형된 상황에서, 자신은 결코 공산주의자가 아니라고 공언함으로써 죽음을 면할 수 있었다.[47] 1974년에 사형선고를 받은 학생운동 지도자 이철은 재판장에게 민주주의를 위해 목숨을 바치는 것은 아깝지 않지만 공산주의자 누명만은 부당하다고 호소했다(이철 1991b, 262). 노동운동가 신철영은 1981년에 노조 결성 혐의로 체포되었다. 그는 재판정에서 "근로기준법 공표 이후 근 30년이 지났는데도 노동자들은 최저임금의 보장도 없이 장시간 노동에 시달리고 있다"라며, 노동운동을 하게 된 이유를 진술하면서 덧붙여 "민주적 노동운동은 공산주의에 맞서는 최선의 길이다"라고 주장했다(서울형사지방법원 1982, 3-5, 23). 이런 진술은 이들이 삶과 죽음의 기로에 서있는 극한 상황에서 나온 것들이다. 따라서 이런 진술을 분석할 때는 개개인이 처한 상항과 그 역사적 맥락에 세심한 주의를 기울여야 한다.

역사적으로, 기존의 지배 이데올로기나 담론에 호소하는 저항운동의 사례를 찾아보기는 어렵지 않다. 역사학자 제임스 스콧은 16~17세기의 프랑스와 이탈리아에서 일어난 반란군의 수사학을 분석하던 중 종종 교회나 국왕 같은 기존의 보수적 제도에 호소하고 있음을 발견했다. 스콧은 이런 사실을 '허위의식'으로 보기보다는 전략적인 책략으로 봐야 한다고 주장한다. 마이클 최가 설명하듯이 "보수적 헤게모니의 의례적 상징에 호소"함으로써 "반란자들은 공유 지식을 좀 더 쉽게 만들어 내고, 그렇게 함으로써 더 많은 사람들이 자신들의 요구를 이해할 수 있도록 한다"는 것이다(Scott 1990, 101; Chwe 2001, 89-90에서 재인용).

---

**47**_Kim Chi Ha(1978)를 볼 것.

운동권의 반공 수사 역시 하나의 전략적 책략으로 볼 수 있다. 한국의 국가보안법을 비롯한 여타 국가 안보 기구의 탄압은 실로 가공할 만한 것이어서, 누구든 용공분자의 혐의만 받아도 자신의 생명에 위험을 느껴야 했고, 자신이나 가족에게 가해지는 평생의 감시와 부당한 대우를 두려워해야 했다. 그뿐만 아니라, 용공분자라는 낙인은 그 개인의 삶의 목표뿐만 아니라 전체 민주화운동의 목표마저 무효화시켰다. 용공분자라는 낙인은, 민주화운동이 시민사회에 호감을 불러일으키는 이유와, 시민사회가 민주화운동을 지지하는 이유, 즉 '순수성', '진정성', '민족적 대의'를 통째로 앗아 가는 것이었다.

그러나 이와 동시에, 운동권의 반공 수사는, 반공주의 담론과 '우리'와 '그들'이라는 이분법적 논리에 의해 만들어져 오랜 세월 한국 사회속에서 굳어진 북한에 대한 불안감, 두려움, 불신 등을 강화하는 효과를 가져왔다. 또한 분명한 것은, 일부 운동권의 행동은, 비록 그것이 자신을 보호하기 위한 것이었다곤 해도, 바람직하지는 않았다는 점이다. 1970년대와 80년 중반에 걸쳐 운동권 출신의 일부 정치범은 옥중에서 장기수와 대화하는 것을 피하고 같은 감방에 수용되는 것을 거부했다. 일부는 자신들이 옥중 투쟁을 통해 얻어 낸 2시간의 운동 시간을 장기수들이 누리는 것을 반대하기조차 했다.[48] 한국과 해외 한인 사회에서의 통일운동 또한 북한과 연결되어 있다고 소문난, 그래서 '불순'하다고 여겨지는 사람들과 그렇지 않은 사람들 간의 분열로 인해 큰 타격을 받았다. 해외 한인 사회, 특히 미국과 옛 서독에서의 유학생 집단은 자신

---

48_ 김병곤기념사업회 준비위원회 편(1992, 214)을 참조할 것.

들의 의도와 무관하게 북한과 연계될까 봐 극도로 경계했다.

　반공주의 함정이 가져온 결과 가운데 하나는 그것이 개개인과 사회 전체에 가져온 인지능력의 한계다. 교련敎鍊 같은 반공주의의 특정한 측면에 대한 적극적이고 지속적인 저항에도 불구하고, 운동권은 전체적으로 국가주의적이고 군사주의적인 패러다임에서 벗어나지 못했다. 이런 사실은 운동권이 궁극적으로 북한의 주체사상을 무비판적으로 수용했다는 점에서 가장 잘 드러난다. 이에 대한 좀 더 자세한 내용은 다음 3장에서 논의하고자 한다.

# 3

# 반미주의와 주체사상

문학평론가 김병익은 1980년대에 자신과 한국 사회가 집단적으로 걸어온 지성과 인식의 행로를 돌아보면서 놀라움을 금치 못했다.

나는 이 10년 동안에, 우리의 지금까지의 역사에 금기였던 마르크스를 읽었고 발음할 수 있게 되었으며, 적어도 나의 생애에서는 가능한 것으로 꿈을 꿀 수도 없었던 북한 방문자의 여행기를 보고 내 자신이 소련을 구경할 수 있었으며, 감히 떠올릴 수 없었던 미국에 대한 비난을 들으며 나도 거기에 상당히 공감할 수 있게 되었다(김병익 1989, 1294-1295).[1]

---

1_민중운동 진영은 1980년대 중반부터 북한을 더 많이, 올바르게 알자는 취지의 '북한 바로 알기'

그의 놀라움에 더해, 예전에는 '풍문'으로만 접했던, 월북 작가들의 작품과 동시대 북한 작가들의 작품이 한국에서 출판되었다.[2] 그 이전에는 꿈도 꿀 수 없던 상황이 자신 주변에서 '활달하게, 자유롭게, 그리고 아마도 풍성하게' 전개되었으며, 그 자신도 점차 그런 상황이나 사태를 '공포감이나 의외감 없이' 받아들이게 되었다. 그에게 "내면과 의식에 있어서의 이 현격한 거리감"이 바로 1980년대가 우리에게 남긴 유산이었다. 그는 계속해서 말한다. "아마도 우리 역사에서 이만한 정도의 지적 자유와 인식의 다양성이 제공된 것은 드물었을 것이며 이 80년대만큼 우리 지식 세계의 적극적인 현실 도전과 지배적인 이념 체계와의 격렬한 싸움, 그에 합당하게 거둔 성과를 경험한 시대도 없었을 것이다"(김병익 1989, 1295).

1980년대의 여정은 실로 놀랄 만한 것이었다. 송복은 1980년대 초의 한국 사회를 다음과 같이 특징지은 바 있다. "80년대 초반까지는 철저히 보수 세력 일변도의 사회였고 …… 적어도 이념적 수준에선 극히 원시적 분화만이 이루어져 있는 사회였다"(조희연 1993, 11에서 재인용). 1980년대 초까지만 해도 한국 정부가 금지한 '마르크스주의' 관련 서적은 마르크스의 『자본론』에 국한되지 않았고, 예를 들어 에드워드 카의 『역사란 무엇인가』까지도 포함되어 있었다. 하지만 1980년대 말에 이

---

운동을 공개적으로 펼쳤다. 1980년대 말에 이르러서는 한국 정부가 국제사회에서 자신감을 얻으면서 북한 관련 출판물에 대한 규제를 완화했다. 그때까지 한국에서 일체 금지되었던 북한 서적 — 그중에는 해방 이후부터 1950년 사이 월북한 학자, 소설가, 시인들의 작품이 포함되어 있다 — 이 일반 대중을 상대로 일부 판매되기 시작했다. 1989년에 이르러서는 북한에서의 전년도 베스트셀러를 국내 서점에서도 찾아볼 수 있게 되었다.

2_자진 월북하거나 강제 납북된 작가들에 대해서는 권영민 외(1989)를 볼 것.

르면 마르크스주의 관련 문헌은 물론이고 북한에서 나온 출판물조차 서점에서 홍수를 이루기 시작했다.[3] 이런 여정의 선두에는 민중운동가들이 있었고, 앞서 김병익이 그토록 환호하며 만끽해 마지않던 지적 자유는 이들 민중운동가들이 불굴의 의지와 희생을 통해 그 길을 열어 놓았던 것이다.

이 3장에서는 1980년대의 여정이 가져온 두 개의 가장 중대한 결과를 다루고자 한다. 즉 국내 지식인과 학생들의 인지 지도에서 헤게모니적 지위에 있던 미국이 가졌던 위상의 붕괴, 그리고 북한에 대한 운동권의 재평가가 그것이다. 반정부 지식인과 학생들에게 미국과 북한은 둘 다 역사 주체성 위기의 근원이었다. 1945년 이래 한국인의 삶에서 미국이 누리던 우세는 한국인으로 하여금 자신들이 문제를 스스로 결정하지 못한다는 깊은 불안감을 갖게 했다. 북한의 존재는 한국인이 통일된 민족국가를 확립하지 못했음을 끊임없이 상기시키는 것이자 남북 간 군사적 대치 상황과 체제 경쟁의 원인이었다. 민중운동 진영에서 미국에 대한 비판적 재평가는 1980년대 말 반미주의 흐름을 전례 없는

---

3_1982년 초 전두환 정권은 마르크스주의 관련 출판물에 대한 금서 조치를 해제했다. 명목상 이 유는 마르크스주의를 비판해 극복하기 위한 것이었다. 1985년 5월, 수백 권의 도서와 소책자를 다시 금서로 지정하면서 전두환 정권은 자신들의 이전 자유화 결정을 번복했다. 1985년 5월 1~10일 사이 총 313권의 도서가 금서 조치되었는데, 이들 서적은 모두 출판 전에 정부 당국의 공식 허가 절차를 통과했다. 이 새로운 금서 목록에는 프란츠 파농의 『대지의 저주받은 자들』, 에릭 울프의 『20세기의 농민혁명』, H. 마르쿠제의 『마르쿠제 평론선 1: 자유와 진보를 위하여』 및 『마르쿠제 평론선 2: 예술과 혁명』, 버트런드 러셀의 『볼셰비즘의 이론과 실천』, 에드가 스노우의 『중국의 붉은 별』, 업튼 싱클레어의 소설 『정글』 등이 포함되었다. 이들 중 일부는 국내 대학 정치학 관련 강좌의 주요 참고서이기도 했다. 이후, 1987년 금서 목록은 거의 1천 권에 육박했으나, 1988년 이 조치는 해제되었다. 한국에서의 금서에 대한 논의로는 정문길(1989, 1402-1403); Asia Watch(1985, 294-301)를 볼 것.

수준으로 끌어올렸다. 이와 나란히 운동권은 북한을 자본주의 체제인 한국에 대한 하나의 유토피아적 대안으로 새롭게 이미지화하면서, 북한의 주체사상을 자신들이 추구하는 사회혁명의 지침으로 삼았다.

민중운동가들에게 반미주의는 탈식민화를 '수행'하는[4] 하나의 과정이었다. 반미주의란, 역사 주체성의 위기를 극복하려는 하나의 시도로서, 공적 생활이나 학계를 지배하는 냉전적 사고나 고정관념을 문제시할 뿐만 아니라, 자본주의적 발전의 무비판적 수용과 사회생활의 모든 영역에서 그것이 가져오는 결과에 의문을 제기하는 것이었다. 이와 같은 재평가 과정은 지식인들로 하여금 한국의 포스트식민주의 역사에 자신들 역시 공모했다는 자각을 갖게 했다.

또한 운동권 개인들은, 새로운 주체성을 모색하기 위한 인식의 여정으로 주체사상으로 고개를 돌리기 시작했다. 군사정권에 대한 그들의 깊은 증오, 한국의 '신식민지적' 위상, '국민적인 오락'이 되어 버린 자본주의적 발전에 대한 추구, 물질 만능주의와 이기주의가 만연해진 사회, 자본주의 체제에 대한 북한의 전면적 거부, 이 모든 것이 복합적으로 작용해 운동권 개개인들로 하여금 북한이 하나의 유토피아적 대안이 될 수도 있다는 생각을 갖게 했던 것이다. 새로운 주체성을 모색하기 위한 여정은 운동권들이 가진 인식의 한계, 정치적 현실, 운동권

---

4_ 필자가 여기서 말하는 '수행'(performing)의 맥락은 존 오스틴이 이 용어를 사용하는 맥락과 같은 것으로, 발화 수반 행위(illocutionary act)로서의 통상적인 행위뿐만 아니라, '행위자와 청자(聽子) 모두 실재 영향을 받는' 발화 효과 행위(perlocutionalry act)도 의미한다(Austin 1975, 115-117). 이와 관련해, '수행'의 개념이 좀 더 전적으로 다루어진 자신의 미출판 논문을 필자와 함께 공유해 준 유영민 박사에게 고마움을 전한다(Yu Youngmin 2007).

내부의 민족주의적 논리 등으로 인한 어려움으로 점철되어 있었다.

이 장은 두 부분으로 구성된다. 전반부에서는 반미주의의 역사적 배경을 다루는 것으로 시작해, 광주민중항쟁이 반미주의 전개에 미친 영향을 논의하고, 마지막으로 1980년대에 나타났던 반미주의의 다양한 양상을 살펴본다. 후반부에서는 운동권의 주체사상 수용, 그리고 그것이 민중운동에 의미하는 바를 논의한다.

## 1. 반미주의: 역사적 맥락

1985년 출판된 『제3세계의 반미주의』*Anti-Americanism in the Third World*에 따르면 반미주의의 배후에 놓인 '가장 근본적인 인식'은 이러했다.

> 미국의 정책은 …… 제3세계의 모든 나라를 졸개의 지위로 분류한다. 모든 양자(兩者) 관계에서 우선을 차지하는 것은 냉전을 치르거나 소련과 평화적 경쟁을 하기 위한 실익 계산이다. 미국은 평화, 경제 발전, 인권, 그리고 제3세계의 민주주의를 이루기 위한 자신들의 헌신을 공언하지만, 미국의 군사적 혹은 전략적 이해관계가 위협을 받으면 이 중 그 어떤 것이라도 망설임이나 양심의 가책 없이 저버릴 수 있다(Rubinstein & Smith eds. 1985, 12).

저자들은 자신들이 이 책에서 서술한 반미주의 정서가 수년 내에 한국의 지식인과 대학생들 사이에 만연하고 일반 대중에게도 상당히 퍼져 나갈 줄은 미처 예상할 수 없었을 것이다. 강한 반미 감정을 지닌 나라들을 소개하는 이 책의 긴 목록 가운데 한국이 들어 있지 않다는 점은 그리 놀랍지 않다. 실제로 1980년대 중반까지만 해도 한국은 자타가 인정하는 "세계에서 가장 친미국적인 나라 가운데 하나"(Plunk 1992, 116)였다. 식민지 이후 다수 한국인에게 미국은 미래 한국이 구현해야 할 모습 그 자체였다. 그것은 곧 민주적이고, 자유롭고, 모던한 국가였다. 미국에 대한 이런 인식이 1980년대 중반에 완전히 사라진 것은 아니었으나 이후 극적인 변화가 일어나기 시작했다. 1980년대 말에 이르면 반미주의는 민주화운동을 구성하는 가장 극적이고 두드러진 요소가 되었으며, 이로 인해 미국에 대한 일반 대중의 인식에도 변모와 균열이 생기기 시작했던 것이다.

여기서 필자의 목적은 남한의 반미주의를 총체적으로 연구하고자 하는 것이 아니며, 혹은 반미주의와 관련된 모든 이유를 제시하고자 하는 것도 아니다. 여기서 필자는 1980년대 민중운동에서 반미주의가 왜 가장 주도적인 세력의 하나가 되었는지, 그리고 왜 절체절명의 명제가 되었는지, 그 역사적 배경을 살펴보는 것으로 논의의 범위를 제한하고자 한다. 반미주의가 "이념적이었는지, 감정적이었는지 …… 이슈 지향적이었는지, 도구적이었는지, 혁명적이었는지"를 따지는 일은 부질없는 일일 것이다(Kim Jinwung 1994, 40). 당시의 반미주의는 이 모든 것을 포함하는 것이었고 또 그 이상의 것이었다. 동시에 여기서 강조되어야 할 점이 있다. 민중운동 진영은 전반적으로 비판의 대상이 오직 미국 정부의 정책과 행동이라는 점을 부각시키기 위해 부단히 노력했다. 이들은 가끔씩 미국적 삶의 방식과 가치관까지도 싸잡아 신랄하게 고발했지만, 이를 구체화 혹은 공식화해 발표하지는 않았다.[5]

## 조선-미국 관계

한국에서 미국에 대한 비판적 태도가 전적으로 새로운 것이거나, 시대적으로 식민지 이후로만 국한된 것은 아니다. 그리 길지 않은 한미 관계의 역사를 보면 양국 관계의 시초부터 한국 지식인은 미국에 대해 매우 갈등적이고 양가적인 태도나 감정을 품어 왔다. 실제로, 한미 관계의 시작은 한국에서는 '신미양요'(문자 그대로 '신미년에 서양이 일으킨 동란')라 불리고 미국에서는 '이교도 야만인과의 작은 전쟁'our Little War with the Heathen이라고 불리는 1871년의 군사 충돌로 거슬러 올라간다. 미국은 1866년 제너럴셔먼호 사건에서 조선이 미국 선원을 죽인 일을 응징하고, 조선과 통상조약 및 외교 관계를 맺고자 1871년 해군과 해병대를 동원해 조선으로 진격했다. 이 전투에서 진격을 저지하려는 조선 병사 350여 명이 죽었다.[6] 10년 후 1882년에 조미수호통상조약이 체결되면서 '양 국민 간의 영원한 우호와 우정'이 공표되었다. 이 조약에는 무엇보다 '거중조정'good offices이라는 악명 높은 조항이 담겨 있었다. "만약 다른 열강이 어느 한쪽의 정부를 부당하게 또는 억압적으로 대할 경우, 다른 한 정부는 이에 대한 정보를 받는 대로 원만한 해결을 위해 거중조정을 다함으로써 그 우의友誼를 표시한다"는 내용이 그것이다(Editorial Comment 1970, 445에서 재인용). 이 '거중조정'이라는 개념에 새겨진 암

---

**5_** 필자는 이 대목에서 민중운동이 그럼으로 도덕적 특권을 차지한다는 주장을 펼치고자 하는 것은 아니다. 다만 민중운동 진영이 왜 이런 구분을 했는지는 좀 더 면밀히 따져 볼 필요가 있다고 본다.

**6_** 이 시기 청(淸)은 고종에게 서구의 다른 열강에 대항하기 위해 미국의 도움을 모색할 것을 조언한다. 이 외에도 1871년 '작은 전쟁', 즉 신미양요에 이르는 일련의 사건에 대한 상세한 기록으로는 Kim Key-Hiuk(1980, 51-76)을 볼 것.

묵적 약속은 '상호방위조약'의 보장이라기보다 미국의 일방적인 '호의에 찬' 친선 제스처일 공산이 더 크다. 그럼에도 불구하고 이런 조항은 조약의 내용을 알고 있던 당시 소수의 조선 인사들이, 특히 고종이, 미국을 '짝사랑'하게 되는 토대가 되었다(한홍구 2003a, 237).

당시 일부 개화파 지식인은 미국과 미국적 삶의 방식으로부터 조선의 미래에 대한 전망을 찾으려 했다. 이들에게 미국은 곧 부富, 문명, 계몽의 나라, "영토적 야심이 없는 …… 공의와 신의를 중시하며 외국과 체결한 조약을 엄수하는 …… 자유와 인권 등 인류 보편의 이상을 실현한" 나라였다(한홍구 2003a, 237). 김윤식이나 유길준 같은 지식인들은 이에 비해 미국에 대해 다소 미적지근한 입장을 보였다. 김윤식은 이미 1895년에 "미국 사람들은 말만 떠벌리지, 하나도 행동으로 우리를 도와주지 않는다"고 불만을 표시한 바 있다(한홍구 2003a, 238). 한국인들은 또, 1910년 한일 합방에 이르게 될 1905년 을사보호조약 체결 당시 미국이 개입해 체결을 가로막지 않았다는 점에 대해 실망했다. 이후 식민지 시대에도 미국에 대한 환멸과 애증은 지식인층 사이에 계속되었다. 전국적으로 약 2백만 명의 국민이 참가해 평화롭게 독립을 요구한 1919년 3·1운동은 '민족자결'이라는 윌슨 독트린으로부터 영감을 얻은 것이지만, 3·1운동 지도자들은 1921~22년 워싱턴에서 열린 5개국 회담에서도 미국이 조선의 독립 문제를 거듭 무시했다는 점을 들어 배반감을 느꼈다. 그리하여 1945년 해방 이후 한반도에 미국이 '돌아왔을' 때 — 미국은 1905년 을사보호조약의 체결과 동시에 조선 내 미국 공사관을 폐쇄한 바 있다 — 에는 "미국 놈 믿지 말고, 소련 놈에 속지 말고, 일본 놈 일어나니, 조선 사람 조심해라"라는 말이 널리 퍼져 있었다(한홍구 2003a, 239).

## 한-미 관계

해방 이후 미국의 압도적 영향력, 자유민주주의를 옹호한다는 미국 정부의 입장과 이와 일치하지 않는 대한對韓 정책 사이의 모순, 자유민주주의에 대한 한국 지식인들의 실망 등은 모두 해방 후 한국 지식인계가 미국에 대해 깊은 애증을 형성하는 이유가 된다. 그리하여 1980년대에 미국에 대한 비판이 공개적으로 폭발하면서 보수 세력과 전두환 정권을 당황하게 했을 때에도 — 전두환 정권은 이 반미 감정을 당시 미국과 진행 중이던 일련의 협상에 유리하게 활용했다 — 한국 지식인 사회에서 진정 놀란 사람은 몇 되지 않았다. 이들에게 반미 감정이란 기존의 한미 관계를 감안했을 때 당연한 것으로, 미군정 시대 3년, 한국전쟁 참전, 경제 및 군사 분야에 대한 막대한 원조, 미군 주둔 등을 비롯해 미국은 정치·경제·사회·문화 전 부문에 걸쳐 한국에 막대한 영향력을 행사해 왔기 때문이다. 특히 지식인들이 중요하게 생각했던 문제는 미국이 남북 분단을 초래했고, 그리하여 한국전쟁이 발발했으며, 더욱이 한국의 권위주의 정권을 지원했다는 점이었다.

한국 지식인들이 느낀 역사적 배반감은, 그리하여 그 뿌리가 매우 깊었다(박현채 외 1988, 23). 일부에서는 1945년 일제로부터의 해방을 진정한 독립으로 여기지 않았으며 두 개의 한국이 다시 통일될 때에만 비로소 진정한 독립이 완성된다고 믿었다(경남대학교극동문제연구소 편 1988, 158). 한국전쟁 이후의 정치 환경에서는 이 같은 감정에 대한 공적인 표현이 허용될 수 없었으나, 1960년 4·19혁명을 계기로 대미 의존성 문제나 남북통일의 필요성을 논의하는 공공의 장이 열렸다. 제2공화국의 짧았던 시기에 지식인과 정치인들은 좀 더 명시적으로 민족주의적 입장을 견지하며 한반도에서 미국과 소련 둘 다의 영향력을 반대했다(경남대학교극동문제연구소 편 1988, 158-159). 1961년 군사 쿠데타가 성공하면서 미국에 대한 비판적 태도는 억눌리면서 수면 아래에서 다시 잠복하다가, 앞서 1장에서 보았듯이 1964년 한일회담 반대 운동 와중에 다시 수면 위로 떠올랐던 것이다.

한국 정부는 미국에 대한 비판 역시 용공 활동으로 분류했다. 반공은 곧 친미라는 인식이 너무나 강하게 각인된 나머지 한국의 기성세대는 "양키 고 홈!"이나 "반전 반핵!"과 같은 구호에 마음으로는 동의해도 이를 차마 입 밖으로 발설하지 못했다고, 서중석은 지적한다(최장집 외 1989, 68-69). 반미는 곧 용공이라는 인식이 널리 퍼져 있는 상황에서 이들 구호는 불가사의하고 낯설게 들렸으며, 이는 다시 한 번, 반미 감정 그 자체는 차치하고라도, 그것의 공개적 표현조차도 한국에서 실로 이질적일 수밖에 없다는 인식을 더욱 강화시켰다.

1970년대 말까지 많은 지식인은 미국식 자유민주주의의 이상에 매혹되어 있기도 했다. 특히 1970년대의 일부 반정부 지식인들은 미국을 민주화운동을 지지하는 세력일 뿐만 아니라 여차하면 자신들을 대신해 권력에 개입할 수도 있는 자신들의 동맹 세력으로 간주했다. 게다가 많은 반정부 지도자들은 미국에서 교육받았으며 따라서 이들은 한국 사회에서 일반적으로 미국식 가치관의 전달자로 간주되었다.

1980년대 반미주의의 핵심에는 바로 이렇게 매우 상충적인 미국에 대한 태도와 정서가 있었고, 동시에 다른 한편으로는 한국 사회와 한국인의 삶에서 미국이 차지한 중심적 위치가 자리 잡고 있었다. 그렇다고 반미 감정이 1980년대 민주화운동 세력이나 지식인 사회의 전유물이었다는 뜻은 아니다. 해방 이후 미국에 대한 비판적 시각은 한국에서 다채로운 궤적과 양상을 보여 줬는데, 각 시기별로 비판을 주도했던 세력은 상이했다. 예를 들면, 장달중은 한국에서의 반미주의 전개를 크게 한국전쟁 직후, 유신 시대, 그리고 1980년 광주항쟁 이후, 이렇게 세 단계로 구분한다. 한국전쟁 직후 한국인들은 미국에 대해 기본적으로 한 가지 생각을 공유했다. 즉 미국은 소련과 북의 위협으로부터 민주주의를 지켜 낸 민주주의 수호자라는 것이었다. 따라서 그 당시 미국에 대한 비판적 관점은 대부분은 바로 이 같은 인식 구조 내에서 이루어졌다. 요컨대 미국은 한국에 대해 군사적 정치적·경제적 영향력을 충분히 행사하지 않는다는 것이었다(장달중 1988, 134). 유신 시대(1972~79년)의 반미는 박정희 대통령이 주도했다. 한국 정부는 지미 카터 정부의 인권 정책이 한국에 대한 내정 간섭이라고 비판했다. 하지만 반정부 세력은 카터의 인권 정책에 힘입어 유신 체제 타도 운동을 더욱 활발하게 펼치면서 미국이 자신들의 운동을 지원해 줄 것을 요구했던 것이다(장달중 1988, 135).

## 2. 광주항쟁과 반미주의

한국에서 나타난 반미주의의 세 번째 단계이자, 미국에 대한 시각이 가히 코페르니쿠스적 전환을 겪는 단계는 광주항쟁 이후, 그 여파 속에서 일어났다. 광주는 실패였다는 자괴감, 그렇기에 광주는 역사적 부채라는 인식은 광주항쟁의 의미와 민중운동의 미래에 대한 전망을 둘러싸고 치열한 논쟁을 다시금 촉발했다. 민중운동의 관점에서 광주는 민주주의에 대한 이전의 '낭만적'이고 '순진한' 인식으로부터 깨어나게 하는 충격 그 자체였다. 앞으로의 운동은 '과학적인' 사회 분석에 입각해, 일선의 '민중'과 함께하는, '혁명적' 운동이어야 했다. 여기서 과학적 분석이라는 개념 안에는 미국과 한국의 군사독재 정부 사이의 관계 속에서 미국을 어떻게 위치지어야 할 것이냐 하는 물음이 새겨 있었다.

1982년 3월 보수 성향의 신학교 소속 학생들이 '미국은 더는 한국을 속국으로 만들지 말고 한국에서 물러가라'고 요구하는 동시에 광주항쟁을 유혈 진압했던 전두환 대통령을 '살인마'라고 부르면서 부산 미국문화원 건물에 불을 질렀다. 이 방화 사건은 최초의 반미 공세였을 뿐만 아니라 민주화운동 활동가들에 의해 행해진 최초의 '폭력' 행위이기도 했다. 그때까지만 해도 민주화운동 진영에서는 경찰에 맞서 투석하는 행위를 제외하곤 어떤 폭력 행위도 애써 피하려고 노력해 왔다. 부산 미국문화원 방화 사건은 민주화운동 내에 당장 직접적인 큰 영향을 미치지는 않았다. 실제로 사건 초기에 민주화운동 진영에서는 이 폭력 사건(화재로 인해 미국문화원 도서관을 사용하던 대학생 한 명이 죽었다)과 낯선 구호에 어떤 반응을 보여야 할지 마땅한 대응책을 내놓지 못했다. 그러나 이 사건은 많은 운동권 단체, 개인 사이에서 한미 관계의 사유를 둘러싼 긴 연쇄 작용을 촉발시킨 도화선이 되었다. 부산 미국문화원 방화 사건의 수범으로 사형을 구형받은 분부식의 다음과 같은 최후진술 내용이 지식인 사회와 운동권에 큰 반향을 일으키기 시작했던 것이다. "내 죽음이 한미 관계에서 한 전환점이 되기를 바랍니다. 또한 미국 정부는 냉전 체제를 유지하기 위해 더 이상 제3세계를 억압하지 말고 민주주의 사회와 통일된 국가를 이루도록 우방을 지원하고 돕기를 바랍니다. …… 한미 양국의 관계는 수직적 통제가 아니라 대등한 친교를 바탕으로 형성되어야 합니다"(문부식 1983, 15).

부산 미국문화원 방화 사건 직후 한국기독교교회협의회KNCC는 다음과 같은 성명을 발표했다.

미국에 대해 이토록 직접적으로 행해진 적대적 행위를 이해하기 위해서는 한-미 관계의 기본을 명확히 이해하는 데서부터 시작하는 것이 중요하다. 미국이 한반도 운명에 관여하게 되면서부터 미국은 항상 한국의 가장 가까운 우방으로 인식되어 왔다. 그러나 광주에서의 미국의 역할로 인하여 그 상처가 영원히 지워질 수 없게 되었음으로, 한국민의 대미인식에 결정적인 변화가 오게 되었다(장달중 1988, 135에서 재인용).

한국과 미국 사이의 불평등한 관계에 대해 과거에는 소수 사람들만이 이를 거론했으나, 1980년대 중반에 이르러서는 민중운동과 지식 사회 내에서 이는 널리 공유된 기정사실이 되었다. 1985년이 되어서는 광주항쟁 관련 이벤트나 행사들이 대학가를 휩쓸었다. 매년 광주항쟁을 기념하는 행사와 죽은 이들을 위한 추도회, 거리시위와 민중극 공연 등이 펼쳐졌던 것이다. 운동권이 광주의 명예를 회복하고 군사독재를 기필코 타도하겠다는 의지를 굳게 다지는 사이, 광주는 당시 운동권 내에서 가장 뜨거운 이슈가 되었다. 그들은 광주에 진상 조사팀을 파견하고 백서를 발간했다. 그런가 하면 항쟁 참가자들을 초청한 공개 강연회를 후원하기도 하고, 광주항쟁 관련 다큐멘터리영화를 상영해 수천 명의 관객이 영화를 보게 하기도 했다(황의봉 1985a, 474-476). 광주와 관련한 이 모든 행사에서 예외 없이 제기된 질문은 '광주항쟁 진압 과정에서 미국의 역할은 무엇이었는가?'였다. 이 질문은 1980년대를 뜨겁게 달군 당대 운동권 내 최대의 관심사였다.

이 질문은 1980년대 한미 관계의 본질을 파헤치려는 탐색으로 이어졌다. 그러나 1980년대 초반만 해도 미국에 대한 비판적 시각을 키워 나가던 이들 사이에서조차 미국은 여전히 한국의 우방이었고 민주주의의 상징이었다. 하지만 광주 직후 미국 로널드 레이건 행정부의 고위 관료들의 잇단 부적절한 발언은 한국인에게 성난 반발을 불러일으켰다. 미 육군 장성 존 워컴은 한국 국민을 가리켜 "들쥐 떼"와 같아서 "강한 지도자"가 필요하다고 발언했다. 또 주한대사 리처드 워커는 한국 대학생을 일컬어 "버릇없는 애새끼들"이라고 폄하했다. 반정부 인사와 기독교 단체는 미국 측에 사과와 더불어 그런 모욕적 발언을 하게 된 배경을 설명할 것을 요구했다. 그런데 이런 요구는 그 자체로 미국은 한국의 우방이며 민주주의의 상징이라는 인식을 바탕에 깔고 있는 것이다. 사람들은 한국의 국익과 자부심에 대한 미국 측의 노골적인 무시에 상처를 입었으나, 이에 대한 비판자들조차도 이때까지는 미국을 '제국주의' 세력으로 여기지는 않았다. 이를테면, 서울대 학생회가 1985년 서울대생을 대상으로 여론조사를 실시한 결과에 따르면 응답자의 66퍼센트는 미국을 '강대국'으로 본 반면, 27퍼센트만이 '제국주의 세력'으로 판단했다. 하지만 전체적으로 응답자의 81퍼센트는 당대의 한미 관세에 대해 불만을 표현했다(장달중 1988, 136-137).

이 불만으로부터 새로운 정치 세대가 태어났다. 이 새로운 세대는 점차, 한국의 정치·사회·경제·문화 분야가 미국의 정책과 긴밀하게 연결되어 있을 뿐만 아니라, 미국의 정책에 의해 좌우된다는 견해를 갖게 되었다. 이들의 견해는 1980년대 말에 이르러 한국의 반미주의 성격을 근본적으로 바꿔 놓는다. 즉 이제 미국은 '제국'이었고, 한국의 정치·사회·경제 체제는 미국 자본주의의 내적 모순에서 직접 비롯된 것이며,

더 중요하게는 한국의 지배 권력은 미국과 공모 관계에 있는 것이었다. 바꿔 말하면, 한국의 권위주의 정권은 미국 체제의 불가피한 소산이었고, 따라서 반미주의란 한국의 민주화운동에서 필수적이고 심지어는 불가피한 요소로 간주되기에 이르렀다(장달중 1988, 137-138).

필자는 여기서 운동권이 이런 반미 제국주의 시각을 하나같이 일사불란하게 받아들였다거나, 혹은 이런 시각을 운동권이 항상 논리 정연하게 전개한 것은 아니라는 것을 지적하고 싶다. 미국에 대한 비판적 태도나 입장은 운동권 내에서도 다채로웠고 차이가 있었기 때문이다. 그러나 분명한 것은 이런 반미주의가, 분신자살을 포함한 강력하고 거듭된 입장 표명을 통해, 운동권 내에서 결국 주도권을 쥐게 되었다는 점이다. 운동권의 여러 학생이 미국이 저지른 '범죄'에 대한 일반인들의 각성을 위해, 그리고 미국에 대한 저항을 촉구하기 위해 스스로 분신했다.[7] 이제 "반전 반핵", "양키 고 홈", "우리는 전방 입소 훈련을 거부 한다", "우리는 양키 용병이 아니다"와 같은 구호는 "전두환 타도"란 구호만큼이나 일상적이고 익숙한 것이 되었다.

젊은이들이 잇달아 목숨을 던져 자신의 신념을 호소하는 상황에서, 누군가 그들은 '왜, 무엇을 위해 죽는가'라고 물으며, 그 많은 죽음이 헛된 것이라고 반론을 제기하려면, 그 반론에는 학생들의 죽음 못지않은, 혹은 그것을 능가하는, 강력한 호소력이 있어야 할 것이다. 실제로 당시 그런 반론을 제기하고 운동권의 집단적 보복을 감내할 수 있는 사람은 그리 많지 않았다.[8]

---

7_이 책의 2장과 월간 말 편집부(1988)를 볼 것.

## 한미연합군사령부

이처럼 미국에 대한 비판적 태도가 격렬했던 데에는 어떤 역사적·물질적 배경이 있던 것일까? 가장 중요하게는 역사적으로 불평등한 한미 관계였으며, 이를 상징했던 것은 미국의 통제권하에 있는 한미연합군사령부였다(Harrison 1992, 121).[9] 예를 들어, 한미연합군사령부가 미국 통제권하에 있다는 사실은 광주항쟁 진압 과정에서의 미국의 책임을 따져 묻게 한 근거가 된 것이다.

1954년에 체결된 한미상호방위조약에 의거해 미국은 전략 핵무기로 무장한 공군과 지상군을 한국 영토에 전진 배치해 유지시켰다.[10] 이와 관련해 특히 반정부 지식인을 당황스럽게 만든 조약 내용은 "미국 측 한미연합사령관이 한국 내 미군뿐만 아니라 한국군에 대해서도 작전 통제권을 가진다"였다(Harrison 1992, 122).[11] 이뿐만 아니라, 연합사의 미군 측 사령관은 "핵무기의 전시 사용을 일방적으로 명령할 수 있

---

8_1970년대를 대표하는 저항 시인이었던 김지하는 1991년(그해 열두 명의 학생이 분신자살했다) 한 일간지에 "죽음의 굿판을 걷어치워라"란 기고문을 통해 학생들의 분신자살을 "죽음의 찬미"라고 불러 운동권으로부터 거센 비난을 받았다. 김지하는 '민족문학작가회의'에서 제명되었고, 10년 후 자신의 오류를 "뉘우치고" 나서야 회원으로 복귀했다. 최재봉(2001)을 참조할 것.

9_물론 많은 지식인과 학생 역시 미국과의 긴밀한 군사협력을 원했다. 김종휘(1983)를 참조할 것.

10_특히 Han Sung-joo ed.(1983)을 참조할 것.

11_한국 내 미군 기지의 역사와 법적 지위에 대해서는 Song Young Sun(1987, 156-171)을 볼 것. 최근 한미 안보 관계에서 한미연합사령관 지휘 구조를 포함해 일부 사항이 변했다. 1994년 12월 1일, 그때까지 미군 지휘하에 남아 있던 한국 군부대에 대한 평시 작전 지휘권은 모두 한국군에게 이양되었다. 또한 서울 한복판에 자리한 용산 미군 기지의 반환과 한미연합군사령부의 장차 해체 등의 문제가 현안으로 논의 중이다. Lawless(2006)를 참조할 것.

다"(Harrison 1992, 126). 미군 사령관은 한국 정부를 거치지 않고 미태평양 사령부에 직접 보고한다. 리처드 스틸웰 전 주한 미군 사령관은 이런 군사 관계에 대해 "전 세계에서 가장 주목할 만한 주권 이양"이라고 평한 바 있다(Harrison 1992, 123). 더불어 한국인의 우려를 자아낸 사실은 미국이 한국에 핵무기를 (1957~91년까지) 배치했다는 점이었다.[12] 이는 한반도에서의 핵전쟁이 발발할 수도 있음을 보여 주는 것으로, 북한이 남침할 경우뿐만 아니라 남과 북의 의도와 상관없이 핵전쟁이 가능하다는 것이다(Hayes 1987, 172).

"미국은 전 지구적 전략상 한반도에서 분단이 유지되기를 원한다"라는 인식은 주한 미군에 대한 불신을 고조시켰다. 즉 미군은 동아시아 태평양 지역에서 미국의 안보라는 더 큰 이해를 방어하기 위해 필수적으로 한국에 주둔해 있는 것이라는 인식이 팽배했고, 이는 미국 측 공식 성명을 통해 확인된 사실이기도 하다(Harrison 1992, 126). 운동권의 이런 인식은 다음과 같이 널리 퍼진 의견과도 조응하는 것이었다. 즉 미국의 정책은 "여타 동아시아 강국과의 관계 속에서 한국은 부차적인 요소이며, 그 자체로 덜 중요하고 필요하면 언제든지 버릴 수도 있다는 인식"으로부터 나온다는 것이다(Harrison 1992, 125).[13] 한국의 종속적 지위는 한미연합군사령부와 주한미군지위협정SOFA으로 상징되었으며(Song Young Sun 1987, 164),[14] 자국의 영토에 대한 지배권이 없는 한국

---

12_Oberdorfer(1997, 256-260)를 참조할 것.

13_한국은 미국의 이해관계에서 꼭 필요한 나라가 아니었다는 주장에 대해서는 Carpenter (1992, 6-7)를 참조할 것.

14_1966년에 체결된 주한미군지위협정은 주한 미군의 법적인 지위 및 형사 재판에 관한 규정을

은 실질적으로 주권을 잃어버린 것이나 마찬가지라는 인식이 팽배했다. 이는 다시 주한 미군과 관련된 여타 일반적인 사회적 쟁점, 이를테면 양국 간의 불평등한 방위비 분담, 기지 주변에서 이뤄지는 성매매, 미군 병사의 범죄, 기지 내에 고용된 한국인에 대한 불평등한 대우, 팀스프릿 군사훈련으로 인한 기지 주변에서의 재산 및 인명 피해 등에 대해서도 비판적 인식을 갖도록 자극했다.[15]

미국 정부의 모순적인 주장과 행동도 반미주의의 또 다른 원천이 되었다. 미국은 민주주의와 자유를 옹호한다는 공식적인 주장에도 불구하고 권위주의 정권들과 긴밀한 막후 관계를 유지했다. 예를 들면, 전두환 대통령은 광주항쟁의 유혈 진압에 책임이 있는 사람으로 널리 알려졌는데도, 1981년 미국의 레이건 대통령은 전두환을 백악관에 그해 첫 외국 지도자로 초청해 대접했다. 레이건 행정부의 전두환 지지는 1987년까지 수그러들지 않았다.[16]

---

담고 있다. 1차 개정은 1991년에, 2차 개정은 2000년 말에 이루어졌다.

**15_** 필리핀 평화운동가들이 필리핀 내 미군 기지에 대한 임대료 인상을 요구하고 나서자, 한국의 운동가들도 국내에서 미군 기지를 유지하는 비용에 대해 재평가하기 시작했다. 허광(1988)을 참조할 것. 1976년에 시작된 대규모 한미 연합 군사훈련인 팀스피릿은 매년 10~20만 명의 한국군과 미군이 참여했다. 한국은 북한으로부터의 침략에 대비해 준비 태세를 갖추는 것이 이 훈련의 목적이라고 했고, 북한은 오히려 이것이 북한을 침략하기 위한 군사훈련이라고 맹비난했다.

**16_** 박정희 대통령이 피살된 후 헌법이 정한 과도정부를 무너뜨리고 권력을 잡으면서 전두환은 육군 제9사단과 30사단 그리고 제1군단(광개토부대)을 전선에서 서울로 이동시켰다. 이와 관련해 당시 주한 미사령관이었던 존 위컴은 미군이 개입할 수 있을 만큼 사전에 보고를 받지 못했다고 한다. 위컴은 그 후 얼마 되지 않아 한국 사람들은 "들쥐 떼"와 같아서 "강한 지도자"가 필요하다는 말을 했는데, 많은 한국인은 위컴의 이런 발언을 지적하며 전두환의 쿠데타 과정에 미국이 연루되었을 것이라는 생각을 버리지 못했다. 마찬가지로, 한국에서 미국

그러자 전두환 정권은 1980년 신군부가 통과시킨 언론기본법과 같은 언론 악법을 기반으로, 미국이 전두환과 신군부를 승인하고 지지하며, 미국은 변함없이 한반도의 안보에 심혈을 기울이고 있다는 내용을 보도하도록 했다. 또한 전두환 정부는 국내 언론이 "미국은 민주주의보다 안보에 더 큰 관심을 갖고 있다"는 사실을 대중에게 보여 줄 것을 요구했다(Lee Jae-kyoung 1993, 68; 장달중 1988, 141).

전두환 정권은 자신들이 미국과 긴밀한 관계를 유지하고 있다는 주장을 부단히 했는데, 부분적으로는 그런 결과 한국의 시민, 특히 지식인과 학생은 미국이 전두환 정권과 광주에서의 유혈 진압을 지지했다고 널리 믿었다. 『한겨레』는 1988년 대학생 7백 명을 대상으로 여론조사를 했는데, 응답자 가운데 95퍼센트 이상이 광주항쟁 당시의 군사작전에 미국이 깊이 개입했다고 믿는다고 답했다. 1990년에 대학생을 대상으로 한 또 다른 여론조사가 있었다. 『조선일보』가 수행한 이 조사에서도 응답자 중 75퍼센트가 광주에서 군사 진압에 미국이 모종의 도움을 주었으리라는 의견을 냈다(Lee Jae-kyoung 1993, 104).

전두환 정권은 국민을 가혹하게 다루었던 반면, 미국에 대해서는 지나치게 공손한 태도를 내보였다. 1980년대 후반기에 이르러 전두환 정권의 예속적인 대미 입장은 더욱 공공연해졌는데 국내시장 개방과

---

을 비판하는 사람들은 1980년 5월 광주항쟁 진압 과정에서 전두환이 한국군을 동원하는 데 미국이 이를 승인을 했다는 이유로 미국을 비판했다. 실제로, 광주항쟁 진압 과정에서 가장 심각한 잔학 행위를 실시한 한국군 특수부대에 대해 위컴은 아무런 작전 통제권이 없었다. 그럼에도 미국 정부 측은 광주항쟁 진압 과정과 관련해 미국이 특수부대를 제외한 여타 군부대의 동원을 승인했음을 인정했다(Harrison 1992, 123).

금융 개혁에 대한 미국의 압력이 커졌던 탓이다.[17] 이윽고 농축산물 시장의 개방이 발표되자 수천 명의 농민은 한우 가격의 급락에 항의해 소떼를 앞세워 서울로 올라왔다(월간 말 편집부 1985, 6-8). 1985년 미국무부 장관 조지 슐츠는 서울 방문 당시, 외교부 청사에 폭발물 탐지견을 미리 들여보냈다. 신중하지 못했던 미국 측의 이 같은 처사는 당시 국내 여론을 경악시켰고 다수의 한국인에게는 미국에 대한 한국 정부의 예속적 태도를 거듭 확인시켜 주었다.

이 모든 요인들, 이를테면 미군 주둔으로 웅변되는 한미 관계의 불평등, 전두환 정권과 이를 지지하는 미국에 대한 시민사회의 격렬한 반감, 미국의 국내시장 개방에 대한 압력, 무역 및 환율 정책을 둘러싼 미국의 압력 앞에 보여 준 전두환 정권의 무능력 등이 중첩되면서 반미감정은 1980년대 민주화운동 과정에서 가장 폭발적인 요소가 되었다. 대학생들이 내건 각종 구호에서부터 학술 저널이나 대중문화 분야에 이르기까지 반미주의는 하나의 시대정신으로 떠오른 것이다.


## 1985년 5월 서울 미국문화원 점거 농성

민중운동 진영에서 미국을 새인식하게 된 가장 극적인 세기 가운데 하나는 1985년 5월 서울 미국문화원의 점거 사건에서 찾을 수 있다. 5월 23일 전국학생총연합(약칭 전학련) 산하 조직인 '광주학살책임자처벌투쟁위원회' 소속 대학생 73명이 미국문화원 건물에 난입한 후 2층 도서

---

17_Kim Hong Nack(1987, 55-56)을 참조할 것.

관을 점거하고 "광주 학살 책임지고 미국은 사과하라" 등의 구호를 외쳤다. 학생들은 리처드 워커 대사와의 면담 요구가 거절되자 즉각 단식 농성에 들어갔다. 농성 72시간 후, 그즈음 예정된 남북적십자회담이 개최되기 하루 전에 학생들은 농성을 풀고 자발적으로 문화원 정문을 걸어 나왔다.[18]

일찍이 1982년 부산 미국문화원 방화 사건에 연루된 학생들과는 달리 이번 서울 미국문화원 점거 사건의 학생들은 사회적으로 큰 주목을 받았다. 문화원 진입 순간부터 농성을 풀고 자진해서 외부에서 대기 중이던 경찰에 체포될 때까지 전 과정이 텔레비전을 통해 중계되었으며, 그 사이 일반 시민, 언론인, 여론 주도자들은 이 사건에 대해 끊임없이 이야기했다.

농성 참여 학생들이 미국에 요구한 사항은, 광주항쟁의 진압 과정에서 미국의 역할을 사과하고, 전두환 군사정권에 대한 지지를 즉각 철회하며, 미국 시민은 '올바른' 한미 관계의 조성을 위해 부단히 노력하라는 것이었다(한용 외 1989, 130). 전두환 정부는 점거 농성을 통해 광주항쟁에 대한 책임을 묻는 학생들을 폭력 사대주의자들이라고 비난했다. 그러나 이런 요구의 대담함, 그리고 미국 정부의 기관이 들어선 건물을 점거한 대담함은 점거 농성 자체의 타당성 문제를 비롯해 광주 학살에 누가 책임이 있는가 하는, 더 일반적인 쟁점을 둘러싸고 강렬한 논쟁을 분출시켰다. 국회에서도 여당과 야당은 이 사건으로 인해 제기된 쟁점들을 다루지 않을 수 없었다. '민중'을 과연 어떻게 정의할 것이

---

18_ 이와 관련해서는 김민석(1992, 256-271)을 참조할 것. 이 외에도 여러 자료가 있다.

며, 과연 무엇을 '반미'라 규정할 것인지를 놓고 설전이 벌어졌다(황의봉 1985a, 466). 국회 국방위원회의 조사 활동에 부응해 국방부는 광주항쟁 백서를 제출하게 되었지만, 이는 광주항쟁의 전면 재조사에 대한 학생들의 요구를 더욱 강렬하게 했을 따름이다(황의봉 1985b, 264).

학생들은 자신들이 미국문화원을 점거한 이유는 오로지 광주항쟁 진압 당시 미국이 수행한 역할에 대해 미국으로부터 사과를 받아 내기 위한 것이라고 거듭 주장했기 때문에, 이 사건의 재판 과정에서 광주 문제가 거론될 수밖에 없었다. 한편 광주 문제에 대한 언급을 회피하고자 재판부와 검찰은 온갖 웃지 못할 노력을 다했다.[19] 공판 과정에서 학생들은 왜 자신들은 광주학살에 대한 책임이 전두환 정권과 미국에 있다고 생각하는지, 한국에서 진정한 민주주의는 어떻게 이루어져야 하는지, 그리고 미래 한미 양국의 바람직한 관계는 어때야 하는지를 기회가 있을 때마다 설명했다. 미국문화원 사건의 주도자로 지목된 김민석은 광주항쟁 당시 미국의 역할에 대해 구체적으로 설명해 보라는 질문에 다음과 같이 응대했다.

군사정권을 지지하는 미국은 자신의 정치적·군사적 이해관계 탓에 곧잘 민중의 진정한 민주화 요구와는 상반되는 역할을 수행하곤 했다. …… 광주항쟁 당시 미국이 저지른 잘못을 구체적으로 지목하면 연합사의 지휘하에 있는 군대의 이동을 암묵적으로 동의해 주었다는 점이다. 바꿔 말하면, 미국은 정

---

19_ 예를 들어, 검찰은 관련자 대부분을 국가보안법 대신 주거침입죄 등을 적용해 기소했는데, 이는 재판 중에 정치적 논란을 최소화하기 위한 조처였던 것이다. 김민석(1985a, 35)을 참조할 것.

치적 이해관계 탓에 광주 대학살을 뜬눈으로 방관하고 있던 것이다(김민석 1985a, 44-45).

어쩌면 당사자들도 딱히 의도했던 바는 아닐지 모르나, 서울 미국 문화원 점거 사건은 그간 한미 관계의 토대를 이루던 신념 체계를 뒤흔들어 놓았다. 수십 년에 걸쳐 형성된 미국과 한미 관계에 대한 대중적 인식은 곧바로 무너지지 않았다. 하지만 균열이 나타나기 시작했다. 또한 서울 미국문화원 점거 학생들은 민중운동 전반에 걸쳐 본격적인 반미주의 활동을 개시하고, '점거 농성'이라는 새로운 전술을 도입시켰다. 미국문화원 사건 이후 전국의 대학 캠퍼스에는 반미주의의 물결이 퍼져 나갔는데, 당시 대중매체는 이런 상황을 '대중 지향', '총공세' 등의 표현을 사용하며 보도했다. 1988년에 실시된 서울대 학생의 의식조사에서 1학년생 응답자의 80퍼센트가 자신의 정치 성향을 '반미적'이라고 규정했다(유청하 1988, 583). 이제 반미주의는 민중운동 진영을 풍미했다. '군사 깡패', '한국의 적', '세계 평화를 위협하는 존재'로 미국을 맹렬히 규탄하는 팸플릿을 운동권 어디에서나 쉽게 볼 수 있었다(『경향신문』 1986/05/09). 반정부 인사, 종교 지도자, 학생 단체 모두 반미 활동에 초점을 두었고, 심지어 '반미 투쟁의 날'을 지정하기도 했다(유청하 1988, 584).

### 자민투와 조직적인 반미 운동

1980년대 중반에 이르러 한껏 고양된 반미주의는 일부 학생들로 하여금 자신이 당면한 가장 시급한 과업은 곧 '한국의 정치와 정책에 미치는 미국의 영향력을 폭로'하는 것이라고 보게 했다. 반미자주화반파쇼 민주화투쟁위원회(약칭 자민투)는 바로 그런 목적 아래 만들어졌다. '미국의 죄'를 폭로하는 것이 자민투의 기본 목적이었다. 한국 사회를 기본적으로 '식민지 반봉건 자본주의'라고 규정한 자민투는, 노동자와 농민을 중심으로 하는 '민중민주주의'를 주장했다. 자민투는 주로 '한반도에서 미국 제국주의자들을 축출'하고 현 정권을 타도하는 운동에 그 활동의 초점을 맞추었다.[20] 학생들은 이렇듯 미국을 드러내 놓고 비판하고 나서면서, 이전에는 정치적 금기였던 영역에 공공연히 도전했다.

저항의 주요 목표가 미국이 되면서, 자민투 학생들이 이전에 겨냥했던 여타 타도 대상 세력은 부차적인 지위에 놓이게 되었다. 1985년 가을, 일명 '해방 서시'라는 이름으로 당시 지하에서 널리 유포되었던 "반제 민중 민주화운동의 횃불을 들고 민족해방의 기수로 부활하자"라는 소책자는 다름과 같이 선언한다.

한국 민중에 대한 파쇼 통치의 핵심 수행자는 미국 제국주의다. 한국에서 보수 관료층, 독점자본주의 세력, 군부는 모두 미국의 하수인일 따름이다. …… 우리 투쟁의 주요 적은 미국이 되어야 한다. 모든 여타 적대 세력은 그들이 미국으로부터 명령을 받기에 우리의 적일 뿐이다(Lee Jae kyoung 1993, 130에서 재인용).

그 당시 유포되었던 어느 팸플릿은 이렇게 경고했다. "미 제국주의

---

**20**_자민투에 대해선 강신철 외(1988, 161-269)를 참조할 것.

에 대한 불타오르는 적개심으로 혈관이 뒤틀리지 않는 사람은 이 글을 읽기 전에 먼저 반성부터 할 필요가 있다"(강신철 외 1988, 437에서 재인용). 또 다른 팸플릿은 반미 투쟁을 '성전'聖戰이라 불렀다("해방선언 2" 1986, 3).

자민투가 내건 반미 투쟁 선언은 당시 일련의 국내 및 국제 사건과 정세의 흐름으로 그 호소력을 더욱 얻게 되며 일반 학생들로부터 상당한 신뢰를 얻었다. 미 국무장관 조지 슐츠의 방한 당시 폭발물 탐지견을 대동한 채 국무위원을 만난 사건, 미국의 끈질긴 한국 시장 개방 요구, 미국의 리비아 폭격과 니카라과 반군 지원 등이 바로 그것이다. 자민투의 주요 투쟁 대상 가운데에는 전방 입소 훈련이 있었다. 이는 대학생 대상의 연례 군사훈련으로, 비무장지대 부근의 여러 군부대에서 실시되었다. 학생들은 미국의 용병이 되기를 원치 않는다고 주장하며 이 훈련을 격렬히 반대했다. 이 과정에서 두 명의 학생이 "양키 고 홈", "반전 반핵"을 외치며 분신자살했다(한용 외 1989, 156).

1986년 5월 부산 미국문화원이 자민투 학생들에 의해 점거되었으며, 같은 해 10월 건국대에서는 자민투와 비슷한 또 다른 전국적 학생 조직[21]이 발족식을 가졌다. 이들의 슬로건을 보면 한 해 전 서울 미국문화원 점거 세력과는 명백히 다른 노선을 취했다. 1985년 서울 미국문화원 사건의 주동 학생들은 자신들은 반미주의자가 아니라고 애써 해명을 하며 반미주의자로 낙인찍히는 데 불안감을 표시하면서, 자신들의 목표는 미국에 대해 직접 공세를 취하는 게 아니라 독재 정권에 대한 미국의 지원이 도덕적으로 잘못된 일임을 폭로함으로써 당시 정권

---

**21**_ 전국반외세반독재애국학생투쟁연합(약칭 애학투)._옮긴이

에 정치적 타격을 입히는 것이라고 천명했다.[22] 반면에, 1986년 부산 미국문화원 점거 학생들은 그와 같은 불안감에 구애받지 않았다. 이들은 자신들의 주요 타격 목표가 미국임을 대중에게 확실히 알리고자 했다.

"미국이 망가뜨린 우리 조국 반미로 재건하자"라는 학생운동의 한 슬로건은, 1980년대 말 학생운동의 기본명제를 집약적으로 표현하고 있다. 나아가 반미 감정은 운동에 대한 헌신을 나타내는 하나의 척도가 되기도 했다. 학생들은 선배 운동권 세대도 똑같은 잣대로 평가했다. 이와 관련해서 1974년 민청학련 사건(더 자세한 내용은 4장에서 다룬다) 관련자로 사형선고를 받은 바 있는 네 명 중 한 명이었던 이철은 다음과 같이 자신의 경험을 전한다. 1985년, 당시 야당 의원이었던 그는 서울대 학생 집회에 초청받아 참석했다. 학생들은 그에게 미국에 대한 자신과 소속당의 입장을 밝혀 줄 것을 요구하며, 이 문제는 중요한 것이기 때문에 이철 의원이 유명한 동문이자 학생운동 선배라고 해서 그냥 얼버무리고 넘어갈 수 없다고 단호하게 주장했다(『조선일보』 1986/06/14).

이와 같은 미국에 대한 비판적인 태도에 대해 한국 사회가 전반적으로 어떻게 반응했는지 정확히 파악하기란 어렵다. 미국에 대한 대중 인식의 변모 양상을 추적하는 체계적이고 장기적인 연구가 부재한 상

---

22_1985년 서울 미국문화원 점거 농성 73명의 한 주역인 윤영상에 따르면, 학생들은 미국문화원 건물을 성공적으로 점거한 후 현장에서 여유가 생기자 자신들의 입장을 어떻게 설정할지, 타격 대상이 미국이냐 전두환 정권이냐를 놓고 토론했다고 한다. 다수의 학생들은 스스로를 반미주의자로 선언한다면 이는 전두환 정권과 언론으로부터 즉각적인 반격을 가져올 뿐만 아니라, 전두환 정권 타도라는 자신들의 목표의 효과가 떨어질 것으로 생각했다고 한다(윤영상 면담 2005/07/29).

태에서, '여론조사의 정치학'을 전면적으로 간과하지 않는다면, 그나마 일정 정도 유용하게 사용할 수 있는 자료가 당시 각종 언론사가 주도한 여론조사 결과다. 1990년에 문화방송MBC과 서울대연구소가 공동으로 실시한 조사에서는 조사 대상자 1,523명 중 57.8퍼센트가 미국은 한국과의 관계에 있어서 '자국의 이익만을 우선시한다'라고 의견에 동의했다. 같은 설문조사에서 29.6퍼센트는 '미국은 한국에 도움이 된다'라고 응답했으며, '미국은 한국에 피해를 준다'라는 응답도 7퍼센트 나왔다(Kim Jinwung 1994, 42에서 재인용). 1980년대 말 한 일간신문이 서울 거주자를 대상으로 한 여론조사에서도 응답자의 35.3퍼센트는 학생들의 반미 입장에 동의한다고 응답했다(유석춘 외 1991, 112).

이 당시 출간된 일부 문헌이나 작품을 보면, 학생층의 가차 없는 언어에 비해 그 표현의 수위는 달랐지만, 지식인 사회 역시 전반적으로 미국에 비판적이었음을 알 수 있다. 한완상은 한미 관계의 특징을 "부끄러운 40년의 짝사랑"이라고 규정했다(한완상 1986, 210-211). 또 앞서 언급했던 문부식은 '때리는 남편보다 말리는 시어머니가 더 밉다'라는 말에 빗대어 미국을 부부 싸움에 참견하기 좋아하는 시어머니에 비유했다(김은숙 1988, 44). 1987년, 한 시인은 "누가 우리 집 마당에 말뚝을 박았는가?"라고 썼다(김병걸 1985). 1988년에는 『반미소설선』反美小說選이라는 제목의 중단편 소설집이 나왔으며(김상일 편 1988), 학생운동권 출신의 한 진보 언론인은 "발로 찾은 반미 교과서"라는 부제를 단 저서를 내기도 했다(오연호 1989).[23]

---

23_일부 보수 학자는 반미 감정이 애초부터 북한에 의해 조종되었다고 강조하며, 북한이 이를

학계에서는, 한국사 속에서의 미국 역할에 대한 재평가가 진행되었고, 그것은 곧 그 역사와 연루된 지식인 자신들의 공모를 비판적으로 바라보는 계기를 마련했다. 냉전 시각, 반공주의, '안보 이데올로기' 등은 해방 이후 줄곧 지식인 사회를 지배해 왔다(유영익 편 1998, 10). 이런 배경에서 반미주의 부상(앞서 1장에서 살펴본), 민중사학과 '수정주의' 학문의 추이 등은 지식인들로 하여금 자신들 역시 자신들의 학문을 통해 냉전적 사고방식과 '분단 체제'를 지속시킨 데 기여했음을 비판적으로 재평가하도록 했다. 학계 내의 이 같은 비판적 재인식은 1980년대와 90년대 초반 한국사 연구를 주도했고, 일부 한국 문학 연구에서도 상당한 반향을 일으켰다.[24]

## 3. 주체사상으로의 노선 전환

1986년 5월 22일 서울대 도서관 앞에 나붙은 대자보는 주변의 학생들

---

계속해서 부추기지 않았다면 1980년대뿐만 아니라 그 이후까지 계속된 반미주의 열기가 그토록 고조되지 않았을 것이라고 주장한다. 이와 관련한 논의로는 김광동(2003)을 참조할 것. 그러나 이런 시각은 1945년 이래 줄곧 한국에 있어 왔던 미국에 대한 비판적 시각을 간과한 것이다. 또한 사회정치적 종속의 문제를 떠나, 대중매체를 통해 널리 알려진 일련의 미군 관련 사건들을 접하며 미국인은 한국의 법과 사회 관습을 제멋대로 무시한다고 생각해, 미국에 대해 부정적인 생각을 가지고 있던 다수의 한국인을 간과한 것이기도 하다.

**24_**민중적 관점에 입각한 한국사 관련 저술 목록에 대해서는 유영익 편(1998, 12-13)을 참조할 것. 한국의 교육 분야에 대한 학문적 재인식으로는 특히 이길상(1992); 최혜월(1988) 논의를 참조할 것.

을 경악시켰다. "우리는 북한 방송을 들었다. 거기에 무슨 잘못이 있단 말인가. 우리에겐 방송 청취의 자유가 있다. 우리는 편파 보도를 일삼는 한국방송공사KBS보다는 북한 방송에서 유익한 정보를 더 많이 얻을 수 있었다"(심양섭 1989, 275).[25] 이 도발적 발언은 당시 운동권 학생에게도 충격을 주었고 이후 민중운동 진영을 수년 동안 휩쓴 이른바 '북풍' (북한의 주체사상)의 출발점이 되었다. 이로 인한 충격은 학생들이 북한 방송을 들었다는 사실 자체보다는 그들이 이 사실을 널리 공표했다는 데서 연유했다.

이 대자보 발언은 1986년 5월 자민투 학생들의 부산 미국문화원 점거 하루 뒤, 그리고 1985년 서울 미국문화원 점거 1년 뒤에 나온 것으로, 돌이켜 보면 우발적인 일도 놀라운 일도 아니었다. 운동권의 주체사상으로의 노선 전환은 반미주의로의 노선 전환과 별개의 사건도, 그로부터 독립된 사건이 아니었다. 이들 두 현상은 비슷한 분석, 전망, 그리고 종말론적 취향을 서로 주고받으며 중요한 지점들을 공유했다. 실제로 이들 두 현상은 같은 뿌리에서 나온 두 개의 줄기인 것이다. 식민지 이후 탈식민화 과정을 제대로 거치지 못한 한국에 대한 불안감이 바로 그 뿌리다. 운동권에서 전개된 미국 비판은 포스트식민주의 역사의 형성 과정에 운동권 자신과 지식인 사회가 공모해 왔음을 드러내 보였다. 이런 상황에서, 이들 운동권은 그 자체가 탈식민 서사이기도 한 주체사상에서 구속救贖을 찾았다.

---

**25** 한국방송공사는 정부 소유의 공영방송으로 1980년대 내내 편파 보도 논란 속에 시청 거부 운동의 표적이 되었다.

주체사상이란 북한의 사상 체계로서 정치·경제·문화 행위에서 일상 행동에 이르기까지 삶의 모든 면에서 자주와 자존을 강조한다. '주체'主體란, 문자 그대로 하면 '주인, 주된 것, 전체'로서 일반적으로는 자주와 자존을 뜻한다. 또한 이 용어는 조선 시대 말부터 존재해 온 어휘로서 박정희와 같은 사회·정치 지도자들에 의해 자주 환기되기도 했다.[26] 주체사상이 북한 삶의 모든 영역을 지배하는 정치 교리의 핵심으로 등장한 것은 1955년이다. 당시 북한은 소련과 중국 사이의 긴장 악화 와중에 중립적이고 독자적인 입장을 유지하는 데 점점 더 많은 어려움을 겪고 있던 때였다. 이 사상 체계는 이념의 주체, 정치의 자주, 경제의 자립, 그리고 국방 안보의 자위라는 요소를 포괄한다(White 1975, 46; Suh Dae-Sook 1988, 302). 1970년대에 출간된 북한 관련 문헌의 다수는 주체사상이 적어도 그때까지는 북한에 ― 특히 북한의 경제 발전에 ― 긍정적 영향을 미쳤다고 분석한다.[27]

주체사상이 마르크스주의 및 레닌주의와 어떤 관련성을 맺고 있는지를 놓고 학자들의 의견은 엇갈린다. 북한의 지도자들 또한 이 문제와 관련해 입장을 바꿔 왔는데, 처음에는 주체사상이 마르크스-레닌주의에 뿌리를 두고 있다는 입장을 취하다가, 나중에는 주체사상은 철저히 독창적이며 전적으로 김일성이 그 창시자임을 강조한다. 이런 논란과 별도로, 주체사상의 핵심 개념 가운데 하나는 "사람이 만물의 주인이며

---

26_ 예를 들어, Cumings(1997, 30; 207)를 참조할 것.

27_ 이와 관련한 연구 사례로 Brun & Hersh(1976); White(1975); Foster-Carter(1978)를 참조할 것.

모든 것을 결정한다"는 것인데, 이는 아이단 포스터-카터가 지적했듯이 "호모 파베르에 대한 — 즉 자연을 끊임없이 변형시키는 것이 본성인 프로메테우스적 인간, 그 변형의 변증법이 역사인 인간에 대한 — 전형적인 마르크주의 사상이다(Foster-Carter 1978, 123).

필자는 이 책에서 주체사상을 포괄적으로 논의할 수 있는 지면과 자격을 충분히 갖고 있지 않기에, 여기서는 1980년대 민중운동과의 관계에 국한시켜 주체사상을 논하고자 한다. 주체사상은, 그것이 실제로 어떻게 실천되었고 또 외부 세계가 이를 어떻게 인식했는가와 상관없이, 북한이 궁지에 몰린 상황에서 나왔다는 점을 기억할 필요가 있겠다. 즉 북한은 포스트식민주의 사회로서 지도부의 정치적 정당성은 그들의 반反식민 무장투쟁에 근거했고, 북한에 적대적인 한국은 당시 세계 양대 초강대국의 한쪽인 미국의 지원을 받고 있었다. 북한은 유엔이 개입한 바 있는 한국전쟁을 일으킨 탓에 서구에서는 "국제적으로 따돌림당하는 자의 결정판"이었고 소련의 꼭두각시로 취급되었다. 북한은 또한 "10여 년 동안 …… 식민지 이후 제3세계에서 유일하게 집권하고 있는 공산 정권"이었다(Foster-Carter 1978, 118).[28] 일부 학자들은 주체사상의 이 같은 측면을 기꺼이 인정하면서 "조선인이 외세의 지배하에 겪었던 결핍에 대한 정상적이고도 건전한 반응"(Suh Dae-Sook 1988, 310)이라고 평가하기도 했다. 또한 주체사상을 "정신적 탈식민화의 한 형태 …… 일본 식민주의 영향으로부터 벗어나 북한을 선진 독립국가로 탈바꿈시키기 위해 스스로 준비하는 노력"(White 1975, 45)이라고 평

---

**28**_북한의 국가 설립에 대한 좀 더 자세한 내용은 Armstrong(2003)를 참조할 것.

가했다. 아래에서 좀 더 자세히 설명하겠지만, 주체사상의 이 같은 측면은 1980년대 민중운동에서 주체사상을 눈에 띄고 유의미하게 만들었던 요소들이다. 여기서는 먼저 앞서 잠깐 언급된, 북한 라디오방송 문제로 돌아가고자 한다.

대자보에서 언급한 북한의 라디오방송 프로그램은 〈구국의 소리〉로, 이 프로그램은 1970~85년까지는 〈통혁당 목소리〉로 방송된 바 있다[통혁당은 앞서 2장에서 언급한 지하조직(1964~68년)을 지칭한다]. 1985년 〈구국의 목소리〉로 프로그램 명칭을 바꾼 후 한국민족민주전선(약칭 한민전)의 이름으로 방송되어 왔다. 이 방송은 통상 서울에서 보내는 방송이라고 전파 발송 지점을 밝히며 시작했지만 실제 방송국은 서울에서 약 80킬로미터 떨어진 북한의 황해도 해주에 위치해 있었던 것으로 추정된다. 방송 내용은 하루 13시간 동안 세 차례 단파 및 중파로 전송되었다(심양섭 1989, 295).[29]

주체사상을 추종하던 자들은 한민전이 국내에서 활동하는 전위 정당이라고 믿었다. 2장에서 논의했듯이, 남한에서 사회주의 혁명가로서의 포부를 버리지 못한 이들은 오랫동안 남한에서 혁명을 이끌 전위 정당의 건설을 꿈꿔 왔으며, 북한 지도자 김일성이 남한 혁명운동의 자율성과 독자성을(그것이 단지 이론상으로만 그러했다 하더라도) 인정했던 것이다. 그런 의미에서 통일혁명당과 같은 한국의 1960년대 지하조직은 첫째, 한국에서 전위 정당 건설이라는 꿈을 이루고자 하는 국내 혁명가들과 둘째, 스스로 남한 혁명의 지지자 역할을 자임한 북한, 이 둘 사이

---

[29]_이 방송은 2003년에 중단되었다.

에서 나온 합작품이었다. 그러나 중앙정보부에 의해 통혁당의 실체가 밝혀지고 그 주요 구성원이 사형 혹은 투옥된 이후, 상당수 혁명가들 사이에서 전위 조직의 재건은 언젠가 실현되리라고 기대할 수 없었던 꿈이 되었다.

그리하여 한민전은 운동권 내부에서 신화적 존재가 되었다. 누구도 그 존재를 확인하거나 부인할 위치에 있지 않았기 때문에 더욱 그러했다. 주체사상을 옹호하는 운동권 내 세력은, 1990년대까지도, 한민전이 실제로 국내에 존재하며 활동을 하고 있다고 믿었다. 즉 자신들의 꿈이 실재한다고 믿었던 것이다.[30] 1980년대 말을 시작으로 일군의 운동가들이 한민전 방송 내용을 녹음, 필사, 편집해 동료 운동가에게 배포하기 시작했다. 이를테면, 1989년에는 이 필사본들을 묶은 최소한 세 개의 각기 다른 제목의 소책자가 유통되고 있었는데 "새날", "구국의 광장", "민족 해방 운동의 전략과 전술" 등이 그것이다.[31]

한민전 라디오방송은 북한 혁명사나 주체사상 강의와 같은 교육적 주제를 다루었다. 특히 운동가들이 귀를 세웠던 부분은 현재 한국의 사회정치적 쟁점과 민주화운동에 대한 제언이었다. 방송 프로그램에서 진행한 한 좌담회의 출연자는, 그 전 주에 출간된 월간 『신동아』에 발표된 여론조사 결과라며 그 내용을 소개하기도 했다. 이토록 한민전 관

---

**30_** 필자가 1992~93년 여러 민중운동 활동가들을 면담한 결과, 주체사상파에 속했던 활동가들은 한민전의 실체를 믿었다는 사실을 확인할 수 있었다. 그러나 그 실체를 믿지 않은 활동가들에게는 그 발상 자체가 터무니없는 것이었다.

**31_** 실제로는 이보다 더 많은 출판물이 유통된 것으로 추정된다. 1992년에 필자는 한국기독교사회문제연구원(약칭 기사연) 도서관에서 이들 방송 필사본을 발견했는데 당시 기사연은 민중운동과 관련한 여러 자료를 수집하고 목록화하는 작업을 막 시작하고 있었다.

계자들이 한국 사회에서 일어나는 일을 자세히 알고 있다는 인상은 방송 청취자들로 하여금 한민전이 국내에 존재한다고 믿게 했다(강영진 1989, 384). 1987년 대통령 선거 당시 한민전은 단일 야당 후보를 제안했지만, 민중운동의 다수파는 김대중 후보에 대한 '비판적 지지' 입장을 취했다(두 명의 야당 후보가 경쟁하는 와중에 야당 지지표는 분산되었고, 결국 집권 여당 후보 노태우가 근소한 차로 당선되었다). 선거 패배 후 한민전의 정세 분석과 구체적인 지침은 주체사상 추종자들 사이에서 높이 평가되었다고 한다.

일반 시민에게 북한 방송 청취는 반국가적 행위로서 국가보안법의 처벌 대상이었다. 라디오 청취는 또한 일반 대중 사이에 간첩 활동을 연상시키기도 했다. 한국 언론이 남파 간첩 사건을 보도할 때 간첩임을 의심의 여지 없이 확고하게 증명하는 증거 목록 가운데 하나로 어김없이 등장하는 것이 라디오였기 때문이다. 하지만 북한 방송에 접근하기란 의외로 쉬웠다. 단파 라디오만 갖추면 되었는데 이것은 서울 청계천 전자 상가에서 쉽게 구입할 수 있었다.

## 4. 북한, 주체사상, 그리고 민주화운동

1986년 서울대 대자보 사건 이후 한국 사회는 불과 한 해 전만 해도 생각할 수 없던 일을 목격하게 되었다. 그것은 바로 북한의 혁명 노선에 대한 운동권의 공개적인 지지였는데, 일부는 주체사상을 자신들의 노선으로 채택하기도 했다. 이는 국내 법질서를 노골적으로 부정하는 것이었을 뿐만 아니라, 필자가 2장에서도 살펴보았듯이, 이전에는 운동권 스스로 위반해선 안 된다고 보았던 반공 이념에 정면으로 위배되는 것이기도 했다. 무엇이 이렇게 북한과 그 정치 이념에 대한 운동권의 태도를 바뀌게 했는가? 먼저 북한과 주체사상이 민중운동에서 차지한 위치를 논의한 다음 1980년대 운동권에서 주체사상이 수용된 과정을 살펴보도록 하겠다.

남과 북을 나누는 지리적 경계는 서울에서 승용차로 1시간 남짓 거리밖에 되지 않는다. 하지만 북한은 대부분의 한국인의 심상 지도에서 아주 먼 곳에 있었으며, 어쩌면 미국이나 유럽보다도 훨씬 더 먼 곳에 있었다. 북한은 한편으로는 남한의 영원한 숙적으로,[32] 또 다른 한편으로는 멸망시켜야 하거나 최소한 흡수해야 할 타자로 남한의 모든 생활 영역에서 커다란 그림자를 드리웠다. 하지만 사람들은 실제로 북한에 대해 거의 알지 못했다. 학생과 지식인은 북한 관련 정보에 목말라했다. 1980년에 미국에서 활동하던 북한 전문가 서대숙 교수가 연세대에서 북한에 대한 강연을 했다. 이 자리에 참석한 수백 명의 학생들은 연사에게 숱한 질문 공세를 펼쳤는데 "북한의 주민은 남한의 주민보다 잘 삽니까?"(신준영 1990a, 174에서 재인용)와 같은 초보적이고 단순해 보이는 질문이 대부분이었다. 1988년에 이르러야 대학에서 북한 연구가 공식화되었는데, 고려대 정치외교학과에서 북한 연구 강좌를 개설했던

---

32_남북한이 경쟁을 벌인 분야는 국제적 평판에서부터 경제와 스포츠에 이르기까지 모든 분야를 망라했다. 박정희의 경제정책은 1970년대 중반까지 경제 분야에서 남한을 앞질러 간 '북한보다 잘 살아야 한다'는 의식에서 비롯되었을 것이라는 것은 널리 알려진 이야기다. Brun & Hersh(1976); Foster-Carter(1978); McCormack(1981, 53)를 참조할 것.

것이다.[33]

국가에 의한 북한 관련 정보 차단, 그리고 '우리가 북한보다 잘 살고 있다'는 정부의 선전은 지식인 사회로 하여금 정부가 발표하는 북한 관련 정보를 신뢰하지 못하도록 했다. 일례로, 1984년 유엔은 남한과 북한의 국민총생산GNP 통계 지표를 발표했다. 당시 대학 3학년이던 김영환은 정부가 GNP 지표를 인용하면서 한국이 북한보다 우월함을 널리 홍보했다는 사실을 기억했다. 그러나 김영환이 1인당 GNP를 계산했을 때 한국은 2천3백 달러, 북한은 2천1백 달러로 나타났다. "한국이 북한보다 열 배 이상으로 잘산다"는 정부 측의 과장된 발표에 실망한 그는 이후 북한 문제와 관련한 정부 발표를 더는 믿지 않기로 다짐했다.[34]

다른 한편, 서구 학계나 언론이 발표하는 북한에 대한 자료는, 그리 많지는 않았을지라도, 높이 평가받았다. 자신을 자기 세대의 '전형'으로 소개한 당시 『문화일보』 기자 이미숙(84학번)은 독일 작가 루이제 린저가 쓴 북한 방문기 『또 하나의 조국』을 읽은 경험에 대해서 이야기했다.[35] 이미숙에게 그 경험은 공식 통로 밖에서 이루어진 북한과의 첫

---

33_ 계간 『역사비평』이 북한을 본격적으로 다루기 시작한 것도 그 후인 1989년의 일이다. 그해 봄호부터 3회에 걸쳐 북한 관련 특집을 시리즈로 마련한 바 있다.

34_ 김영환 면담(2005/07/28).

35_ 서독 출신의 여류 작가 루이제 린저는 한국에서 인기 있는 작가였다. 그녀의 소설과 에세이, 일기, 자서전 등은 한국어 번역서로 널리 읽혔다. 『또 하나의 조국』(Nordkoreanishe Reisetagebuch, 1981[한민 옮김, 공동체, 1988])은 1980년 북한 방문 경험을 다룬 것으로 한국어 번역 출간 즉시 인기를 얻었다. 1980년대 초에 인기를 끌었던 여타 북한 방문기로는 미국과 캐나다에 거주하는 한국계 학자와 의사 등이 1983년 7월 북한을 방문하고 쓴 것들이 있다. 양은식 편(1984)을 참조할 것.

'대면'이었다(이미숙 1999, 13). 당시 이미숙은 린저의 글에서 북한이 지나치게 이상화되어 있다고 생각했지만, 유럽의 저명한 지식인이 전하는 말에 의심을 품기란 어려운 일이었다고 한다(이미숙 1999, 13). 이미숙은 주체사상 신봉자도 운동권도 아니었지만, 린저의 글에 대해 자신이 품었던 의심에 대해 진지하게 검토해 보지 못한 점은 그 세대의 '전형적인' 모습이었다.

1980년대 중반까지, 운동권이 전반적으로 북한에 대해 가지고 있던 심리적 거리감은 일반인이 가지고 있었던 거리감보다 어쩌면 더 강한 것이었다. 운동권이 북한과 어떤 식으로든 연루되는 것은, 그것이 자신들이 의도했던 것이든 아니든 상관없이, 평생의 고통이나 죽음을 초래할 수 있었기 때문이다. 그랬기에, 1980년대 초반 운동권이 혁명 노선을 모색하며 사회주의 문헌을 활발하게 탐구했을 당시만 해도, 북한에 대해 논의하는 것을 애써 피했던 것이다. 게다가 소수의 사회주의자들은 북한이 진정한 사회주의 국가가 아니라는 의혹을 깊게 품고 있었다.

그렇지만 1980년대 중반에 이르러 민중운동 진영의 이념적 스펙트럼은 급격히 확장되었다. 민중운동의 확산과 광주항쟁 이후 운동권의 혁명 지향성, 민중사학에서의 한국사 재인식, 한국전쟁에 대한 수정주의 연구 도입, 김산의 평전인 님 웨일스의 『아리랑』과 같은 '잊혀진 역사'에 대한 발굴 등과 같은 새로운 추이는 한국의 공산주의자들에 대한 태도 변화를 이끌었으며, 이는 곧 북한에 대한 태도 변화로 이어졌던 것이다. 민중운동 내 몇몇 사람들은 이런 맥락에서 과거의 지하조직, 특히 남민전과 같이 반제 사회주의혁명을 표방한 것으로 알려진 조직을 재평가하는 작업에 착수하기도 했다.

민중운동 진영에서는 도시게릴라 전술과 같은 남민전의 구체적인 전략과 전술에 대해 상반된 감정이나 회의적인 마음을 가지고 바라보는 것이 대세를 이루었지만, 남민전의 반제 사회주의 관점은 자신들에게도 각별히 의미가 있는 것이라고 소수 운동가들은 재평가하기 시작했다. 이들은 당시 대부분의 반정부 조직을 개혁 지향적이라고 판단했고, 각종 사회운동을 일관적이고 통합된 방향으로, 즉 사회주의혁명으로 이끌 지하 전위당 건설이 필요하다고 여겼다. 남민전의 혁명 전술을 따라잡고 싶었으나 정보가 없었던 많은 운동가들은 남민전 사건 관련자들에 대한 공소사실 신문訊問 복사본을 암기하는 것으로 그들의 욕구를 채워야 했다(우태영 2005, 91-94).

1980년대 민중운동 진영에서 혁명 노선을 추구한 것은 같은 기간 공산주의자나 좌파로 분류되어 감옥에 수감된 운동권의 숫자가 증가한 것과 그 궤를 같이한다. 어느 평자는 이 현상을 일컬어 중국 인민해방군의 한국전쟁 참전을 연상시키는 '인해전술'이라 불렀다(서중석 1989, 43). 실제로 이 시기에 많은 사람들이 운동을 하다 투옥되었고, 운동권은 민족주의자라는 대중적 평판에 힘입어, 그때까지 민족주의자, 공산주의자, 좌익을 엄격하게 구분하던 대중 인식은 다소 모호해졌다. 1980년대 말에 이르면 일반 죄수들이 운동권 출신의 감방 동료를 대하는 데 있어, 국가보안법 위반보다 약한, 이를테면 집시법 위반 정도로 감옥에 들어온 경우에는 그 태도를 달리해 썩 우러러보지 않았다는 이야기도 있었다(홍정선 1989, 870-871).

1980년대 중반은 또한 운동권 전반이 내부 이념 갈등과 종파 투쟁으로 거칠게 분열된 시점이기도 했다. 1980년 초 이래 운동권 내부에서는 한국 사회의 성격을 어떻게 규정할 것인지, 자신들의 운동을 무엇이라 불러야 할지, 운동의 목적·전략·전술은 무엇인지 등을 둘러싸고 논쟁이 지속되었다. 고도의 추상적인 용어와 운동권 은어가 난무하는 팸플릿이 숱하게 유포되고, 지루한 논쟁이 이어지는 동안 많은 운동권 개개인은 맥이 빠지고 의기소침해졌다(이 주제는 7~8장에 좀 더 자세히 상술되어 있다). 더욱 심각했던 것은 운동권 내에서 경쟁 관계에 있던 그룹이(가장 대표적인 예가 자민투와 민민투[36]다) 공공장소에서 죽창을 들고 상호 간의 폭력을 행사하고 서로의 대중 집회를 방해하기도 했다는 점이다. 이처럼 폭력 양상을 띤 국면은 불과 수개월에 지나지 않았지만, 운동권 내부의 성원들 사이에 깊은 상흔을 남겼다. 이 같은 분열주의가 만연한 상황에서 하나의 깃발 아래 이념적·정치적 차이를 극복하고 통합을 이루자는 주체사상의 제안은 운동권에게 충분히 매력적이었던 것이다.

## 영웅 서사로서의 주체사상

그러므로 1980년대 중반의 운동권은 주체사상이 번성하기에 좋은 토

---

36_반제반파쇼민족민주투쟁위원회(약칭 민민투)는 1986년 4월 결성된 전국적 학생 조직으로서 민중민주주의(PD) 그룹의 분석을 추종했던 반면, 앞서 논의한 자민투는 민족해방(NL) 그룹의 분석을 따랐다. NL과 PD는 1986년 민주화운동 진영의 양대 분파로서, 이들 간의 핵심적 차이는 한국 사회구성체 규정을 둘러싼 서로 다른 분석에서 비롯했다. NL과 PD 모두 남한 사회를 외세에 의존적인 국가독점자본주의라고 규정했다. 하지만 PD의 경우 남한 사회가 고유한 논리의 자본주의 체제를 형성시켰다고 본 반면, NL에서는 남한 자본주의에 대해 어떤 자율성도 인정하기를 거부하며 남한 자본주의를 미국 제국주의의 지배 수단으로 보았다. NL 입장에서 남한에서의 자본과 노동 사이의 계급 모순의 양상은 제국주의와 남한 민중 사이의 모순이라는 형태를 띤다고 보았다. 도식적으로 정리하자면, PD는 계급투쟁을, NL은 (미국 제국주의로부터의) 민족 혁명을 강조했다.

양이었다. 물론 1980년대 중반 이전부터도 운동권뿐만 아니라 일반 대학생이나 일반 시민 가운데 호기심 많고 모험심 강한 일부는 어떻게든 북한 책자를 구입하는 방법과 북한 방송을 몰래 듣는 방법을 찾아내곤 했다. 앞서 언급한 몇몇 남한 사회주의혁명 전위 조직의 여러 구성원에게도 주체사상은 자신들의 혁명을 이끄는 지침서였다. 하지만 주체사상이 민주화운동 전반에 소개되고, 하나의 혁명 모델이 된 것은 1985년도의 일이다. 앞서 이미 언급한 바 있는 김영환은 당시 서울대 3학년생이었는데 강철 시리즈로 잘 알려진 일련의 지하 팸플릿을 통해 주체사상을 소개한 당사자다. '담금질된 철'을 뜻하는 '강철'이라는 말은 러시아혁명을 소설화한 『강철은 어떻게 단련되었는가』에서 따온 것으로, 이 작품은 1980년대 중반 운동가들 사이에 번역본으로 널리 읽힌 바 있다. 김영환의 강철 시리즈,[37] 특히 『강철서신』은 운동권에서 즉각 화제가 되어 이목을 집중시켰다.

김영환은 주체사상에서 '진정한 혁명 노선'을 발견했다. "마르크스-레닌주의의 장점과 한국 민족주의 운동의 장점이 잘 결합된"[38] 노선이

---

[37]_강철 시리즈는 이후 『강철서신』이라는 제목으로 출판되었다. 필자가 당시의 운동가들과 면담을 할 때, 혹은 당시의 시사 잡지를 읽을 때, 꼭 빠지지 않는 것이 있었다. 그것은 강철 시리즈의 언어에 대한 언급이었다. 이들은 모두 강철 시리즈의 언어가 신선하고 친근했으며 이해하기 쉬웠다고 한다. 그 이전의 지하 팸플릿 역시 강철 시리즈와 비슷한 역사적·사회정치적 분석 내용을 다루었으나, 그들이 사용한 언어는 따분하고 딱딱한 전문용어가 많았다는 것이다. 김영환은 후일 다음과 같이 밝혔다. 즉 자신은 대학 때부터 구로공단에서 노동자와 더불어 생활하면서 운동권의 언어가 일반 노동자에게 다가가는 데 장애물이었음을 깨달았는데, 운동권 문헌에는 외래어뿐만 아니라 약어(略語)가 범람했다고 한다. 그는 대중을 위해, 명료하게 글을 쓰기를 결심했다고 한다(김영환 면담 2005/07/28).

[38]_이 인용구 외에도, 이 문단의 내용은 김영환과의 면담 내용으로 바탕을 이룬다.

었다는 것이다. 민족적 열망이 강했던 그는 기존의 북한 관련 정보에 만족할 수 없었고, 북한에 대해 침묵하는 민주화운동 진영에 문제가 있다고 생각했다. 그는 북한에 대해 혼자서라도 더 많은 것을 알아내겠다고 결심했고 북한 관련 문헌이라면 뭣이든 찾아 읽는 데 많은 시간을 보냈다. 소련과 중국의 사회주의 체제에 실망한 김영환은 북한에서 훼손되지 않은 자신의 사회주의 이상을 발견할 수 있기를 기대했다.

운동권 내 다수에게도 주체사상의 가장 큰 의미는 그것이 바로 민족주의적 서사였다는 것이다. 35년간의 식민 통치는 한국에서 민족주의를 최고의 덕목으로 만들었다. 이승만·박정희와 같은 식민지 이후의 남한 정치 지도자들은 민족주의 성향의 자질을 내세워 자신의 정당성을 주장했다. 김일성의 경우, 그의 항일 무장투쟁 역사는 운동권에서 논박의 여지가 없는 매혹적인 민족주의적 서사가 되었다. 북한에서 민족주의가 사회주의나 공산주의 사상과 갈등을 빚지 않은 것과 마찬가지로, 남한 사회에서 사회주의 비전을 가진 이들 역시 민족주의적 열망과 사회주의 사이에서 갈등하지 않았다.

주체사상은 운동권에서 하나의 '영웅 서사', 즉 집단적 이상과 희생의 서사로서 각별한 호소력을 지녔다. 사회학자 제프리 C. 알렉산더는, "역사가가 역사를 쓸 때는 하나의 스토리를 써내려 가듯 한다"라는 헤이든 화이트의 말에 따라(White 1973, 426), 지식인들이 어떻게 문학 장르를 활용해 변화하는 사회정치적 세계 질서를 설명하는지 보여 준다. 그에 따르면, 서구의 지식인들은 '진보'와 '보편성'이라는 개념에 기대어 모더니티, 근대화, 자본주의 발전을 '낭만적 서사'로서 서술해 왔으나, 1960년대에 들어서면, 세계 도처에서 분출된 농민운동, 흑인 및 치카노 민족주의 운동, 여성운동과 같은 각종 사회운동으로부터 일면 자극을 받으면서 근대화 이론의 전제와 자본주의가 미친 영향에 대해 다시 생각하기 시작한다. 이렇게 이전의 전제와 이론에 대해 비판적 시각을 갖게 되면서부터 이들의 글은 그동안의 낭만주의적 서사로부터 '영웅 서사'로 옮겨 갔다.

지식인의 신화는 부풀려져 집단적 승리와 영웅적 변혁의 스토리가 되었다. 현재는 오랜 투쟁의 대단원이 아니라 지금과는 다른, 더 나은 세계를 향한 하나의 통로로 재인식되었다. 이 영웅적 신화에서 현재 사회 속의 개인 행위자나 여러 집단은 미래 건설을 위해 '투쟁 중인' 존재로 인식되었다. 낭만적 모더니즘의 개인적이고 내면적인 서사는 사라지고, 이와 함께 바람직한 사회적 가치로서의 모호함과 아이러니도 사라졌다. 대신에 윤리적 잣대는 엄격해졌고, 무엇이 정치적으로 옳고 그른가는 흑백논리로 귀결되었다(Alexander 1995, 78-79).

영웅 서사는 어느 민족주의 서사에서나 필수적이다. 영웅 서사는 또한 사회적 동원에서도 핵심적인 역할을 하는데, 그 이유는 영웅 서사가 행위자와 사건의 중요성을 과장하고 흑백 사고에 의거하기 때문이다. 강철 시리즈에서 그나마 수복할 만한 개념 가운데 하나인 '품성'이라는 개념은 주체사상을 통해 영웅 서사가 무엇인지 보여 준다. 주체사상이란 영웅 서사에서 가장 중요한 것은 한 개인의 행위 주체성agency이다. 품성이란 일반적으로 '인격'을 뜻하지만 주체사상의 맥락에서는 진정한 혁명가가 갖추어야 할 진정성, 용기, 정직, 충절 등의 자질을 의미한다. 사실, 주체사상이 운동권에서 높은 인기를 누렸던 초기 이유는 바로 이 품성에 대한 강조 때문이었다.

『강철서신』에 따르면, 품성이란 삶에 대한 일상적인 태도를 가리킨다. 진정한 품성의 모델은 1930년대에 항일 투쟁을 펼쳤던 운동가들로부터 찾아볼 수 있다. 1930년대의 반일 무장투쟁은 진정으로 성공적인 반제 반봉건 투쟁 운동이었다. 그것은 종파주의와 사대주의로 점철되고, 결코 민중 지향적이지 않았던 1920년대의 초기 공산주의 운동과는 질적으로 다른 것이었다고 한다(눈 편집부 1989, 22).

『강철서신』에서 1930년대 항일 무장투쟁은 독자적 이념 체계(즉 주체사상)와 민중 지향적 활동에 기반을 둔 것으로 묘사된다. 그리고 당시 운동가들은 자신이 가진 모든 것을 희생해 혁명과 지도부, 그리고 민중에게 헌신했다는 것이다. 『강철서신』의 저자는 올바른 혁명가 품행의 핵심 측면을 다음과 같이 설명했다.

첫째, 지도부의 정책을 무조건 접수하고 이를 끝까지 집행하는 동시에, 관철하는 것이다. 둘째, 혁명의 주인다운 태도를 지니고 모든 일을 책임 있고 알뜰하게 수행한다. 셋째, 지도 간부들이 모든 일에서 대중의 앞장에 서는 생활 기풍이 필요하다(가령 '약속 엄수' '비밀 엄수' '지도부 보위' 등의 수칙은 지도 간부들이 실천적인 모범을 보여야 한다). 넷째, 혁명의 최후 승리를 이룩할 때까지 계속 혁신, 계속 전진하는 투쟁 기풍이 필요하다. 다섯째, 그 어떤 조건에서도 혁명의 임무를 자기 힘으로 완수하는 자력갱생, 간고분투의 혁명적 기풍을 지녀야 한다. 여섯째, 모든 사업을 심사숙고하여 원칙적이고 공명정대하게, 그리고 노숙하게 처리하는 사업 기풍 등이다(눈 편집부 1989, 28-29).

민중 지향적 품성이란 '넉넉한 인간성, 규율 있는 통일성, 동료에 대한 혁명가적 사랑, 고도의 당파성과 계급의식' 등을 의미했다. 이런 자질은 또한 '어머니와 같은 품성'으로 알려지기도 했는데, 운동가들은 민중을 존경하고, 사랑하고, 그들의 고통을 함께 나누는 데 있어 자신들의 가족과 같이 대해야 하는 것이었다. 모성적 품성론은 또한 운동가들이 민중의 신임과 신뢰를 얻기 위해 지식과 이론보다는 진실되고 정직한 품성으로 무장해야 한다고 강조했다. 바꿔 말하면, 혁명가의 가장 중요한 자질은 민중으로 하여금 민중 자신이 투쟁의 행위자라는 사실을 깨닫게 하는 태도와 행동이었다(눈 편집부 1989, 29).

영웅 서사는 또한 어떻게 살 것인가도 가르치고 있다. 강철 시리즈는 혁명 정신과 실천은 일상에서 시작되는 것이라고 강조하며 혁명가는 그에 걸맞게 스스로를 단련해야 한다고 주장하고 있다. 주체사상의 영향을 받은 한 단체는 운동가의 일상 활동 세목을 규정하기도 했는데, 그 일부를 보면 다음과 같다.

6. 일일 최소 한 시간의 명상과 학습을 한다.

7. 약속은 철저히 지킨다.

8. 건강한 몸은 올바른 사상의 토대이다. 하루 30분 이상 운동한다.

9. 술과 담배는 가급적 줄인다. 특히 제국주의 문화수용을 단호히 거부하고 민족생활문화를 일상 속에 깊숙이 뿌리내린다(커피, 콜라 안 마시기, 청바지 안 입기)(눈 편집부 1989, 31).

이런 자기 단련의 강조는 당시 운동권 내부에서는 실로 '혁명적'이었다. 품성론이 확산되면서 운동가들은 자신들 사이에 과음이나 지나친 흡연이 점차 완화되는 것을 목격했다. 운동가들은 또한 선배 세대를 술집이나 들락거리며 기율 없이 생활하는 낭만주의자들이라고 비판하기 시작했다.

"당신의 동지를 사랑하는가?"라는 품성론이 제기한 물음은 또한 빈번한 종파 싸움에 익숙한 운동권에 커다란 충격을 주었다. 운동가들 사이의 관계에는 권위주의와 위계 서열이 없어야 한다는 품성론의 주장에 이의를 제기할 사람은 없었다(신준영 1990d, 180-181). 주체사상에 대해 비판적인 입장을 고수한 한 노동운동가조차도 품성론은 운동가로 하여금 타인과의 관계에서 좀 더 섬세하고 덜 위계적이게 했다고 평가했다.[39] 이와 같은 운동권 내 관계자들의 가치관과 품행의 변화는 교도소 생활이나 군 병역을 마친 후 돌아온 이전 운동권을 퍽 혼란스럽게 했다는 얘기도 있었다.

주체사상이 영웅 서사로서 어떻게 사회운동에서 주체가 되고자 하는 개인의 갈망에 응답했는지는 이수봉의 사례가 단적으로 보여 준다.[40] 이수봉은 대학 2학년 때 학생운동에 연루되어 한 해 동안 수형 생활을 했다. 출소 후 그는 역사적 유물론과 변증법적 유물론을 공부하며 또 한 해를 보냈는데 이는 공장 취업을 염두에 두고 스스로를 준비하기 위함이었다. 이즈음 그는 당시 널리 유통되던 강철 시리즈를 접하게 되었다.

이수봉에게 주체사상의 가장 매력적인 측면은 인간이 곧 세계의 중

---

**39_**이수봉 면담(2003/08/13).

**40_**이 문단과 다음 두 문단은 이수봉과의 면담 내용을 바탕으로 한 것이다. 7장에서 언급하겠지만, 이수봉은 6년 동안 노동 현장에서 공장 생활을 했으며, 노조 대표로 몇 년 더 활동한 후, 1987년 노동자 대투쟁 이후 결성된 전국민주노동조합총연맹(약칭 민주노총)의 간부가 되었다.

심이라는 근본 원리였다. 이는 '사람이 모든 것의 주인이며 모든 것을 결정한다'는 이미 언급한 주체사상의 기본 원리에서 비롯하는 것이다. 감옥 체험은 그에게 정신적 외상을 남겼다. 그는 아직 어렸고(당시 스물한 살), 동료 수감자들로부터 자주 폭행을 당했으며, 스스로 운동권에 발을 들여놓음으로써 자신의 가족을 실망시켰다는 죄책감에 시달리기도 했다. 감옥살이 1년 동안 그가 경험한 바는 다른 이라면 10년 이상 경험했던 내용에 버금갈 정도였다. 고독감과 고통으로 인해 그는 자살까지도 생각했다. 이런 절박감은 그로 하여금 역사적 유물론의 틀 내에는 인간 개인을 위한 자리는 없다는 생각에 다다르게 했다. "지구는 우주에서 하나의 점에 불과하며 이 땅 위에서 살아가는 인간들은 티끌 같은 미물일 따름이다. 지구가 우주에서 사라진다면 그것은 점 하나가 사라지는 것과 다르지 않을 것이다." 역사적 혹은 변증법적 유물론은 그가 감옥 생활 중에 자주 물었던 질문, 요컨대 "내가 왜 더 좋은 사회를 만드는 일을 위해 희생해야 하는가?"에 대해 어떤 답도 주지 않았다. 그런 이수봉에게 주체사상은 답을 주었다. '인간은 우주의 중심이다'가 바로 그 답이었다.

새로 찾은 시각에서 이수봉은 위안과 의미를 얻었다. 이제 이수봉은, 사람이 우주의 중심이며 고로 자기 삶의 주인이라는 인식에 힘입어, 민주화운동에 자신이 개인적으로 투신하는 것이 의미 있는 것이라고 확신하고, 자신에게는 기회주의적이거나 중간자적 처신을 선택하는 것이 해결책이 될 수 없다는 것을 확신했다. 주체사상이 이수봉에게 호소력을 갖게 된 이유는 주체사상이 소문난 대로 분석적 명징함을 가지고 있어서도 아니고 어떤 현실 정치적 의미를 지니고 있어서도 아니었다. 주체사상은 이수봉에게 새로운 세계관을 제시했고 그는 그로 인해 전에는 지니지 못했던 주인 의식을 갖게 된 것이다.

## 헤게모니 없는 지배

1980년대 말 민중운동은 전반적으로 주체사상의 주술에 홀려 있었다. 1989년, 한국에서 영향력 있는 두 시사 월간지는 민중운동의 '최종 목적지'는 북한이라고 결론짓는다. 이는 주체사상의 영향력이 운동권 내부만이 아니라 사회 전반에 확산되는 것을 우려한 보수 매체의 대중적 경고였다.[41] 주체사상을 운동의 이념으로 삼은 운동권 세력은 1980년 중반부터 주체사상 그룹, 즉 '주사파'라고 불리게 되었다. 그러나 겉보기와는 달리 주사파는 결코 동질적이거나 단일적이지 않았다. 주사파 중 일부는 김일성을 위대한 영도자로 인정하는 김일성 수령관을 고스란히 받아들였다(아래에서 자세히 논의하겠지만 김일성 수령관은 주체사상 중 가장 논란이 많은 부분이었다). 그러나 다른 일부는 북한의 혁명 노선만을 따랐고, 또 다른 일부는 이도 저도 아닌 북한의 반미 선전과 대중 지향적 정치 선전과 같은 일부 전술만을 따르고자 했다(심양섭 1989, 295).

주사파 내의 이런 차이와 상관없이, 1980년대 말 대부분의 민주화 운동 세력은 주사파로 규정되었다. 주사파의 지도하에 '양키 고 홈'이나 '반전 반핵' 같은 구호는 이제 한국에서 익숙하고 일상적인 것이 되었다. 주사파는 또한 1980년대 말 전국적으로 여론을 집중시킨 큼직큼직한 정치 사건들을 만들어 낸 당사자들이기도 했다. 1986년 10월 경찰

---

41_강영진(1989); 심양섭(1989)을 참조할 것.

과 치열한 대치를 벌인 건국대 사건이 그렇고, 대대적으로 언론의 관심을 끈 1988년 6월 통일을 위한 백만 학도 행진을 예로 들 수 있다. 1980년대 말 주체사상을 수용하지 않은 운동가들 중 많은 이들은 주사파가 압도적으로 주도하는 운동권에서 소외되고 있음을 느꼈다.[42] 한 노동운동가는 당시 주체사상을 저항할 수 없는 시대의 조류라고 느꼈고, 자신은 주체사상을 자신의 이념으로 받아들이지 않았지만 주사파 주도의 조직에 머물렀다고 한다.[43]

주사파는 헤게모니적이지 않으면서도 지배적이었다. 주사파는 운동권에서 수적으로 다수파였다.[44] 하지만 주사파는 (스스로 좀 더 정통적인 마르크스-레닌주의자라고 자임하던) 비#주사파가 제기하던 숱한 비판을 방어하는 데 역부족이었다. 품성을 강조하는 주사파에 동의하는 이들조차도 일종의 교리와 크게 달라 보이지 않는 주체사상 이론 전반을 수용하는 데는 어려움을 겪었다. 비주사파가 특히 곤란하게 여겼던 부분은 수령론首領論이었다. '수령'이란 문자 그대로 탁월한 영도자를 뜻하는데, 주체사상에서 수령은 인민의 삶 속에서 중심적인 자리를 차지하고 혁명적 투쟁에서 결정적 역할을 한다. 수령은 혁명운동을 지도하고 인민은 동지애와 충성심을 바탕으로 단결한다. 혁명적 투쟁 시기에 인민은 수령을 모든 문제에 대한 최고의 권위자로 믿고 한 치의 의심이나 질문 없이 따라야 한다(Suh Dae-Sook 1988, 304).

---

**42**_ 김철기 면담(1992/11/13).

**43**_ 안재환 면담(1993/03/17).

**44**_ 필자가 면담했던 운동가들은 대체로, 1980년대 말과 90년대 초 학생운동권의 80퍼센트 정도, 노동운동권의 50퍼센트 정도가 주사파였다고 한다. 물론 이런 수치는 추정치다.

주사파가 수령론을 수용한 것은 그들의 아킬레스건이었다. 다수의 비주사파 운동가들에게 수령론은 불가해한 이론이었다. 스스로를 사회주의자라고 자임한 한 운동가는 수령론을 무비판적으로 수용한 것은 주사파가 스스로 합리주의를 완전히 저버린 것이라고 생각했다(문화방송 2005b).[45] 일부는 주사파를 아예 같은 사회주의자로 여기지 않았다. "진정한 사회주의자란 독립적 사고"를 해야만 하는데, 그와는 대조적으로 주사파는 전적으로 북한의 지령과 영향력하에 있었기 때문이라는 것이다(문화방송 2005b).

주사파는 또한 주체사상의 가장 심각한 문제 가운데 하나인 북한의 개인숭배 문제에 대해 아무런 의견도 내놓지 않았다. 일례로 북한은 한 방송 프로그램을 통해 1994년 김일성 사망 후 북한의 지도자가 된 김정일의 '우월적 지능'에 대해 다음과 같이 묘사한 바 있다.

최고의 경지에 다달아 완전무결함을 보여 주는 친애하는 동지의 혁명 사상의 비결은 무엇인가? 그 비결 중 하나는 김정일의 빼어나게 통찰력 깊은 지혜였다. …… 그가 유치원 시절에 선생님은 학생들에게 하나 더하기 하나는 둘이라고 가르쳤다. 이에 소년 김정일은, 하나 더하기 하나는 하나도 될 수 있고 둘도 될 수 있다고 대답했다. 다른 학생들은 전혀 생각지도 못한 것이었다. 고도의 사고 능력이 작동하고 있었던 것이다. 선생님이 왜 그렇게 생각하느냐고 묻자 소년은 답했다. "우리가 꽃을 보면 꽃잎 위의 작은 방울은 둘이 아니라 하나입니다. 수많은 물방울이 하나가 됩니다." 이와 같은 통찰력이 대학

---

45_주체사상에 대한 더 엄격한 비판으로는 이진경 편(1989)을 참조할 것.

생에 불과했던 그로 하여금 신라의 역사를 다시 쓰도록 했으며, 그리하여 신라가 삼국을 통일했다는 오랜 통념을 논박하였다("새날", 25).

이와 같은 개인숭배 내용을 담은 김정일 전기물을 한국의 일부 주사파가 일말의 비판적 검토 없이 그대로 유포시켰다는 것은, "누구도 주체사상이나 마르크스-레닌주의로부터 자유로울 수 없던" 1980년대의 '이데올로기의 맹위'를 어쩌면 가장 잘 보여 주는 것이라 할 수 있겠다(이미숙 1999, 16). 철저한 주사파에서부터 단순한 동조자에 이르기까지, 이들은 북한을 완벽한 사회주의 국가로 높이 추켜세웠다. 생활수준은 남한보다 낮을지 모르지만 북한은 본질적으로 평등한 사회로서 빈부 격차가 보이지 않으며, 민족성과 문화적 주체성의 보존에서 남한보다 우위를 누린다는 것이다(지혜범 1988, 185).

북한 우상화는 주사파만의 독점으로 이루어진 것은 아니었다. 재미 학자 서대숙은 당시 대학생들 사이에 널리 우상화된 김일성의 이미지를 몸소 체험한 바 있다. 그는 1989년 서울대에서 북한에 대한 강연회를 가졌는데, 그날 강연회에 참석한 학생 대부분은 정치학을 전공한 4학년생이었다고 한다. 그가 강연에서 김일성의 항일 무장투쟁은 사실이라고 말하자 학생들은 그에게 격렬한 갈채를 보냈다. 계속 이어지는 강연에서 그는 김일성이 가난한 농민들로부터 소와 닭을 약탈했다는 이야기를 했는데 한 학생이 그에게 질문을 했다. "교수님, 어떻게 우리의 위대한 지도자 김일성 수령께서 약탈을 했다고 말씀하실 수 있습니까?" 이에 서대숙은 농민의 가축을 사전 동의 없이 무단 편취하는 건 사전 정의상 분명 약탈이라며 설명을 이어 나가려 하자 학생 청중은 그에게 야유를 보냈다(이미숙 1999, 15).

노동운동가 출신으로 유명한 이태복은 비판적 사고를 포기한 주사파의 행동에 대해 예리한 통찰을 내놓은 바 있다.[46] 그에 따르면 한국 사회 내에 만연한 부패, 정치적 억압, 극심한 빈부 격차, 자본주의의 여러 모순 등은 운동가들로 하여금 진보적인 사회에 대한 청사진을 북한에서 찾도록 했다는 것이다. 운동권의 이런 기본 태도는 1980년 광주 학살과 맞물려 더욱 극심해졌다. 광주항쟁 발발 직후 한국에서는 10일간 언론 보도가 철저히 봉쇄되었다. 이런 상황에서 국내 운동가들은 북한 라디오방송과 외국 신문을 통해 항쟁 소식을 접했다. 전두환 정권이 유신 체제에서와 마찬가지로 뉴스 검열을 지속해 가자, 북한 라디오방송은 한국에서 벌어지고 있는 사건을 전달하는 유일한 '사회자'이자 분석자가 되었다. 이태복이 지적하듯이 '타오르는 시대의 분노'를 지닌 채 1970년대와 80년대를 줄곧 살아왔던 사람만이 국내에서 무슨 일이 벌어지고 있는지 알기 위해 북한 방송에 의존해야 했던 운동가들의 부조리한 처지를 이해할 수 있을 것이다.

이태복은 주사파 옹호자가 아니었다. 정반대로 그는 주사파에 대해 극히 비판적이었다. 그의 입장에서 주사파는 중앙정보부 부류와 다를 바 없는 악질 선동가들이었다. 그의 눈에 비친 북한 지도층은 정도가 다소 낮을지언정 남한의 지도층과 다를 바 없이 부패했다. 북한 지도층

---

46_ 이 문단과 다음 두 문단은 이태복의 "재야 운동권"(1992년)이라는 글을 바탕으로 했다. 이태복은 전국민주노동자연맹(약칭 전민노련. 이 조직에 대해서는 이 책의 6장을 참조할 것)의 중심 인물이며 학림 사건으로 8년간 옥고를 치른 바 있다. 출소 후에도 노동운동 분야에서 활약했다. 이 글이 보수 성향의 월간지에 실렸을 당시 그는 주간 『노동자신문』의 발행인이었다.

은 또한 남한의 민주화운동을 심각하게 훼손시켰는데, 일련의 잘못된 지하(간첩) 활동으로 인해 국내 정권이 운동 세력을 무자비하게 탄압할 수 있도록 정당성을 부여하기도 했다는 말이다. 게다가 북한 지도부는 자신들의 정치적 정당성을 공고히 하는 동시에 북한 민중을 통제하는 수단으로 한국의 민중운동을 이용하기도 했다. 이를 웅변하는 가장 명백한 사건이 전 현대그룹 회장이자 자본주의의 상징이던 정주영, 그리고 통일교 교주로서 개신교에서는 버림받은 문선명에 대한 북한의 초청과 화려한 환대였다. 이는 북한 지도부가 한국의 노동자들과 개신교 진영의 민주화 투쟁을 무시한 행동이라는 것이다.

이태복은 북한이 한국 민중운동의 대의에 이미 많은 피해를 가져왔다고 경고하며 민중운동이 북한과의 관계에 종지부 찍기를 다음과 같이 명백하게 요구했다. "당신들[북한]은 우리 문제를 이해하지도 못하고 문제를 풀 능력도 없으며 지금까지 당신들의 여러 지하활동을 통해 우리에게 피해만 가져왔다. 당신들의 모든 지하 사업을 중단하고 한국의 민중에게 사과하라." 그는 국내 운동가들에게 북한을 더는 완벽한 사회로 여기지 말 것을 촉구하며, 북한은 숭배의 대상이 아니라 변화의 대상이라고 강조했다.


## 5. 주체사상과 주체성의 한계

미국이 해방 이후 많은 한국인에게 '짝사랑'의 대상이었다면, 북한은 1980년대 운동권 다수에게 짝사랑의 대상이었다. 운동권이 북한에 호기심을 갖게 된 데는 여러 가지 요인이 맞물려 있다고 봐야 할 것이다. 북한에 대한 정보의 결핍, 한국 정부의 북한 악마화, 북한의 자주와 자립 노선 표방, 운동권 스스로 이전까지 유지했던 북한에 대한 침묵, 혹은 그 침묵에 대한 자괴감, 김일성의 항일 무장투쟁에 대한 재인식 등이 바로 그런 요인들이다. 주체사상의 확산은 김영환의 표현을 빌리자면 "북한 콤플렉스를 깨버리는 …… 일종의 우상 깨기 운동"이었다(이미숙 1999, 16에서 재인용). 주사파는 자신들의 레드 콤플렉스를 부수는 데 성공했으나 주체사상이라는 또 하나의 우상 앞에 스스로 엎드려 숭배했던 것이다.

지식인들이 자신들이 진보적이라고 인식한 정치체제를 이상적으로 묘사하고 그에 대한 비판을 보류하는 경향은 한국에서만 찾아볼 수 있는 독특한 현상은 아니다. 토니 주트는 전후 프랑스 지식인들이 스탈린 비판을 주저하던 현상을 분석하면서, 이런 현상은 "공적 윤리에 대해 진지하게 고려하는 것을 회피하는 것으로, 이는 결국 무능력으로 귀결된다"(Judt 1992, 229)라고 분석한다. 이 같은 회피는 사회주의는 본질적으로 진보적이며 따라서 그것에 대한 비판은 곧 혁명적 목표를 부인하는 것이고, '규범적 종류의 판단에 도덕적으로 구속'되면 당면한 이슈들의 발전을 망칠 것이라는 프랑스 지식인들의 사고에서 부분적으로 기인했던 것이다.

주사파의 눈에 비친 북한은 자신을 '따돌리는' 국제사회에 대해 눈 깜짝 하지 않는 것 같아 보이는 북한, 1960년대 중·소 분쟁의 와중에서도 능숙한 외교력으로 중립을 유지한 북한, 사회주의 목표를 달성했다고 하는 북한, 자본주의 식 발전과 여러 문제 — 특히 부패, 빈부 격차, 사회적 불평등 등 — 를 수반하는 서구화로부터 자유로운 북한이었다.

이 모든 것은 미국에 의지해 기식하는 한국에 비해 북한이 훨씬 우월하다는 것을 입증하고도 남는 것이었다. 그리하여 주체사상은, 그리고 그 연장선상에서 북한은 곧 '기의 없는 기표'가 되었다. 주사파에게 주체사상은 마치 빈 배와 같았다. 그들은 자신들의 모든 염원, 과거의 실패, 좌절, 미래에 대한 희망을 그 안에 담았다. 주사파는 정적政敵 숙청이나 외국의 독재 정권에 대한 지원[47]과 같은 북한 정권의 의심스러운 측면들을 무시해 버리거나, 있을 수 없는 일로 부정해 버렸다.

국가 차원에서 진행된 북한의 악마화를 고려하고, 반공 교육이 자신들의 비판적 사고 능력을 제한하고 자신들을 얼간이로 만들었다는 대학생들의 오랜 불만을 액면 그대로 받아들여 본다면, 혹자는 주사파가 주체사상을 그토록 찬양하게 된 것을 두고, 일면 역사적 정의가 실현된 것이 아니냐고 질문을 던지고 싶은 유혹을 갖게 될 수도 있을 것이다. 물론 누군가 실제로 그런 주장을 한다면 그것은 단순함을 넘어 해괴한 주장이 될 것이다. 운동권에게 주체사상은 자신들 삶의 모든 영역에서 자주를 모색하는 것을 의미했으며, 그것은 곧 자신들이 살고 있는 자본주의사회에 대한 유토피아적 대안을 찾는 것을 의미했다. 자신들이 직접 체험해 보지 못한 북한에 대한 정보의 결핍, 당면한 쟁점을 흑백으로 단순화하는 경향, 운동권 스스로 가지고 있던 민족주의적 사

---

**47**_개번 매코맥에 따르면 북한은 자이르의 모부투, 적도 기니의 마시아스 은구에마, 우간다의 이디 아민, 캄푸차의 폴 포트, 중앙아프리카공화국의 황제 보카사 같은 일련의 독재자를 지원해 왔다(McCormack 1993, 40). 이와 관련해, 역사학자 시어도어 유(Theodore Yoo)는 필자에게, 이 목록에 '아프리카의 폴 포트'로 알려진 이디오피아의 맹기스투 하일레 마리암을 추가해야 한다고 개인적으로 지적해 주었다.

고 등으로 인해, 주체사상은 운동권이 찾던 세계를 보여 주면서 그 속의 모든 문제를 지워 버린 거울이 되었다. 주체사상은 어쩌면 새로운 주체성의 현장이었을 수도 있으나, 그 새로운 주체성의 한계이기도 했다.

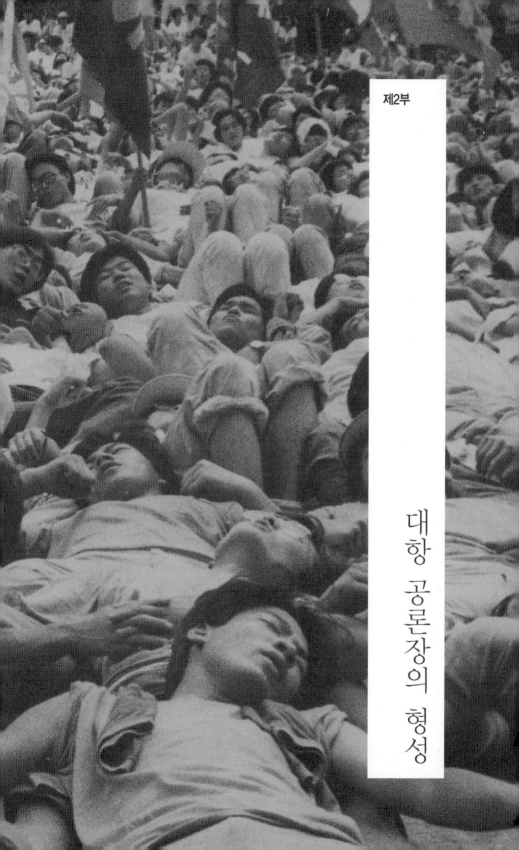

제2부

대항 공론장의 형성

# 4

# 대항 공론장으로서의 운동권

서론에서 논의했듯이 1980년대 민중운동의 다양한 열망과 서로 상충하는 실천들을 대표적으로 포착하는 용어 가운데 하나가 바로 '운동권'이다. '운동권'은 개별 활동가 혹은 민중운동 전체를 통틀어 지칭하는 용어로서 민중운동 진영 안팎에서 자주 호출되었다. 그것은 곧 민중운동에 대한 호불호를 떠나 한국 사회 전반이 그것을 중요한 세력으로 인식했다는 것을 함축한다. 민중운동 진영 외부에서 '운동권'이라는 명칭은 줄곧 운동권에 대한 반대를 나타내기 위해 쓰였다. 정부가 이 명칭을 사용할 때는 운동권을 주로 반국가, 용공분자와 연결시켜 뭔가 바람직하지 않은 점을 강조하고 싶을 때였다. 운동권 개인이 이 용어를 사용할 때는 대부분 자기 비하와 아이러니를 섞어 사용했고, 따라서 이 호칭은 수시로 긍정과 부정, 확신과 회의 사이를 오가며 그 의미가 바

꿰었다. '운동권'은 이렇게 한국 사회에서 다양하게 받아들여졌지만, 궁극적으로 그것은 각종 결점에도 불구하고 높은 이상과 꿈, 희망, 열정으로 대표되는, 그러나 모든 사회운동이 그렇듯 여전히 다소 추상적일 수밖에 없는, 1980년대의 '민중운동'에 실체성을 부여하는 대표적인 용어가 되었다. 이 장에서 필자는 '운동권'이라는 호칭의 다중적 의미, 함의, 잠재성을 재확인하며 '운동권'을 하나의 대항 공론장counterpublic sphere 으로 개념화하고 이를 살펴보고자 한다.

1980년대 운동권은 통일 문제에서부터 정부의 정통성 문제, 분배 정의 문제, 광주항쟁 진실의 문제에 이르기까지, 당대 정부가 사회적으로 토론하기에 적합하지 않다고 여긴 다수의 주요 문제를 짚어 내고 공론화하며, 이를 정당화하는 과정에서 대항 공론장을 일구어 냈다. 운동권은 스스로를 양심의 목소리, 민중의 진정한 대변자로 자임하면서 ─ 필자는 이를 '도덕적 특권 담론'이라 부른다 ─ '공공 의제'를 재구성하고, 그럼으로써 1980년대에 나타난 사회·정치 담론의 전제와 조건을 주도했다. 1980년대 말에 이루어진 의회 민주주의로의 이행은 바로 이들의 이런 노력에 의한 것이다.

필자가 민중운동을 대항 공론장의 개념으로 제시하며 유념해 살펴 보고자 하는 것은 민중운동이 품은 비전뿐만 아니라 이들의 비전과 이들이 가능하다고 생각한 것들이 어떻게 구성되고 조직되었는가 하는 것이다. 바꿔 말하면, 운동권은 어떻게 스스로를 운동권으로 구성했는 가? 운동권이 공유한 비전과 언어, 코드, 이미지는 어떻게 확보되었고, 또 그런 확보 과정에 기여한 담론적 전략은 무엇이었는가? 이 공론장은 사회 변화 과정에서 어떻게 더 큰 힘으로 통합되거나 혹은 해체되는가?

이 장에서 필자가 사용하는 실증적 자료는 주로 학생운동 분야에서 가져온 것이다. 왜냐하면 학생운동은 모든 민중운동 형태의 원형인 측면이 있기 때문이다. 이론과 사상을 발전시키고 각종 프로그램을 실행하는 데 학생운동은 전체 민중운동의 선두에 있었다. 학생운동은 또한 민중운동을 위한 '묘목원' 구실을 했는데, 학생운동 출신 가운데 상당수가 학교를 떠나 노동자, 도시 빈민, 여성, 농민 운동뿐만 아니라, 1980년대 말 형성된 화이트칼라 운동 현장으로 자리를 옮겨 운동 영역을 확대했기 때문이다. 이 장에서 필자가 논의하는 내용의 일정 부분은 학생운동에서만 찾아볼 수 있는 고유한 양상이지만, 대부분은 민중운동 전반에 걸쳐 널리 공유된 것들이다.

필자는 이 장에서 먼저 1970년대의 사회정치적·문화적 맥락을 간략하게 짚어 봄으로써 도덕적 특권 담론이 부상하게 된 배경을 살펴보고자 한다. 그런 다음 운동권이 어떻게 스스로를 대항 공론장으로 구성하고 조직했는지 논의하면서, 구체적으로는 도덕적 특권 담론, 선후배 관계와 같은 운동권의 비공식적 제도, 원서原書의 배포, 서클과 지하 스터디 그룹, 운동권의 필독 목록 등을 살펴본다. 그런 다음, 1970년대 초부터 80년대 말까지 약 20년을 서로 겹치는 부분도 있지만 동시에 각자 뚜렷한 특징을 보이는 세 시기로 조명하고, 이 세 시기에 걸쳐 일반 학생이 운동권 일원이 되어 가는 과정을 그린다. 첫 번째 시기는 1970년대 초 민주주의 염원 시기로 설정하고, 두 번째 시기는 1975~79년 긴급조치 9호 시기, 세 번째 시기는 1984~88년 '학원자율화조치' 시기로 구분한다. 끝으로, 결론 부분에서는 운동권의 내적 긴장과 모순을 살펴본다.

# 1. 대학생과 유신 체제

사회운동에 관한 기존의 문헌들은 대부분 사회변혁에 대한 청년층의 열망이 보편적인 현상이며, 그야말로 젊음의 특권이라고도 한다. 한국에서도 학생운동은 이상 추구의 일시적 분출로서 학생들이 장차 성인으로서의 책임을 떠맡게 되면 자연스레 소멸된다는 것이 일반적 인식이었다.[1] 그럼에도 한국의 많은 학생운동 출신은 20대와 30대에 이르러서도 역할이나 참여 정도에서 차이가 있을지언정 사회운동을 계속했다.

1970년대와 80년대의 대학생은 사회적 혹은 가족적 의무 관계에서 자유롭지 못했다. 사실 한국은 1960년대만 해도 세계 최빈국에 속했기에, 자기 자신이나 가족, 더 나아가 국가를 위해 저마다 성공해야 한다는 집단적 압력이 강했다. 1970년대 말까지 학생운동가 가운데 남학생은 종종 집안에서 대학에 들어간 유일한 식구였으며, 따라서 가족의 물질적 번영과 신분 상승을 위한 유일한 희망이었다. 물질적 성공의 기회는 1970년대와 80년대의 급속한 경제 발전 과정에서 본격적으로 확대되었는데, 그럴수록 사회운동에 참여할 것인가, 물질적 성공을 추구할 것인가 하는 두 개의 선택 사이에서 학생들의 신상은 더욱 날카로워졌다.[2] 운동 참여와 사회적 성공이라는 두 가지 열망은 양립할 수 없다는

---

1_ 한완상(1986, 102-104)을 참조할 것.

2_ 필자는 50여 명의 운동권 출신을 면담했다. 그 가운데 아주 소수만이 운동권 시절에 내적 갈등이나 가족과의 갈등이 별로 없었다고 말했다. 이에 반해 대다수는 시위 참여, 공장 취업 등을 결정하는 초기 단계에서 심각한 고뇌와 갈등을 경험했다고 한다. 하지만 일단 운동에 헌신하기로

것이 당시의 정서였다.

1970년대 한국 대학생은 사유 양식과 사회 현실 사이의 불일치, 즉 에른스트 블로흐가 말한 "비동시적인 것의 동시성"(Bloch 1977)의 극단적인 사례를 경험했다. 당시 전형적인 대학생은 대학에 입학하고서야 비로소 변화하는 한국 사회가 가져오는 각종 충돌을 본격적으로 겪게 된다. 이런 충돌은 개인을 둘러싼 물리적 환경, 문화, 일상 생활양식의 변화로부터 온다. 유년 시절 경험과는 다른 대학의 새로운 환경이 가져오는 기쁨, 혼란, 단절감은 강력한 활력과 불안감을 동시에 가져왔다.

국가 주도의 경제 발전을 통해 한국은 불과 30년 만에 농촌 사회에서 산업 사회로 탈바꿈했다. 1976년 1인당 평균 소득은 — 1960년의 94달러에서 — 1천 달러에 도달했다. 1974년 서울에 지하철 1호선이 개통되었는데 아시아에서는 일본 및 중국에 이어 세 번째로 개통된 지하철이었다. 1977년에는 수출 1백억 달러 — 4년 후에는 2백억 달러 — 의 고지에 올랐는데, 한국은 전 세계 133개 나라에 1천2백 종 이상에 달하는 물품을 수출했다(한국방송공사 2005a; 2005b; 2006c).

이른바 '한강의 기적'을 통해 한국인의 생활수준이 급속히 향상되었지만 그 이면의 그늘 또한 드러나기 시작했다. 1970년대 초, 서울 외곽에 위치한 광주(지금의 성남) 대단지에서, 주민 15만 명 가운데 3만여 명이 가담한 집단 폭동이 발생했고, 비인간적 노동조건과 저임금에 항의해 한 청년 재단사가 분신자살을 했으며, 당시 문교부 장관은 성매매 관광산업에 종사하는 여성들을 가리키며 외화 획득의 주역이자 애국자

---

결정한 후에는 많은 이들이 성취감과 행복감을 느꼈다고 한다.

라고 추켜세웠다. 서울 도심 주변 곳곳에 산재한 판자촌의 열악한 환경
은, 경상도에서 올라온 빈농 출신으로 고등학교에 진학하기 전까지 집안
에 라디오가 없었던 한 대학생마저도 당혹스럽게 했다(김문수 1986, 134).

　　서울로 '유학' 온 학생들은 곧 대학 주변에는 서점보다 호스티스 주
점이, 동료 여학생보다는 성매매 여성이, 고층 빌딩보다는 저임금 공장
이 더 많다는 것을 알게 됐다. 저임금 공장에서는 12~15세 안팎의 소녀
들이 하루에 14~16시간씩 일주일 내내 일했고, 이들이 이렇게 2주일
동안 일해서 버는 돈은 웬만한 사람이 디스코장에서 하룻저녁이면 거
뜬히 써 버릴 수 있는 금액이었다. 대학생 또래의 젊은 남성과 여성은
기껏 수백 원의 임금인상 문제를 둘러싸고 죽임을 당하거나 죽거나 했
다. 조세희가 소설 『난장이가 쏘아 올린 작은 공』(약칭 『난쏘공』)에서
묘사했듯이 빈민가 아이들은 이웃 부잣집 주위를 기웃거리면서 자기
네 집에서는 구경할 수 없는 고기구이 요리를 냄새로만 맡아야 했다.
이 소설에서 판잣집에 사는 소녀와 어머니 간의 대화는 1970년대의 한
풍경을 인상 깊게 묘사하고 있다.

> 개천 건너 주택가 골목에서는 고기 굽는 냄새가 났다. 나는 그것이 고기 굽는
> 냄새인 줄 알면서도 어머니에게 묻고는 했다.
> "엄마 이게 무슨 냄새지?"
> 어머니는 말없이 걸었다. 나는 다시 물었다.
> "엄마 이게 무슨 냄새지?"
> 어머니는 나의 손을 잡았다. 어머니는 걸음을 빨리하면서 말했다.
> "너도 공부를 열심히 하면 좋은 집에서 살 수 있고, 고기도 날마다 먹을 수 있
> 단다."

"엄마 큰오빠는 말을 안 들어."

영희는 부엌문 앞에 서서 말했다.

"엄마 몰래 또 고기 냄새 맡으러 갔었대. 나는 안 갔어."

"엄마 큰오빠가 고기 냄새 맡으러 갔었다고 말했더니 때리려고 해."

(조세희 1978, 89).

급격한 산업화가 가져온, 각종 형태로 존재하는 뿌리 뽑힌 삶의 현장에서 『난쏘공』 속의 이 난장이 일가는 두 사람의 목숨을 잃는다. 안정된 직업이 없었던 아버지는 빚 수금, 칼갈이, 고층 건물 유리 닦기, 펌프 설치, 펌프 고치기 등의 일을 하다 끝내 자살한다. 큰아들 영수는 노동운동에 연루되어 죽는다. 관료 사회와 부유층에 대한 신랄한 풍자로 유명한 김지하의 담시 〈오적〉에서부터, 앞서 언급한 경기도 광주 대단지 사건에 연루된 한 실업자에 대한, 심금을 울리는 묘사로 남는 윤흥길의 소설 『아홉 켤레의 구두로 남은 사내』에 이르기까지, 이제는 고전이 된 1970년대 한국 문학은 급격한 산업화와 그로 인한 비인간화에 대해 통렬한 비판을 가했다(Kim Chi Ha 1974; Yun Heung-gil 1989).

한편 1970년대는 대중문화가 확장되는 시기이기도 했다. 한국 경제가 성장하면서 좀 더 많은 문학작품, 영화, 가요가 보급되었다. 1979년에 이르러서는 텔레비전을 보유한 가구의 수가 1970년보다 13.5배나 증가했다(김창남 1995, 123). 거리에는 '맥시 스타일'(롱스커트, 둥근 테 선글라스, 밑창이 높은 구두)이라는 최신 유행을 즐기는 여성들로 넘쳤다. 대중 영화는 새로운 성 규범을 묘사했다기보다 만들어 나갔다고 하는 게 더 정확하겠다. 1977년 여러 명의 섹스 파트너를 가진 명문대 여학생을 다룬 영화는 50만 이상의 관객을 동원했다.[3]

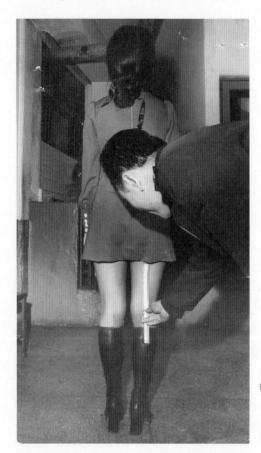

| 1973년 3월, 경찰관이 미니스커트
길이를 재고 있다. 1970년대 초
정부는 '풍기문란 단속 및 사회규범
확립'의 일환으로 대국민 캠페인을
펼쳤다. | 중앙일보사 제공

 박정희 정권에 비판적이었던 소수의 학생과 지식층에게 1970년대
는 '파쇼적 유신 문화'의 시대였다. 정부가 텔레비전 방송, 신문, 학술

---

3_영화 〈겨울여자〉(1977년)는 58만 명이 관람했다(한국방송공사 2006c).

저널, 공연, 영화뿐만 아니라 두발 길이나 치마 길이마저 검열·규제했다(김창남 1995). 1972년 유신헌법의 공표와 1975년 긴급조치 발효는 '청년과 대중문화의 맥박'을 멈추게 했다. 검열은 연예인의 이름을 포함해 대중문화의 전 분야를 겨냥했다.[4] 금욕적 엄숙주의를 표방한 정부 공식 담론은 — 짧은 기간이었지만, 정부는 1977년 텔레비전 방송국에서 코미디 프로그램을 중단할 것을 지침했다 — 오로지 반공과 애국의 미덕만을 칭송했다. 이런 엄격한 검열은 대체로 애국적이거나 근면한 시민을 묘사하는 훈시적인 내용의 텔레비전 드라마, 그리고 소위 '호스티스' 영화만을 제작하도록 했다(김창남 1995, 128). 반정부 지식인들의 입장에서, 금욕적 삶의 주창자이던 박정희 대통령이 환락의 술자리에서 비극적인 최후를 맞이했다는 사실은 그 시대의 환락주의적 도락을 대변하는 것이나 마찬가지였다(박정희 대통령은 여성 가수들이 참석한 술자리에서 중앙정보부장 김재규가 쏜 총에 의해 피살되었다).

## 2. 도덕적 특권 담론

한국의 학생운동이 지배 문화에 대한 저항과 대안으로서 자신의 정체

---

4_1975년에 222곡의 대중가요와 261곡의 외국 가요가 '국가 안보와 국민 총화에 부정적 영향을 미친다'는 이유로 방송 및 판매가 금지되었다. 국내 연예인의 '영어 이름'은 또한 '외국 유행에 대한 무차별적인 수입과 모방' 탓에 규제받았다. 밥 딜런의 대표곡 〈Blowing in the Wind〉 역시 방송 금지된 외국 팝송의 하나였다(김창남 1995, 128).

성을 구성하는 과정은 1970년대라는 특정한 사회역사적 조건에서 태동했다. 동시에 그런 과정에는 지식인의 전통적 역할에 근거한 실천 양식, 즉 사회 비판이라는 오랜 지식인 전통이 작동하고 있다. 필자는 이 지식인 전통과 실천을 '도덕적 특권 담론'이라고 부른다. 이하에서 필자가 주장하는 것은, 운동권은 바로 이 도덕적 특권 담론과 운동의 비공식적 제도들을 통해 자신들의 운동을 대항 공론장의 공간으로 구축했다는 것이다.

도덕적 특권 담론이란 피에르 부르디외가 말하는 '구별짓기'distinction의 한 표시다(Bourdieu 1984).[5] 1970년대 운동권 학생들은 사회적 비판의 유서 깊은 전통을 이어 받았다. 왕에게 상소하는 유교적 전통이 바로 그것이다. 조선 시대 성균관이나 향교는 국가의 관리를 양성하는 교육기관이었다. 미래의 국가 관리가 될 유생들은 "일상적으로 집단행동에 참여하거나 공동 건의서를 통해 자신들의 의견을 개진했다"(Haboush 1994, 387). 유생들의 사회 비판적 활동의 핵심에는 유교의 지식관이 있었다. 지식은 이들에게 정치권력과 명예를 가져오는 도구였는데, 유교에서는 지식을 개인의 지위와 신분을 사회적으로 향상시킬 뿐만 아니라 사회적으로 올바르고 안정적인 질서를 유지하는 데 사용하는 것, 즉 "사회가 잘못된 길로 빠지면 바로 세우고, 도탄에 빠지면 복원"(Kwok 1994, 19)하는 것이라고 가르쳤다.

서론에서 논의했듯이 조선조 학자들의 사회 비판은 사회 엘리트로

---

5_낸시 프레이저는 18세기 유럽에서 부르주아 남성들의 공론장 형성이 그들 자신의 계급 형성 과정과 어떻게 긴밀하게 연결되는지를 설명한 바 있다. Fraser(1996, 114)를 참조할 것. 여기서 필자는 '구별짓기'의 용어를 프레이저와 같은 맥락에서 사용한다.

서 정치권력에 대한 자신들의 권리 의식과 동경을 표출한 것이기도 했다. 마찬가지로 운동권 학생들은 스스로 국가권력에 저항하고 민중 지향적이라고 했지만, 이들 역시 엘리트주의에서 벗어나지는 못했다. 운동권 학생들이 자신들이 바로 국가와 민족의 양심과 도덕이라고 주장하면서 엘리트주의적 태도를 취하는 것은 한국에서만 찾아볼 수 있는 독특한 현상은 아니다. 중국 천안문사건에 대한 각종 보고서는 당시 중국 학생들이 표방한 대의나 수사적 논리는 도덕주의적이었다고 한다.[6] 유럽과 미국에서도 1960년대의 신좌파는 당대 사회에 대해 도덕주의적 비판을 가했다(Levitt 1979, 643-645). 천안문사건에 가담한 학생들은 자신들의 정치적 행동이 "사심 없이 순수"한 것에 반해 농민과 노동자의 정치적 행동은 "무지한 물질주의"에 기반을 둔 것이라고 생각했다(Perry 1992, 152). 독일 신좌파 학생들이 근본적 변혁을 추구했던 일은 서독의 새로운 엘리트 계층의 몰락에 따른 당시 학생들의 "계급적 위치의 상대적 약화"에 대한 두려움과 전적으로 무관하지 않았다(Levitt 1979, 647).

한국의 경우, 도덕적 특권 담론은 식민지 역사와 분단이라는 한반도의 특수한 역사적 경험으로 인해 더욱 절박성을 띠게 됐다. 1970년대와 80년대의 학생들에게 식민지 시기 무장투쟁의 역사나 민족주의 운동의 역사와 같이 그간 은폐되거나 왜곡되었던 역사의 재발견, 곧 과거 역사를 다시 읽고 다시 해석하는 과업은 운동의 필수적인 부분이었다. 이와 같은 운동권 학생들의 입장은, 민중을 '있는 그대로' 재현하고

---

6_ 예를 들어, Perry(1992, 152)를 참조할 것.

자 했던 민중사학의 형성과 더불어 지적 승인을 얻었다.

도덕적 특권 담론은 또한 청중을 염두에 두었다는 의미에서, 그리고 그 언어와 논리가 지배 이데올로기의 언어와 논리에 적지 않게 의존한 것으로서 '대화적 형태'를 띠었다는 점에서 '공개된 대본'public transcript 이기도 했다.[7] 도덕적 특권 담론은 이와 같이 국가권력, 사회 일반, 동료 학생을 대상으로 한 담론이었다. 그것은 헤게모니적 이데올로기와 그 가치 체계를 반박하고, 그에 대항하는 비전을 제시하며, 담론의 대상들로 하여금 자신들이 제시하는 유토피아에 대한 비전을 공유하고 그것을 건설하는 데 함께 참여하도록 종용했다.

학생들은 국가에 전면으로 맞서는 이항 대립의 입장에서 자신들의 비전을 이야기했지만, 이들의 상상력은 '국민국가'라는 기존 관념의 틀을 벗어나지 못했다. 이들은 고집스럽게도 국민국가라는 서사 구조의 틀 안에서 자신들의 비전을 기획하면서 스스로를 애국적이고 민족적이라 주장했으며, 민족 유산의 참된 계승자, 그리고 유일하게 순수성, 진실성, 헌신성을 모두 갖춘 진리 탐구자로서 묘사했다. 정치란 도덕과 윤리에 관한 것[8]이라고 믿었던 이들은 주저함 없는 칸트주의자로서, 이들의 도덕적 특권 담론은 또한 "기존의 '도덕적 풍토'에 기초한 것이었다. 이는 통치자와 피통치자 사이의 대립을 직접적인, 무매개적인 문제로 만들었고" 따라서 이들이 "국가에 맞서 사회 전체를 대변하는 효과"(Strand 1990, 17)를 가져왔다.

---

7_Scott(1990, 90-107)를 참조할 것.

8_Habermas(1989, 102-117)를 참조할 것.

도덕적 특권 담론은 국가에 의해 독점되었거나, 정권의 정당성, 분배 정의, 복지, 통일 등과 같이, 정부가 위협적이라고 여겨 공론의 대상에서 제외시켰던 사회문제들을 공론의 대상으로 재구성했다. '민중', '민주', '민족', '통일'과 같은 기존의 개념과 용어에 새로운 의미가 부여되면서 그것들은 해방적 가능성을 품게 되었다. 제주4·3항쟁이나 광주항쟁 같은 특정 역사적 사건들에도 기존과는 다른 대안적 의미가 주어졌다. 전태일, 김세진, 이한열 등과 같이 분신하거나 시위 중에 사망한 자들은 사후死後 애국자나 민주 열사의 지위에 올랐다.

## 역사와 책임

학생들은 자신들의 행위가 역사적으로 어떤 의미를 띠는지 충분히 알고 있었으며, 이 점은 학생운동의 수사학적 구조에 잘 나타나 있다. 특히 1970년대의 학생 시위와 활동은 동료 학생들에게 역사와 민족의 명령에 따라야 한다는 훈계로 시작하곤 했다. 예를 들어, 민주화와 학원 자율화를 요구하는 시위에서는 으레 "우리 민족의 비참한 현실"과 민중이 지불한 "고된 대가"는 "우리의 즉각적인 대응을 긴급히 요구하고 있다"라는 내용의 일장 연설이 집회의 서두를 장식했다. 이들을 움직이게 하는 것은 "역사의 부름"이었고, 이들은 "조국의 역사에 대한 책임을 다하고자" 했으며, 이들의 행위는 "양심의 부름에 근거한" 것이었다.[9]

1975년 서울대 학생 김상진이 유신 정권에 저항하며 할복자살한

---

**9**_이 대목과 다음 문단은 한국기독학생총연맹 편(1984, 39-106)의 내용을 바탕으로 했다.

사건이 일어났다. 그의 죽음을 추모하기 위해 즉흥적으로 마련된 장례식에서, 시위 주도자들은 그의 죽음을 전태일의 죽음에 버금가는 의미를 지닌 역사적 행위로 기억하자고 동료 학생들에게 촉구하며 학생들의 역사적 책무를 환기시켰다. "전태일 열사와 김상진 열사의 유산을 이어받은 우리에게는 반드시 갚아야 할 빚이 있다. 그것은 죽음도 떼어낼 수 없는 우리의 굴레이고 속박이다." 1978년 11월 18일에 서강대 학생들은 이렇게 선언했다. "우리는 이런 역사적 책임감을 갖고서 기꺼이 모든 것을 희생할 것이다." 그리고 한 학생은 말했다. "나는 분명한 목적의식을 가지고 학생운동에 뛰어 들었던 것이 아니다. 이 점은 운동에 가담하고 난 후에도 오랫동안 마찬가지였다. 나를 움직였던 동기는 책임감이었다. 내가 하지 않는다면 누가 할 것인가?"

## 도덕적 교훈으로서의 역사

도덕적 특권 담론은 또한 전통적인 권선징악의 관념과 도덕적 교훈으로서의 역사관에 그 바탕을 두고 있다. 일례로, 1992년 한 운동권 출신의 소설가가 쓴 무협 소설의 등장이 이를 잘 보여 준다.[10] 이 작가가 선악 이분법이 분명한 서사 구조의 무협 장르를 채택한 것은 선혀 우연이 아니었다. "때[1980~87년]는 한편으로는 외세와 군사독재의 악한 세력이 있고 다른 한편으로 구금과 고통과 심지어 죽임마저 당하는 민주화

---

10_김영하 소설 『무협: 학생운동』(아침, 1992)은 당시에 대단한 인기를 얻었다. 한국에서 『삼국지연의』는 스테디셀러이며 홍콩에서 제작된 각종 무협 영화는 비디오 시장에 넘쳐 났다.

운동의 선한 세력이 있던 시절이었다"(김영하 1992, 책 속표지). 무협 장르를 통해 당대 상황을 문학적으로 재현하고자 한 노력은 학생들 중에도 있었다.[11] 이들은 학생운동의 대의를 선과 악, 정의와 불의, 민주와 반민주 사이의 대항으로 보고자 한 것이다. 좀 더 노골적인 형태의 비판은 정부의 가차 없는 탄압을 받았기에 당시 무협 소설은 더욱더 인기를 끌었다.[12]

　권선징악의 개념은 당시 법정에서 펼쳐진 드라마를 통해 구현되기도 했다. 권인숙 성고문 사건에 대한 재판이 그것이다. 권인숙은 당시 공장 활동을 위해 대학 4학년 때 학교를 자퇴한 학생으로서(권인숙에 대해서는 이후 6장에서 상술한다), 널리 보도된 그녀의 재판 과정에서 그녀의 변호인단은 권인숙이 도덕적으로 큰 용기를 가진 사람임을 강조했다.[13] 그녀가 명문 대학의 학생 신분을 포기한 것은 숭고한 희생의 행위로서, 한국 사회의 '온갖 불의와 비리'에 맞서는 '젊음의 순수한 양심'이자 '도덕적 결단'의 행동이었다. 변호인 측은 한국 현대사에 나타난 '도덕적 피폐함'과 '오랜 식민지 경험과 분단 체제의 지속으로 인한 사회적

---

**11**_1974년에 연세대 3학년이던 한 학생은 무협 소설을 썼다는 죄목으로 2년 형을 선고받았다. 1981년에 박용창은 자신의 무협 소설로 인해 감옥 생활을 2년 했는데 이 소설은 집권 세력을 부정적으로 묘사한 탓에 적을 이롭게 한다며 '이적물'로 분류되어 금서 처분을 받았다(신준영 1990b, 141).

**12**_웨슬리 사사키-우에무라의 개인적 전언에 따르면, 도쿠가와 시대(1603~1867년) 일본에서 많은 작가와 극작가가 당대의 지도자들을 비판하기 위해 표면적으로는 과거 시대의 이야기들을 다루었다고 한다. 사사키 우에무라는 또한 근래의 미국 사례로 로버트 알트먼 감독의 영화 〈MASH〉를 들었다. 이 영화는 한국전쟁을 무대로 하고 있지만 실제로는 베트남전쟁을 비판하고 있다고 미국인들은 이해하고 있다.

**13**_이 대목과 다음 문단의 모든 인용문과 참조는 고영구 외(1986, 1-2)로부터 가져온 것이다.

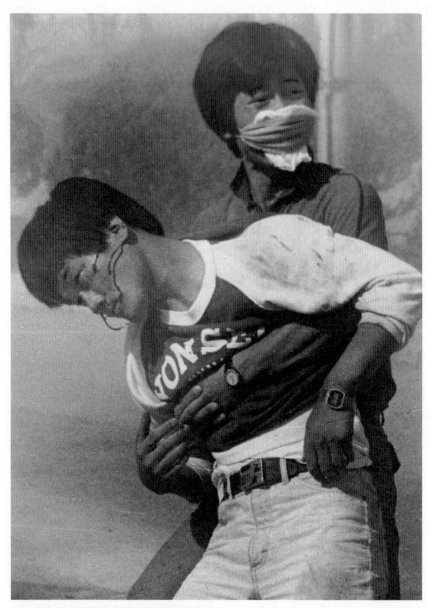

| 1987년 6월 8일, 최루탄에 맞은 연세대 3학년 이한열 | 중앙일보사 제공

| 1987년 7월, '한열이를 살려내라' 걸개그림과 학생집회 | 중앙일보사 제공

양심의 마비'를 환기시켰다. 한국 현대사는 권선징악을 미처 구현하지 못했다는 것이다. 요컨대 단 한 번도 "반민족적이고 반민주적이며 반사회적인 세력에 대해 적법한 처벌을 가한 적이 없었다"는 것이다.

변호인 측은 계속해서 변호하길, 이런 "뒤틀린 역사"에서 자신들 세대는 "권력과 권위를 추종하고 일신상의 안락만을 추구하면서 지극히 개인주의적이고 비겁하게 속 좁은 마음을 지니도록" 배웠다고 한다. 그들 세대가 사회에서 배운 것은 불의한 권위에 대한 저항은 "계란으로 바위를 부수려는 일처럼 무모한 행위로서, 빈민과 억눌린 사람에 대한 관심은 자신이나 가족이 위험에 처했음을 알리는 빨간 신호일 따름"이라는 것이었다. 하지만 권인숙은 새로운 세대로서 "우리의 살아 있는 도덕과 사회적 양심을 대변했다. 이런 양심은 4월 학생 혁명의 분출에서 전태일의 죽음, 그리고 광주 대학살의 재앙을 거치면서 서서히 살아나고 있었다"고 변호인 측은 주장했다. 학생들의 도덕적 특권 담론이 기존의 '도덕적 풍토'에 기초했던 것처럼, 권인숙의 변호인단 또한 기존의 도덕적 특권 담론에 의거했다.

이처럼 뿌리 깊은 도덕적·역사적 책임 의식은 학생운동에 관여한 자들 사이에 "원죄" 의식이라고 밖에 표현할 수 없는 의식을 고무시킨 것으로 보인다. 여러 법정 기록을 보면 "죄를 범"한 것 같다는 피고들의 진술이 넘쳐나는데 이런 죄의식은 대개 광주항쟁과 같은 구체적인 역사적 사건과 관련된 것이었지만, 다른 한편으로 이 죄의식은 당시 학생 세대가 일반적으로 느꼈던 "역사에 대한 책임" 의식의 일부이기도 했다.[14] 그동안 살아오면서 사회 문제에 대해 '무지'했거나, 구조적 문제에 대한 '개인적' 해결책을 추구했던 것 또한 역사 앞에 무책임한 것으로 간주되었다.

## 지식과 행동의 일치

학생운동 참여자들에게 도덕적 권위란 자신이 아는 것을 실천하는 것, 즉 지행일치知行一致로부터 나왔다. 자신의 동료나 후배를 나무라는 흔한 방법은 '너는 왜 네가 아는 것을 실천하지 않는가 혹은 못하는가?'라는 물음이었다. 지행일치를 실천하는 사람은 또한 고결한 도덕성을 지닌 사람으로 간주되었다. 운동권은 서로를 도덕성을 우위에 두는 사람들로 여겼고, 도덕성을 기준으로 자신들의 행동을 정당화했다. 이 같은 도덕주의적 비판 앞에서는 누구도 적절하게 응대할 수 없었다. 어떤 논쟁으로도 '개인주의적' 행동을 정당화할 수 없었던 것이다.

운동권 문화는, 자명한(당위적인) 역사적 의무 앞에서 개인적 야망과 행복의 추구를 버릴 것을 요구했다. 또한 특정 계급의 일원으로서 누리거나 누릴 수 있는 기득권을 포기하도록 요구했다. 김영애는, 1982년의 부산 미국문화원 방화 사건에 연루되어 실형 선고를 받은 후, 같은 사건으로 실형 선고를 받은 김현장과 옥중 결혼식을 치렀으나 혼인신고는 미루었다. "나는 행복한 가정생활을 포기했다. 역사가 내 남편으로 하여금 자신의 가정 행복을 누릴 수 없도록 하기 때문에, 우리는 올바른 역사를 추구하는 대신에 사적인 행복을 추구하지 않기로 결심했다"(조성관 1989, 354).

기득권의 포기를 요구하는 당위성의 힘은 1980년대에 대학생과 지식인이 노동 현장으로의 대거 이동하는 실로 독특한 현상의 원인을 일

---

**14_** 당시 학생운동 리더였던 허인회는 재판을 받던 중에 이렇게 진술했다. "나 역시 역사 앞에 죄인이었다"(허인회 1986, 45).

부 제공하기도 한다(이에 대해서는 6장에서 상술한다). 학생과 지식인이 공장으로 대규모 옮겨간 데는 여러 가지 사회정치적 요인, 사회주의적 이념의 영향, 운동권의 내적 역학 관계와 같은 이유가 있다. 그러나 이들의 결정은 대부분 도덕적 특권 담론이라는 틀 안에서 이루어졌고, 이 같은 대규모의 '인구 이동'은 엄격히 보면 이념적이라기보다 도덕적인 것이었다.


## 3. 운동권의 비공식적 제도

이렇듯 도덕적 특권 담론은 지식인의 역사적 역할에 대한 스스로의 의식과 지식인 역할에 대한 사회적 인식으로부터 나온 것이다. 이 같은 담론을 수반하는 몇몇 비공식 제도들이 있었는데, 이는 학생운동을 정치적으로 효과적이게 하고 조직적으로 지속 가능하게 했다. 이 같은 비공식 제도에는 학교 선배와 후배 사이의 밀접한 관계의 유대에서 나오는 대인 관계망, '학습' 동아리('스터디 그룹') 멤버들 사이에 이루어진 다양한 연세망 등이 있었다. 근내 교육 체세가 도입된 이래로 한국에서는 이들 비공식적 연계망이 대학 생활의 중추를 이루어 왔다. 나중에 더 논의하겠지만, 이들 비공식 제도는 또한 학생운동을 대항 공론장으로 유지하는 데 긴요한 역할을 한다.

학생들의 말과 행동은 이와 같이 역사적·사회적으로 구성되었고, 기존의 사회적·문화적 코드 내에서 '수행적으로 배치된'performatively deployed 것이었다. 따라서 개혁을 원치 않는 비민주적 정권이 학생운동의 부상에 구조적인 원인을 제공했다면, 노동자의 비인간적 처우 개선을 요구하며 분신자살한 전태일의 일기, 비공식적으로 유통되는 광주항쟁 기록물 및 자료, '수정주의' 학자들이 내놓은 한국전쟁에 대한 '급진적' 해석, 주변 선배의 투옥 등은 학생 한 명 한 명의 행동을 이끌어 냈고, 1970년대와 80년대 학생운동 전반에 상징적 응집력과 정치적 힘을 부여했던 것이다.

## 선배-후배 연줄망

이 같은 비공식 제도 가운데 가장 먼저 검토할 것은 선후배 연줄망이다. 나이와 위계 서열이 유효하게 작동하고 출신 학교와 지역 연고가 사회관계에 도움이 되는 한국에서, 학교 선후배 관계는 아직까지도 가장 중요한 '사회적 자본' 가운데 하나다. 선후배 관계의 친밀성이나 유의성의 정도는 개인마다 상당히 다르다. 1970년대, 대학 내 서클들이 정부의 탄압을 피해 지하활동을 할 수밖에 없을 때, 선후배 관계는 운동에 입문하는 유일한 관문이었다. 선배의 소개로 지하 서클에 가입하는 것이 보통 학생들이 운동권에 가담하는 계기가 되었다. 1980년대, 운동권 선배는 개별 운동권 학생의 이념 성향을 규정하는 데 중요한, 경우에 따라서는 결정적인 영향을 미쳤다. 그런 만큼 1980년대 중반에는 "선배가 NL이면 후배도 NL일 것이다"[15]라는 말이 나돌았다. 1980년

---

15_박동 면담(1993/02/12~13). 다른 한편, 선배가 없는 신생 고교 출신 학생들은 얼마간 학생 활동 과정에서 자유로웠다. 선배로부터 지나친 이념적 지도나 영향을 받지 않았기 때문이다 (심상정 면담, 2005/08/03). 또한 많은 학생들이 자신이 속한 대학이 아닌 다른 대학의 지하

대 중반까지도 지하 서클은 '패밀리'라고 불렸고, 패밀리들이 합치면 '하우스'[16]라고 불렸던 것은 단순한 우연이 아니었던 것이다.

선후배 관계를 엄격히 위계적이거나 일방적인 관계로만 본다면, 그 것은 오해다. 가족 내 동기간 관계처럼 올바른 선후배 관계는 상호 존중과 상호 의무를 수반했다. 선배가 도덕적 안내자, 조언자, 역할 모델이라면, 후배는 선배가 책임감을 느끼는 존재다. 후배 때문에라도 운동 권에서 더욱 솔선수범한 선배들이 종종 있었는데, 특히 자신이 지도한 지하 세미나를 통해 운동권에 대해 확신이 없던 후배가 입장을 확고하게 굳힌 경우라면, 선배는 후배에 대한 책임을 더욱 느꼈다. 이렇게 선배나 후배에 대한 책임감 때문에 운동권에 남아 있는 학생을 발견하는 것은 그리 이례적인 일이 아니었다.

고려대 남학생 최인철의 경우가 이런 경우를 보여 준다. 최인철은 82학번으로 입학 후 첫 6개월 동안 선배와 친교를 나누며 지냈다. 그 기간 동안 단 한 번도 강의실에 들어가지 않고, 술을 마시고, 정치 문제를 고민하고, 운동 가요를 배웠다. 그러던 중, 한 선배가 바로 자신의 눈 앞에서 경찰에 끌려가면서 그에게 운동을 이어갈 것을 촉구했다. 동료 학생들이 하나둘 운동권에서 빠져나가고 부모 또한 그가 집안의 유일한 희망이니 부니 공부만 하라고 설득했지만 그는 선배의 말이나 선배와의 약속을 물리칠 수 없었다고 한다.[17]

---

서클에도 가입하곤 했는데, 여기서도 마찬가지로 선배-후배 관계를 형성했다.

**16_**김종민 면담(1993/05/26).

**17_**최인철 면담(1993/02/14).

최인철은 또한 그 선배의 영향으로 자기 안의 뿌리 깊은 반공주의를 점차 부스러뜨렸다. 그때까지만 해도 금기의 주제였던 1940년대와 50년대 지리산 무장 게릴라 운동에 대해 선배가 거리낌 없이 이야기할 때, 그는 처음엔 무척 당황스러웠다. 선배가 "우리는 학교에서 제적당하면 게릴라 운동을 일으켜야 한다. 우리는 북한의 지원을 요청할 것"이라며 명백한 친북 감정을 나타냈을 때는 혼란스럽고 불안하기도 했지만 이는 그의 반공 신념에 점차 균열을 일으켰다.[18]

선배-후배 관계는 학생을 예기치 못한 위험 상황으로 이끌 수도 있었다. 역사적으로 보면 1945년 이후 수많은 사람들이 반국가 사범으로 낙인찍힌 선배나 후배와의 관계(어떤 경우에는 의도치 않게, 또 알지 못한 채)로 인해 체포·고문·수감되었다. 박원식은 1982년 부산 미국문화원 방화 사건에 연루되어 체포된 후 혹독한 고문을 받고 7년 형을 선고받았다. 그는 방화 사건이 일어나기 전 선배 문부식의 요청으로 팸플릿을 배포했으나 방화 계획은 전혀 모르고 있었다(김은숙 1988, 87-88). 김남주는 남민전 조직의 일원이라는 이유로 15년 동안 감옥 생활을 했다. 그는 조직에 대해 별로 묻지도 않고 남민전에 가입했는데 이는 조직의 멤버들이 자신이 믿을 수 있는 선배나 동기들이었기 때문이다("공소장 소위 남조선민족해방전선 사건 신향식 외 18명," 1979).

---

18_최인철 면담(1993/02/14).

## 문건의 배포

선후배 유대와 더불어 학생운동에서 필수적인 또 하나의 활동 중 하나
는 각종 문건의 배포였다. 여기에는 금서禁書(원서, 즉 외국도서 및 국내 도
서 포함), 팸플릿, 지하 소식지, 전태일 같은 상징적 인물의 일기, 그리고
옥중 학생들의 호소문 등이 망라되었다.[19] 지하 소식지와 팸플릿은 종
종 운동권과 일반 모두를 겨냥했다. 운동권을 대상으로 한 인쇄물은 정
세 분석과 향후 행동 지침을 제공했다. 공개적인 통신수단이 부재한 상
태에서 지하 문건과 금서의 배포는 중요한 소통 수단이 되었고 운동을
지속시키는 힘이 되었다. 이런 이유로 지하 문건의 복사와 배포는 학생
운동의 필수적인 활동 영역 가운데 하나였다.

1970년대 말부터 80년대 중반까지 운동의 양식은 운동의 내용만큼
이나 중요했다고 볼 수 있다. 운동의 주요 이념적 흐름을 때로는 특정
팸플릿이 결정할 정도였다. 1980년대 초, 학생운동의 역할과 향후 방
향, 그리고 민주화운동, 이 둘 사이의 관계를 두고 대대적으로 펼쳐진
무림-학림 논쟁은 원래 "반제 반파쇼 투쟁 선언"이라는 유인물에서 점
화된 것이었다.[20] 그 후, 1985년 초에는 운동의 방향과 미래를 둘러싼

---

**19_**1986년에 재학생을 상대로 실시된 "서울대학생의 의식화에 대하여"라는 여론조사에서, 자신
의 의식화 과정에 가장 큰 영향을 미친 원인을 꼽으라는 물음에 대해 응답자의 43.5퍼센트가
인쇄물이라고 응답한 반면에, 교수는 2.6퍼센트, 동료 학생은 26.8퍼센트, 대중매체는 2.2퍼
센트로 나타났다(조돈만 1987, 244).

**20_**'무림' 그룹은 운동의 목표에 있어, 전두환 정권의 타도보다는 학생 복지 문제에 먼저 우선순
위를 두고 그 다음에 점진적으로 정치적 쟁점으로 옮겨가야 한다는 입장이었다. 이에 반해 '학
림' 그룹은 학생운동이 민주화 같은 정치적 쟁점을 제기해야 한다는 입장이었다. 이 논쟁은
1980년 내내 계속되었는데, 논쟁은 주로 팸플릿 배포의 형식을 띠었다.

또 하나의 유명한 "깃발-반反깃발 논쟁"이 동명의 팸플릿을 통해 전개되었다.

이들 문건의 배포는 쟁점, 태도, 기풍, 문화적 부호 등의 차원에서 운동권이 놀랄 만하게 높은 집단적 동질성을 유지하는 데 기여했다. 실제로, 예전의 한 활동가가 "위대한 문건 보급의 시대"라고 명명했던 이 시기에 민중운동의 '교과서'가 된 이론 문건이 많이 나왔다.[21] 마치 학생운동에 대한 통신 교육 과정이 있어 모든 사람이 강의를 듣는 것과 같았다. 1970년대 초 운동권의 지하 문서는 원서 아니면 (거친 번역 상태였지만) 일본어 번역으로만 읽을 수 있었기에, 운동가들은 독일어나 일본어를 학습해야만 했다. 문건의 대부분은 정부의 금서 목록에 올라 있기에 한편으로는 더 호기심을 자아냈고, 다른 한편으로는 도서 구입이 쉽지 않아 온갖 방법을 다 동원해야 했다.[22] 이렇게 구입한 도서는 그 소지 자체가 국가보안법 위반이었기 때문에, 좀 더 학식 있는 동료 학생이나 교수들로부터 도움을 받을 만한 입장에 있지 못한 운동권 학생에게는 그 내용을 이해하는 일이 또 하나의 힘겨운 도전이었다. 한 학생은 마르크스와 레닌의 한국어 번역본을 놓고 조금이라도 더 이해하고 싶은 마음에서 크게 소리 내어 읽었다고 회고했다.[23]

학생운동 문화는 근본적으로 문인文人 문화로서 예를 들어, 비록 "극히 소수만이 그 책을 읽었고 다수는 그저 읽은 체만을"[24] 했을지언정,

---

21_ 정철영 면담(1993/01/14).

22_ 1987년 10월에 이르러 마침내 당시의 문화공보부는 특정 출판물이 합법적인지에 대한 검토할 수 있는 '권리'를 포기했다.

23_ 김수경 면담(1993/04/02).

칸트의 『순수이성비판』을 읽는 것은 필수적인 것으로 간주되었다. 일단 (대부분 서구에서 온) 이론 텍스트가 지하(나중에는 공식) 배포망에 유입되면, 운동권은 한 달도 안 돼 텍스트의 내용을 서툴게나마 구사했다. 1980년대 초 운동권에는 일련의 '이즘(주의)'이 쇄도하다가 곧 사라지는(어떤 '이즘'도 6개월 이상 지속되지 않았다[25]) 가운데 레닌주의와 마르크스주의가 굳건한 지지 기반을 얻었다. 그리고 앞서 3장에서 다루었듯이 1980년대 중반부터 북한의 주체사상이 운동권을 휩쓸었던 것이다.

1980년대 초에서 중반까지 주요 텍스트는 레닌의 『무엇을 할 것인가』와 마르크스의 『자본론』이었다. 학생들은 이 책들의 내용을 정독하고 암기하며 운동권이 수행해야 할 '투쟁'에 절박감과 긴박감을 부여했다. 한 운동권 출신은 당시 레닌의 『무엇을 할 것인가』를 읽으며 "레닌이 1983년 남한의 현실에 근거해 그 책을 쓴 것 같다"[26]고 생각했다. 학생들이 운동의 성숙도를 가늠할 때 기준이 되는 것은, 자신들의 운동이 러시아혁명의 발전 과정과 어느 정도 일치하는가였다. 김수경은 『자본론』 독서 체험에 대해 이렇게 말했다. "『자본론』의 설명은 너무 생생해서 나는 내 가슴이 막 뛰는 소리를 들을 수 있었다. 영국의 산업 발전에 대한 설명 부분은 남한과도 너무나 비슷해서 나는 단어 하나하나에 감탄 부호를 붙이고 싶었다."[27]

---

**24_** 정철영 면담(1993/01/14).

**25_** 박동 면담(1993/02/12~13).

**26_** 김수경 면담(1993/04/02).

당시 운동권 내부에서 입수·배포할 수 있는 서적은 번역물로 국한되었으며, 학생들이 손에 넣을 수 있는 텍스트는 극도로 압축된 마르크스주의와 레닌주의였다. 이를 일컬어 한 학자는 "팸플릿 마르크스주의"라고 하기도 했다(Choi Won-shik 1995, 8). 마르크스주의와 레닌주의에 대한 비판서들은 1950년대부터 서구에서 널리 유포된 바 있는데, 이런 책자들이 운동권 내부에서는 거의 보급되지 않았다. 원서를 번역하는 우선순위는 운동의 현 단계에 적극 부응한다고 여겨지는 책자였다.[28] 실로 레닌은 많은 운동가에게 '절대 과학'이 되었다. 레닌은 분석, 비판, 혹은 논쟁의 대상이 아니었다. 수용만 하면 되는 것이었다. 한 운동권 출신에 따르면 "이론이 현실을 규정했고, 현실은 마르크스주의와 레닌주의에 따라 재규정되었다."[29]

1983년에 금서 목록 일부가 해제되고 복사 기기가 확산되면서 1980년대 중반부터는 다양한 책자들이 널리 또 빠르게 퍼져 나갔다. 대학에서 제적된 운동가 다수는 출판사 사장, 편집자, 작가, 번역가 등으로 변신해, 그런 책자의 보급에 일조했다. 1980년대 초에 운동권 출신이 설립한 출판사는 16곳이었는데, 1987년에 이르러서는 그 수가 24곳으로 늘어났다(Lee Ho-Ill 1995, 118-120).[30] 이들 출판사는 주로 '운동

---

27_ 김수경 면담(1993/04/02).

28_ 정과리(1994, 1421)를 참조할 것.

29_ 정철영 면담(1993/01/14).

30_ 고려대 지하신문 발행과 연루되어 제적당한 뒤 나남출판사를 세운 조상호에 따르면, 1970년 대와 80년대 저항운동의 일환으로 출판 사업에 앞장선 사람들은 세 그룹으로 나누어 볼 수 있다. 해직 언론인, 해직 교수, 제적 학생이 바로 이들이다(조상호 1999). 김언호 또한 대항 문화 출판사로 유명한 한길사를 설립한 사람으로서, 그는 1975년 『동아일보』에서 해직당한

권 책'을 출판했는데, 이는 사회주의에 관한 고전 저서, 세계 자본주의와 한국 경제, 노동자 및 농민 운동, 그리고 한국의 정치와 역사에 관한 저서를 포함했다.


## 서클과 세미나

텍스트의 보급이 운동권 내에서 주요 이슈의 지형도를 그려 주는 역할을 했다면, 이른바 '커리'라고 불리던 필독서 목록과 서클 활동은 이들 이슈를 운동권 내의 공공 지식으로 유포시키는 역할을 했다. 한국 학생운동사를 통틀어 서클은 늘 중요한 매개체였다. 대개 정치적으로 의식적이며 열의가 있는 사람들이 서클에 모였으며, 서클은 점차 학생운동을 준비하는 장이 되었다. 1950년대에는, 회원 수가 그리 많지 않은 소수의 서클만이 국가가 후원하는 학생 조직을 탈피할 수 있는 유일한 대안이었다. 이를테면 서울대에 '신진회'란 서클이 있었는데 대부분 정치학과 소속 학생이었고, 존속 기간(1956~60년) 내내 회원은 15명을 넘지 않았다.[31]

국가 정보기관은, 공개 서클이든 지하 서클이든, 서클의 존재와 학생 시위를 늘 연계시켜 생각했다.[32] 1964년 한일회담 반대 시위에서도

---

언론인 출신이다(김언호 1997).

**31_** '신진회'는 소수의 폐쇄적인 조직이었다. 새 회원은 가족 배경, 학교 기록, 이념 성향에 대한 철저한 검토가 이루어진 후 가입이 가능했고, 기존 회원의 만장일치하에 가입이 허용되었다 (Han Sung-joo 1974, 198-199).

**32_** 학생 사회 및 운동권 동향을 분석하는 국책 연구소들은 운동권 지하 서클과 학생 시위 사이

대학 서클 회원 다수가 핵심적인 주동자였다. 서울대 법대의 '사회법학회'와 정치학과의 '민족주의비교연구회'의 소속 멤버들은, 뒤에 살펴보듯이 10년 후에 민청학련을 결성하는 데 결정적 역할을 했다.

1983년 정부의 학원 자율화 정책과 더불어 서클 활동은 대체로 공개적이고 합법화되었다. 이들 서클은 각종 세미나와 토론회를 이끌어 갔다. 비밀리에 또는 공개적으로 공장, 농촌, 빈민 지역 등 때와 장소를 불문했다. 엠티MT라고 불리던 집중 세미나는 방학이나 휴가일에 이루어졌다.[33] 학생들은 학과의 정규 강의보다는 서클의 세미나를 우위에 두었고, 심지어 서클 관련 과제를 수행하기 위해서만 학교에 가는 경우도 있었다. 이런 세미나는 특히 신입생들을 힘들게 하기도 했지만, 다른 한편 지적으로 고무적인 경험이 되기도 했다.

학생운동 출신 다수는 스터디 그룹을 통해 엄청난 분량의 책을 읽었다고 회고했다. 일례로, 한 학생은 1983년 대학 2학년 동안 종속이론, 해방신학, 유로 코뮤니즘 관련 서적을 독서하고, 덧붙여 정세 분석 관련 서적, 다양한 국가(러시아, 중국, 필리핀, 볼리비아, 쿠바, 니카라과, 제2차 세계대전 당시의 반파쇼인민전선)에서 벌어진 혁명운동 사례, 철학, 정

---

의 긴밀한 연관성을 주장했다. 일례로, 내외정책연구소는 1981년의 학생 시위를 분석하는 내부 문건에서 "시위 주동자들은 회원들에게 부정적이고 혁명적인 사고를 고취시키는 것을 목적으로 하는 일부 좌익 성향의 서클과 직간접적으로 연루되어 있다"고 했다. 이 문건의 작성자들은, 또한 대학가에 시위가 늘어난 이유는 부분적으로 지하 팸플릿이 늘어났기 때문이라고 주장하고 있다(Naewae Research Institute on Policy 1982, 245). 중앙정보부와 국가안전기획부는 다양한 운동권 조직이 펴낸 출판물을 분석하는 보고서를 숱하게 만들었다. 이에 대해서는 국가안전기획부(1989)를 참조할 것.

33_『중앙일보』에 따르면 1986년에 서울 지역에서만 22개 대학에 운동권 서클이 72개 있었으며 이는 한 해 전 19개 대학의 51개 서클에 비해 늘어난 것이었다(『중앙일보』 1986/02/16).

치경제학, 사회운동론 등의 서적을 읽었다고 한다.[34] 또 다른 학생은, 경제사, 자본주의, 세계 혁명운동 등을 주제로 한 "세미나를 통해 여러 시대의 역사와 나라를 조망해 볼 기회를 얻었다"고 했다.[35]

## 대학생 김수경의 사례

1979년 이화여대에 입학한 김수경은 대학 생활 초기에는 서클에 가입하면 '세뇌'당할 수 있다고 우려했다.[36] 하지만 그녀는 세미나에 끌렸고 '체계적인 방법을 통해 많은 것을 배우고 있는 것 같은' 세미나 참여자들이 부럽기만 했다. 그녀는 독서 목록을 구해 혼자서 세미나를 시작했다. 그러면서 자신이 읽은 책의 내용 대부분에 자신이 동의하고 있음을 발견했다. 특히 『말콤 X의 자서전』과 『정글』은 비인간적 권력에 맞서는 개인의 용기를 보여 주는 사례로 다가와 그녀를 감동시켰다.[37] 1979년 박정희 대통령이 피살되고 난 후 휴교령이 내려졌다. 다시 1980년 봄 새학기가 시작되자 그녀는 농촌 봉사 활동 참가자를 모집하는 서클을 자발적으로 찾아갔다.[38] 그때 한 동료 학생이 그녀에게 다가와 서클

---

34_ 허인회 면담(1993/02/19).

35_ 김종민 면담(1993/05/26).

36_ 김수경 면담(1993/04/02).

37_ 이 두 책은 1982년까지 금서였다.

38_ 대학생들은 학생운동의 일환으로, 그리고 비운동권 학생을 자신들의 활동에 포함시키는 차원에서 방학 중에 농촌 활동(농활)을 전개하고, 농번기에 농사일을 돕거나 아이들을 돌보아주는 활동을 했다. 1980년대에 거의 모든 대학생 조직이 '농활'을 했다. 1983년 교육부는 대학생의 농활을 금지했지만 학생들은 이에 아랑곳하지 않고 1980년대 내내 농활을 계속했다.

을 만들자고 제안했다. 서클에 대한 두려움이 이미 사라졌기에 그녀는 그 서클을 대학의 문학 동아리로서 공식 등록했다.

광주항쟁 발생 이후 그녀의 선배 대부분은 도피 생활에 들어가야만 했고 다수의 서클 멤버들이 집에서 칩거했기에, 그녀는 소수의 친구들과 세미나를 계속 이어갔다. 운동과 세미나의 방향성이 불확실한 상황에서 그녀와 친구들은 다음과 같은 말만 구호처럼 반복했다. "이것이 아마 [이 책이] 뜻하는 바 일 거야." 그녀가 3학년이 되자 나머지 멤버들은 그녀가 선배로서 서클을 활성화시킬 것을 기대했다. 그녀는 많은 고민과 숙고 끝에 그렇게 하기로 결심하고 독서 목록을 짰다. 몇몇 친구들의 추천을 받아 이제 그녀가 후배를 '지도'하게 되었다.


## 4. 일반 학생에서 운동권 학생으로

도덕적 특권 담론과, 담론적 실천으로서의 각종 비공식 제도가 대항 공론장을 이끄는 세력으로서의 운동권을 만들어 내고 구성했다면, 개별 학생은 실제로 어떻게 운동권 학생이 되었는가? 일반 학생이 운동권 영역에 들어가게 되는 계기는 무엇이며, 어떻게 운동권에 남아 적극적으로 활동하게 되는가? 이 책에서 다루는 시기를 통틀어 공통적으로 나타나는 기본적 패턴이 보이긴 하지만 또한 각 시기별로 상당한 차이가 발

---

정부 당국의 농활 금지 조치는 1988년에 공식 철회되었다.

견되기도 한다. 이에 필자는 이를 1970년대 초부터 70년대 중반의 '민주화 염원 시기', 1970년대 중반부터 70년대 말의 '긴급조치 시기', 1980년대 초부터 80년대 말의 '학원자율화조치 시기'를 나누어 논의하고자 한다.

1970년대와 80년대 중반까지 대부분의 학생들에게 대학 생활은 전적으로 실망스러운 것이었다.[39] 학생들은 대체로 대학 입학 전까지는 자유, 정의, 진리 같은 고상한 이념에 대한 추구에서부터 옷차림이나 머리 모양[40] 같은 일상적 욕망에 이르기까지 모든 것을 유예시켰다. 복잡하고 까다로운 입시 절차에도 그 이유가 일부 있겠지만, 학생들은 대부분 자신의 적성을 고려해 전공 학과를 선택하기보다는 대학 입학 가능성 여부를 주요한 척도로 삼았다. 대부분 자신의 전공 분야에 대해 특별한 정보나 지식이 없었으며, 전공 분야에서 무엇을 기대해야 하는지 몰랐다. 대학 생활은 낭만과 자유, 흥분으로 가득 차 있을 것이라는 막연한 기대가 있었을 뿐이다.

이렇게 대학에 들어온 학생들이 직면한 것은 먼저 부실한 강의와 교과목이었다. 이들 교과목 일부는 고등학교 시절의 그것과 별반 다를 바 없었다. 그 다음으로 이들이 대학에서 본 것은, 기관원이라 불리는

---

**39**_1981년 24개 대학에서 대학 생활 의식조사가 실시되었다. 조사에 따르면 응답자의 53.3퍼센트가 '불만족'을 표명했고, 18.6퍼센트는 '다소 만족'을 나타냈다. 교육 관련 항목에서 대다수 학생은 '교수와 강의의 부실함'을 지적했는데 그런 불만의 가장 큰 원인으로 교수들의 강의가 현실과는 너무 동떨어졌다는 것을 꼽았다. 그 다음으로 많이 지적된 것은 학생들의 자율성 결여였다. 고영복(1991, 300-301)을 참조할 것.

**40**_중·고등 학생은 1983년까지 의무적으로 교복을 입었고 단발머리를 했는데 이는 일제강점기부터 유래한 관행이었다.

국가 요원이 교내 곳곳에 산재해 있는 풍경이었다. 이들은 뜨거운 토론을 벌이던 선배와 동료들이 그 다음 날 경찰에 붙잡혀 끌려 나가는 광경을 지켜보았다. 학생운동에 참여하게 된 많은 학생들에게 '선배'는 강의실에서 이루어지는 수업이나 교수보다 더 많은 지적 자극과 진정한 인간관계를 제공했다. 이들 학생은 점차 여러 서클을 소개받았고, 서클에서 이루어지는 다양한 세미나에 몰두하게 된다. 학생운동 조직이나 서클 등에서 이루어지는 이와 같은 '질적으로 다른 조직 생활'은 빈민가나 농촌, 또는 공장에서 일해 보거나 동료 누군가의 재판 과정에 참석하는 등 생애 처음으로 맛보는 생생한 경험과 맞물리면서 개별 학생들을 운동권으로 이끌었다.

## 1970년대 초 민주주의 염원 시기

김병곤의 경험은 1970년대 초 대학에서 선배, 서클, 그리고 운동권 입문이 상호 교차하는 것을 보여 준다.[41] 1970년 서울대에 입학한 김병곤은 그해에 (같은 대학에 재학 중인 고등학교 선배를 통해) 서클을 소개를 받았다. 그때만 해도 그는 문제의 서클이 서울대에서 가장 오래된 서클이라는 점, 또는 이로 인해 그 자신이 얼마 후 학생운동에 관여하게 될 줄을 미처 깨닫지 못했다. 그는 서클 멤버들이 마음에 들었으며 또 그들이 토론하는 문제들도 마음에 들었다. 운동가로서의 그의 삶은 바로 대

---

[41]_이 문단과 다음 두 문단에서의 정보 및 인용은 김병곤기념사업회준비위원회 편(1992, 46-171)에서 따온 것임.

학 1학년 첫 학기부터 시작되었다. 그는 사회과학 이론을 공부하면서 노동자와 도시 빈민의 생활 실태를 조사하는 일에 전념했다. 그때까지도 그는 자신이 무엇을 해야 하는지 몰랐고, 자신이 가담한 서클의 성격도 명확히 몰랐다. '비참한' 노동자와 빈민가의 실태를 목격한 후 그는 학생운동의 목적이 사회에 만연해 있는 불의나 불평등을 바꾸는 것이라는 막연한 생각을 갖게 되었다.

1970년대 초 대학 서클은 학생운동의 가장 중요한 기반이었다. 그러나 그들의 활동은 대부분 학술적인 것으로 끝났다. 김병곤의 서클 역시 일주일에 한 번 세미나를 열었는데, 독서 목록은 서점에서 구입할 수 있는 것으로 한정되었다. 당시만 해도 금서를 몰래 복사하는 정교한 시스템이 없었던 탓이다. 서클 멤버들이 가장 기다렸던 것은 뒤풀이 시간이었고, 이런 친교 모임은 빈번하게 있었다. 세미나 참석자들은 술집으로 자리를 옮겨 토론을 이어갔는데, 이 자리에는 1960년대 학번의 서클 선배들도 동참하곤 했다. 당시 서클 출신이던 한 사람의 회고에 따르면 "역사의 동력은 민중인가 엘리트인가", "운동의 최우선 과제는 [개인의] 자유인가 [사회의] 평등인가"란 주제를 놓고 밤샘 토론을 펼친 적도 있다고 한다.

명문 대학의 서클들은 오랜 전통을 가진 절차와 규약이 있었다. 김병곤이 가입한 서클은 신입생 환영회를 서울 근교 야외 캠프장에서 개최했다. 그의 직계 선배를 비롯해 1960년대의 졸업생 선배들도 신입생 환영회에 참석했다. 환영회는 신입 회원마다 자기 내력, 세계관, 정치적 견해, 미래 계획 등을 밝히는 '보고'로 시작되었다. 이런 자기소개 다음에는 선배의 촌평이 따랐고, 더 많은 토론과 음주와 노래 부르기가 이어졌다. 이런 모임에서는 막걸리와 담배가 필수적이었다. 일부 학생들에게 이런 자리에서의 극도로 친밀하면서도 극도로 집단적인 체험은 "경이와 두려움으로 가득 찬 새로운 세계, 아무도 '아니다'라고 말할 수 없는 그런 신세계의 시작이었다."

박정희 정권은 1971년 위수령을 발동했다. 모든 대학은 휴업에 들어갔고 서클 활동 또한 불법화되었다. 김병곤의 서클 회원 대부분은 군대에 강제적으로 징집되었고,[42] 서클 모임은 외딴 곳에서 계속 진행되었다. 발각될 경우 회원들은 큰 위험에 처하게 되었다. 그들은 은밀하게 연락을 취했고, 만남이 이루어져야 할 때는 제임스 본드 못지않게 복잡한 방법을 고안해 냈다. 예를 들어, 어느 모임이 끝나고 한 사람이 숫자 135를 말하면, 이는 다음 모임 장소가 135번 버스 종점 부근임을 의미했다. 거기에 도착하면 미리 기다리던 한 사람이 "서향"이라고 외치는데, 모임은 종점 서쪽의 첫 번째 음식점에서 열렸던 것이다. 커피숍에서의 모임은 점점 불가피해졌고 인기를 끌게 되었다. 김병곤이 뒤늦게 연루된 민청학련 사건에 대한 법정 기록을 보면, 이 그룹은 두 주 동안에 43개의 각기 다른 커피숍에서 총 63회의 모임을 가졌다.[43]

---

**42**_남학생 시위자들은 강제로 군대에 끌려갔는데 때로는 아무런 사전 고지가 없는 경우도 있었다. 1980년대부터 시위 전력자들은 강도 높은 심리적·물리적 폭력을 당했으며 운동권에서 활동하는 동료들을 밀고하라고 종용받기도 했다. 이런 상황에서 동료나 친구를 밀고할 수 없거나 밀고한 후 죄의식을 못 이겨서 일부 학생은 자살하기도 했다. 전두환 정권(1980~88년) 하에서만 적어도 열두 명의 운동권 출신이 강제징집 후 군에서 사망했다(조희연 2002, 25, 30).

**43**_"제1심 소송 기록: 민주청년학생연맹," 기록일자 미상, 미간행 법정문서.

## 민청학련 사건

민청학련 사건은 1970년대 초 학생운동 진영에서의 서클 운영과 선배
-후배 연줄망을 이해하는 데 적합한 사례다. 1974년 4월 3일 유신헌법
에 항의해 각 대학에서 분출되었던 대규모 시위 직후, 박정희 정권은
긴급조치 4호를 선포했다. 이 조치는 민청학련에 대해 국가 전복을 꾀
하는 반국가단체로 규정하고 민청학련과 관련된 일체의 활동을 금지
했다. 대학생, 종교 지도자, 정치인, 작가, 대학교수 등 총 1,024명이 민
청학년 사건에 연루된 혐의로 체포·구금되었고 그 가운데 7명은 사형
선고를 받았다.

민청학련은 어떤 이해관계나 주의에 근거한 조직이 아니었을 뿐더
러 레닌주의적 전위 조직은 더욱 아니었다. 그것은 본질적으로 사적인
관계, 출신 지역이나 학교, 대학 서클 등 모든 연줄을 통해 다져진 결집
체였을 뿐이었다. 민청학련의 주요 구성원이었던 이철에 따르면, 민청
학련과 직간접으로 연결된 그룹은 학교 선후배, 대학 내 학생운동가,
교회 청년회 중심의 기독교 학생운동가, 종교 지도자, 졸업생 선배, 반정
부 지식인, 정치인, 작가, 대학교수 등을 망라했다(이철 1991a, 247-251).

서울대 법대의 '사회법학회' 회원들은 서울대 정치학과 중심의 '민
족주의비교연구회' 회원들과 회동했다.[44] 이들은 광주 출신의 대학 선
배를 통해 전남 지역의 학생들과 접촉하고 있었다. 이들은 또한 경북대
의 여정남과도 접촉하고 있었는데, 그는 1960년대의 학생 지도자로서

---

44_민족주의비교연구회는 1963년에 창립되었다. 연구회 출신의 일부 선배가 1964년 인민혁명
　　당 사건에, 그리고 1967년 동백림 사건에 연루되었다.

이들보다 나이가 많았고 운동권 학생들과 연줄이 있었다.[45] 삼수 끝에 서울대에 입학한 이철은 동년배 고학년들과 사귀었고 여러 서클을 통해 폭넓은 인맥을 쌓았다. 민청학련의 또 다른 회원인 서중석은 당시 대학 생활 6년째였다. 그의 폭넓고 다양한 선후배 연줄은 민청학련의 조직에 핵심적 역할을 했다(이철 1991a, 247-251). 나병식 역시 적극적인 활동가이자 회원이었는데 학생운동에 전념하고자 1973년에 정규 졸업을 하지 않은 학생 가운데 한 명이었다.[46]

민청학련은 느슨했지만, 탄탄한 연줄망을 갖고 있었기에, 학생들은 이를 통해 저명한 정치·종교 지도자나 지식인들과 접촉할 수 있었다. 일례로, 나병식은 제2공화국 시절의 대통령 윤보선과도 만났다(김병곤 기념사업회준비위원회 편 1992, 48). 학생들은 또한 저명한 저항 시인 김지하와도 알고 지냈는데 그는 1966년에 서울대를 졸업했으며 지학순 주교와 박형규 목사 등 종교 지도자와도 친분이 있었다. 연세대 출신의 학생들도 같은 대학의 김찬국 교수나 김동길 교수로부터 정신적·재정적 도움을 받았다. 이철은 당시의 상황을 돌아보면서 민청학련 사건에 연루된 이들 개인의 권위나 지위가 없었더라면 관련 학생들은 사형을 면치 못했을 것이라고 회고했다(이철 1991a, 251).

---

45_여정남은 후일 인혁당재건위 사건으로 사형에 처해졌다.

46_나병식 면담(1993/05/17).

## 대학가 시위

1970년대 초에 벌어진 학생 시위는 보통 순식간에 끝났다. 대개 외부의 반정부 조직과 연계된 누군가에 의해 일단 시위 결정이 내려지면, 그룹 멤버 중 한두 명이 — 지하 서클 소속이든 공개 서클 소속이든 관계없이 — 선언문이나 성명서를 작성하기로 하고, 등사판 전단지를 만들었다. 시위가 예정된 날이면 학생들은 강의실에 모여서 선언서나 성명서를 낭독한 다음 캠퍼스 안에서 행진했다. 학생 시위가 캠퍼스 바깥 대로로 진출하기 시작한 것은 1970년대 말의 일이다. 1970년대 초 서울대의 경우 많은 학생들이 시위에 참여했다. 학생들은 '스크럼'[47]을 짜고 캠퍼스 안을 몇 바퀴 돈 다음 진압경찰이 대기하고 있는 정문으로 향했다. 경찰은 학생들을 향해 최루탄을 쏘고, 학생들은 경찰을 향해 돌멩이를 던지고 나면, 시위대는 다시 학교 안쪽으로 돌아갔다. 학교 안쪽에는 최루탄을 맞은 시위 학생들이 세수를 할 수 있도록 여학생들이 물이 담긴 양동이를 들고 기다리곤 했다.[48]

1972년 박정희 정권의 유신헌법 선포 이전에 학생 시위는 주로 서울대, 고려대, 연세대와 같은 서울의 주요 대학과, 전남대와 같은 일부 지방 국립대학에서만 일어났다. 주요 대학에는 오랜 전통의 탄탄한 서

---

**47**_'스크럼'이라는 말은 럭비 경기에서 나온 용어이지만 학생들 사이에서는 시위 대열을 가리키는 용어로 널리 사용되었다. 시위 학생들은 서로 양팔을 걸거나, 혹은 어깨동무를 해 인간 사슬을 만들었다. 보통 대여섯 명이 한 대열을 이루었다.

**48**_1970년대에는 시위뿐만 아니라 서클 활동 가담자 대부분이 남학생이었다. 1980년대에 이르러 운동이 광범위해지면서 여학생들도 적극 참여하기 시작했다. 여대에 다니던 학생들은 일반 대학의 여학생들보다 좀 더 적극적으로 활동하는 경향을 보였다. 1980년대 중반까지 일반 대학의 학생운동 리더는 주로 남학생이었다.

클들이 있었으며, 시위 주동자 역시 대부분은 서클 회원이었다. 이 점에서, 1970년대 초 학생운동을 주도했던 것은 바로 이 같은 소위 명문 대학들이었다.

일반적으로 1970년대 학생운동을 떠올리게 하는 이 같은 낭만적 분위기는 1975년 이전의 짧은 시기에 국한된다. 이 같은 분위기는 긴급조치 9호가 선포된 1975년에 사라진다. 1975년 이전의 학생운동은 대학 내 시위와 서클 활동이 주류를 이루었으며, 이 시기 학생운동은 주로 정의감과 혈기에 찬 젊음을 요구했다. 학생도 일반 시민도 대학생의 시위를 자연스런 현상으로, 혹은 인문학 관련 필수 강좌 정도로 여겼다. 학생들은 시위 사이에 카드놀이를 하기도 했는데, 이는 흔히 볼 수 있는 일이었다. 학내 시위는 1980년대 시위처럼 레퍼토리를 갖는 의미에서 의례화되어 있지 않았다. 1980년대 학생운동에서는 '운동가요'가 필수적이었으나, 1975년 이전에는 특정한 '운동가요'가 없었다. 이 시기 학생들은 한국의 대중가요(트로트[49])와 미국의 팝송을 별다른 긴장이나 갈등 없이 불렀다. 이 학생들은 시위에서 유머를 구사하는 여유를 보이기도 했는데, 당시 한 시위 현장에는 "미국은 최루가스보다는 크

---

49_'트로트'는 4분의 2 박자로 줄곧 반복되는 음계의 장르다. 이 트로트는 일본 대중가요 '엔카'와 비슷하다. 대중적 호소력이 짙은 엔카에 대해 일본 연구자 마릴린 아이비는 다음과 같이 설명한 바 있다. "엔카는 (사무원, 공장노동자, 농민 등과 같은) 핍박받는 대중들의 구식 음향 보호림이다. 엔카와 종종 비교되는 컨트리 음악이나 웨스턴 음악과 마찬가지로, 엔카는 코스모폴리탄의 가식 테두리 바깥에 존재하는 감상 세계를 아우른다"(Ivy 1995, 225). 뽕짝은 대학생을 포함해 일반 대중 사이에 폭넓은 호소력을 얻고 있었다. 하지만 1980년대 중반경부터 운동권 학생들은 뽕짝은 우리 문화가 아니며 비민중적이라고 하며 뽕짝을 멀리했다. 뽕짝과 포크송의 관계에 대해서는 Kim Ch'ang-nam(1987, 33-36)을 참조할 것.

리넥스(휴지)를 공급해야 할 것이다"라는 슬로건도 있었다(이영미 1993).

## 1975~79년 긴급조치 9호 시기

1975년 긴급조치 9호 선포와 더불어 학생운동의 낭만적 시기는 끝나고, 사회학자 조희연이 명명한 "결단의 시대"가 왔다(조희연 1995, 112). 1972년 유신헌법의 선포는 그때까지 잔존하던 제한적인 민주주의의 종식을 알렸고, 긴급조치는 대학 캠퍼스에 실로 공포 문화를 조성하기 시작했다. 1장에서 다루었듯이, 1974년 1월부터 1975년 3월까지 총 9개의 긴급조치가 공표·발효되었다.

긴급조치 9호와 더불어 정부는 4·19혁명 이후 폐지된 전국학도호국단을 다시 발족시키고, 기존의 학생 자치 조직을 강제적으로 해체했으며, 학칙을 개정해 제적된 학생의 복학을 어렵게 하고, 캠퍼스 내 기관원 및 군인의 상주를 합법화했으며, 학생의 군사훈련을 연장시키고, 학생들의 캠퍼스 내 과외 활동을 단속했으며, 교수 재임용 제도를 도입함으로써 교수의 정년 보장을 종결시켰다.

긴급조치는 대학 생활의 모든 면에 개입했다. 서울대 학생들이 준비하던 한 연극 공연이 취소되기도 했는데, 문화공보부가 공연을 하기 위해 필요한 허가증을 발급하지 않았기 때문이었다.[50] 이화여대 학생들은 동일방직 여공들의 투쟁에 연대하는 의미에서 매년 개최되던 '오월의 여왕' 행사를 개최하지 않기로 결정했으나, 학교 측이 위압을 가

---

50_이 문단에서 언급된 사례는 한국기독학생총연맹(1984a, 73-168) 참조.

해 학생들로 하여금 이 행사를 예정대로 치르도록 했다. 1979년 영남대에서는 민속학연구모임의 탈놀이('가면극') 공연이 있었는데, 공연 내용이 긴급조치 9호를 위반했다는 이유로 주요 멤버들에게 징역 1년 형이 선고되었다. 어느 국민대 4학년 학생은 교내에서 유인물을 뿌리다가 학도호국단 학생들의 제지를 받았고, 이어 기관원에게 넘겨졌다. 학생들은 '질식'할 것 같았고, 캠퍼스는 '강간'당하고 있다고 생각했다.

76학번 학생 전상인은 유신 시절에 자신과 동료들이 겪었던 경험을 다음과 같이 묘사했다.

> 대학에서 그들을 기다린 것은 죽음의 낭만이었다. 캠퍼스 광장은 '짭새'들의 차지였고, 정의와 평화 그리고 애국심은 골목길 하숙방에서 소리 없이 울었다. 서슬 퍼런 긴급조치 9호 앞에서 청년의 패기는 바위를 치는 달걀에 불과했고, 70년대 후반에는 우정조차 귀하고 은밀했다. 바깥은 '단군 이래 최대 호황'으로 흥청거리는데, 안에서는 다들 사랑에 목말라하고 정에 굶주렸다 (전상인 1994, 100).

이런 분위기에서, 저항이나 반대의 몸짓이 치러야 할 대가는 무차별적인 퇴학이나 정학 혹은 투옥이었다. 따라서 학생운동에 참여하는 것은 '희생과 헌신에 대한 결단'을 요구했다. 운동권이라는 말 자체는 1980년대 이후에야 널리 사용되었지만 이즈음에 운동권과 비운동권 사이의 구별이 생겨났다. 시위를 하는 학생들의 수는 줄어들었지만 시위 그 자체는 더욱 긴박해졌으며, 비장함 속에 지하 세미나들이 등장했다. 교내 시위는 이제 좀 더 치밀한 준비를 필요로 했고, 누가 구속될 준비가 되었는가를 묻는 성찰적 결단이 요구되었다. 시위를 할 때 학생들이 당면한 또 다른 절박한 문제 가운데 하나는, 시위를 시작한 후 교내에 상주하는 기관원에 의해 붙잡히기 전까지의 짧은 시간 내에 어떻게 학생들의 이목을 집중시키고 무슨 메시지를 전달하느냐가 매우 현실적인 문제였다. 시위 학생들은 교내에 있는 다른 학생들을 집결시키기위해 교내 건물의 비상벨을 울리고, 군사훈련 수업 중에 유인물을 배포하고, 탈춤 공연을 기획해 시위를 시작했다(한국기독학생총연맹 1984a, 129-132). 또 다른 '5분 전략'으로는 기관원이나 경찰이 미처 접근하기이전에 시위 주동자가 재빨리 유인물을 배포하거나 현수막을 펼치는 것이었다(서중석 1988a, 60). 학교 밖에서는 영화관을 급습해서 유인물을 살포하기도 했다. 학생들은 최후의 수단으로 각종 '가미가제식 전술'을 선택했다.[51]

정부의 통제 및 억압 방식이 바뀜에 따라 학생들의 저항 양식 또한 변했다. 1975년 이전 박정희 정권은 대학생 시위를 정부 전복을 위한 대대적이고 조직적 시도로 규정하고 관련자들에게 중형을 가함으로써(1974년 민청학련 사건이 대표적인 사례) 일반 대중에게 반정부 활동은 위험하다는 경각심을 고취시켰다. 하지만 이런 통제 방식은 결과적으로 관련자들을 유명 인사나 영웅으로 만드는 부작용을 가져왔다. 예를 들어 민청학련 사건의 관련자들은 사건이 여론에 보도되면서 상당한 유명 인사가 되었다.[52] 긴급조치 시기 박정희 정권의 전략은 저항을 은폐

---

51_ 신준영(1990a, 171)을 참조할 것.

52_ 당시 이철의 소재를 알려 주는 신고자의 포상금으로 300만 원이 고지되었다. 반면에, 북한간첩 신고 포상금은 30만 원이었다(이철 1991a, 256).

하는 쪽으로 바뀌었다. 긴급조치 9호는 반정부 활동에 대한 언론 보도를 봉쇄했다. 학생들은 지하로 숨어들어 이름 없이 활동했다(조희연 1995, 113).

이런 상황에서 대학 교정은 침울함, 패배주의, 결단주의의 공기가 자욱했다. 당시 저항 활동이란 성향이 비슷한 동료 몇몇을 찾아내 지하 서클에서 은밀하게, 마치 음모를 꾸미는 것 같은 분위기 속에서 함께 세미나를 하는 일이었다. 특정한 책자를 읽는 단순한 행위를 위해 위험을 무릅써야 했고, 때론 징역살이까지도 각오해야 했다. 따라서 이들 서클이 '유토피아' 등과 같은 중립적이거나 문학적인 명칭을 사용한 것도 자신들의 성격이나 지향을 감추고자 했기 때문이다. 그럼에도 불구하고 명민하고 사회의식이 있는 학생들에게 운동권은 여전히 관심의 대상이었다. 서울대 학생운동의 리더였던 유시민은, 처음에는 운동권 내부에서만 알려졌지만 나중에는 사회적으로 널리 알려지게 된 그의 "항소이유서"[53]에서 자신이 1978년 대학에 입학해서 어떻게 6개월도 못 되어 법관이 되려는 꿈을 포기했는가를 밝힌 바 있다. 미래와 사회에 대한 믿음과 희망에 차있던 열아홉 살의 모범생이자 책벌레였던 학생이 '문제 학생', '폭력 전과자'로 바뀌는 과정은 1970년대 말과 80년대 초에 평범한 학생이 운동권 학생으로 탈바꿈하는 과정의 한 전형을 보여 주었다.

유시민은 대학 입학을 위해 고향을 떠나던 날 마을 입구에서 자신의 뒷모습을 바라보는 어머니의 눈길에서 자부심과 희망을 느꼈다고

---

[53]_이 항소이유서는 지승호의 대담집(『유시민을 만나다』, 북라인, 2005)에서 볼 수 있다.

한다. 그는 대학 졸업을 하면 법관이 되서 "여섯 자녀를 키우느라 좋은 음식이나 옷가지를 입어보지 못한 부모님께 그들 인생의 희생을 보상해 드리고 싶었고 또 법관이 되는 것이 나쁜 일은 아니라고 생각했다"(황의봉 1986, 176에서 재인용). 이는 부질없는 상상의 나래가 아니었다. 법관은 한국에서 가장 명성과 인기가 있는 직종으로서, 1990년대까지도 그랬다. 또한 서울대는 법관이나 고위 관료를 배출해 내는 양성소였다. 서울대 학생이 시국 관련 재판을 받을 때 같은 재판에 관계된 피고, 변호사, 검사, 판사 모두가 같은 학교 출신일 가능성이 언제든지 충분히 있었다.[54] 장학생이었던 유시민은 대학에 입학하고 난 후 얼마 안 되어 조금씩 깨어나기 시작했다.

그런데 진달래는 벌써 시들었지만 아직 아카시아 꽃은 피기 전인 5월 어느 날, 눈부시게 밝은 햇살 아래 푸르르만 가던 교정에서, 처음 맛보는 매운 최루가스와 걷잡을 수 없이 솟아 나오던 눈물 너머로 머리채를 붙잡힌 채 끌려가던 여리디 여린 여학생의 모습을, 학생 회관의 후미진 구석에 숨어서 겁에 질린 가슴을 움켜쥔 채 보았던 것입니다. 그날 이후 모든 사물이 조금씩 다른 의미로 다가들기 시작했습니다. 기숙사 입구 전망대 아래에, 교내에 상주하던 전투경찰들이 날마다 야구를 하는 바람에 그 자리만 하얗게 벗겨져 있던 잔디밭의 흉한 모습은, 생각날 적마다 저릿해지는 가슴속 묵은 상처로 자리 잡았습니다. 열여섯 살 꽃 같은 처녀가 매주일 60시간 이상을 일해서 버는 한

---

54_ 예를 들어, 1987년 정부 각료 24명 중 14명이 서울대 출신이었고 그중 8명은 법대 출신이었다. 차관급 역시 대부분 서울대 출신이었다(김광일 1987, 326).

달치 월급보다 더 많은 우리들의 하숙비가 부끄러워졌습니다. 맥주를 마시다가도 예쁜 여학생과 고고 미팅을 하다가도 문득문득 나쁜 짓을 하다가 들킨 아이처럼 얼굴이 화끈거리는 일이 잦아졌습니다. 이런 현상들이 다 '문제 학생'이 될 조짐이었나 봅니다. 그리고 그 겨울, 사랑하는 선배들이 '신성한 법정'에서 죄수가 되어 나오는 것을 보고 나서는, 자신이 법복을 입고 높다란 자리에 앉아 있는 모습을, 꽤나 심각한 고민 끝에 머릿속에서 지워 버리고 말았습니다(황의봉 1986, 167-168에서 재인용).

유시민은 2학년에 오르면서 과대표로 선출되었다. 학교 측 관점에서 그는 공식 문제 학생이 된 것이다.[55] 그는 교내 시위 과정에서 경찰을 향해 돌을 던지기 시작했다. 1980년 5월, 잠시 숨을 돌릴 수 있었으나 짧았던 '서울의 봄'에, 유시민은 학생 자치 조직의 복원에 전념했다. 그러다가 5월 17일 광주에서 항쟁이 발발하기 직전, 대대적인 시위 대학생 검거 과정에서 체포되었고 곧바로 강제징집되었다. "입영 전야에 낯선 고장의 이발소에서 머리를 깎으면서 살아 있다는 것이 더 이상 축복이 아니요 치욕임을 깨달았다"(황의봉 1985c, 352). 그가 군에 있는 동안 아버지는 충격을 받아 돌아가셨다.

유시민은 군복무 3년을 마친 후 1984년 5월에 대학으로 돌아왔다. 그리고 그해 8월 복학생협의회의 대표로 선출되었다. 그 후 2주일도 안 되어 그는 이른바 '서울대 프락치 사건'[56]에 연루되어 다시 체포되어 학

---

55_당시 과대표는 대개 운동권 소속 학생이었다.

56_1984년 9월 서울대 학생회 소속 학생들은 학교 안에서 수사 기관 정보원으로 추정되는 네 명

교로부터 제적을 당하고 그 후 감옥에서 1년 반을 보내야 했다(황의봉 1985c, 352). 그가 수형 생활을 시작하자 이웃들은 성금을 모아 그에게 보냈다. 그는 고등학교 시절 내내 어머니가 운영하는 가게를 도운 효자로 소문이 나 있었다.

유시민 자신이 항소이유서에서 밝히지는 않았지만 그가 대학에 입학했을 때 누군가 그를 법대 지하 서클에 초대했을 것이고, 그가 법정에서 마주보고 있는 그의 '선배' 역시 같은 서클의 회원이었을 것이며, 그가 데이트하던 중 느꼈던 양심의 가책을 그는 서클 회원들과 공유했을 것이다. 외부의 상황은 학생들의 활동을 더욱더 지하로 숨어들게 했지만, 그럼에도 불구하고 내부적으로 당시 학생운동을 움직이는 각종 수단은 전면적으로 가동되고 있었다. 유시민과 같은 학번의 세대와 그 직계 선배 세대, 즉 긴급조치 9호 세대는 이후 1980년대로 이어진 더 큰 민주화운동의 초석을 다졌다.


## 1984~88년 자유화 시기

1979년 박정희 대통령의 서거는 유신 체제와 그에 따른 온갖 부조리와 공포정치의 종말을 의미했다. 유신 시대가 '겨울 공화국'이었다면 그 뒤를 이은 새로운 시대는 '서울의 봄'이었다. 학생들은 죽은 독재자를 공

---

의 '가짜 학생'을 발견했다. 이후 학생들에 의해 며칠간 붙들려 있던 이들 '가짜 학생'은 풀려난 후 감금 및 여타 가혹행위로 학생들을 고발했다. 이로 인해 사건 관련 학생들이 모두 제명되었고, 경찰의 교내 점거, 학생들의 시험 전면 거부 등의 사태를 초래했다(황의봉 1985b, 258).

공연히 '악당', '깡패'라고 부르면서 그간 억눌린 감정을 한껏 발산했다.[57] 학생들은 에너지, 열정, 희망에 넘쳐 서울의 봄을 환호했다. 마당극 공연을 비롯해 대자보, 서클 활동 등 일련의 학술 및 문화 활동이 눈부시게 펼쳐졌다.

새로운 자유가 가져온 도취감, 목전의 민주화에 대한 희망은, 1장에서 설명했듯이, 광주항쟁에 대한 잔인한 진압과 맞닥뜨렸다. 광주 이후 많은 학생운동 주동자들은 도피하거나 감옥에 가야 했으며 또 일부는 악명 높은 삼청교육대에 끌려가기도 했다. 그런 와중에서도 발각되지 않은 일부 비밀 서클은 거칠게 등사된 지하신문이나, 정부의 검열 기관에 의해 절반 이상 삭제된 외신 기사를 배포하면서 스스로를 지탱했다.

1983년 겨울 소위 학원자율화조치가 공표되고, 1985년부터 전면적으로 시행되었다. 일련의 학원자율화조치가 시행되자 학생운동은 다시 기지개를 켜면서 운동의 르네상스를 맞이하게 되었다. 정부가 이런 조처를 취하게 된 데는 1986년 아시안게임과 1988년 올림픽게임의 성공적 개최를 위한 사전 정지 작업의 의미가 일부 담겨 있기도 했다. 하지만 더 중요한 이유는 전두환 정권 스스로가 더는 강압적 조처만으로는 학원의 동요를 억누를 수 없겠다고 판단했기 때문일 것이다. 시위

---

57_학생들은 대중가요 〈그때 그 사람〉의 가사를 멋대로 바꿔 불렀다. 이 노래의 가수 심수봉은 박대통령의 피살 현장에 있었던 사람으로서 노랫말의 통렬함에 아이러니를 더했다. 학생들이 바꿔 부른 노래 가사는 이러했다. "유신하면 생각나는 그 사람, 언제나 긴급조치 좋아했지. …… 어느 날 궁정동에서 총 맞았지, 세상에서 제일 믿던 재규에게. 나는야 괜찮다고 뇌까리면서 고개를 떨구었던 그때 그 사람." 2005년 개봉된 박정희 피살 사건을 다룬 영화의 제목은 〈그때 그 사람들〉이다.

와 관련해 제적된 대학생의 수가 1980년 5월과 1983년 12월 사이 총 65개 대학에서 1,363명에 이르렀다. 이 숫자는 유신 정권 7년 동안 제적된 학생 수의 두 배를 넘는 것이었다. 학생 시위의 건수 또한 1981년의 56건에서 1983년의 134건으로 증가했다. 특히 1983년의 대학가에서는 방학이나 휴일을 제외하곤 거의 매일 시위가 벌어졌다.[58]

학원자율화조치의 결과로 캠퍼스에서 한때 위협적이던 기관원의 존재는 사라졌다. 그리고 제적생과 해직 교수들은 학교로 돌아왔고 학도호국단은 해체되었다. 더불어 학생 자치 조직을 결성하려는 움직임이 곳곳에서 활발히 전개되었다. 대학 교정은 예전의 우울하고 의기소침한 분위기에서 벗어나기 시작했다. 학생 자치 조직의 부활과 더불어 1985년 4월에는 학원 민주화 문제를 좀 더 큰 정치적 틀에서 보고자 했던 전국학생총연합(약칭 전학련)과 같은 조직의 결성이 가능해졌다. 하지만 이런 변화를 오로지 학원 자율화 정책의 소산으로 본다면 그것은 잘못된 생각이다. 학원 자율화가 시행되면서, 갑자기 많아진 조직들은 마치 즉흥적으로 나타난 것처럼 보일 수도 있다. 그러나 이와 같은 현상은 실제로는 이전 시기 최악의 조건 속에서도 소수의 학생 활동가들이 지하에서 꾸준히 활동의 명맥을 이어 왔기에 가능한 것이었다.

이런 과정 가운데 가장 유의미한 사실은 학생운동의 중심지가 지하 서클에서 학과 단위의 조직인 '학회'로 바뀐 점이다. 한때 뜻을 같이하던 소수로 이루어진 지하 서클의 영역이었던 학생운동이 공개·합법화·공식화된 것이다. 단과대학이나 학과 단위에서 조직된 학회는 공개

---

58_민주화운동기념사업회, "실록 민주화운동".

적이니만큼 다양한 학술 모임, 출판물, 세미나를 생성해 냈다. 한 언론인은 자유화 정책 이후 "모든 학생은 저마다 운동가였다"라고 논평했다(조중식 1992, 238). 국회의장의 아들과 같은 고위 관료의 자녀들도 시위에 참여하고, 때론 시위를 주동했다. 1984년 서울대의 학생 지도부가 시험 거부를 선언하자 전체 학생의 절반 이상이 여기에 참여했다(조중식 1992, 239). 또한 3천 명 이상의 학생들이 고려대 광장을 가득 메우고서 한복 차림의 학생회장이 외치는 "어떠한 탄압도 민주쟁취를 위해 분쇄하자"라는 구호에 열렬히 환호했다(황의봉 1985c, 341).

학생들이 즐겨 부른 노래에서도 이와 같은 변화가 나타났다. 1980년대 초에는 비장감 어린 단조의 짧은 진군가가 유행했다. 대부분 죽음이나 희생을 다룬 가사였다. 동료나 친구는 떠났고, 민중은 쓰러졌으며, 땅은 피로 물들었다. 그러나 점차로, 광주항쟁의 패배감이 극복되면서, 광주는 노랫말에서 승리의 이미지로서 나타났다. 1985년에는 아름다운 선율의 서정 가요들이 유행했다. 행진곡풍의 진군가가 시위나 집회 현장에 적합했다면, 서정 가요는 학생운동의 초점이 집회나 시위에서 대학 내 일상으로 그 쟁점이 옮아갔음을 알려 준다(이영미 1989, 167). 이들 서정 가요의 폭넓은 유행은 대학가 노래 운동 그룹의 활약에 힘입은 것이다. 노래패 운동은 1984년부터 급부상했으며 이후 학생운동의 중요한 일익을 담당했다.[59]

요컨대 정부의 학원 자율화 정책은 학생운동의 전반적 풍경에 몇

---

59_서울대 노래패 '메아리'는 1977년에 결성된 이래, 학생운동과 적극 관련을 맺고 있었다. 1980년대 중반 거의 모든 대학에 학생운동의 일환으로 노래 운동 집단이 만들어졌다.

가지 중요한 변화를 가져왔다. 첫째, 학생운동은 대중화되었다. 이제 학생운동은 서울대, 연세대, 고려대 등 명문 대학이나 전남대와 같은 전통적으로 '운동 성향이 강한' 대학의 전유물이 더는 아니었다. 전국적 학생 조직이 지역, 학교의 명성, 남녀 구분 없이 학생들을 동원하기에 이른 것이다.

둘째, 학생운동의 양적인 팽창은 일정한 문화적 변화를 가져왔다. 1970년대와 80년대 초의 비밀스럽고 음모를 꾸미는 듯한 운동권 문화에서는 서클의 지도자와 멤버들은 모두 사전 심사를 거쳐 선정되고 '양성'되었으나, 이제는 그 문화가 좀 더 개방적이고 민주적으로 바뀌었다. 이제 운동은 소수의 선별된 혹은 용기 있는 학생들만의 전유물이 아니었고, 더는 그렇게 될 수 없었다. 선배나 동기의 소개 없이 누구든 서클에 가입할 수 있었다. 게다가 전통 사물놀이를 다루는 풍물패에서 민중 희극을 다루는 마당극패에 이르기까지 서클 활동이 눈부시게 다양해졌다. 그렇다고 해서, 이 당시 학생운동에 가담하기로 결정을 내리는 일이 이전보다 쉬워졌다는 것은 절대 아니다. 1990년대 초까지도 운동권이 된다는 것은 여전히 제적, 투옥, 수배의 위험성을 안고 있었으며, 남학생의 경우 군 강제징집을 의미하기도 했다.

셋째, 학생운동에서 여학생의 참여가 활발해졌다. 한 기자의 말에 따르면, 1985년 남녀공학에서 시위자의 25~30퍼센트는 여학생이었다 (황의봉 1985a, 475-476). 1985년에 정치 활동 관련으로 제적당한 학생 (2만2천 명) 가운데 여학생 비율은 26퍼센트를 점했다(『중앙일보』 1986/09/04). 1984년에 발생한 민주정의당 당사 점거 농성 사건에서도 농성 참여자 264명 중 57명이 여학생이었고 1985년 서울 미국문화원 점거 사건에서도 관련자 73명 중 20명이 여학생이었다(『중앙일보』 1986/09/04).

넷째, 학생운동이 전반적으로 한편으로는 이념 지향성이 강화되는 양상과 다른 한편으로는 더욱 파당적이고 분열적으로 되는 양상을 보였는데, 이 두 양상은 상호 상승 작용을 일으켰다. 1980년대 중반에는 학생운동에서뿐만 아니라 민주화운동 전반에서 이념 논쟁이 거세게 일어났다. 당시 논쟁을 일으켰던 각기 다른 노선과 입장을 여기서 모두 다루기는 어려우나, 크게 분류하면 운동권은 양대 이념 진영으로 나뉘어져 있었다. 한 집단(NL파)은 북한의 주체사상을 추종했고 다른 집단(PD파)은 정통 마르크스-레닌주의 혁명을 추구했다. 이 양대 분파를 중심으로 해 여러 갈래의 조직이 출현했다 사라지곤 했다. 한국 학생운동사에서 가장 유감스러웠던 일들도 바로 이 이념 차이에서 비롯되었다. 1985~86년 사이, 짧은 기간이었지만 각 집단은 상대 집단의 공개 모임을 방해하기도 하고, 서로를 향해 폭행을 서슴지 않았으며, 학생들의 연이은 자살을 놓고 반대 집단에서는 "이데올로기적 투쟁으로부터의 쉬운 탈출구"라고 매도하기도 했다(신준영 1990d, 180).

## 대자보

학원자율화조치는 운동권의 비공식적 제도에도 변화를 가져왔다. 학내 게시판, 거리, 빌딩 벽, 화장실 등 도처에서 볼 수 있던 대자보는 자유화 시기에 어디서나 볼 수 있었던 그 시기의 상징물이었다. 대자보의 편재는 당시 교육부의 규제 완화 정책을 나타내기도 했지만, 다른 한편으로는 운동권 문화의 탄생과 그것에 대한 인식을 나타내는 것이기도 했다. 다시 말해, 팸플릿 및 앞서 논의한 각종 인쇄물과 더불어 대자보는 문자 매체로서 일반 학생들 사이에 민중 담론이 생성되는 데 기여했다.

| 1986년 5월 연세대 교정에서 대자보를 읽고 있는 학생들. 뒤에는 대형 걸개그림이 붙어 있다. | 한국일보사 제공

x

| 1986년 5월 연세대 교정에서 대자보를 읽고 있는 학생들. 뒤에는 대형 걸개그림이 붙어 있다. | 한국일보사 제공

대자보는 애초 대중매체에 대한 불신에서 비롯했으나 곧 대학 생활의 중요한 부분을 차지하게 되었다. 때로는 학교 당국에서 제정한 학칙의 문제점과 같은 학내 현안을 다루기도 했으나 대개는 일반 학생들이 스스로 발견하거나 파악하기 어려운 정치 및 사회 현안에 대한 예리한 분석을 담았다. 정부 당국의 눈길을 피해 타 학교 학생들과 복잡한 소통 체계를 갖추고 있던 운동권 학생들이 쓴 대자보는, 일반 학생들 사이에서 운동권의 현안을 공유 지식으로 만드는 핵심 매체였다. 예를 들면, 1984년 3월 20일 서울대, 연세대, 성균관대 세 개 대학은 학내 대자보에 동일한 기사를 게재했다. 이날 대자보에는 운동권 학생에 대한 퇴학 처분 및 강제징집 사례, 교황의 한국 방문 소식, 주한 미국 대사관에서 발간한 광주 백서, 그리고 전날 있었던 시위와 관련된 평가가 실렸다(황의봉 1984, 207).

대자보의 다채로운 구성 또한 학생들의 주목을 오래 붙잡는 데 일조했다. 대부분은 큰 종이에 필사한 것으로, 시리즈 형태의 기나긴 장문, 외신 기사의 번역, 탄원과 슬로건, 만화, 노래, 그리고 지배계급의 대변인 구실을 하는 특정 인물들에 대한 논박 등이 담겨 있었다. 대자보를 사이에 두고 학생 측과 학교 당국은 당연히 격렬한 힘겨루기를 했는데, 한쪽에서는 매일매일 대자보를 붙이기 위해, 다른 한쪽에서는 매일매일 대자보를 철거하기 위해 각축전을 벌였다(황의봉 1984, 207).

대자보는 또한 대학 내에서 운동권 공론장의 출현을 알렸다. 1970년대의 학생들과는 달리 자유화 시기의 운동권은 교내 학생과 직접적인 관계를 맺었다. 운동권은 대자보를 통해 교내 학생들에게 정보를 제공하고, 질문을 던지고, 그들을 구슬리거나, 나무라기도 했다. 설령 이런 관계가 선배의 고질적인 교훈주의에 의해 조장된 것이었다 하더라도, 선배는 그것이 '진정한 인간'을 창조하는 고귀한 목적을 달성하기 위한 것이라고 주장했을 것이다. 서울대 운동권에서 신입생을 위해 게시한 대자보 가운데에는 "껍데기를 벗고서"라는 글이 있었다.

① 신입생 여러분의 입학을 진심으로 환영합니다. 이제 여러분은 참된 자유와 진리를 향해 나아가는 출발점에 선 것입니다. 입시에 시달리면서 몸으로 느껴 왔겠지만 꽉 짜여진 채 주어지기만 하는 이제까지의 교육이 진정한 교육은 아닌 것입니다. …… ② 무한한 기대감에 부푼 그대들의 가슴에 냉정하게 물어본다. 그대들은 무엇 때문에 대학에 들어왔는가? 좀 더 나은 직업을, 다시 말해 고된 육체적 노동보다는 비교적 편안하고 보수도 좋고 사회적으로 인정받는 좋은 직업을 택하기 위해서인가? 학문에 뜻을 두었다면 그 학문 분야의 현황과 장래 및 전체 학문에서 차지하는 위치와 의미에 대해서는 어느 정도 생각해 보았는가? 부모의 기대 때문에 적성과는 상관없이 무조건 사회에서 알아주는 대학에 지원하지는 않았던가? 여학생이라면 혹시 결혼을 위한 기반 마련을 위한 대학이라는 간판을 원하지 않았던가?(윤석진 1988, 367).

이 대자보의 등장에 뒤이어 운동권에서 주최한 별도의 신입생 환영회가 열렸다. 이 자리에서 신입생들은 해방춤을 배웠는데, 해방춤은 보통 빠르고 역동적이며 힘찬 박자의 〈농민가〉에 맞춰 추었다. 또한 각종 운동권 서클들은 환영회에서 전통 민요를 함께 부르는 프로그램을 진행하고, 지난 선거에서의 부정부패 문제를 다룬 마당극 〈껍데기를 벗고서〉를 비롯해, '비인간적인' 교육제도를 고발하는 연극 등을 공연했다(윤석진 1988, 367). 다른 대학에서의 신입생 환영회 역시 지역별 특색은 있었지만 전체적으로 대동소이했다. 예를 들어, 전남대에서는 신입생 1천5백 명이 참석한 가운데 〈어머니, 왜 우리를〉이라는 마당극을 공연했는데, 이는 당시 정부의 무역자유화 정책으로 인한 농민의 피해를 고발하는 작품이었다(윤석진 1988, 368).

이들 신입생 환영회에는 대체로 학생회 주최의 출정식과 거리시위가 뒤따랐다. 이런 활동이 한 달 남짓 이어지고 나면 신입생들은 대부분 운동권에 대한 자신의 입장을 스스로 알게 되었다. 운동권 학생이 3, 4학년이 되면 학내 행사를 조직하고, 각종 스터디 모임과 서클 활동을 꾸려 나가는 책임을 맡았다. 4학년이 되면 학생은 운동을 계속할 것인지 포기할 것인지 선택해야만 했다. 어느 쪽을 선택하느냐의 의미는 각 학생에게 실로 큰 것이었다.


## 5. 메타 서사로서의 민중

한국의 일반 사회 속에서 운동권이 아직 주변적이었다면, 상대적으로 분위기가 자유로웠던 대학가에서 운동권은 1980년대 중반과 80년대 말에 걸쳐 상당히 특권적이고 헤게모니적인 자리를 차지했다. 1982년 경부터 운동권이 주도한 학생 활동의 대부분은 '운동성'이 강했으며, 이들은 '민족성'과 '건전함'을 강조했다.[60] 한때 인기를 끌었던 쌍쌍파티와

---

60_1960년 4·19혁명 이후에는 특히 대학 축제가 인기를 끌었는데 새로운 학생 자치 조직이 축제를 관리·운영했다. 대학 생활의 꽃으로 널리 인식되는 축제 행사에는 학술 심포지엄, 운동 경기, 가면무도회 등이 포함되었다. 1975년에는 학도호국단이 대학 축제를 주최했는데 주요

록콘서트는 대부분의 대학 축제에서 흔적도 없이 사라졌다. 이 과정에서 운동권은 스스로 경찰 역할을 하며 대학 생활의 '타락적' 요소를 제거하려고 했다.[61] 여학생의 짧은 스커트는 너무 서구적이고 퇴폐적인 것이었고, 비디오게임을 하는 자는 경멸의 대상이 되었다.

여느 해방 프로젝트에서와 마찬가지로, 새로운 민주적 공간을 구축하려는 운동권의 노력은 기존의 것과 평행선을 이루는 '새로운 규범과 위계'를 확립했다. 새로운 질서는 이전에 확립된 자본주의적 세계관의 잔재로 간주되는 것을 경멸하고 억눌렀던 반면에, 민중 지향적이라고 간주되는 것을 적극 권장했다. '순수하고 건전하며' 전반적으로 우월한 민중 문화에 동화되기 위해, 운동권 학생들은 언어, 옷차림, 음식, 일상 습관 전반에 걸쳐 '자본주의적'이고 부르주아적인 경향을 걷어 내려고 부단히 노력했다.

"무조건 민중같이"는 운동권이 실천하고자 하던 구호였다.[62] 운동권 학생들은 자신들이 민중적 소양이라 여겼던 정직, 소박함, 부지런한 생산적 활동 등을 장려했다. 학생들의 자기 정체성은 운동의 요구와 긴밀히 연결되었으며, 개인의 삶과 성격은 '비지'(부르주아), '프티'(프티부르주아), '피티'(프롤레타리아)로 판가름이 났다(김진명 1988, 130).

'민중같이' 되려는 부단한 노력에도 불구하고, 혹은 그런 노력으로 인해, 운동권 학생은 쉽게 구별되었다. 1970년대 말과 80년대 초 운동

---

행사로 록콘서트와 '쌍쌍파티'가 기획되었다.

61_ 최인철 면담(1993/02/14).

62_ 한지수 면담(1993/02/27).

권 여학생은 흔히 짧은 머리에 맨 얼굴, 구겨진 티셔츠와 청바지, 운동화 등으로 금방 표가 났으며, 남학생의 경우 물들인 군복, 감지 않은 머리, 과음과 흡연으로 거칠어진 얼굴, 고무신 등으로 쉽게 확인되었다. 운동권 학생은 개별적으로 개성을 드러내지 않기 위해 부단히 노력한 탓에, 그들은 개인이라기보다 집단의 일원으로서 그 모습을 곧 알아챌 수 있었다. 특히 1980년대 초 운동권은 최근 화제에 대한 토론보다는 "옷차림이나 말하는 태도로 보아 운동권임이 분명하다"라는 '직감으로' 서로를 알아보았다.[63]

운동권은 개개인이 주류 사회로부터 벗어나 대오를 형성할 수 있는 공간들을 만들었지만, 운동권 안에서는 오로지 하나의 잣대가 작동했다. 그것은 모든 것을 아우르고, 전체주의적이기까지 한 민중이라는 개념으로서, 운동권이 된다는 것은 전적으로 이 개념에 부합한 삶을 살아야 한다는 것을 의미했다. 운동권의 담론적 실천에서 민중에 대한 강조는 특히 여학생들에게 권력을 부여함과 동시에 권력을 박탈하기도 했다. 예를 들어, 민중에 대한 강조가 커지면서 별도의 여성운동은 더 중대한 쟁점으로부터 관심을 분산시킬 수도 있다는 인식이 운동권 내에 있었다. 여학생들 스스로도 전체 운동의 결속성을 깨뜨릴 수 있다는 우려, 전체 운동의 주목을 끌만큼 긴박하다고 생각하는 사안의 부재, 자신들의 관심사를 공개적으로 논의할 수 있는 토론장의 부재로 인해 이에 대해 문제를 제기하지 않았다.[64]

---

**63**_이경숙 면담(1993/03/15).

**64**_남윤주 면담(1993/03/02).

운동권에 속한 많은 여성들은 본질적으로 남성 중심적이고 청교도적인 운동권 문화에 적응해야만 했다. 여성 스스로 자신들은 남성과 동등한 존재라고 믿었으며, 따라서 자신들은 독자적인 여성운동이 필요하지 않고, 그것을 원하지도 않는다고 생각했다. 여학생들이 학교 내에서 별도로 운동을 조직할 때는 주로 여성 노동자 관련 이슈에 초점을 맞출 뿐 자기 자신들이 당면한 문제에 대해서는 다루지 않았다. 그런 문제는 너무 '부르주아적'이거나 '자기중심적'이며 그러므로 긴급한 사안이 아니라고 생각했던 것이다.[65]

1970년대 말과 80년대 초 운동권의 남성 중심적 문화는, 인간적인 욕망과 개인적인 목표의 억압을 강조하는 청교도적인 금욕주의와 맞물려 있었다. 83학번 여학생 한지수에게 운동이란 "검소와 간소함의 모든 것이었다. 비교적 좋은 음식과 물질적 풍요를 누리며 성장한 사람의 눈에 운동권은 좋은 음식과 물질적 풍요에 대해 전적으로 다른 개념을 가지고 있는 집단이었다."[66] 그때까지 그녀는 닭발과 순대라는 것을 먹어 본 적이 없었다. 하루는 1980년대 초 대학가에 즐비하던 선술집을 가게 되었는데, 그곳에서 아직 발톱이 그대로 있는 한 접시의 닭발이 테이블 위에 올라온 것을 보고 놀라서 숨이 막힐 지경이었지만, 그

65_1985년 '톰보이' 상표 불매운동은 여학생 동원을 목표로 한 최초의 범대학교 차원의 운동권 이슈가 되었다(남윤주 면담 1993/03/02). 여성 노동자들에 대한 회사 측의 부당 해고와 인권 유린에 항의해 여성단체들이 5개월 동안 톰보이 불매 운동을 벌였다. 톰보이 불매 운동 이후 1986년 2차 여성대회에서 24개 여성단체가 참여한 여성단체연합 생존권대책위원회가 결성됐으며 이는 향후 여성단체 연합 조직의 기틀이 됐다("시대를 깨웠던 그녀들, 여성운동은 살아 있다," 『오마이뉴스』 2007/06/13일자_옮긴이).

66_한지수 면담(1993/02/27).

녀는 그것을 먹을 수 없다고 말할 수 없었다고 한다. 자신의 "부르주아적" 배경이 탄로 나는 것이 싫었기 때문이다.

그런 선술집에서 맥주를 마신다면 그건 부르주아적이고 서구적인 태도였다. 학생들은 오로지 소주와 막걸리를 마셨다. 화려한 옷차림, 디스코텍에서 춤추기(1980년대 초 젊은이들 사이에서 가장 인기 있던 오락거리), 카페에서 빈둥거리기, 미팅하기, 서구식 레스토랑에서 식사하기 등은 같은 이유에서 생각조차 할 수 없었다. 나이키 신발을 신고 학교에 가는 것은 더더구나 안 되었다. 그것은 더 큰 비난의 대상이었다. 학생들은 담배마저도 세심하게 선택했다. 그들은 은하수나 한산도 같은 국산 담배만을 피우려고 노력했다(조중식 1992, 247).

누군가를 '부르주아'라고 칭하는 건 크게 모욕을 주는 행위였다. 한지수는 다음과 같이 회상했다. "우리 모두는 가난한 자들의 삶을 부자연스럽게 모방했다. 우리는 그들을 가장 높은 도덕성의 완벽한 상징으로 칭송했으며, 그들을 따라 해야 한다는 압력은 어마어마했다."[67] 또한 서구적인 것이라고 판단하는 것에 대한 강력한 저항도 있었다. 노래도 인기 있는 로큰롤이나 팝송보다는 전통 민요와 운동권 노래를 선호했다. 영어 공부를 너무 열심히 하거나, 영어에 너무 관심을 많이 가지고 있어도 깔봄의 대상이 되었다(조중식 1992, 242).

필자는 학생운동을 '대항 공론장'이라는 용어로 개념화했다. 이는 운동권을 진실과 해방을 추구하는 하나의 영역으로 접근하는 것을 의미한다. 학생들은 대안적인 민주적 공간을 구축하고자 노력하는 과정

---

**67**_한지수 면담(1993/02/27).

에서 과거를 소집해 전통 민속 문화를 재발명·재가공했다. 이는 완전히 독창적인 기획은 아니었으나, 운동권은 이런 노력을 통해 보여 준 것이 있으니, 이는 바로 대안적 비전을 제시한다는 것은 도덕적 자원뿐만 아니라 문화적 자원을 동원한다는 것이다(타 사회운동에서의 비슷한 사례로, 프랑스에서는 파리의 대학생들이 68혁명 당시 과거 혁명 전통 양식에 따른 행동을 의식적으로 따라 했다). 학생들의 노력은 이전에 비공공 영역에 머물던 의제를 공적 영역으로 가져왔다.

그러나 대안적 공론장에 대한 비전은 동시에 숱한 긴장과 모순을 내포하고 있었다. 국가가 허락하는 세계관에 맞서 혁명적 세계에 대한 발상을 폭넓게 공유하고자 했던 이들은 이제 자신들의 세계관에 특권적 지위를 부여하면서 사람들의 가치관, 언어, 행동 규칙 등에 또 다른 위계 서열을 강요했다.

# 5

# 불확정성과 급진적 비판 사이

## ─마당극, 의례, 시위

프랑스혁명은 피에르 보마르셰의 희극 〈피가로의 결혼〉 개막식 행사에서 시작되었다는 말이 있다. 타락하고 음탕한 백작인 주인에게 용감히 맞서 주인을 바보로 만든 피가로에 대한 청중의 갈채는 당시 프랑스 사회의 사회적·도덕적 질서의 붕괴를 알리는 것이었다(Benston 1980, 63). 1970년대와 80년대 한국에서는 민중 혁명의 예행연습으로 마당극 공연이 숱하게 펼쳐졌다. 마당극은 전통 민속극과 서양 연극의 요소를 합성·종합해 만든 극 형식의 공연이다. 마당극의 주요 특징은 등장인물의 정형화, 장면과 장면 사이의 교차 구성, 신랄한 풍자와 희화화, 코믹한 몸짓과 대사, 재담, 춤, 노래, 연희자와 관객의 집단적 대화(추임새 등), 연설, 시연, 마임, 무속 의례 등으로 꼽아 볼 수 있다. 마당극은 무대장치가 없는 열린 공간에서 공연되었으며, 공연자들은 역사, 민간 설화, 전설에 사회정치적 메시지를 짙게 담아 풀어냈다. 마당극은 1970년대 초 사회적 저항 행위로, 새로운 극 형식으로 출현했으나 1980년대에 이르면 문화적·정치적 표현의 대안적 — 일부에서는 유토피아적이라고 생각했다 — 형식으로 굳건히 자리를 잡았다. 마당극은 전위예술이었으며, 사회운동이었고, 새로운 주체성의 표출이었다.

마당극은 1970년대 초부터 대학가를 휩쓸기 시작했다. 1980년대에 이르면 거의 모든 대학에 마당극 관련 서클이 결성되었으며 마당극 공연이 없는 대학 축제나 대학 행사는 거의 찾아볼 수 없었다. 마당극 공연은 대학에만 국한되지 않았다. 공장, 농촌 마을, 도심의 공회당, 개신교 및 가톨릭 교회, 야외 시장 등에서도 공연되었다. 마당극 외에도 탈춤과 판소리 같은 민속 연희는 — 애초에는 정부가 후원하는 경연 대회 등을 통해 부활했지만 — 대학가에서 수천 명씩 학생들을 모이게 했다. 당대 연극 전문 극장들은 서구적 극 형식과 전통 민속극의 요소를 융합시키는 실험 작업을 했으며, 소수의 개신교 교회들에서는 굿과 같은 무속 의례를 아예 예배 형식에 담아내려는 시도를 한 바 있다(채희완 1982, 212).

마당극의 풍부한 극적 요소와 사회 비판적 가능성은 다양한 해석의 여지를 보여 줬다. 학자들은 마당극을 민중극, 저항극, 혹은 한국적 정신의 독창적 표현물로 각기 달리 개념화해 왔다(Choi Chungmoo 1993; 정지창 1989; van Erven 1988; 조동일 1997). 필자는 마당극을 대항 공론장의 또 다른 표현으로 볼 것을 제안한다. 마당극은 단순히 정치 풍자나 실험적 연극에 그치지 않고 자본주의 체제 내에서 대안적인 삶과 일에 대한 방식을 제안했던 것이다. 마당극은 일과 놀이, 생산자와 소비자,

부르주아와 노동자를 구분하는 경계선에 의문을 제기함으로써 자본주의 체제가 조직하는 사회관계에 도전했다.

　이 장에서 필자는 먼저 마당극이 지니고 있는 전통 발명의 정치학이라는 포괄적인 맥락과, 구체적으로는 한국 정부가 국가정책 차원에서 주도한 민속 문화 부흥이라는 맥락을 살펴본다. 그런 다음, 조선 후기 유행했던 전통 연희를 배경으로 1970년대 유신 체제를 비판하는 '저항극'으로 확립된 탈춤의 연극적·미학적 구조를 간단히 살펴본다. 세 번째로는, 광주항쟁의 충격이 1980년대 마당극의 주제와 미의식에 미친 영향을 다룬다. 새로운 혁명적 미의식과 정치적 유효성에 대한 요구가 어떻게 해서 마당극으로 하여금 의례적 특징을 취하게 했는가를 다룬다. 결론에서는 현대 문화정치학의 관점에서 마당극의 중요성을 짧게나마 언급할 것이다.

## 1. 국가, 지식인, 민족주의

민족nationhood이 "근대를 상징하는 핵심 용어 중 하나"(Mitchell & Abu-Lughod 1993, 82)라고 한다면, 민속 문화란 바로 그 민족주의의 추동체다. 민속학은 특히 민족의 역사, 민족국가의 형성과 긴밀한 관계를 맺어 왔다.[1] 식민지 시기 조선에서 민속학이란 "일본의 문화 동화정책을

---

1_예를 들어, Fernandez(1996, 586)를 참조할 것.

상쇄하기 위한 조선 정체성의 표현"(Janelli 1986, 28)으로 전개됐다. 해방 후 "전통 민속 문화"는 민족주의를 둘러싼 경합의 장이 되었다. 박정희 군사정권은 근대화를 위한 자원의 보고이자 정권의 정당성의 원천으로서 민속 문화의 부흥을 도모했다. 이에 비해 비판적 지식인이나 학생 세력에게 민속 문화란 곧 근대화와 서구화의 부정적 충격에 저항할 수 있는 토착적인 민중적 삶의 구현체로 비쳤던 것이다(이상일 1990, 19).

## 전통의 발명

민속 문화의 부흥은 제2차 세계대전 이후 아프리카의 신생 독립국, 아르헨티나를 비롯한 개발도상국, 아일랜드와 같이 오랜 식민지 경험을 겪은 나라 등 세계 여러 국가에서 찾아볼 수 있는 널리 퍼져 있는 현상이었다. 예를 들어 가봉과 카메룬의 새 정부는 민속 연구 현장 조사를 장려하기 위해 막대한 돈을 쏟아 부었다.[2] 한국 역시 1960년대 들어 일련의 프로젝트와 기구를 각각 추진하고 설립했는데, 이는 곧 민속 문화가 학문 분야이자 대중적 프로젝트로 발돋움하는 계기가 되었다. 1958년 정부는 제1회 전국민속예술경연대회를 개최했으며(임재해 1997, 77) 이듬해 문화재보호법을 제정·공포했다. 이 법에 의거해 중요 무형문화재와 인간문화재가 처음으로 지정되었다.[3] 이들 유형 및 무형 문화재

---

2_ Fernandez(1996, 586)를 참조할 것.

3_ 1980년까지 문화재 16개 종목과 인간문화재 175명이 유형 및 무형 문화재로 지정되었다. 탈춤의 경우 11개 종목이 1964년과 1970년 사이에 무형문화재로 등록되었다.

를 관리하기 위한 전담 기구로서 문화재관리청이 1963년에 설립되었다.

정부의 제도적 장려와 재정적 지원에 힘입어 민속 문화에 대한 폭넓은 학문적 연구가 전개되면서 다수의 민속학자가 유·무형 문화재를 규정하고 선별하는 작업에 동원되었다(Janelli 1986, 24). 이 장의 맥락에서는 '반정부'보다는 '제도적'이라는 표현이 어울리는 지식인들이 이와 같은 각종 민속 연구 프로젝트에 적극 참여했다. 이들은 자신들의 참여가 '민족 정체성을 확립하려는 국가적 요구'에 올바르게 부응하는 길이며, 외국 문화, 특히 일본 문화의 침투로 인한 한국 문화 침식이 임박한 상황에 바르게 부응하는 길이라고 믿었다(민속학회 편 1994, 39).

근대화를 목적으로 한 전통의 발명은 한국에서만 일어났던 것은 아니다. 메이지 시대(1868~1912년)에 추진된 일본의 근대화 프로젝트 역시 광범위한 "전통의 발명" 작업을 수반했다.[4] 다만 박정희 정권하에서는 전통의 발명과 전통의 체계적 파면이 동시에 이루어졌다. 박정희는 "경제와 과학 발전을 지체시킨 파벌주의와 보수주의"에는 유교의 책임이 크다며 유교를 비난하면서도, 유교의 권위 체제는 교묘하게 전유했고, 유화정책을 써서 반항적인 유교 학자들을 근대화 프로젝트에 끌어들였다.[5]

이론적으로 전통 민속 문화는 어떤 형태의 정체(停滯)도 허락하지 않는다. 즉 그것은 공동체에서 살아가는 사람들의 일상에 대한 자연 발생

---

**4**_예를 들어 Vlastos ed.(1998)와 Hobsbawm & Ranger ed.(1992)를 참조할 것.

**5**_Kim Kwang-Ok(1996, 218)을 참조할 것.

적인 표현이었기에, '전통'을 '과거를 상징하고 기억하기 위한' 것으로
해석하고 이를 원래대로 고스란히 지켜야 한다는 정부의 문화 정책은,
학자들이 지적한 대로, 전통의 '탈맥락화'와 '박물관화'라는 비판에 직
면할 수밖에 없었다. 이와 같은 정부의 문화 정책은 민속 문화가 현대
사회와 관련 있는, 유의미한 형태로 진화하는 것을 막았다(Yang Jong
sung 1988, 33). 이를테면, 전통 무형문화재의 '보유자'로 공식 임명된
'인간문화재'는 해당 문화재인 기능이나 예능을 보유하고 전수할 때 정
부가 정한 규정이나 매뉴얼을 그대로 준수해야만 했다(Yang Jongsung
1988, 39). 정부 주도의 각종 민속 축제 역시, 처음에는 민속 문화 부흥
이라는 기치 아래 시작되었으나, 행사의 역사적·지역적 기반과는 동떨
어진 상태로 진행되면서 지역민의 참여가 만들어 내는 공동체적 행사
와는 거리가 멀어지게 되었다. 민속학자들은 이들 축제가 '국가 활성화'
혹은 쇄신이라는 목적에 걸맞지 않은 '값싼' 오락으로 '변질'되었으며,
참여자들의 주인 의식이 없는, 정부 주도의 행사로 전락했다고 우려의
목소리를 내기 시작했다.[6]

　박정희 정권의 문화 정책(역사적으로 이와 유사한 선례들은 다른 국가들
에서도 찾아볼 수 있다)에 대한 가장 날카로운 비판은 현실 정치의 목적에
따라 민속 문화를 전용했다는 것이다.[7] 민속 전통의 장려는 1960년대
와 70년대에 걸쳐 정권의 정당성을 강화하는 방편이 되었다. 정부는 전

---

**6**_Hahn Man-young(1990, 75-136)과 이상일(1993, 64-65)을 참조할 것.

**7**_민속 연구를 통해 '정치 자본'을 형성한 첫 번째 사례는 히틀러의 나치 정권이었다. 소련 또한
　'민속 문화'에서 공산주의를 전개하는 강력한 힘을 발견했다(Dorson 1972, 15-18; Kamenetsky
　1972, 221-235; Byrne 1987, 107-122).

국 규모의 민속예술 경연 대회나 축제를 후원했고, 정부가 후원하는 대중 스포츠 행사에서는 전통예술이 공연되었다. 그뿐만 아니라 외교 행사에도 전통예술 공연이 동원되었다.[8]

더 중요한 것은, 전통 민속 문화가 하나의 민족 국가 문화로 동일시되는 과정에서 국가는 근대화의 핵심 주체로 가시화되었다.[9] 국가가 민속 문화를 전통으로 지정하는 행위는 과거 삶의 경험을 하나의 유물로 형식화는 동시에 파면시켰고, 또한 현대 한국의 변신, 즉 과거로부터의 변신을 부각시켜 주는 효과를 가져왔다. 이런 현상과는 별도로, 유·무형 문화재 형태로 '보존된' 유물로서의 과거는, 과거를 기억하는 상징이 되었을 뿐만 아니라 미래를 두고 논쟁을 벌이는 열린 무대가 되었다.

마당극은 바로 이런 상황, 즉 국가권력과 반정부 세력이 현재를 살아가는 이들을 위해 전통과 과거를 어떻게 보존하고 그 속에서 어떤 의미를 찾을 것이냐를 둘러싸고 상반된 입장을 보이는 상황에서 부상했다. 정부가 근대화 노력의 일환으로 열렬히 그리고 교훈주의적으로 추

---

8_ 스포츠 행사에서는 민속 공연이 자주 펼쳐졌다. Yang Jongsung(1988, 44)을 참조할 것. 1960년대에 민속예술단과 국립국악원은 유럽, 미국, 호주, 동남아시아, 일본, 타이완, 홍콩 등지를 거치는 순회공연을 가졌다. 동시에 군사정권은 나라 안팎에서 각종 선전 홍보물을 배포했다. 국내에서는 군사정권의 업적을 주간으로 선전하는 주간지 『새나라』에 더해 마을마다 확성기가, 집집마다 라디오가 무료로 배포되었다. 그뿐만 아니라, 정부 방송 및 영화 상영 횟수도 급격하게 늘어났다. 해외를 대상으로는 월간 정부간행물 『코리아 리포트』(*Korea Report*)가 몇 개 언어로 발행되었고 역시 무료로 배포되었다. 1960년대 말 한국 정부는 워싱톤 D.C.에서 소련을 제외하곤 어느 나라보다 많은 '정보 제공' 비용을 썼다(Kim Se-jin 1971, 110-111; Hahn Man-young 1990, 39).

9_ 앤 애너그노스트는 마오 이후 중국 정부가 각종 민속 풍습을 미신이라고 규제하려는 시도는, 미신의 근절보다 자신을 근대화의 주체로 선명하게 나타내고자 하려는 시도에 불과하다고 주장한다. Anagnost(1994)를 참조할 것.

진하던 민속 문화 정책과는 반대로, 대학생과 지식인은 민속 문화를 한국의 근대성과 자본주의 발전에 대한 대항 서사로서 재전유·재발명했다. 마당극은 운동권 대학생과 지식인이 대항 헤게모니적 문화 정체성을 지속적으로 모색하던 과정의 산물로서, 한국의 급속한 근대화와 권위주의적 통치에 대한 저항의 한 형태였다.

## 노스탤지어와 유토피아 사이

민속극의 붐은 1960년대 말 대학 교정을 뒤흔들었다. 이는 각종 민속 연구 집단의 형성과, 근대화 과정에서 사라진 것으로 추정되었던 탈춤의 부활에서 시작되었다(이상일 1993, 168). 민속극 붐은 1970년대로 이어졌고, 이 시기는 '대학 탈춤 시대'가 되었다. 대학 교정을 강타한 것은 탈춤만이 아니었다. 그때까지 전근대성의 상징, 미신의 세계로 경시되었던 농악, 판소리, 굿이 대학생과 지식인들 사이에서 부활되었으며 더나아가 당대의 예술적·정치적 상상력을 추동하기에 이르렀다.

　대학 바깥에서는 학생 주도의 민속 전통에 대한 현장 조사가 이루어졌고, 판소리와 농악에 대한 공개 강연, 탈 전시회 및 탈 제작 체험 학습 등이 진행되었다. 또한 학술 세미나와 대학 간 공연 교류가 지역의 민속 연구 집단들과의 제휴하에 전개되었다. 학생들은 농민을 민속 전통의 원래 전승자라고 생각했고, 이들로부터 가르침을 받았을 뿐만 아니라 근대화 과정에서 사라지거나 파괴되었다고 생각되었던 것을 발굴·복원해 농민에게 '되돌려' 주었다. 그 대표적인 사례가 바로 서강대 학생들에 의해 복원된 가산오광대놀이(경남 가산에서 시작된 탈놀이)다(채희완 1982, 209-210; Cho Oh Kon 1981).

1960년대에 급속히 먼 기억으로 사라지고 있던 전통 민속 예능은 민족 정체성의 실재적 원천으로 재발견되었다. 많은 학생과 지식인에게 민속 공연 활동은 처음부터 정부나 지배 문화에 반대하거나 저항하기 위한 정치적 수단은 아니었다. 그보다는 1970년대에 여러 대학의 탈춤반 참여자들의 표현대로, 민속 공연 활동은 개인과 민족의 정체성을 회복하는 일이었다.

> 탈춤을 추는 것은 나를 찾는 운동이다.
>
> 민속과 춤과 극 속에서 내가 갈 곳을 알아야 한다고 느꼈기에 현재 속에 있는 과거의 의미를 캐고, 그래서 우리의 실상을 보고자 했다.
>
> 우리의 멋을 망각케 하고 퇴화시키고 외래 문물을 무분별하게 받아들였던 그 병을 우리는 우리 가락의 흥으로 고쳐야 한다.
>
> 물론 우리는 한국의 민속 문화가 지구상에서 가장 탁월한 것이라 주장하려는 것은 아니다. …… 이것이 우리의 심성에 적절하여 우리를 뒤흔들고 있음은 틀림없다(채희완 1982, 174-175에서 재인용).

그러나 민속 문화를 부활시키려는 자신들의 시도에서 드러나는 아이러니를 학생들은 간과하지 않았다. 대학 교육은 종종 사회적 불평등을 재생산하는 중추적인 제도로 이해된다.[10] 대학 교육은 또한 부르주아 사회의 지배 이데올로기의 핵심이자 민족주의가 행사했던 헤게모니의 뿌리로 규정되기도 한다(Balibar 1991, 103). 한국에서도, 1960년

---

10_피에르 부르디외는 이런 인식의 대표적 논자로 유명하다. Swartz(1997, 190)를 참조할 것.

대부터 80년대에 이르기까지 대학 사회는 일반 대중의 관점에서 지극한 존경심의 대상이자 동시에 불신의 대상이었다. 대학은 또한 이승만 정권을 몰아낸 1960년의 4·19혁명의 위대함에도 불구하고, 대단히 서구 지향적이고 현실 사회로부터 동떨어진 곳으로 여겨졌던 것이다.

민속 문화와 관련해 대학생과 지식인들이 느낀 아이러니는 민속극의 역사적 위상(민중의 일상적 삶에 뿌리를 내리고 있었다는 가설)과, 엘리트 지식인과 대학가에서 유행하는 그것의 현재적 위상에서 발생하는 거리감에서 비롯되었다. 자기 자신은 서구화된 삶을 살면서도 민중 문화를 재발견하는 임무를 스스로에게 부여하는 것에서 발생하는 모순은 종종 충격적이고 스스로 이질감을 느끼게 하기에 충분했다. 그리하여 민속극과의 대면은 많은 학생들에게 복잡한 감정을 불러일으켰다. 안도감, 분노, 환희와 같은 상반된 감정과 카타르시스를 경험하기도 했다. 다음과 같은 학생들의 자기 경멸적인 언급은 이런 부조화에 대한 감정을 나타냈다. 요컨대 탈춤은 "서민스러운 미학을 따라잡으려는 지식인의 취미일 따름"이고 "학문적인 과시 행위", "자기 충족적인 카타르시스", "몽상가적 정신의 방황"이라는 것이다(채희완 1982, 174-175; 214).

그리하여 사회 비판이자 대안적인 사회 기획으로서의 민속극은 노스탤지어와 유토피아 사이에 엉거주춤하게 놓여졌다. 마릴린 아이비는 1980년대 중반 일본에서 다이슈 엔게키大衆演劇(소규모 유랑극단)가 대중적으로 부활하게 된 원인을 "이 시기 근대contemporary modernity가 역사적으로 추방된 전통을 인수"한 데에 있다고 보고, 그 과정에서 다이슈 엔게키가 "생경하지만 적절한 신新노스탤지어의 현장"이 되었다고 지적한다. 아이비에 따르면 이 시기 일본의 신노스탤지어 현상에는 두 시기에 걸친 역사적 참조 사항이 있다. 하나는 "전근대 도쿠가와 시대에 대한 전전戰前 근대 시기의 향수, 다른 하나는 전전戰前 근대 시기의 맹아적인 공동체적 대중문화에 대한 이후 근대 시기의 향수"(Ivy 1995, 206)가 그것이다. 한국의 대학생과 지식인들의 마음속에 민속극은 단순히 민속 전통의 저장고가 아니라 사회 비판의 형식이었다. 그러나 민속극이 1960년대와 70년대 초에 대학생과 지식인들 사이에서 크게 유행하게 된 핵심적 이유는, 급속한 근대화와 산업화로 인한 역사의 추방에 대해 이들이 스스로 가졌던 위기의식이었다.

## 2. 전통에서 혁명으로

1960년대에 지식인들은 민속 전통의 원래 형식과 구조를 복원하는 작업이 자신들의 주요 임무라고 믿었다. 하지만 1970년대에는 관점의 변화가 일어났다. 민속 문화의 창조적 정신을 물려받아 이를 당대의 요구와 쟁점에 부응하는 언어로 표현해야 한다는 것이었다. 마당극 예술가나 민중운동 진영 일반에게, 민속극은 새롭게 발견된 매개체였는데, 이들은 민속극을 통해 자신들의 예술적 열망뿐만 아니라 민중의 미의식을 표현하고자 했다. 바꿔 말하면, 마당극은 이제 "민중의 정신과 소망을 진정하게 표현하는 형식"(이상일 1993, 211)이어야 했다. 즉 마당극은 이제 새로운 형태의 연극이었을 뿐만 아니라, 새로운 형태의 주체성이었는데, 마당극에 대한 이 같은 생각은 민속극의 전통 가운데서도 특히 조선 시대 탈춤의 극작법, 주제, 미학적 구조에서 도출해 낸 것이었다.[11]

## 조선 시대의 탈춤

탈춤의 역사는 어쩌면 선사시대까지 거슬러 올라갈 만큼 오래되었다.[12] 탈춤의 정확한 기원과 기능에 대해서는 학자마다 의견이 다르지만 농촌에서 행해진 주술적 의례에서 연원했다는 점은 다수 학자들이 동의한다(Lee Mee-won 1983, 66-67). 현존하는 탈춤은 두 가지, 즉 농촌형 탈춤과 도시형 탈춤으로 크게 나뉜다. 농촌 탈춤은 농촌 지역의 의례적 행사에서 공연되었고 '두레'와 더불어 발전했다. 19세기에 이르러 도시와 상업 활동이 점차 발달하면서 전문 탈춤 공연 집단이 대도시에 등장하기 시작했다(채희완 1993, 159).

탈춤은 일반적으로 일련의 독립적인 장면이나 에피소드로 구성되었다. 각각의 독립적 장면이나 에피소드를 전통적으로 '마당'이라 불렀는데, 마당과 마당 사이에는 딱히 인과적 관계가 없다. 탈춤의 통일성은 줄거리의 단선적인 전개에 의존하지 않고, 대신 마당과 마당 사이에는 해설자가 등장해 앞으로 벌어질 장면을 설명한다. 각 마당은 공연을 할 때마다 그 순서가 바뀌거나, 별개의 단막극으로 독립적으로도 공연될 수 있다(Cho Oh Kon 1979, 20).

탈춤의 무대는 농촌 마을이나 시장 한가운데 같은 야외 공간이었기에 특별한 무대장치나 고정적인 소품이 없었다. 관중은 삼방 혹은 사방에서 무대를 지켜보았기에 원형의 무리를 이루었다. 연희 공간과 관중

---

**11_**조선 시대 민속극의 주요 장르는 세 가지였다. 탈춤, 탈놀이, 꼭두각시놀음(인형놀이)이 그 것이다(윤광봉 1996, 527-543).

**12_**이 주제와 관련해서는 Lee Mee-won(1983), 이두현(1979), 조동일(1988) 등을 볼 것.

석은 특별히 물리적으로 구별되지 않았다(Lee Mee-won 1983, 169-170; Kim Deukshin 1987, 168). 탈춤 공연에는 통상 풍물패가 함께 출연했는데, 탈춤은 그 연극성을 살리기 위해 음악과 춤에 많은 비중을 두었다. 탈춤의 대사는 또 서민층의 일반 언어를 구사했는데, 재담과 익살, 속어와 비속어 등 풍부하게 나타나 각종 해학의 보고이기도 하다. 탈춤은 구술을 통해 전승되었고, 연희자는 공연이 열릴 때마다 매번 즉흥적으로 연기했다는 점에서 이탈리아의 전통 가면극 코메디아 델라르테[13]와의 유사성이 지적되곤 한다(Kim Deukshin 1987, 208). 연희자와 관객은 모두 대부분 공식 교육을 받지 못한 평민들이었다.

## 풍자로서의 탈춤

조선 시대(1392~1910년)의 사회적 특성은 네 개 신분의 위계 서열이 엄격했다는 점이다. 이 시기 탈춤은 지배 계층뿐만 아니라 불교 승려들에 대해서도 매우 비판적이었다.[14] 탈춤의 주된 줄거리는 고위직 관리의 부패에 대한 야유, 양반이나 스님들의 방탕함에 대한 폭로, 엘리트 계층의 허세나 무식함을 조롱하는 내용이었다. 탈춤은 종종 성역할의 전도, 성적 관습으로부터의 자유로운 일탈이 진하게 채색된 장면들을 보

---

13_코메디아 델라르테(commedia dell'arte)에 대해서는 Pietropaolo ed.(1989)를 참조할 것.

14_불교는 고려 시대(936~1391년)의 국가 종교였다. 승려들은 국가의 정신적 지도자로서 특권적 지위를 누렸다. 고려 말에는 불교 지도자들의 타락과 세속화가 만연했으며, 고려 멸망의 주요 원인 가운데 하나는 바로 여기에 있었다. 유교가 조선왕조 건국의 이념과 철학으로 채택되면서 불교는 국가에 의한 지속적 탄압의 대상이 되었고, 승려의 사회적 지위는 최하층민 수준으로 격하되었다.

여 줬는데, 이는 민속극에 대한 다양한 해석을 불러올 수 있는 여지를 남겨 두고 있다. 그러나 가장 쉽게 그리고 가장 널리 수용된 민속극에 대한 해석은, 민속극이 탁월한 사회 풍자라는 것이다. 그리고 1970년 대와 80년대의 마당극 운동가들은 계속해서 이 해석을 마당극에 대한 인식의 축으로 삼아 활동했다.

하회 마을의 〈하회별신굿〉은 현존하는 탈놀이 가운데 가장 오래된 것으로 알려져 있다. 이 탈놀이의 한 에피소드인 '파계승' 마당에서는, 중이 춤을 추는 각시에 대한 성적 욕구를 억누르지 못하는 장면이 그려 진다.[15] 먼저 각시(부네)가 등장하고, 요염한 춤을 춘다. 이어 장삼에 초 립을 쓴 중이 등장해 함께 춤을 춘다. 이때 옆에서 각시가 소변을 본다. 이 광경을 지켜본 중은 성적으로 자극이 되어 염주알을 만지며 스스로 를 진정시키려 해도 소용이 없다. 잠시 후 중은 각시가 소변을 본 자리 에 엎드려 냄새를 맡다가, 결국에는 자신의 욕구에 굴복하고 마는데, 이 장면은 부네와의 격렬한 춤으로 묘사된다. 이때 양반의 하인 초랭이 가 춤을 추면서 등장, 놀란 표정을 짓는다. 중은 각시를 등에 업고 사라 진다(Kim Deukshin 1987, 175; Lee Mee-won 1983, 77; Cho Oh Kon 1980).

지배 계층의 위선 문제는 이 탈놀이의 또 다른 에피소드 '양반선비' 마당에서 다뤄지는데, 〈하회별신굿〉에서 가장 극적이고 정교한 놀이

---

15_탈춤은 고대 제의에서 연원했으나, 이 탈춤이 지금의 형태로 확립된 것은 12세기경으로 알 려져 있다. 기록에 따르면 〈하회별신굿〉은 1928년까지 실제로 공연되었다. 안동 하회 마을 에서는 3년, 5년, 혹은 10년마다 서낭신을 모시는 제의의 일환으로 공연되었다. 마을 주민은 탈놀음의 주연 광대와 조연 광대를 선발하는 과정을 포함해 공연의 모든 측면을 총괄했다. 파계승 마당의 줄거리는 여러 판본이 있는데, 이에 대해서는 Kim Deukshin(1987, 175); Cho Oh Kon(1980)을 참조할 것.

다. 양반과 선비는 각각 파계승 마당에서의 스님의 일탈 행위를 비난하면서도 각시를 또한 유혹하려고 한다. 이때 백정이 소불알을 사라고 희롱하며 등장한다. 양반과 선비는 그의 급작스런 등장에 당황했으나 곧 소불알이 양기에 좋다는 백정의 말을 듣고 소불알을 먼저 얻으려고 한판 싸움이 벌어진다(Kim Deukshin 1987, 176; Lee Mee-won 1983, 78-79).

양반과 선비는 각시를 꼬드기려는 요량으로 서로 자기 신분이 더 높다고 다툰다. 각자 학문이 깊고 지체가 높다는 양반과 선비의 자기 자랑은 정교한 말장난이 펼쳐지는 보기 드문 장면이다. 선비가 자신은 사서삼경을 다 읽었다고 말하자, 양반은 이에 질세라 자신은 '팔서육경'을 읽었다며 뽐낸다. 이 같은 희극적인 상황은 초랭이가 '육경'의 세목을 폭로하면서 더욱 어처구니없게 된다. 초랭이가 각운에 맞춰 제시하는 육경은 팔만대장경, 중의 바라경, 봉사 안경, 약방의 길경, 처녀 월경, 머슴 세경이다. 양반은 "두 놈[초랭이와 각시]도 육경을 아는데 이 선비야 그 육경도 모르다니"(Kim Deukshin 1987, 204-205)하며 선비를 타박한다.

〈봉산탈춤〉에 나오는 말뚝이는 조선 시대 민속극에서 양반집 머슴을 대표하는 인물이다. 〈봉산탈춤〉에서는 말뚝이가 자신의 상전인 양반을 청중에게 다음과 같이 소개한다.

쉬이, 양반 나오신다아! 양반이라고 하니까 노론, 소론, 호조, 옥당을 다 지내고 삼정승, 육판서를 다 지낸 퇴로재상으로 계신 양반인 줄 알지 마시오. 개잘량이라는 '양'자에 개다리소반이라는 '반'자 쓰시는 양반들이 나오신단 말이오.[16]

心不老心不老
白首寒山、
心不老

목중춤

| 〈봉산탈춤〉의 목중춤. 김봉준의 목판화(1989년) | 김봉준 제공

---

**16_** 필자는 여기서 영문 번역의 가독성을 위해 다음 두 자료를 합성해 인용했다. Cho Oh Kon
 1988, 270; Lee Mee-won 1983, 125[옮긴이는 중요 무형문화재 제17호 〈봉산탈춤〉 보존회
 의 공식 자료집 '〈봉산탈춤〉 대본'의 내용을 따랐다._옮긴이].

또 다른 탈춤[17]에서 말뚝이는 친구 쇠뚝이를 우연히 만나자 자기 주인집 일행이 숙박할 곳을 구해 달라고 부탁한다. 주인집 일행은 서울로 과거를 보러 가던 중에 탈춤 구경에 빠져서 잠시 탈선한 처지였다. 이에 쇠뚝이는 양반네가 머물 곳으로 돼지우리를 정하고 일행을 안내한다. 말뚝이는 쇠뚝이에게 이 양반 가문의 내력을 줄줄이 소개하는데, 이때 관객은 말뚝이가 양반네를 돼지로 여기고 있음을 쉽게 알아챌 수 있다. 다음 장면에서는 하인에게 모욕을 당한 양반네가 분풀이를 위해 말뚝이를 묶어서 물고를 내라고 쇠뚝이에게 명한다. 그러자 말뚝이는 자신을 벌하지 말라며 쇠뚝이에게 돈을 내어 준다. 그 액수가 양반을 만족시킬 만큼 크지 않자 쇠뚝이는 자기 돈 일부마저 보태 준다. 쇠뚝기에 의하면, 양반의 탐욕은 "어린애에게서 동전 한 닢마저 가로챌" 정도였던 것이다(Lee Mee-won 1983, 124).

지방관아의 파렴치한 수령 또한 전통 민속극에서는 흔한 표적이 되었다. 예로, 꼭두각시 인형극에는 홍동지라는 인물이 나오는데, 그는 보통 벌거벗고 다닌다. 평안 감사가 모친상을 당해 상여가 나가는 데 향두꾼으로 벌거벗은 홍동지가 불려 온다. 홍동지의 벌거벗은 모습은 모두에게 창피함과 수치심을 느끼게 한다. 게다가 그는 상여를 매지 못하겠다고 버티기도 한다. 관 속의 시신에게서 한여름에 썩어 가는 개 냄새가 난다는 것인데 이는 평안 감사라도 천한 짐승과 다를 바 없음을 암시한다(Cho Oh Kon 1979, 17-22).

이상 장면들에서 볼 수 있듯이 지배층에 대한 풍자와 해학은 전통

---

**17_** 이 이야기는 무형문화재 제2호 〈양주별산대놀이〉 제7과장 '의막사령놀이' 대목이다._옮긴이

민속극의 주요 특징이다. 기존의 연구에서는 민속극의 풍자와 해학을 위계적인 사회에서 비롯된 긴장의 사회적 발산, 생존의 고통을 덜어 주는 심리적 위안, 힘든 육체노동으로부터의 휴식 등으로 해석해 왔다. 이들은 또한 탈춤을, 음식과 술을 음복함으로써 마을 공동체의 유대를 드높이는 연극이자, 의례이며, 축제라고 해석했다(Kim Deukshin 1987, 171-172; Cho Oh Kon 1979, 20).

## 민중 정신의 체현으로서의 탈춤

1970년대와 80년대의 마당극 운동가들은 이 같은 해석에서 한 걸음 더 나아갔다. 이들은 민속극의 풍자와 해학을 민중의 성숙한 비판 의식으로 해석했고, 민중이 기존 사회질서에 대항해 벌이는 투쟁의 집약적 형태로 보았으며, 따라서 다양한 잠재성과 가능성들이 담겨 있는 것으로 간주했다(채희완 1993, 164; 조동일 1988, 185). 전통 민속극에서 풍자란 양반 계층에 대한 일반 서민의 직접적 대립·투쟁이나 명시적인 정치적 행동을 촉발시키기보다는 사회적 갈등의 해소 및 억제라는 기능을 했을 공산이 크다. 그럼에도 불구하고 마당극 운동가들은 민속극에서 민중이 가진 본래의 잠재력을 보았는데, 이 잠재력은 지배층의 "자기 신분에 대한 집요하고 비열한 집착"과 더불어 조선조의 몰락을 가속화시켰다고 주장했다(조동일 1988, 204).

이런 민중 지향적 관점에 의거해 조동일은 그동안 조선 전통 민속극을 연구하는 사람들 사이에 당연시되어 왔던 전통극의 주요 요소들을 재검토한다. 이를테면, 지배층에 대한 조롱만큼이나 혹독했던 중에 대한 조롱이 그것이다. 조선 후기의 평민들이 파계승을 조롱함으로써 불교에 대해 진정 말하고자 한 바는 무엇이었을까? 조동일에 따르면 중에 대한 평민의 날카로운 비판은 민중이 유교 원리에 충실했기 때문이 아니라 "초월적 무관심이나 냉담함을 조장하는" 불교의 허세를 경멸했던 탓이다. 달리 말하면, 민중의 비판 의식이 중이나 지배층에 대한 신랄한 풍자를 이끌었다는 것이다. 또한 마당극 운동가들은 기존의 민속 연구들이 마을 수호신을 기리는 제의 행위로만 여겼던 '미얄춤' 마당에서 남성 지배에 대한 여성의 저항을 읽어 내기도 했다(조동일 1988, 198-221; 채희완 1993, 165-166).

마당극 운동가들은 민속극에서 특히 머슴이나 종으로 등장하는 인물을 중시했는데, 평상심, 관대함, 유머 감각, 민첩한 재치를 갖추고 있는 이들이야말로 민중의 진정한 모습을 형상화하고 있다고 보았다. 그래서 머슴역인 '말뚝이'는 곧 '민중'과 동의어가 되었고 1970년대와 80년대에 공연된 여러 마당극에서 말뚝이는 고정 배역이 되었다. 말뚝이를 앞세워 마당극 공연자는 당대의 주요 사회 쟁점, 이를테면 사회 불평등, 열악한 근로조건, 정부의 농업 및 외교 정책, 언론 검열 문제 등에 대한 논평을 했다(Yang Jongsung 1988, 53-54).

## 삶과 놀이로서의 마당극

마당극 운동가들은 마당극을 단순히 정치적 풍자나 연극적 실험으로만 보지 않고, 마당극을 통해 삶과 놀이('놀이'란 노래와 춤에서 카드놀이에 이르기까지 폭넓은 여가 활동을 가리킨다)를 새롭게 사유하고자 했다. 이들은 마당극을 통해 놀이를 공유하며 '공동체 삶'을 회복하고자 했다. 또한 이를 통해 삶을 나누고, 삶에 바탕을 둔 놀이의 전통적 의미를 회복하고자 했다. 그리하여 이들은 마당극을 공동체적 예술 체험과 민중의 의식에 기반을 둔 총체적 운동으로 생각했다. 바꿔 말하면, 마당극은 이제 연극이 만들어지고 공연되는 방식과 청중이 구성되는 방식을 새로운 개념으로 해석할 임무를 띠게 되었다(채희완 1982, 210; 정지창 1989, 83).

조선 시대의 탈춤이 평민의 일상적 삶 속에서 나왔다는 학생과 지식인들의 인식은, 조선 후기에 시작되었다고 추정되는 마을 공동체 체제에 대한 이들의 유토피아적 상상에서 유래했다. 조선 시대의 협동적이고 자율적인 마을 조직으로 가장 잘 알려진 세 가지 형태(두레, 품앗이, 계) 중에 계桜만이 오늘날까지 거의 원형 그대로 살아 이어지고 있다. 두레와 품앗이가 협업의 한 형태라면 계는 관혼상제나 여타 집안 대사에 필요한 돈을 장만하는 신용 협동의 한 형태이다. 품앗이는 그나마 변형된 형태로 잔존하고 있지만 두레는 1960년대에 이르러 완전히 사라진 것으로 알려져 있다.[18]

조선 사회는 농경 사회였다. 쌀의 재배와 수확 과정에서 집약적 노동이 필요했기에 두레와 품앗이 같은 협업적 노동 방식이 생겨났다. 두레와 품앗이는 모두 평등과 협동의 원칙을 전제로 했다. '둘레', '두루', '전체'라는 어원을 가진 것으로 알려진 두레는 말 그대로 '둥근 협동'이었다. 두레는 농촌에서 일, 여흥, 의례 등을 아우르는 협동 조직이었다. 품앗이는 대체로 내가 다른 사람을 위해 하루 동안 일해 주면, 다음에

---

18_'품앗이'에서 현대 한국의 도시 생활과 노사 관계를 인도하는 평등주의 공동체 윤리로서의 가능성을 찾는 논의로는 Lee Ho-Ill(1995, 84-106)을 참조할 것.

다른 사람이 나를 위해 일해 주는 형태를 취했다. 품앗이가 대체로 개인적 차원의 필요에 따른 노동 교환이었다면, 두레의 경우 공동체적 정신과 응집력이 더욱 강했다. 두레 활동에는 공동의 식사와 여흥이 포함되어 있기 때문이다. 각 마을의 두레마다 전통 악기를 갖춘 농악대와 깃발을 보유했는데, 이 깃발은 두레 작업이 펼쳐지는 벼논 한가운데 게양되었다(Han Sang-bok 1990, 197-198). 두레의 공동체 의식과 실천에 대해 정통한 민속학자 주강현은 두레를 '모든' 공동체 활동의 표상으로 이해해야 한다고 주장한다(주강현 1997).

마을의 두레 성원들 내부에 강압적 실행이나 위계적 관계가 없지는 않았지만(주강현 1997, 61; 65), 두레에 **함축된** 평등 원리와 공동의 여가 형태는 1970년대 지식인들의 상상력을 강렬하게 사로잡았다. 두레는 빠르게 사라지는 과거에 대한 노스텔지어의 공간이자 민중적 삶의 유토피아에 대한 또 하나의 상상의 공간이었다. 마당극 연출가이자 비평가인 채희완은 전통 탈춤이 두레, 즉 일반 농민의 공동체적 삶에서 연원했다고 보았다. 채희완에게 공동체적 집단 예술로서의 탈춤은 진정한 예술의 체현, 즉 일과 놀이, 의식과 표현, 현실과 이상 세계 사이의 진정한 통합이었다(채희완 1982, 213).

조동일은 탈춤의 미학적 원리를 처음으로 체계화한 연구자다. 그는 탈춤의 정체성이 평민의 삶을 표현한 데 있다는 것을 강조한다.

탈춤을 창조한 농민이나 상인은 무당 또는 사당패와는 다른 경험을 한다. 농민이나 상인은 직접 생산에 종사하면서 기존 사회의 질서가 불합리하다는 것을 체험하고, 사회를 개조할 수 있는 가능성도 인식한다. 농사도 달라지고 장사도 달라지면서 농민이나 상인의 사회적 의식도 달라지게 마련이다. 특히 도시 탈춤의 창조와 그 발전은 양반 중심의 관념과 권위가 사회를 지배할 수 없게 되었다는 것을 체험하고 새로운 사회가 이룩되어야 한다는 것을 깨달아서 생긴 결과이다(조동일 1988, 178).

탈춤은 농촌이든 도시든 해당 지역의 공동체 주도하에 공연되거나 그 지역공동체를 대상으로 공연되었다. 이런 탈춤의 극 형식과 미학적 원리는 아리스토텔레스적인 극 개념과는 매우 상반되는데, 조동일에 의하면 탈춤에서는 무엇보다 연기자와 관객 사이의 분리가 없다는 것이다. 연희자는 그 자신이 농민이나 상인이었으며, 따라서 무당이나 사당패의 경우와는 달리 그 어떤 경멸이나 수모도 받지 않았다. 연기자는 연극 기법상의 완성도에 의거해 관객을 굳이 감동시킬 필요가 없었기에, 자기 공동체의 관심사나 가치관을 자유롭게 표현할 수 있었다. 농민이나 도시 거주민은 탈춤 공연을 수동적으로 즐기기보다는 여기에 적극적으로 개입·참여했다. 그러기에 이런 참여는 곧 자신의 예술적·사회적 표현이 되었다(조동일 1988, 178-179).

## 극에서 의례로

단순한 관람객에서 참여자로 바뀌는 관객의 변모는, 한국의 운동권 말고도 20세기 혁명적 연극 운동의 상상력을 강하게 사로잡았다. 발터 벤야민의 설명에 따르면, 베르톨트 브레히트의 '서사극의 시학'은

아리스토텔레스의 카타르시스를, 즉 주인공의 감동적인 운명에 공감함으로써 감정을 정화하는 것을, 없애 버렸다. …… 관객은 극중 인물에게 감정이입

을 하는 대신 배우가 연기하는 상황에 대해 놀랄 줄 알도록 교육을 받아야 한다. …… 서사극의 임무는 …… 몸짓을 계발하는 것이라기보다는 상황을 연출하는 것이다(Benjamin 1969, 150).

이 '서사극의 시학'은 또한 아르헨티나 연출가 아우구스토 보알의 '민중 연극'론에도 깊은 영향을 끼쳤는데, 마당극 운동가들은 보알의 민중 연극론에 상당한 친근감을 가지고 있었다. 보알에게 민중 연극은 '혁명적 원동력'이 되는 카타르시스를 가져오는 것일 뿐만 아니라 '혁명의 예행연습'이기도 했다. "관객은 더는 등장인물들에게 자기 대신 생각하거나 행동할 권한을 위임하지 않는다. …… 관객은 스스로를 해방시킨다. 그는 스스로 생각하고 행동하는 것이다"(Boal 1985, 155).

한국의 마당극 운동가들이 핵심적으로 주목했던 것도 역시 관람자에서 참여자로의 관객 변화였다. 그리고 이들은 또한 이 점을 십분 부각했다. 따라서 이들은 조선 시대 탈춤의 서사 구조, 극적 긴장감, 미학적 원리 등을 급진적이고 유토피아적으로 해석했다. 당시 국내 주류 연극계에서는 민속극이 아리스토텔레스 시학의 극적 요건을 결여한다는 이유에서 '단조롭'고, '무의식적'이며, '제한적'이라는 부정적 평가가 일반적이었다.[19] 그러나 마당극에서 주류 연극계가 결함이라고 지적한 바로 그 부분이 마당극 운동가들을 사로잡았던 것이다. 민속극의 가장 강력한 힘은, 최정무와 다른 연구자들이 지적했듯이, 배우/관람객, 자아/타자라는 전통적 이분법의 붕괴만이 아니라 관객을 연극 관람자에

---

**19**_Lee Mee-won(1983, 112)을 참조할 것.

서 변혁적 사건의 참여자로 전환시키는 전이 영역liminality의 변혁적 힘이었다(Choi Chungmoo 1993, 92).[20]

빅터 터너의 의례儀禮 개념에 따르면, '전이 영역'이란 사회질서로부터의 일탈을 의미하지 않는다. 터너는 오히려 이런 의례를 "문화 형성 과정의 주요 분류, 범주, 모순을 드러내는 변혁적 행위"라고 규정한다(Turner 1987, 75).[21] 터너가 "일상 세계를 세밀히 관찰하는 방법"으로 이해한 "사회극"에서는 장르 간 구별이 별 의미가 없다. 즉 의례, 카니발, 연극, 스펙터클은 모두 사회극이며, 이것들은 모두 시간성의 구조와 연극론적 구조를 지닌다. 사회극은 또한 "극의 배경이 되고 있는 사회적 삶에 대한 직접 혹은 베일을 씌운 비판이며, 사회가 역사를 다루는 방식에 대한 (거부의 가능성이 충분히 살아 있는) 평가"이기도 하다(Turner 1987, 22). 의례는 또한 새로 출현하는 공동체를 "상징적으로 기념하고 사회적으로 응집"시킬 수 있으며 집단의 맹아적 열망을 표출할 수 있다. 프랑스혁명 연구자들은 기념식, 축제, 카니발 등을 이런 맥락에서 바라보았다.[22] 예를 들어, 역사학자 윌리엄 시웰은 18세기 말과 19세기 초 프랑스에서 부상하던 노동자 공동체들이 어떻게 앙시앵레짐에서 행해졌던 의례의 형식들을 도입해 활용했는가를 보여 준 바 있다(Sewell 1980).

---

20_ 연극을 통한 변혁적 힘의 추구는 마당극에서만 특유한 일은 아니다. 제3세계의 여러 '민중극'은 방금 필자가 설명한 내용과 많은 부분에서 상통한다. 이와 관련해서는 특히 Kavanagh ed.(1981, xxx)를 참조할 것.

21_ 또한 Turner(1974, 37-41)도 참조할 것.

22_ 일례로 Hunt(1984)와 Ozouf(1988)를 참조할 것.

일부 연구자들은 의례를 "위계적 사회가 질서와 안정을 유지하는 궁극적 원천"이라고 일축하기도 하지만(Davis 1965, 130), 식민지 이후의 제3세계에 대한 관찰자들은 의례에서 저항의 가능성을 탐색해 왔다. 예를 들어, 진 코마로프는 남아프리카의 츠히디에 대한 연구를 통해 "의례는 모순적인 세계의 가치와 구조를 거론하고 조작하는 데 적합한 매개를 제공한다"라고 제시한 바 있다. 자본주의 침투와 함께 일어난 제3세계에서의 각종 혼합주의 의례 및 종교 운동은 "헤게모니적 질서의 권위를 거부하려는 의도적인 시도"이며, "단지 저항을 표출하는 데서 끝나지 않으며, 단순한 자기 대표 행위 이상의 의미를 갖는다. 그것들은 상징과 의례의 세계 속에서 변혁을 유도함으로써 현실 세계를 변화시키려고 한다는 점에서 현시顯示적인 동시에 실용적이다"(Comaroff 1985, 196; Dirks 1994, 487에서 재인용).

마당극 운동가들 또한 분명히 의례를 헤게모니와 투쟁의 정치적 세계 속에 위치시켰다. 이들은 곧 "상징과 의례의 세계 속에서 변혁을 유도함으로써 현실 세계를 변화시키려고" 했다. 1980년대 중반에 정치적 긴장이 폭발하면서 이들 운동가들은 마당극을 떠나 '마당굿'으로 옮겨 갈 것을 제안한다. 여기서 마당굿이란 무속에서의 굿을 의미한다(채희완·임진택 1985, 114-120). 당시 한국 정부는 무속 의식을 미신의 영역에서 떼어 내어 전통으로 승인했으며 무당을 인간문화재로 지정하기도 했다. 그러나 마당극 운동가들이 마당굿을 고집한 이유는 급진주의적 연극 언어를 새로운 정치적 비전과 결합하기 위해서였다. 즉 (수동적으로 관람하는) 연극에서 (사건에 대한 변혁적 참여인) 의례로의 전환을 꾀하고자 했던 것이다. 운동가들의 목적은 관객을 변혁시키는 것이었다. 즉 이들은 관객을 서로 떨어져 있는 개인에서, 새로운 정치적·문화적 공

동체에 대한 비전을 공유하고 이에 참여하는 집단의 일원으로 변화시
키고자 했던 것이다.


## 3. 1970년대 저항극으로서의 마당극

1960년대 개인과 국가의 정체성을 회복한다는 차원에서 일부 지식인
과 학생이 시작한 민속극 붐이 1970년대 유신 시대에 이르러서는 '저항
극' 형태를 띠게 된 것은 놀라운 일이 아니다. 예를 들어, 탈춤은 그 특
유의 극적 구성 때문만이 아니라, 역사적으로도 사회 풍자 기능을 수행
했다는 평가를 이미 받고 있었기 때문에, 유신 체제에서도 저항의 목소
리를 내는 데 자연스럽고 효과적인 매체가 되었다. 1970년대 거의 전
기간에 걸쳐 마당극은 이제 공연을 펼치는 그 자체로 하나의 저항 행위
가 되었는데, 대학생과 반정부 집회라면 무조건 즉각 해산시켰던 정부
의 조치도 여기에 한몫했다. 마당극은 특히 아시아, 아프리카, 라틴아
메리카 등 제3세계에서도 전개되었던 민중 지향적 연극 운동과 나란히
출현했다.[23]

전 세계적으로 저항극들에서는 역사적 사건들, 특히 반反식민 투쟁
은 오랫동안 미래의 해방운동을 위한 원형으로 간주되었다.[24] 한국에

---

23_아시아, 아프리카, 라틴아메리카에서 대중적인 인기를 끈 민중 연극은 식민지와 식민지 이후
의 시기를 겪으면서 저항 극장의 형태를 띠게 되었다. 이 주제와 관련해서는 특히 Kaitaro
(1979); Björkman(1989); Kidd(1984)를 참조할 것.

서도 마찬가지로 1894년 동학농민운동이나 1960년 학생운동과 같은 '민족 해방' 투쟁에 대한 역사적 서사는 마당극에 큰 영향을 주었다. 예를 들어, 〈장산곶 매〉라는 작품에서 19세기 중반에 무참히 진압된 황해도 농민반란은 민중의 생명력과 불패 의식을 상징하는 사건으로 재현되었다.[25] 동학농민운동을 배경으로 한 김지하의 장시를 각색한 〈녹두꽃〉에서는 외세와 중앙 권력에 맞서는 일반 농민의 저항이 동시대 민중운동의 선구적인 사례로서 그려진 바 있다(채희완·임진택 편 1985, 49-67; 347-373).

1970년대 마당극은, 문화인류학자 클리포드 기어츠의 용어를 빌리면, 한국인의 삶에 대한 "사회적 메타 비평"meta-social commentary이라고 할 수 있을 것이다(Turner 1987, 49에서 재인용). 마당극은 미국과 일본에 대한 한국의 의존, 노동권과 언론의 자유에 대한 억압, 공해, 도시화, 판자촌 주민의 강제 퇴거 등 한국 사회의 거의 모든 사회적 쟁점을 거론했다. 대부분의 마당극은 민중의 일상적 경험을 다루었는데, 그리하여 극에서 묘사되는 사건들에 익숙한 관객들로부터 적극적인 반응을 이끌어 냈다. 극중 펼쳐지는 액막이는 또한 극중 사건과 청중, 연기자와 관객 사이의 간극을 이어 주었다. 한편 〈진오귀굿〉은 농민 문제에 초점을 맞춘 최초의 마당극으로, 농민이 직면한 세 가지 주요 문제를 '악귀'로 표상하고, 굿을 통해 이들 악귀를 몰아내는 과정이 주요 줄거리였

---

24_일례로 Björkman(1989, ix)을 참조할 것.

25_이 작품은 황석영의 장편소설 『장길산』을 각색한 것이다. 『장길산』은 조선조를 배경으로 하는 역사소설로서 사당패와 도적떼가 혁명가로 전화하는 과정을 그리고 있다.

다. 〈돼지풀이〉는 1970년대 말 대규모 농가를 파산시킨 정부의 축산 정책을 비판하는 작품으로, 양돈 실패로 실의에 빠진 농민을 위로하기 위해 공연이 끝난 후 실제로 돼지들을 도살하기도 했다(채희완·임진택 편 1985, 69-129).

거리시위 또한 마당극 운동가들이 추구하던 카타르시스 효과를 제공했다. 1970년대와 80년대에 마당극은 흔히 대학이나 거리에서의 대규모 시위에 앞선 전주곡 혹은 앞놀이 구실을 했다. 이들 시위는 공연을 뒤따르던 청중들이 모여 즉흥적으로 이루어지기도 했고, 공연 기획자들이 사전에 치밀하게 준비를 하는 경우도 있었다. 이를테면 1975년 3월 서울대 학생들은 〈진동아굿〉이라는 마당극을 만들었다. 이 마당극은 노조 결성을 이유로 대량 해고 사태가 벌어진 이른바『동아일보』기자 해직 사건에 초점을 맞춰 언론 자유의 문제를 제기했다. 서울대 학생들은 이 공연에 배우로, 청중으로 열정적으로 참여했다. 관객 가운데서 무작위로 뽑힌 학생들이 배우로서 즉흥적으로 극에 참여할 수 있던 것은, 대부분의 학생이 그 사건의 전말을 충분히 숙지하고 있었기 때문이다. 약 1천5백 명 규모에 이르는 관객은 공연 후 해직 기자를 돕기 위해 모금을 했는데 의외로 큰 금액이 거두어졌고, 학생들은 즉흥적으로 거리로 나가 해직 기자 탄압에 반대하는 시위를 전개했다(채희완·임진택 편 1985, 273-299).

## 4. 1980년대 무속 의례로서의 마당극

1980년 광주항쟁을 통해, 한국 사회는 일반 시민이 관람자에서 참여자로 변화하는 가장 인상적인 장면을 목격했다. 앞서 언급했듯이, 광주항쟁은 민중운동의 역사적 이정표가 되었다. 이를 계기로 민중운동은 서구식 자유민주주의에 대한 추구에서 더욱 근본적인 사회변혁에 대한 추구로 이동하기 시작했던 것이다.

마당극은 또한 광주항쟁 이후 민중운동의 정당하고 없어서는 안 될 부분으로 인정받게 되었다.[26] 광주 이후 마당극 운동가들은 마당극의 미학과 극작법을 다듬고 정교화하는 작업에 착수했는데, 이는 마당극이 민중운동에 유의미하게 살아남을 수 있게 하기 위함이었다. 그러나 이들의 이와 같은 노력은 한편으로는 정치적 자유, 노동문제, 반전·반핵, 여성 문제, 도시 빈민 문제와 같이 너무나 많은 문제를 한꺼번에 다루려는 이들의 시도 때문에, 다른 한편으로는 민중운동이 혁명운동으로 노선이 전환됨에 따라 많은 제약을 받았다.

광주항쟁 이후 민중운동 진영 내의 문화 운동가들은 민중을 어떻게 재현할 것이냐는 물음을 고민했다. 민중이란 역사의 주체이자 동력이며, 생명력과 건강의 체현이라는 전제는 논의의 대상이 아니었다. 문제는 그 민중의 복합성과 다양한 열망을 기존의 상투적이거나 정형화된 묘사에 의거하지 않고 어떻게 재현할 것인가였다.

---

26_예를 들어 서울대 연극반은 운동권에 속해 있었다. 연극반 회원은 각종 세미나와 시위에 적극 참여했다. 연극반이었던 한 학생은, 광주항쟁 이후 서양 연극을 공연한다는 것은 생각조차 할 수 없었다고 회고한다(민족극연구회 대본선편집위원회 편 1988, 289-290).

1980년 초 서울대 연극반이 제작한 〈녹두꽃〉은 삶과 역사적 주체성의 체현으로서의 민중에 대한 학생들의 깊은 고민과 정치적 유효성에 대한 고민이 잘 엿보이는 작품이다(이 작품은 앞서 언급한 김지하의 〈녹두꽃〉과 다른 것이다). 〈녹두꽃〉은, 또한 민중을 예술적으로 어떻게 재현할 것인가에 대한 오랜 논란에도 불구하고, 과거의 역사적 사건들이 여전히 예술적 영감의 원천이 되고 있음을 보여 준다. 마당극 운동가들은 전통 민속극에 등장하는 인물의 괄괄한 성격과 익살을 민중의 본질적 속성으로 높이 평가했는데, 이런 극중 인물은 활동가들이 마당극을 1970년대에서 80년대로 이어가는 데 기여했다.[27] 저명한 마당극 연출가이자 〈녹두꽃〉 제작에 함께 참여했던 임진택은 자신의 소회를 다음과 같이 밝혔다.

필자가 이 작업을 위해 서울대 총연극회 후배들과 만난 것은 1979년 가을이었다. 우리는 원래 〈춘향전〉을 새로운 각도로 해석해 보면 어떨까 하는 정도의 생각을 갖고 있었다. 〈춘향전〉을 통해 조선 후기의 사회상 특히 신분제도의 붕괴 과정을 그려 볼 수 있겠기 때문이었다. 그리고 〈춘향전〉의 결말은 억압받던 농민들이 감옥을 부수고 춘향을 구출하는 것으로 끝나야 할 것이라는 데 의견을 모았다. 우리에게는 사실 〈춘향전〉이 그다지 절실한 작품이 못되었지만 당시 대학 내에서 좀처럼 마당 공연이 허락되지 않는 형편이었으므

27_ 서울대 학생들은 인형극 등장인물 가운데 가장 늠름하고 해학적인 인물 중 하나인 '홍동지'를 각색해, 동명의 제목으로 공연한 바 있다. 이것은 광주항쟁 이후의 첫 번째 대학 공연으로서 광주의 비극을 극복하려는 전망을 표현했다(민족극연구회 대본선편집위원회 편 1988, 296).

로 무난한 작품을 택해 총연극회의 역량을 키워 보자는 생각이었다. 그런데 그 무렵 역사적인 사건이 일어났다. 상황은 급변하고 있었다. 우리는 예정을 바꿔 동학농민전쟁의 선봉장인 전봉준을 그리기로 했다. 급변하는 상황에 비출 때 〈춘향전〉은 너무나 태평스런 느낌이 들었기 때문이다. 동학농민전쟁은 우리의 수천 년 역사에 있어서 가장 찬란하게 빛나는 민중·민족해방운동의 금자탑이다. 그리고 녹두장군 전봉준을 그린다는 것은 한 개인의 영웅적인 일대기를 그리자는 것이 아니라 동학농민전쟁 당시 스러져간 수많은 이름 없는 농민들의 기억을 떠올리기 위함이리라. 그리하여 우리는 기초자료 조사로부터 시작해서 그해 겨울 동안 꼬박 공동 창작에 몰두했다.

겨울이 지나고 개학과 함께 봄이 왔다. 1980년도 캠퍼스의 봄은 참으로 오랜만에 자유가 만발한 때였다. 상황은 미묘한 가운데 더욱 고조되고 있었고 대학의 분위기는 거의 절정에 달하고 있었다. 총연극회가 준비하고 있던 〈녹두꽃〉도 그런 시대의 열기를 담아내는 작업이 되어야 할 것이다. 그러나 우리들의 공동 작업은 곧 한계에 부딪치고 말았다. 동학농민전쟁과 녹두장군을 소재로 하다 보니 작품이 자꾸 장엄하고 격앙되고 비장한 분위기로만 기울어졌기 때문이다. 장엄하고 비장한 분위기를 오래 끌다간 마당에서는 실패하기 십상이다. 탈춤에서 비장한 대목을 거의 찾을 수 없다는 사실이 이를 증명하지 않는가? 이는 같은 내용을 서사시나 소설로 썼을 경우와도 다르고 또는 훌륭한 시설을 갖춘 극장 공연의 경우와도 엄연히 다른 것이다. 여기서 우리들의 공동 작업은 다시 한 번 크게 선회한다. 즉 동학농민전쟁이 과거에 있었던 역사적 사실로서만이 아니라 오늘날 이 시대의 당장이라도 일어날 수 있고 또 일어나야 하는 어떤 혁명적 기운, 종교적 맹아 같은 것으로 이해될 수는 없겠는가 하는 점이다. 이에 우리는 새로운 세계관을 바탕으로 한 일종의 신흥종교를 상정하고 교리로서 '밥이 하늘이다'를 채택하기로 했다(임진택 1990, 70-77).

이와 같은 동학의 개작은, 1장에서 살펴보았듯이 1894년 동학농민 전쟁에 대한 민중사학자들의 재해석과 조응하는 것이었다. 사실, 〈녹두꽃〉은 사학자 박찬승의 동학 관련 논문(1장에서 검토했다)보다 수년을 앞섰는데, 이는 민중 지향적 관점이 이미 학생들의 마당극 대본 작성에 큰 영향을 미쳤음을 보여 준다.

7장에서 후술하겠지만, 광주항쟁 이후로는 노동계급이 민중운동에서 역사의 중심 주체로 부각되었으며, 제반 문화 운동을 지배한 미학 원리는 사회주의 리얼리즘이었다(이에 대해서는 8장에서 다룬다). 마당극은 한편으로는 사회의 부정적 측면을 가차 없이 비판했지만, 운동의 요구를 우선시한 결과, 인물과 상황에 대한 묘사에 있어서는 현실성이 간과되는 경향도 있었다. 특히 여성은 노동운동의 관점, 혹은 민족 해방이나 계급 해방의 관점에서만 그려지곤 했다.

이화여대 학생들이 만든 마당극 〈딸〉과 〈닷찌풀이〉에서 주인공은 모두 어린 여성 노동자였다. 1984년 4월에 처음 공연된 〈닷찌풀이〉에서 여성들은 이중으로 억압을 받는다. 극중 공장노동자이자 창녀로 등장하는 여성은 먼저 계급적으로 억압받고, 그 다음은 외세에 예속된 나라의 국민, 즉 일본 남성에게 성노예로 봉사하는 창녀로서 억눌린 삶을 산다. 주인공 윤자는 농민의 딸로서 돈을 많이 벌어 오빠에게는 대학 등록금을 마련해 주고 아버지에게는 트랙터를 장만해 주는 게 꿈이었다. 그러다 그녀는 저임금과 빈번한 해고로 인해 공장에서 사창가로 내몰린다. 결국 윤자는 일본인 고객이 담뱃불을 내밀며 다가오자 호텔 창

문을 뛰어내려 자살한다.[28]

〈딸〉은 1986년 봄에 공연되었다. 이 작품 역시 노동운동의 맥락에서 여성 문제를 다룬다. 여타 노동 관련 극과 마찬가지로 〈딸〉은 노동조합을 결성하는 과정에서 여러 장애물에 직면한 일군의 여성을 등장시킨다. 주동자 격인 진숙은 한국전쟁과 반공 이념으로 인해 깊은 상처를 입은 집안 출신이다. 그녀의 삼촌이 (누이가 미군에 의해 집단 강간당한 것을 목격한 후) 월북했다는 탓에, 그녀의 아버지는 만년 실업자 신세였고 할머니는 정신을 잃었다. 진숙의 공장 월급에 힘입어 대학 교육을 마친 큰오빠는 같은 공장의 사무직 직원이다. 그는 진숙에게 노조 활동으로 인해 자신의 일자리와 집안의 생계가 위태로우니 제발 가족을 생각하라며 애원한다. 게다가 그녀가 치른 희생을 꼭 보상하겠다고 약속한다. 이에 진숙은 자신이 처음 학교를 그만두고 공장에 다니기 시작할 때는 괴로웠으나, 이제 그 고통과 고민은 더 큰 목적의 일익을 담당하려는 결단 앞에 사라졌다고 응대한다. 그녀는 당당하게 큰오빠에게 말한다. "난 내가 노동자라는 것이 떳떳하고 자랑스러워. 때문에 내가 일한 만큼은 되돌려 받고 싶어. 오빠 공장에서 일하는 얘들이 얼마나 부당하게 취급당하고 있는지 잘 모를 거야. 난 …… 여기서 함께 일하고 있는 모든 친구들의 형제가 되고 싶어"(민족극연구회 대본선 편집위원회 편 1988, 213). 여기서 진숙은 혁명적 노동계급이라는 자신의 정체성을 드러낼 뿐만 아니라 자칫 운동가를 옥죄고 종내에는 운동마저 포기하

---

28_이 절에서 논의되는 세 편의 마당극은 민족극연구회 대본선편집위원회 편(1988)에 수록되어 있다.

게 만드는 가족의 유대나 정서적 끈을 넘어서 있다. 진숙의 인물 설정에는 또한 주인공의 노동계급 정체성과 투쟁성이 분단으로 빚어진 부모의 고통마저 극복한다는 의미가 함축되어 있다.

1980년대의 혁명 논리 속에서, 민중은 아량이 넓고, 차분하며, 해학이 있는 존재로 이상화되었는데, 이는 조선 시대 탈춤에 나오는 머슴이나 하인을 특징짓던 성격이었다. 그러나 동시에 민중은 계급투쟁의 선봉에 서는 인물이었다. 조선 시대의 탈춤에서 하인은 해학과 아이러니가 넘치고 줄곧 자신을 스스로 희화화하는 인물이다. 탈춤에 등장하는 양반 주인들의 어리석음과 몰상식함은 이와 같은 하층민의 해학과 아이러니를 더욱 통렬하게 했다. 반면 1980년대 마당극의 노동자 주인공은 대체로 이 같은 해학이나 풍자가 결여된 상태에서, "민주노조 건설하자!" "독재 타도!"와 같은 정형화된, 때로는 진부한 구호를 내세우며 계급 해방을 향해 흔들림 없이 나아갔다. 시인이자 한때 마당극 운동가였던 김지하는 1980년대의 마당극, 특히 대학교 동아리에서 제작된 마당극을 두고, "정치적 비판과 공격적인 저주로, 교술적教述的으로 과도하게 집중"(정지창 1989, 21에서 재인용)되어 있다고 비판한 바 있는데, 이와 같은 지적은 그 당시 김지하만의 독특한 생각이 절대 아니었다.


## 5. 불확정성과 급진적 비판 사이

1980년대의 마당극에서 노동자 혹은 농민은 대부분 혁명적 주체로 전환되는 과정을 거친다. 그런데 이 과정에서 주인공이 겪는 내적 갈등은 빠져 있고, 주체로 나서게 된 동기에 대한 설득력이 부족한 경우가 많았다. 이 점은 8장에서 후술할 노동문학에서도 마찬가지였다. 마당극이나 노동문학에서 등장인물은 저자가 관객이나 독자에게 전달하고자 하는 교훈을 담는 용기와도 같다. 일례로, 〈진오귀굿〉에 나오는 농민 '개도치'의 경우 정부의 저임금·저곡가 정책으로 인해 돈을 잃는다. 절망에 휩싸인 개도치는 "우리 땅과 운명을 단단히 붙잡으려면 마음과 몸을 합쳐야만 한다"라는 동료 농민들의 애원을 무릅쓰고 농사일을 내팽개칠 궁리를 한다(채희완·임진택 편 1985, 71). 그러나 그 다음 장면에서 다른 농민들과 함께 반정부 구호를 힘차게 외치는 개도치는 이전 장면의 패배 의식을 완전히 극복한 것으로 보인다. 이와 비슷한 사례는 숙명여대에서 공연된 마당극 〈0번지〉에서도 찾아볼 수 있다. 이 작품은 판자촌에 거주하는 도시 빈민의 곤경을 그렸는데 주인공 가족은 도시 재개발 정책으로 인해 집안이 풍비박산이 났는데도 줄곧 낙천적이다 (민족극연구회 대본선편집위원회 편 1988, 222-261).

마당극에는 하나의 암묵적인 전제가 있었다. 민중은 으레 그 강인함과 호탕함으로 자본주의 발전의 불균등성과 그 실패마저도 '극복'한다는, 다분히 진부한 설정이 바로 그것이다. 조선 후기 민속극에서도 마찬가지로 평민은 으레 엘리트층보다 우월한 자질을 부여받고 이들과 대립 관계를 형성했다. 예술의 비판적 기능과 저항이라는 관점에서 보았을 때 이런 진부함은 예술이 지닐 수 있는 비판과 저항의 기능을 약화시킨다. 즉 1980년대 마당극은 민중을 태생적으로 지배 질서에 맞서 저항할 수 있는 존재로 설정했는데, 이런 내용의 급진성은 오히려 예술 형식으로서 마당극이 지닐 수 있는 비판적 기능을 불확실하게 만들었다.

| 1980년대 말 전남 보성 역전에서의 마당극 공연 | 조선일보사 제공

많이 거론되는 마당극의 카타르시스 효과 또한 서로 상반되는 가능
성을 허용한다. 마당극의 카타르시스적 효과가 관객으로 하여금 사회
정치적 체제에 대해 의문을 던지도록 한다면, 다른 한편 관객은 또한
연극 공연이라는 통제된 틀 속에서 자신의 분노와 불만을 풀어 버릴 가
능성도 있는 것이다. 민중을 위협한다고 생각되는 모든 세력에 대한 반
복적이고, 완고하고, 무차별적인 공격은 수잔 벅-모스의 표현을 빌리면
"수용의 무감각화"anesthetization of reception를 초래하는데, 이는 주로 반복
적인 자극과 쇼크로 인해 감각이 무디어지는 것을 의미한다(Buck-

Morss 1992).

그러나 필자는 공연이 펼쳐지는 무대 위의 시간에만 초점을 맞추지 말고, 흔히 간과되는 측면, 즉 마당극의 '일출熘出; spillover 효과'를 생각해 볼 것을 제안한다. 여기서 일출 효과란 마당극의 잠재적이거나 예기치 못한 효과가 일상생활에 미치는 영향이다. 1970년대 초창기에 다수의 마당극은 김지하와 황석영 등 유명 작가에 의해 쓰였지만, 유신 체제의 가혹한 긴급조치와(저자의 이름을 표기하는 것 자체가 위험했다) 비非자본주의적 생산양식을 추구하던 운동가들의 의지는 마당극의 익명성과 집단적 성격을 강화시켰다. 게다가 잘 알려진 마당극은 의식화 교육 자료로서 공연 이후에도 오랜 생명을 누렸다. 이를테면 〈진오귀굿〉의 경우 공연 내용이 테이프에 기록되어 유포된 결과 농민 야학에 나가거나 농민 조직에 소속된 이들에게 상당한 인기를 끌었다. 농민과 함께 대본 작업을 했던 김지하가 체포된 이후 '원작'의 초고는 여러 마을의 연희 집단 사이에 유통되었고, 각 그룹은 각자의 경험을 자유롭게 포함해 자신들의 공연을 위해 작품을 각색했다.

1980년대에는 노동자, 여성, 농민, 또는 환경문제나 여타 사회문제를 안고 있는 지역 주민들이 저마다 마당극을 공연하는 일이 잦았다. 이들은 각자 작가, 배우, 관객으로 마당극에 참여하면서 자신들의 삶에 새로운 의미를 부여할 수 있는 기회를 얻었고 문화의 정치학을 반정부 차원에서뿐만 아니라 일상생활의 차원에서 실현하기에 이르렀다. 물론 앞서도 언급했듯이, 관객이 공연 도중에 경험한 일상적 질서의 허물어짐, 사회적 관계의 전도는 개인적 수준에 머물러, 그저 개인적 몽상이나 피난처의 구실만 할 수도 있었다. 그러나 협업적이고 집단 지향적인 마당극의 성격은 이 같은 개인적인 몽상을 현실에 대한 집단적 재구성으로 유도할 수 있는 여지가 충분했으며, 이에 따라 참가자들은 사회 참여의 영역을 넓힐 수 있었다.

많이 거론되지 않은 마당극의 또 다른 측면은 공연 이후 펼쳐진 상황이다. 마당극이 끝난 후에는 으레 배우와 관객이 자연스럽게 어울리는 시간이 펼쳐졌다. 〈진오귀굿〉의 마지막에 관객은 귀신, 즉 농업 정책 실패를 내쫓는 액막이를 할 것을 부탁받는다. 또 위에서도 잠깐 언급했지만, 〈진동아굿〉의 경우 참여자들은 언론 자유를 외치며 공연 후 즉흥적으로 조직된 시위 대열에 합류했다. 그뿐만 아니라, 공연 이후는 거의 예외 없이 음식과, 술과, 노래가 어우러진 뒤풀이 시간, 즉 바흐친적인 의미에서 카니발의 순간이 이어졌다. 이와 같은 뒤풀이 시간은 해학과 순발력으로 고취된 각종 오락 활동과 함께 새벽까지 이어지곤 했는데, 이는 공연 그 자체보다 더 카타르시스적이고 감동적인 것일 수 있는 것이었고, 정형화되고 통제된 연극의 내용을 예기치 못한 방식으로 뒤엎을 수 있는 여지도 다소 있었던 것이다.

이상에서 필자는 마당극을 대항 공론장의 일부로 개념화했다. 즉 마당극이 그 주제 선정이나 극적 구조를 통해 어떻게 함축적으로, 또 다소 산란한 방식으로, 자본주의적 질서에 대항하는지 살펴보았다. 사회정치적 상황의 절박함 속에서 해방적 내용이 가능한 연극 형식을 고민하던 마당극 운동가들은 마당극에서 새로운 형식의 연극뿐만 아니라, 새로운 형태의 공동체에 기반을 둔 일과 놀이에 대한 개념을 비로소 찾았다고 생각했다. 마당극은 이런 차원에서 노동과 여가, 생산과 소비, 노동자와 지식인 사이의 경계를 무너뜨릴 수 있는 것이었다. 공장노동자, 농민, 여성, 도시 빈민, 지식인들은 자신들의 일상적 삶의 열망과 관심사를 표현하고자 문화 생산자로, 혹은 소비자로 마당극에 참여했다.

　비평으로서의 마당극은 이렇듯 물질적이라기보다 상징적 영역에 머물렀다. 그럼에도 불구하고 필자가 주장하고자 하는 것은, 마당극 운동가들의 이런 노력이 분산되어 있었고 단속적이었음에도 불구하고, 20년 이상 누적된 이들의 비평 시도는 지배 문화의 헤게모니적 지위를 약화시키는 수행적 효과를 가지고 왔다는 것이다. 마당극은 또한 지배층과 그에 맞서는 피지배층 사이의 긴장이 반드시 대결이나 저항의 형태를 띠지 않아도 된다는 것을 보여 주었다. 그 긴장은 오히려 국가를 우회하는 방식으로 새롭게 공동체를 형성하는 것을 종종 가능하게 한다는 것을 보여 주었다. 따라서 1980년대 마당극 운동가가 스스로 착수한 과업은 단순히 '잃어버린 우리의 뿌리' 혹은 '우리 문화'를 찾는 데 국한되지 않았고, 역사와 동시대 사회 현실 사이에서 시종 줄타기를 하면서, 비非시장 지향적인 문화 공간을 구축하는 것이었다.

# 6

# 노동자와 지식인의 연대

1986년 7월 6일자 『조선일보』 사회면 귀퉁이에 단신 기사가 올라왔다. 스물세 살의 '권'씨 성을 가진 서울대 여대생이 최근 구속된 상태에서 자신에게 성고문을 가한 부천 경찰서 소속의 한 형사를 고소했다는 내용이었다.[1] 이 짧은 한 줄 기사는 이후 수개월 동안 한국 사회를 온통 흔들어 놓았다. 이 사건이 충격적이었던 까닭은, 한 젊은 여성이, 피고소인에게보다 자신에게 더 불리할 수 있는 고소 내용을 공개적으로 밝혔다는 점이었다.[2] 그뿐만 아니라 이 젊은 여성은 공장에 취업하기 위

---

1_ "수사관 6명 고발, '추행 사건' 변호인단," 『조선일보』, 1986/07/06, 11면.

2_ 권인숙 사건 말고도 수사 기관의 심문 과정에서 강간을 당하거나 그 외 성폭행을 당한 여학생

해 재학 중인 명문대를 스스로 자퇴한 여대생이었던 것이다.

사건이 터지자 대중매체와 정부는 이 사건의 선정적인 측면과 '불온적인' 측면에 집중했다. 반면 법정 기록, 변호인 진술, 그리고 소송 직후 조직된 시민 단체의 뉴스레터 등을 보면 이와는 다른 서사가 곧바로 유포되기 시작했음을 알 수 있다(문명호 1987, 567-581). 그 내용을 종합해 보면 1980년대 운동권의 모습이 하나의 초상화처럼 드러난다.

자신이 당한 성적 학대를 공개하고 가해자를 고소한 권인숙의 결정은 전례가 없는 일이었으나, 그녀는 1980년대 중반 공장에 취업해 활동하던 약 3천 명으로 추정되었던(Ogle 1990, 99) 운동권 학생 가운데 한 명이었다.[3] 공장에 취직하는 대다수 다른 운동권 학생과 마찬가지로 권인숙은 학생 신분을 숨기고 취업을 하기 위해 주민등록증을 위조해야 했으며, 이에 따라 위장 취업자[4]라는 실정법 위반자[5]가 되었다. 권인

---

들이 있었다. 수사관들은 시위 학생들을 심문하는 과정에서 그들에게 겁을 주는 게 일상이었는데, 여학생의 경우 나체 상태에서 신체 검색을 받거나 성적인 언어 폭행을 당하거나 구타를 당하기도 했다(Asia Watch 1985, 104-105를 참조할 것). 권인숙 성고문 사건이 공론화되면서 이들 여학생 또한 자신들이 당한 피해 사례를 고발하기에 이른다.

**3**_ 당시 공장에 취업한 운동권 학생의 정확한 숫자를 정확히 파악하기는 어렵다. 학생들이 대부분 신분을 위조해 취업했기 때문이다. 당시 정부의 통계는 믿을 수 없다고 널리 알려져 있었다. 공장에 취업한 지식인들의 실제 규모가 정부 기관에서 발표한 것보다 크다는 점에 대해서는 당시 정부 측과 노동운동 측 모두 동의했다.

**4**_ '위장 취업자'는 정부와 대중매체에서 고안한 용어로서, 공장에 취업한 운동권 학생을 범죄자 취급하기 위한 것이었다. 노동운동에 참여한 운동권 학생과 지식인은 스스로를 '학출 운동가'(학생 출신 운동가) 또는 '인출 운동가'(인텔리 출신 운동가)라고 불렀다. 이들 용어는 자신들을 노동계급 출신의 운동가들과 구별하는 데도 사용되었는데 노동계급 출신 운동가에 대한 우월성보다는 자기 비하의 의미가 더 컸다.

**5**_ 대학생의 공장 취업이 법적으로 금지된 것은 아니었다. 다만 1980년대 초부터 대학생은 노동

숙은 그렇게 1980년대 한국을 상징하게 된 것이다. 즉 그녀는 1980년대 민주화운동의 열정, 이상, 그리고 서로 상충하는 열망의 화신이었다. 1980년대를 통틀어 수천 명의 대학생과 지식인이 공장노동자의 세계로 뛰어들었다. 이들은 '혁명'의 도래를 희구하면서 대학 졸업장을 포기함과 동시에 유망 직업과 중산층으로서의 안정된 삶에 대한 기대를 포기했던 것이다. 그 포기의 대가로 그들은 때론, 권인숙이 그랬던 것처럼, 가혹한 시련과 허무맹랑한 비난을 감수해야만 했다.[6]

이 장에서는 지식인뿐만 아니라 노동자의 정체성, 이해관계, 요구사항 등이 재구성되는 대항 공론장을 창출하는 과정에서 노동자들과 연대하려 했던 지식인들의 노력을 다룬다. 1970년대에 이 연대는 지식인, 대학생, 기독교 노동단체가 노동자와 사회 일반을 대상으로 저임금, 열악한 노동조건, 근로기준법 위반과 같은 노동문제를 제기하는 수준에서 이루어졌다.[7] 그러나 1980년대에 이르면 이 연대는 지식인이 스스로 노동자로 탈바꿈하는 양상을 띠게 된다. 한국의 민주화운동에서는 이를 노동자-학생 연대, 즉 '노-학 연대'라고 불렀다. 이 장에서

분규에서 잠재적인 선동자로 여겨졌으며 따라서 취업 심사 과정에서 체계적으로 배제되곤 했다. 이런 이유로 학생들은 공장에 취업하기 위해 자신의 신분증을 위조하는 수단을 동원했고, 이것이 바로 범죄행위에 해당되었던 것이다. 물론 공장에 취업한 학생들이 모두 운동권이었던 것은 아니다. 1985년 무렵부터 대학 졸업자들이 사무직에 취업하는 게 갈수록 어려워지기 시작했으며, 이에 따라 일부 학생들은 공장 쪽으로 취업 방향을 돌리기도 했다. 생산직의 연령 제한 탓에 이들 대졸자들도 종종 신분증을 위조했다.

6_정부는 운동권이 혁명을 위해 섹스를 악용하는 것을 서슴지 않으며, 권인숙의 성폭행 고소는 '의식화'의 한 형태이자 "정부의 권위를 무너뜨리는 전략"이라고 공격했다. "「성적 모욕」 없고 폭언-폭행만 했다' 검찰, 「부천서사건」 수사 결과 발표," 『조선일보』 1986/07/17, 11면.

7_1970년대의 노-학 연대에 대한 상세한 설명으로는 한국기독학생총연맹(1984a)을 참조할 것.

보게 되겠지만, 노-학 연대에는 학생 외 다수의 지식인이 참여했다. 노-학 연대는 또한 지식인들이 노동자의 편에서 노동자들의 투쟁을 지지하는 것에 국한되지 않았다. 1980년대에 이르면 노-학 연대는 참여자 개개인의 삶뿐만 아니라 한국 사회의 근본적인 변화를 추구하는 것이었다. 한국에서 1980년대 민주화운동을 그 이전의 사회운동과 구별짓는 가장 뚜렷한 특성은 바로 이 노-학 연대다.

필자가 주장하는 것은, 노동을 상대로 한 기존의 공적 의제에 문제를 제기하고, 오랜 세월에 걸쳐 노동환경을 개선시킨 데는 무엇보다도 노동자 자신들이 스스로의 권리와 존엄을 지키기 위해 전개한 지속적이고 용감한 투쟁이 가장 큰 역할을 했지만, 지식인들 또한 노동문제와 노동계급 문제를 끈질기게 쟁점화하면서 노동자들과 더불어 그 과정에 참여했다는 것이다. 대항 공론장의 구축은 단순히, 혹은 전적으로, 현 상태에 대한 반대만을 의미하지 않았다. 그것은 한국 사회는 어떤 종류의 사회여야 하며, 어떤 원칙 위에서 건설되어야 하며, 이 과정에서 누가 그 주역이 되어야 하는가를 둘러싼 격렬한 논쟁의 일환이기도 했다. 이런 담론 과정을 거치면서 그간 계급의식과 정치적 주체성이 결여되었다는 이유로 등한시되었던 노동자는 새롭게 조망되었다. 이 과정에서 노동자는 새로운 집단적 사회 정체성과 주체성을, 그리고 혁명적 비전과 이를 현실화할 수 있는 잠재력을 부여받은 집단이 되었다.

이 장에서 필자는 먼저 지식인-노동자 연대의 역사적 맥락을 간략하게 다루면서, 1970년대 가장 중요했던 도시산업선교회 활동과 야간학교(약칭 야학) 활동을 살펴본다. 그런 다음, 광주민중항쟁 이후 한국의 사회정치 상황과 운동권의 내적 역학이 1980년대에 독특하게 나타난 현상, 즉 지식인이 노동자로 탈바꿈하는 현상에 어떻게 기여했는지 살펴본다.


# 1. 1970년대 노동자-지식인 연대의 역사적 맥락

노동자와 연대하고자 하는 지식인의 열망은 오랜 역사를 가지고 있고, 또 그것이 한국에서만 특유하게 나타난 현상은 아니다. 중국의 경우 지식인-노동자 연대는 1919년 5·4운동부터 1949년 공산당 집권에 이르기까지 두드러진 특징이었다(Perry 1992, 154-155). 68혁명 당시, 프랑스의 청년 혁명가들은 노동계급을 "혁명의 필수 불가결한 주체"라고 규정했다(Brown 1974, 77-121). 1960년대 말 서아프리카 기니의 혁명 지도자 아밀카르 카브랄은 지식인들로 하여금 "지식계급으로서 자살하고 혁명적 노동자로서 거듭 태어나도록" 촉구한 바 있다(Cabral 1969, 110).

한국에서 지식인-노동자 연대의 특징은 노동자가 무산계급화되는 구체적인 역사적 과정 및 지식인이 '정치화'되는 과정과 깊은 관련이 있다. 1970년대 한국에서 무산계급화를 구성한 핵심 요소는 정부와 자본의 노동 억압, 노동생산성의 성장에 비해 낮은 임금, 장시간 노동, 위험한 노동조건, 노동자 조직을 위한 자원의 부재였다. 1960년대의 노동운동에 대한 최근 연구에서는 당시의 노동운동이 활발했으며 1970년대 이전의 국가-사용자-노동자 관계는 그 이후 시기에 비해 좀 더 유연하고 관용적이었다는 의견이 있다.[8] 하지만 1970년대에 이르면 복잡하게 얽힌 정치·경제적 요인들이 정부로 하여금 좀 더 억압적인 노동정책을 취하는 쪽으로 나아가게 하는데, 이 점은 다른 여러 연구에서

확인된 바 있다.[9]

실질임금의 상승, 사회집단 간 소득의 상대적 균등 분배,[10] 커다란 성별 임금격차 등은 박정희 시대의 경제 발전을 특징짓는 주요한 요소들이다. 여성 노동자들의 제조업 평균임금은 남성 노동자의 절반에도 못 미쳤다.[11] 한국의 여성은 아시아의 개발도상국 가운데서도 노동시간이 가장 길었다(Kim Seung-Kyung 1997, 3; Koo Hagen 2001, 58-59).[12] 그뿐만 아니라 노동자들은 위험하고, 건강에 해롭기 짝이 없는 환경에

---

8_ 영문으로 출판된 연구 자료 중에서 이런 주장을 뒷받침하는 대표적인 사례로는 Nam Hwa sook(2009)[『배 만들기, 나라 만들기』, 후마니타스, 2014]을 참조할 것. 남화숙은 이 책에서 1960년대 대한조선공사(현재 한진중공업) 노동자를 연구했다. 이 연구에 따르면 1960년대에 활발하고, 전투적이라고까지 할 수 있는 노동자 투쟁이 지역 수준에서 조선업과 같은 핵심 부문의 주도로 전개된 바 있다. 특히 1968년 이후에는 여러 부문의 노동자(광부, 섬유 노동자, 전력 노동자, 부두 노동자 등)가 집단적으로 임금인상 투쟁과 거리시위를 벌였다고 한다. 또한 1960년대 박정희의 노동정책은 노동 측의 요구에 한결 협조적이었다고 한다. 이와 관련해, 1970년대 한국의 노동운동은 1960대를 포함한 해방 후 한국 노동운동이라는 큰 맥락에서 연구해야 한다는 데 필자는 동의한다. 다만 여기서 필자의 좀 더 직접적이고 주된 관심사는 1970~80년대 한국의 노동운동 그 자체가 아니라, 노동운동과 관련된 지식인의 연대와 역할이라는 점을 밝혀 둔다.

9_ 특히 Ogle(1990)를 참조할 것.

10_ 이와 관련한 주요 연구로는 Amsden(1992); Song Ho-Keun(1991b)을 참조할 것. 송호근은 특히 정부의 소득 관련 통계가 전체 진실을 말하지 않는다고 지적한다. 한국의 소득 관련 통계는 비교적 풍부하고 유용하지만 세금을 제한 정규직 소득만 포함하고 있으며 상류층의 호화로운 생활을 실제로 뒷받침하는 비근로소득은 빠뜨리고 있다는 것이다. 한국의 급속한 경제성장은 부동산이나 토지 관련 투기를 통한 양도소득의 기회를 크게 열어 주었다. 이를 통해 일부에서는 대규모 비근로소득을 얻을 수 있었다. 토지나 금융자산 등이 소득 불평등 지수에 포함되면 이야기는 정부 발표의 통계와는 크게 달라진다는 것이다.

11_ 예를 들어 Amsden(1992, 203-204)을 참조할 것.

12_ 구해근은 한국 사회를 일컬어 "임금 구조와 관련해 세계에서 가장 성별화된 사회"라고 했다 (Koo Hagen 2001, 59).

서 일해야 했는데, 이는 대부분 사용자의 태만한 관리 탓이었다.[13] 노조 활동에 관여한 사람들은 용공분자로 낙인찍혀 숱한 협박과 더불어 해고 및 수감 등에 처해졌다. 한국노동조합총연맹(약칭 한국노총)과 같은 기존 노동조합은 노동자들에게 거의 아무런 도움을 주지 못했다. 1970년대에 이들 조직은 정부의 통제하에 있었으며 기껏해야 정부의 노조 탄압에 시녀 구실을 했을 따름이다. 이를 잘 보여 주는 사례가 동일방직 사건이었다.[14] 노동자들은 또한 "문화적·상징적으로 억압"을 당했는데, 회사의 관리자들로부터는 물론이고, 사회 전반적으로도 부당하게 대우받고, 멸시를 받았다(Koo Hagen 2001, 12-13; 16).

무산계급화 과정(그 자체로 억압적이고 배제적이었지만)만으로는 노동문제에 대한 지식인들의 개입을 충분히 설명할 수 없다. 지식인들이 노동문제에 개입하도록 자극한 또 다른 요인은 자신들의 이전 사회운동 활동에 대한 지식인들 — 특히 대학생들 —스스로의 비판적 재평가 작

---

13_ 역사학자 서중석에 따르면 1986년 한 해에 142,088명의 노동자들이 산업재해를 입었다. 그 가운데 1,660명이 사망하고, 21,923명이 불구가 되거나 기타 장애를 갖게 되었고, 1,637명이 직업 관련 만성 질병을 앓고 있는 것으로 나타났다. 산업재해 피해액은 1986년에 1조 원에 다다랐으며 이는 전년도에 비해 10퍼센트가량 늘어난 것이다. 피해 노동자의 실제 숫자와 전체 피해액 규모는 정부 통계치보다 더 높을 것으로 추정된다. 산업재해보상보험에 가입하지 않은 4명 이하의 소규모 사업장은 통계 대상에서 제외되었기 때문이다. 선원(船員), 미8군 소속 한국인 종업원, 외국에 고용된 건설 노동자 또한 정부 통계에서는 제외되었다(서중석 1988b, 257 참조).

14_ 동일방직 사건은 정부·사용자·한국노총이 연합해 민주적으로 형성된 노동조합을 와해시킨 대표적인 사례였다. 한국노총은 노조를 비민주적으로 운영하는 데 개입했을 뿐만 아니라, 노동의 권리를 억압하는 데도 개입했다. 한국노총 산하의 섬유노조연맹 위원장 김용태는 모든 섬유업 사업장에 해고 노동자 리스트를 유포해 해고 노동자들의 취업을 막았다(박영식 1985, 62-63).

업이었다. 1969년 박정희는 학생과 지식인의 거센 반발에도 불구하고 3선개헌을 통해 1971년 대통령 선거에 다시 출마할 수 있었다. 소수의 학생운동가와 반정부 지식인은 그간 자신들의 사회운동이 정치적인 문제에만 지나치게 집중한 것은 아닌지 되돌아보기 시작했고, 박정희의 장기 집권에 대비해 좀 더 장기적인 전망을 세우는 작업에 착수했다. 이들은 결국 사회변혁과 민주주의는 단순한 정치 개혁보다는 좀 더 포괄적인 구조 변동을 수반해야 한다는 생각에 이르게 되었다. 그리하여 사회의 여러 부분, 그중에서도 특히 노동 부문을 조직화할 필요성을 인식하게 되었다.

나중에 '현장론'[15]이라 불리게 되는 이 논쟁은 민주화운동의 결정적 순간에 다시 표면화되면서 좀 더 큰 차원에서 운동의 노선 변경을 가져왔다(현장론에 대한 논의는 이 장의 후반부에서 좀 더 자세히 다룬다). 그리하여 1970년대 초반에는 소수의 반정부 지식인과 학생들만이 노동운동에 참여할 준비가 되어 있었다. 이들은 서로 겹치기는 하지만 크게 세 집단으로 구분된다. 첫 번째 집단은 학생운동이나 반정부 운동의 일환으로 노동 관련 활동을 시작한 이들로, 그 출발점은 청계피복(전태일이 분신하기 직전까지 재단사로 근무했던 사업장)에 노조를 조직하면서 부터였다. 두 번째 집단은 도시산업선교회, 가톨릭농민회, 크리스천아카데미

---

15_'현장'이란 일반적으로 건설 현장, 사고 현장과 같이 어떤 일이 벌어진 장소, 혹은 역사적으로 중요한 일이 벌어진 장소를 의미하지만, 운동권에서 '현장'이란 민주화운동의 목표를 염두에 두면서 추진하던 일, 혹은 그 장소를 가리켰으며, 동시에 '이론'에 반대되는 개념으로 '실천'의 중요성을 강조할 때 쓰이곤 했다. '현장론'이란 민주화운동 내에 있었던 논쟁이었던 동시에 이론적 입장을 가리키는데, 정치 개혁 운동보다는 노조운동을 우선시하는 입장이었다.

같은 기독교 조직의 실무진이었다. 세 번째 집단은 노동자의 삶을 몸으로 체험하고 노조를 결성하기 위해 직접 공장에 들어간 경우다. 이들은 외부 집단과의 연계 없이 개별적으로 활동했다.[16] 이들 가운데 상당수는 1970년 전태일의 죽음을 계기로 그와 같은 결단을 내리게 되었다.

## 전태일의 죽음과 지식인-노동자 연대

전태일 이야기는 이제 누구나 아는 이야기가 되었다. 그의 이름은 교과서에 실려 있고, 그의 삶은 영화로 제작되기도 했다.[17] "노동자도 인간이다!", "근로기준법 보장하라!", "내 죽음을 헛되이 하지 말라!"(전태일기념관건립위원회 편[18] 1983, 226-231)와 같이 그가 마지막에 남긴 말은 이제 좀 더 많은 사람에게 익숙하다. 그러나 얼마 전만 하더라도 전태일의 꿈과 좌절, 투쟁과 고통 그리고 그의 죽음에 대해 알고 있었던 것은 운동권에 국한되어 있었다. 전태일이 보여 준 동료 노동자에 대한 헌신

---

**16_**이와 같은 세 그룹의 범주화는 김원의 연구 작업에 따른 것이다(김원 2006, 441).

**17_**전태일은 1990년대부터 대학 입학시험 출제 문제에 포함되었고, 그의 생애를 다룬 영화는 〈아름다운 청년, 전태일〉로 1995년에 개봉되었다.

**18_**1983년 출판된 『어느 청년 노동자의 삶과 죽음』은 1991년 『전태일 평전』으로 새롭게 출판되면서, 1980년대부터 인권변호사로 널리 이름이 알려진 조영래 변호사가 저자라는 것이 밝혀졌다. 고(故) 조영래 변호사는 1970년대 중반 민청학련 사건에 연루되어 경찰의 수배를 피해 피신해 있는 동안 이 책을 집필했다. 그 후 그의 원고는 등사기로 복사되어 운동가와 노동자들 사이에 널리 읽혔다. 1983년 이것을 책으로 출판할 당시 출판사는 책 제목에 '전태일'이라는 이름을 사용할 수 없었을 뿐더러 저자의 신변 보호를 위해 이름을 밝힐 수 없었다. 그리하여 출판사는 '전태일기념관건립위원회'라는 이름으로 책을 출판하지만, 출간 즉시 금서 처분을 받았다.

| 1970년 11월 20일, 서울대 교정에서 전태일 추모제를 마친 후 학생들이 전태일의 영정을 들고 행진하고 있다. | 조선일보사 제공

은 많은 운동가들을 감동시켰고, 많은 이들이 그의 헌신을 본받고자 했으며, 일부는 또한 전태일과 마찬가지 방식으로 삶을 마감하기도 했다. 체 게바라의 죽음이 1960년대의 유럽과 미국에서 중산층 출신 대학생들의 영혼을 울렸다면, 전태일의 삶과 죽음은 수많은 한국의 대학생과 노동자를 감동시켰으며 그들을 공장과 거리로 이끌었다. 광주항쟁이 1980년대 운동가들이 짊어진 십자가였다면, 전태일은 1970년대의 운동가들이 짊어진 십자가였다.

열세 살이 되던 해부터 여러 직업을 전전해야 했던 전태일, 그는 동료 노동자, 특히 그 가운데 다수인 어린 소녀들이 하루 16시간을 일하고 열세 명에서 열다섯 명이 두 평 남짓한 공간에 비좁게 갇혀 지내는 모습을 유심히 지켜보았다. 소녀들은 한 달에 3천 원 이상을 벌지 못했다. 환기 시설 없이 밀폐된 공간에서 하루 종일 작업했던 탓에 많은 아동 노동자들이 결핵이나 위궤양을 비롯해 다양한 만성질환에 시달렸다. 이들 대부분은 농촌 출신이었다. 1970년대 한국 사회는 불과 한 세대 만에 농촌 사회에서 산업사회로 극적으로 변화했는데(Koo Hagen 1990, 672), 농촌에서 도시로의 대대적인 인구 이동과 그에 따른 노동인구의 지속적인 증대는 국가의 발전 전략을 가능하게 했으나, 그와 동시에 대규모 도시 빈민층의 형성을 가져왔다. 여성은 이 당시 농촌에서 도시로 유입된 인구의 다수를 차지했는데 소녀 나이의 어린 연령이 압도적이었으며 대다수는 공장에 취업했다. 실제로 전체 여성 임금노동자의 70퍼센트 이상이 제조업체에서 종사했다. 이들 업체는 주로 섬유, 의류, 피혁제화, 전자부품 등을 생산하는 수출업체로서 1970년대 초 전체 수출의 3분의 2 정도를 차지했다(Hart-Landsberg 1993, 178-181).

전태일은 매일 어린 여공들과 마주하면서 그들에 대한 자신의 개인적 도움이 진정한 해결책은 아니라는 사실을 깨달았다. 이 깨달음이 전태일로 하여금 죽음을 각오하게 했고, 그로 인해 한국의 노동운동의 역사가 바뀌게 된다. 전태일은 몇몇 동료 노동자들과 작은 모임을 꾸려가면서 노동조건에 대해 초보적이지만 치밀한 실태 조사를 수행했다. 실태 조사 결과를 가지고 노동청과 서울시에 수차례 탄원서를 제출하고 언론에 호소문을 보내기도 했다. 이 모든 노력이 수포로 돌아가자 다음 단계로 전태일과 동료들은 시위를 하기로 결정했다. 그렇지만 이들이 계획한 시위는 사용주나 경찰에 의해 번번이 사전에 차단되었고, 이들은 1970년 11월 13일 네 번째 시위를 거행할 계획이었으나, 그 계획 역시 무산되었다. 그날 전태일은 분신을 했다(전태일기념관건립위원회 편 1983, 189-223).

전태일은 자신에게 — 근로기준법의 내용을 이해할 수 있도록 — 한문을 가르쳐 줄 수 있는 대학생 친구를 오랫동안 소망해 왔다. 그가 죽은 후 그의 평소 소망이 알려지자, 대학생들은 엄청난 죄의식을 가지게 되었다. 그가 죽은 5일 후 노동자와의 연대 활동을 다짐하는 서울상대 학생 200여 명이 노동조건 개선을 요구하며 무기한 단식투쟁에 들어갔다. 11월 20일에는 서울대, 이화여대, 고려대, 연세대 학생들이 전태일의 죽음을 애도하는 연합 집회를 열었고, 그 자리에서 노동조건에 대한 실태를 조사하는 기구의 설립을 선언하는 결의문을 채택했다.

학생들이여!
우리는 항상 민족 이익을 신장하고, 민주주의를 창달하는 첨병으로 자부하여 왔고 …… 우리는 우리만이 할 수 있는 위대한 일을 하여 왔다. 그러나 전태일 선생의 죽음은 우리에게 숙연한 반성의 눈물을 삼키게 하고 있지 않은가. "나에게 왜 대학생 친구 하나 없는가! 이럴 때 대학생 친구가 있으면 얼마나 힘이 될까." 이렇게 한탄하며 근로기준법을 연구했던 전태일 선생. 아아! 부끄럽고 죄스럽구나! 이 영웅적인 투사의 죽음을 방관한 우리는 죽고 싶구나! 우리는 선생 앞에 고개를 들 수 없구나! 그러나 선생은 우리를 용서하시리라. 우리가 선생의 뒤를 따를 것이다(전태일기념관건립위원회 편 1983, 242).

학생들은 추모 행사를 개최하고 노동조건 개선을 요구하는 결의문을 채택했다. 학생들은 "회개하는 마음으로 단식기도 모임"을 열었고 가슴에는 검은 리본을 달았다. 그러면서 노동자와 판자촌 주민들의 삶에 대한 실태 조사를 할 수 있도록 학교 당국에 요구했다. 나중에 노동운동가들은 이들 학생들이 펴낸 조사 보고서를 1970년대의 탁월한 기록물로서 높이 평가했다. 격동의 시대를 잘 포착했을 뿐만 아니라, 노동문제에 대한 학생들의 적극적인 참여를 증언하는 기록으로 평가한 것이다.[19] 노동조건을 개선하려는 학생들의 결의에도 불구하고 실제 개선은 거의 이루어지지 않았으며, 노동운동에 대한 학생들의 관심도 그 후 당장 크게 고양되지 않았다.

떠들썩한 행사들이 모두 잦아든 후에도 여전히 노동문제를 떠나지 않은 소수의 사람 중에 장기표가 있었다. 그는 1970년대와 80년대에 걸쳐 반체제 인사로 존경을 받게 되는데, 전태일의 죽음을 신문을 통해 접했을 당시 서울대 재학생이었다. 그는 곧장 빈소로 달려갔다. 조문객이 별로 없다는 것을 알게 된 그는 전태일의 어머니 이소선 여사에게 자신의 학과 동료 학생들이 전태일의 장례식을 치를 수 있는지 물었다. 그러나 이 계획은 나중에 경찰에 의해 무산되었다. 장기표는 평화시장 노동자들, 그리고 전태일의 죽음 이후 "모든 노동자의 어머니"로 불리게 된 이소선 여사에게 노동법을 알기 쉽게 강의하면서 노동운동과의 오랜 인연을 맺기 시작했다(김종환 1988b, 388). 장기표는 자신에게 청구된 구속영장에도 불구하고 이소선 여사와 평화시장 노동자들을 매

---

19_정대용(1988, 178)을 참조할 것.

일 만났다. 그는 또한 청계피복노조 설립에 필요한 숱한 문건을 손수 작성했다. 장기표는 앞서 분류했던 첫 번째 집단의 대표적인 인물이다.

1970년대와 80년대의 탁월한 노동운동가였던 김문수 역시 1970년에 서울대 학생이었다. 그는 자신이 노동자가 되어야 할 것인가를 놓고 몇 해를 고민했다고 한다. 전태일의 어머니와 만난 후 비로소 그는 노동자로 살기를 결단할 수 있었다(김문수 1986, 138). 1990년대까지도 줄곧 노동운동 진영에 남아 있었고, 한국에서 가장 존경받는 노동운동 지도자 가운데 한 사람인 문성현은 자신의 집안에서 대학에 들어간 첫 번째 인물이었다. 그의 사촌들은 모두 공장에서 일했다. 그는 전태일의 일기를 정독한 후 사촌들의 삶에 대해 진지하게 생각해 보기 시작했다. 그 후 그는 사무직 직장을 그만두고 볼베어링 제조업체인 통일중공업에 들어갔는데, 여기서 그는 1980년대 회사의 어용노조를 민주화하는 데 중요한 역할을 한다(문성현의 노조 활동은 7장에서 상세하게 다룬다). 김문수와 문성현은 위에서 언급한 노-학 연대 지식인 범주 내에서 셋째 그룹에 해당된다.

이상에서 살펴본 장기표, 김문수, 문성현 세 사람은 당시 지식인 일반의 전형은 아니었으나, 1970년대에 사회문제에 민감하게 반응한 소수의 지식인 그룹을 대표하는 것은 분명하다. 장기표는 전태일을 "우리 시대의 예수"로 규정하면서 그의 죽음은 지배 특권층뿐만 아니라 "배움의 혜택을 마음껏 누리는" 지식인에게도 책임이 있다고 비판했다(김성동 1988, 345에서 재인용). 전태일의 죽음은 이렇게 당시 지배 정권과 지식인을 책망하는 회초리가 되었다. 김문수가 언급했듯이 전태일의 죽음은 지식인에게 "이정표이자 초대장"으로서 노동에 대해 "더 이상 입에 발린 말을 할 수 없게" 했다(김문수 1986, 151).

## 기독교, 지식인, 그리고 노동자

노동 부문과 연대한 지식인 집단 중 두 번째 그룹은 도시산업선교회와 같은 초교파 노동 기구에서 실무진으로 활동하거나 교회가 설립한 야학에서 교사로 활동하면서 노동운동에 관여하기 시작했다.[20] 전태일의 죽음을 계기로 돌연 각성하게 된 지식인과 대학생은 노동조건을 개선하고자 하는 이제 막 시작된 자신들의 열망을 실제 행동에 옮길 수 있는 방도를 찾기 시작했다. 이들은 기독교 단체를 통해 노동자와 만날수 있는 공간을 마련할 수 있다는 것과, 기독교 단체 안에 자신들이 참여할 수 있는 각종 프로그램이 있다는 것을 발견했다. 한국의 개신교 및 가톨릭 교회는 여전히 대부분 보수적이고 친정부적인 성향을 띠고 있었지만, 소수의 기독교 집단과 개인들 — 이를테면 도시산업선교회, 가톨릭농민회, 크리스천아카데미 같은 조직이나 재야 반정부 인사들과 반정부 단체들 — 은 사회문제에 활발하게 참여했다.[21] 이들은 노동자를 대상으로 노동조합의 필요성을 역설했고 노조 지도부를 지원하고 교육시키기도 했다. 자칫 사회적으로 고립되어 있기 쉽고, 경험이나 기타 조직적 자원이 별로 없는 노동자들에게 이들은 정신적 지원과 공개적인 지지를 제공했다. 이들은 수많은 기도회, 연좌농성, 시위, 공개 강좌를 개최했으며, 노동자를 옹호하는 성명서를 발표했다. 도시산업

---

20_예를 들어, 1980년대 저명한 재야 운동가로 알려지게 된 신철영과 김근태는 그들의 운동 초기에 영등포 도시산업선교회와 인천 도시산업선교회에서 각각 간사로 일했다(1975~83년). 김문수의 경우 대학 1학년 시절 공장 일을 찾던 중에 자연스레 도시산업선교회에서 공장을 소개 받았다.

21_한국의 민주화운동과 관련된 기독교 조직의 역사와 역할에 대해서는 많은 연구 자료가 있다. 그중 일부로 한국기독교교회협의회(1984)와 한국기독교산업문제연구원(1978)을 참조할 것.

선교회와 가톨릭농민회는 1970년대의 여러 역사적인 노동운동에 직접 관여했다. 그 과정에서 시그네틱스, 동일방직, 방림방적, 원풍모방, YH무역, 콘트롤데이터 등과 같은 공장에서 노동자들은 노조를 처음 조직하거나 기존의 어용노조를 민주노조로 탈바꿈시켰다.[22] 동일방직과 YH무역 사건[23] 당시 일자리와 노조를 동시에 사수하려는 여성 노동자들의 투쟁은 기독교 단체와 반체제 인사들의 지원에 힘입어 지탱될 수 있었다(Ogle 1990, 84-86; Cho Hwa Soon 1988, 47-73).

교회 단체들은 노동운동가들에게 피난처를 제공했으며, 정부와 일반 사회가 이들에게 가한 이념 공세로부터 이들을 보호해 주기도 했다. 정부는 당국의 인권침해에 대한 국제사회의 관심이 높아지는 것을 우려해 기독교 관련 조직이나 개인들에 대해서는 비교적 덜 무자비한 조치를 취했다. 더 중요하게는, 한국 사회는 기독교를 대체로 민족주의적이고 근대적이며 반공적이라고 여겼다. 즉 기독교는 한국 국가 정체성의 삼위일체라고 할 수 있는 세 요소를 모두 충족시키고 있었다. 19세기 말과 20세기 초에 활약했던 개화파 가운데 많은 사람들이 기독교인이었다.[24] 게다가 기독교의 여러 제도나 기구 ─ 교회, 미션 스쿨, YMCA와 YWCA, 의료 및 복지 기관 등 ─ 는 근대화에 기여한 것으로

---

22_ 그렇다고 도시산업선교회나 가톨릭농민회 상근자가 직접 노조를 운영했다는 뜻은 아니다. 노조의 일상 업무와 노동운동은 노동자들이 이끌었다. 이들 기독교 단체에서는 노동자들에게 교육을 제공했다. 노동자와 도시산업선교회 간부진 사이의 관계에 대한 비판적 시각으로는 김원(2006, 456-70)을 참조할 것.

23_ YH무역 사건에 대해서는 Ogle(1990, 92)을 참조할 것.

24_ Yi Mahn-yol(1996)을 참조할 것.

널리 인식되었다(Kim Kyong Dong 1966, 202-205). 기독교는 또한 북한 공산 정권 초기부터 혹독한 박해를 받은 바 있기에, 그 결과로 공산주의에 대한 기독교 내부의 반감은 아주 격렬했다(Kim Kyong-jae 1996, 166).

이상 요인이 합쳐진 결과, 운동가 사이에 교회는 노동운동과 관련된 활동을 하기에 안전한 곳이라는 인식을 갖게 되었다. 그렇다고 교회가 사회운동 활동을 위장하기 위한 공간으로만 존재했다거나, 교회 활동이나 프로그램이면 무조건 정부나 사회로부터 공격을 받지 않았던 것은 아니다. 1970년대에 정부와 대중매체는 도시산업선교회 같은 기독교 단체가 공산주의를 옹호한다며 부단히 공격했다.[25] 또한(이 장에서 후술하듯이) 노동자들이 기독교 관련 조직을 늘 환영하기만 했던 것도 아니었으며, 운동권 내 여러 기독교 단체들이 노조 문제를 접근하는 데 모두 같은 방법을 취한 것도 아니었다.[26] 다만 이 글에서 필자가 지적하고자 하는 바는, 1970년대 당시 기독교의 이와 같은 사회적 위상은, 운동권 학생과 지식인들이 기독교 노동운동 단체에 참여하는 데 긍정적으로 작용했다는 점이다.

---

**25**_조승혁(1981, 156-164)과 Ogle(1990, 90-91)을 참조할 것.

**26**_노동문제에 접근하는 데 있어 도시산업선교회와 가톨릭농민회의 차이점에 대한 논의로는 김원(2006, 490-495)을 참조할 것.

## 2. 도시산업선교회

1970년대 한국 노동운동에서 중요한 역할을 한 기독교 단체 가운데 하나가 도시산업선교회다. 도시산업선교회는 노동자 선교를 위한 초교파적 기구로서 1950년대 말에 등장했다. 시작 당시 목적은 산업 선교를 통해 교세를 확장하고 노동자에게 복음을 전파하는 일이었다. 도시산업선교회의 역사와 활동에 대한 자료는 기록이 잘되어 있기에,[27] 필자는 여기서 지식인-노동자 연대라는 주제와 관련해 도시산업선교회의 중요성을 간략하게 요약하고자 한다. 영등포 도시산업선교회 총무를 역임한 인명진 목사의 말에 따르면, 영등포 도시산업선교회는 설립 이후 그 목적과 활동이 점진적인 변화를 거쳐 이전의 예배와 노동자 상담 위주의 활동이 1970년대 초에 이르면 노동자들이 당면한 문제를 주로 다루면서 '의식화' 쪽으로 바뀌었다(In Myong-jin 1986, 40-41). 이런 변화를 가지고 온 것은 한국 사회의 급속한 산업화, 그리고 자신들이 일상에서 부닥치는 문제를 다루어야 한다는 노동자들의 요구가 증가했기 때문이다. 유신 정권이 노동자 통제를 강화하고 공개적인 노동 활동이 점차 위험해지자, 도시산업선교회는 '지하' 활동을 하게 되었고, 의식화 프로그램을 진행하기 위해 소모임을 조직했다.

소모임은 주로 여성 노동자들로 이루어졌다. 영등포는 여성 노동자가 남성 노동자보다 더 많은 지역이었고, 또 여성 노동자의 노동조건이 남성의 그것에 비해 더 열악했기 때문이다. 그뿐만 아니라 남성 노동자

---

**27_**관련 자료 중에 특히 조승혁(1981); Cho Hwa Soon(1988); In Myong-jin(1986)을 참조할 것.

는 여성노동자에 비해 실직에 대한 두려움이 더 컸는데, 남성은 여성보다 집안의 생계를 전적으로 혼자 책임져야 하는 경우가 더 많았기 때문이라고 한다(In Myong-jin 1986, 47).[28] 노동자가 도시산업선교회에 가입하는 것은 위험한 일이었다. 때론 실직을 의미하기도 했다. 결혼으로 인해 퇴직을 강요받았던 여성 노동자들은 또한 해고가 되더라도 남성 노동자보다는 쉽게 일자리를 구할 수 있었다(In Myong-jin 1986, 47).[29] 1972~74년 사이에 영등포 도시산업선교회는 20개 회사에 80여 개의 소모임을 조직했다. 1975년에 이르러서는 이런 소모임이 100여 개 활동하고 있었다.

이들 소모임은 1970년대와 80년대 초에 걸쳐 노동운동을 지탱하는 데 큰 기여를 했다. 도시산업선교회와 연계된 소모임의 대다수는 대학생이나 재야 지식인들과 폭넓게 연결되어 있었다. 보통 일곱 명에서 아홉 명 정도로 짜인 소모임은 초기에는 취미 모임으로 출발했다. 가장 일반적인 활동으로는 등산, 뜨개질, 꽃꽂이, 장난감 만들기, 독서(소설),

---

**28**_여성 노동자가 집안의 생계를 책임졌는가, 어느 정도 졌는가의 문제는 학자들 사이에서 줄곧 논란이 되어 왔다. 필자는 이 논쟁의 각기 다른 입장을 평가할 만한 위치에 있지 않지만, 김원은 여성 노동자가 단순히 남성 가장(家長)의 역할을 보완했다는 견해를 비판한다. 그는 통상 남성 활동가들이 이런 견해를 가지고 있었으며, 이는 여성의 노동에 대한 가부장적 관점을 영속시켰다는 것이다(김원 2006, 272; 352). 인류학자 김승경은 1980년대 마산수출자유지역의 여성 노동자에 대한 연구에서 다음과 같이 지적했다. 대부분 여성 노동자는 자신의 일이 일시적인 활동이며 결혼을 하면 자신의 사회적 지위가 높아질 것으로 기대하고 있었다는 것이다(Kim Seung-Kyung 1997, 17). 1970년대에 왜 여성 노동자가 남성 노동자보다 잘 조직화되었는가 하는 점에 대한 상세한 논의로는 Koo Hagen(2001, 92-99)을 참조할 것.

**29**_한국에서 노동자의 이직률은 1970년대 내내 연평균 50~60퍼센트 정도로 높았다(Song Ho-Keun 1991a, 38).

한국 역사 공부, 한자 공부 등이었는데, 당시의 일간지는 한글과 한문을 섞어 썼기 때문에 한자를 익히는 것은 신문을 읽는 데 매우 중요했다. 도시산업선교회는 모임 장소를 제공하고, 신문 기사나 진보 단체 출판물 등 토론 자료를 제공했다. 취미 모임일지라도 노동자들은 늦은 밤에 만나거나 은밀하게 모였다. 이들은 점차 자신의 삶에 영향을 미치는 문제들에 대해 토론했다. 임금, 해고, 노조, 잔업 강요, 퇴직금, 산업 재해, 병가 등과 같은 문제에 대해 토론했고, 정치·사회·경제와 같은 좀 더 큰 사회적인 문제에 대해 얘기를 나누거나, 가족 문제나 사적인 고민을 털어놓기도 했다(In Myong-jin 1986, 44). 점차 노동법 해석, 조직 활동의 기본 원칙 학습, 신문 독해 등과 같은 노동 관련 활동이 이들의 주된 활동이 되었다. 다른 사업장에서의 파업 소식은 소모임 시사 토론의 중요한 소재였다. 지하 모임에 참여하는 은밀함과 위험을 공유하면서 노동자들은 서로에 대한 동지애를 키웠고, 사회문제에 대해 점차 공동의 비판적인 시각을 키웠다.

1970년대 중반에 파울로 프레이리의 『페다고지』는 사회운동 단체 사이에 널리 읽혔는데, 도시산업선교회의 교육 프로그램이나 철학은 프레이리의 교육 사상을 대폭 반영했다(Freire 1970).[30] 인명진 목사에 따르면 당시 도시산업선교회에서 주목한 프레이리 교육학의 특징은

---

[30]_운동가들은 프레이리의 연구가 기획된 브라질의 사회경제적 상황이 한국과는 달랐다는 점을 잘 알고 있었다. 당시 브라질의 문맹률은 80퍼센트였던 데 반해, 한국의 문맹률은 10퍼센트에 불과했다. 또한 프레이리의 접근 방법은 기독교의 교육 방법에 기초한 것이었지만, 당시 한국의 기독교인은 인구의 10퍼센트에도 미치지 못했으며 60퍼센트 이상은 무속 신앙을 믿는다고 했다. 한국기독학생총연맹(1981, 30-31)을 참조할 것.

'의식화' 개념으로, 의식화는 '교육'의 개념과는 다른 것이었다.

교육이란 사람이 전에 알지 못한 것을 배우는 것이지만, 의식화란 사람의 가슴을 움직이는 것이다. 무언가를 안다는 것, 즉 교육을 받는 것이 사람을 행동에 이르게 하지 않는다. 그런 배움과 더불어 가슴이 움직이면 행동이 뒤따르게 된다. 그러므로 의식화란 가슴과 정신 모두를 아우르는, 전 존재의 변혁인 것이다. 변화된 삶을 사는 사람만이 행동할 수 있으며, 행동하는 사람만이 그 행동을 통해 바뀌게 된다. 가슴의 변화와 행동은 상보적인 것이다(In Myong-jin 1986, 45-46)

프레이리에 따르면, 사람의 삶을 변화시키는 일은 서로간의 삶을 나누고, 궁극적으로 집단적 지식을 실천에 옮길 때에만 가능하다. 그래서 소모임 활동은 주어진 주제에 대해 대화하고 생각하고 토론하는 것뿐만 아니라 '협동적 삶'을 수반하기도 했다. 도시산업선교회 간사들은 노동자와 운명을 함께했다. 노동자들과 마찬가지로 그들에게도 용공분자라는 낙인이 찍혔다(문명호 1985, 271; Cho Hwa Soon 1988, 82).[31] 실무자가 수감되면 도시산업선교회 프로그램은 일시 정지되기도 했다. 후일 여러 실무자들은 회고하기를, 그 같은 경험이 노동자뿐만 아니라 자신들에게도 삶을 변화시키는 계기가 되었다고 한다(In Myong-jin 1986, 45).

---

31_1970년대 말에 정부는 예전 노조원 몇 사람을 매수하고 텔레비전 프로그램에 출연하게 하여 도시산업선교회와 상근자들을 용공분자로 매도하도록 했다(Cho Hwa Soon 1988, 87).

이들 소모임에 참여한 젊은 여성 노동자들은 집단행동을 통해 변화가 가능하다는 사실을 깨달았기에 장기간에 걸쳐 의연한 투쟁을 전개할 수 있었다. 대부분 노동자들이 자신들의 권리를 위한 투쟁은커녕 노동조합과 노동청의 차이조차 잘 구분하지도 못했던 당시의 상황에서, 이들 젊은 여성 노동자들은 노조가 없는 사업장에 노조를 결성하고, 이름만 노동조합일 뿐 실제로는 회사가 조종하는 어용노조가 있는 사업장에서는 노조를 민주화시켰다. 사회적으로는 공순이라 불리며 천대를 받았지만, 바로 이들이 1970년대 한국 노동운동의 상징이 된 대부분의 노동쟁의를 이끌었던 것이다. 1978년 동일방직 사건과 방림방적 사건, 그리고 1979년 YH무역 사건이 그 대표적인 사례라 하겠다. 특히 YH무역 사건은 그해 말 박정희 정권의 몰락에 일부 기여했을 정도로 커다란 정치적 사건이었다.[32] 이들이 인간다운 대우를 받고 싶다며 일어섰을 때 이들에게 돌아온 것은 욕설, 구타, 경멸, 그리고 용공분자라는 낙인이었다. 이들은 트럭에 실린 채 쓰레기 매립지에 던져지고, 이들의 몸과 얼굴에는 회사에서 동원한 남성 노동자들에 의해 분뇨가 뿌려졌다. 이들은 성폭행을 당하고, 감옥에 갇히고, 죽임까지 당했다.[33]

---

[32]_가발 수출업체인 YH무역에서 일군의 직원들은 고용주가 사전 고지 없이 공장을 폐쇄한 데 반발해 공장을 점거했다. 경찰이 개입하면서 많은 노동자들이 부상을 입었고 농성은 강제적으로 해산되었다. 이에 노동자들은 당시 제1야당이던 신민당 당사로 피신했다. 경찰은 다시 이들 노동자들을 당사 밖으로 강제 퇴거시키고자 했고, 이때 벌어진 난투극 와중에 당시 23세이던 YH무역 노동자 김경숙이 죽는 사태가 벌어졌다. 이 사건의 여파로 신민당의 김영삼 총재는 총재직과 국회에서 제명되었다. 이런 탄압이 부마항쟁의 도화선이 되었고, 부마항쟁은 궁극적으로 박정희 정권의 몰락을 가져온 것으로 잘 알려져 있다. 이들 사건에 대한 상세한 논의로는 Ogle(1990); Cho Hwa Soon(1988, 47-73); 이태호(1984)를 참조할 것.

[33]_이들 사건에 대한 자세한 기록으로는 Kim Seung-Kyung(1997, 105-108)을 참조할 것.

그렇지만 이들은 결국 한국 노동운동과 민주화운동 역사에 굵직한 흔적을 남겼다.

도시산업선교회 실무자들의 선한 의도, 헌신, 희생에도 불구하고 도시산업선교회는 노동자와 노동운동에 늘 좋은 결과만 가져온 것은 아니며, 종종 ─ 의도하지도 않고 예기치도 못했으나 ─ 해롭기까지 한 결과를 가져왔다. 여기서 필자의 주장은 도시산업선교회의 역할을 경시하거나 상근자 개개인의 헌신과 희생을 축소하자는 것이 아니다. 다만 그들의 헌신이 항상 노동자의 삶을 개선하지는 못했다는 점을 유념하자는 것이다. 1970년대 노동운동의 연대기에서 동일방직 사건은 여성 노동자들이 노조를 결성하기 위해 펼친 용감한 투쟁 가운데 모범적인 사례이자, 도시산업선교회가 노동자에게 그들의 권리를 깨닫도록 하고 노조를 결성하는 데 커다란 도움을 준 사례로 널리 알려져 있다.[34] 그렇지만 2006년에 출판된 글에서 김원은 도시산업선교회의 개입으로 인해 1970년대 노동운동은 "민주노조" 대 소위 "어용노조"라는 극단적 흑백 대립의 담론을 키우고, 이 담론은 이후 노동운동의 지배적인 서사로 굳어졌다고 주장한다(김원 2006, 442-443; 453-465). 노조를 만들고 이를 유지하기 위해 수년간 투쟁을 벌인 이후 몇몇 노동운동가들[35]은 도시산업선교회의 대립적 전략이 노동자들에 대한 더욱 가혹한 처벌을 초래했음을 지적하며, 노동자들이 회사와 타협을 했어야 했다고 생각

---

**34_** 동일방직노조 결성 과정에서 도시산업선교회의 역할에 대한 상세한 논의로는 Ogle(1990, 84-88)과 Koo Hagen(2001, 74-85)을 참조할 것.

**35_** 이들은 대부분 인천도시산업선교회 총무였던 조화순 목사가 이끌었던 소그룹 회원이었다.

했다. 도시산업선교회는 이런 노동자들을 '어용'이라고 낙인찍었고, 이들은 결국 해당 사업장의 노조 지도자층에서 배제되었다. 도시산업선교회의 전략에 동의하는 노조는 '민주노조'로 알려진 반면, 정부 친화적인 한국노총에 협조적이거나 도시산업선교회와는 거리를 둔 노조들은 '어용노조'로 낙인찍혔다.[36]

더 나아가, 김원이 지적하듯이, 1970년대 노동운동의 지배적 서사가 되어 버린 "1970년대 여공들의 용감하고 단호한 투쟁"에 대한 배타적 강조는, 당시 노동운동의 성취를 과장하고 그 약점은 최소화할 정도로 노동운동의 전투성을 높이 평가했다.[37] 동일방직에서 '민주노조'[38]가 결성된 후 6년 사이에 노조 지도부 전원을 포함한 125명의 노동자가 해고되었다. 이들은 극적인 전술을 활용하며 현장 복귀 투쟁을 벌이는 전업 노동 활동가가 되었다. 정부나 경영자 측의 잔인한 탄압에 맞선 이들 노조 활동가들의 용기는 한국 노동운동 역사에서 동일방직 노조의 위상을 높였지만, 동일방직 노동자들이 당면한 일상적 문제들은 지속되었고, 노동자들은 궁극적으로 자신들의 격렬한 투쟁에도 불구하고 별다른 소득을 얻지 못했다(Kim Seung-Kyung 1997, 107; 109).

---

**36**_김원은 이 같은 흑백 대립의 담론은 그 당시 노동자 자신들이 아니라 도시산업선교회와 같은 기독교 단체에 소속된 지식인들에 의해, 그리고 이후 학자들에 의해 생산된 것이라고 주장한다(김원 2006, 475).

**37**_이와 관련해 구체적인 사례에 대한 논의로는 김원(2006, 446-453; 502-511)을 참조할 것.

**38**_1970년대부터 90년대에 이르기까지 회사가 이미 인정한 기존 노조에 대한 대안으로 결성된 노조는 그 실제 내용과는 무관하게 '민주노조'라 불렸다. 노동운동가들이 주도한 노동조합이나 노동단체는 대부분, '민주노조'의 경우처럼 그 앞에 '민주'라는 수식어가 붙었다. 이 책에서 필자가 사용한 '민주노조'는 이런 통상적인 용법을 따른 것이다.

## 3. 야학과 지식인

앞에서의 내용에도 불구하고, 1970년대 지식인이 노동운동에 참여하는 활동 현장으로서, 도시산업선교회의 중요성은 아무리 강조해도 지나치지 않다. '야학'은 교회나 기타 사회단체가 운영하던 야간학교로, 1970년대 지식인들이 활동하던 또 다른 중요한 노동 활동의 현장이다. 야학은 노동자에게는 학력 증서를 취득하고, 때로는 비판적 관점을 취득해 노동자로서의 자신의 권리를 요구할 수 있게 하는 장소였고, 지식인에게는 노동자를 만날 수 있고 그들의 상황에 대해 직접 배울 수 있는 장소였다. 야학은 처음엔 노동자에게 사회생활에 필요한 기초 교육을 제공하기 위해 설립되었으나, 1970년대부터 일부 야학에서 도시산업선교회와 비슷한 방식으로 의식화 프로그램을 운영했고, 그럼으로해서 노동운동을 지지하는 역할을 떠맡았다(이동환 1984, 223). 야학 교사의 대부분은 또한 대학생이었고 노동자들에 대한 이들 대학생의 입장과 태도는 야학의 철학, 주안점, 교과과정에 영향을 미쳤다.[39]

야학의 역사는 조선조 말까지 거슬러 올라갈 만큼 오래되었다. 야학이 처음 개설되던 당시의 주된 역할은 예를 들어 기존 서당을 보완하는 한편, 고조되고 있던 애국계몽운동과 협력해 민족정신을 함양하는 것이었다(이동환 1984, 222). 야학 활동은 식민지 시기에 특히 활발했다.

---

**39**_물론 모든 야학 교사가 운동을 목표로 했다거나 '의식'이 있었다는 것은 아니다. 1970년대 말 야학에 다녔던 재봉사 출신 김미영의 회고에 따르면, 하루는 한 여대생이 교사로 왔는데 첫 수업에서 교사 자신의 아버지에 대한 욕설로 수업을 시작하더니 다음 날에는 수업에 나타나지 않았다고 한다(김미영 1991, 30).

이 시기의 야학은 식민지 시대 다른 사회운동과 더불어 그 부침을 같이 했는데, 1930년대에 이르러 식민지 당국의 대대적인 단속이 이루어진 이후에는 소모임 형태로 계속되었다(기독교야학연합회 1985, 24).

1950년대 말과 60년대에 이르면 급속한 산업화의 물결에 편승한 이들과 그 물결에 뒤처진 이들 사이의 격차가 커지기 시작했고, 이런 배경에서 야학 설립 시도가 부쩍 늘어났다. 이 시기 야학은 주로 도시 빈민 자녀와 도시에 막 정착한 농촌 출신 자녀를 대상으로 이루어졌다. 이 학생들은 대체로 정규학교에 다닐 수 없는 형편이었기에 야학의 교과 과정 또한 검정고시를 대비하는 쪽으로 맞추어졌다. 1960년대 초 군사 정권 또한 전국적으로 수많은 '재건 학교'를 세웠는데, 이는 도시 빈민과 농민을 위한 사회복지서비스의 일환이었다(기독교야학연합회 1985, 25).

### 노동 야학과 검정고시 야학

대부분의 야학 관련 문헌에 따르면 전태일의 죽음은 야학의 방향 전환에 결정적 계기가 되었다. 1960년대 야학이 제도권의 정규 교과과정을 대신하는 역할을 맡았다면, 1970년대 야학은 자각적인 사회운동으로 변모했다(기독교야학연합회 1985, 26-27). 앞서 언급했듯이 1970년대 일부 지식인들은 이전의 반정부 민주화운동이 '정치 편향적'이고, 당면한 정치 문제에만 매몰되었다고 믿어 '수동적'이라고 재평가하기 시작했다. 이들은 점차 사회구조가 근본적으로 재편성되어야 할 필요성과, 지식인이 더 큰 사회운동 세력과 연대해야 할 필요성을 강조하기 시작했다. 지식인들의 이 같은 재평가는 학생운동에 대한 유신 정권의 탄압과 그 시기를 같이한다. 이 시기는, 또한 앞서 언급했듯이 이전에 기독교를 중심으로 사회문제에 적극 참여했던 이들이 노동 선교를 하는 데 있어 자신들의 '진정한 사명'은 무엇인가를 진지하게 모색하던 시기였다.

이들 지식인이 야학에서 가르치기 시작하면서 깨닫게 된 것은, 검정고시에 합격하는 학생은 그리 많지 않으며, 합격을 한 학생이 자신이 원하는 학교에 입학하는 경우는 더더욱 많지 않다는 사실이었다.[40] 야학 교사들이, 야학만으로는 노동자의 문제를 해결할 수 없다는 것, 노동자의 빈곤과 고통은 좀 더 큰 사회구조적 문제라는 것을 깨닫기까지는 그리 오랜 시간이 걸리지 않았다. 이런 인식은 학생운동이 고조되고 노동자 조직의 중요성이 부각되는 당시의 시기와 맞물렸고, 그리하여 야학은 사회운동의 활발한 한 부문으로 자리매김하게 되었다. 1970년대 중반부터 두 종류의 야학이 출현하기 시작했다. 둘 사이에는 상호 중복되는 부분이 많았으나, 하나는 검정고시 대비에 중점을 두는 '검정고시 야학'이었고, 다른 하나는 노동문제에 주안점을 두는 '노동 야학'이었다. 야학 교과과정에서 노동문제에 얼마큼 비중을 둘 것이냐를 결정하는 건 통상 개별 교사였고, 이 당시 야학 교사는 학생운동 출신이거나 기독교 단체에 소속되어 있을 확률이 높았다.

한국에서 교육은 신분 상승의 주요 통로였던 만큼, 대부분의 노동자는 그 무엇보다 교육을 받고자 야학에 왔다. 1970년대와 80년대 초만 해도, 야학 출석을 허락한다는 관리자의 말 때문에 특정 공장에 취업한 노동자를 쉽게 찾아 볼 수 있었다.[41] 노동자들은 사회생활에 필요

---

40_ 한국기독교장로회에서 실시한 한 야학 실태 조사에 따르면 1978년 서울 지역에서 야학에 다니는 학생들 가운데 5퍼센트만이 검정고시에 합격했다(기독교야학연합회 1985, 27).

한 실용적인 지식을 원했다. 그들은 한문을 읽길 원했고, 고등학교 졸업장과 같이 자신들의 삶에 구체적으로 도움이 될 만한 것을 원했다. 비판적 사고 능력을 계발하고자 야학에 오는 노동자는 거의 없었다. 최소한 처음부터 그런 생각으로 야학에 오는 노동자는 거의 없었던 것이다.

실용적 지식에 대한 학생들의 요구는 주로 대학생이거나 이제 막 대학을 졸업한 야학 교사들을 종종 난처하게 했다. 교사들은 자신이 받은 대학 교육이 도대체 무슨 의미가 있는지 회의하기 시작하는 때였고, 게다가 자신들은 노동자를 의식화하기 위해 야학에 왔기 때문이었다. 일부 교사가 잘 알려진 반체제 시인의 시집이나 여성 노동자의 노동조합 조직 활동 관련 수기 등을 새롭게 교과 자료로 활용하고자 할 경우 일부 학생이 교사에게 정규 교과 내용에 충실해 줄 것을 요구하는 것은 이례적인 일이 아니었다(김미영 1991, 29-35). 어떤 야학에서는 수업 내용이 너무 정치적이라는 이유로 노동자들이 수업을 거부하는 일도 있었다(정도상 1988, 129). 노동자들은 또한 교사들의 헌신을 일종의 허영심으로 보고 그들의 진정성에 의문을 제기하기도 했다. 대학생, 그것도 명문대 대학생이라면 장래가 유망할 것인데 무엇 때문에 자신들과 함께 고통을 나누며 시간을 낭비하느냐는 것이었다.[42]

---

**41**_신발 공장 노동자 출신의 한 여성이 김승경에게 진술한 바에 따르면, 그 당시 공장 고용주들은 어린 여공들을 끌어들이기 위해 교육의 기회를 약속한 후 그런 약속을 지키지 않았다고 한다. 이들은 "학교에 가기 위해 울고, 싸우고, 도망"쳐야 했다. 1980년대에 그녀가 다니던 공장에서 3분의 1 정도가 야학에 다녔다고 한다(Kim Seung-Kyung 1997, 31).

**42**_관련 자료로서는, 예를 들어 Chung Tae Shin(1991, 182)을 참조할 것.

## 교과과정과 학생들

야학은 통상 일주일에 4~5회, 하루에 두 시간 정도 진행되었다. 이런 편성조차도 정규 노동시간 외에도 수시로 잔업을 강요당했던 노동자들에게는 힘겨운 과정이었다. 교과과정은 압축되어야 했으며 과목 수역시 최소 수준으로 짜여야 했다. 일부 야학의 경우, 특히 검정고시 야학에서는, 중학교 및 고등학교 국정교과서를 사용해서 정규 중학 3년 과정을 2년 만에 마치기도 했다. 교과목은 국어, 국사, 문학, 한문을 포함했다. 교사의 성향에 따라서 경제학 입문이나 영어 회화가 추가되었다.

야학에 다녔던 노동자들은 사회경제적으로 한국 사회의 최하층 출신이었다. 1980년 초등학교 졸업생 가운데 94퍼센트가 중학교에 진학했다. 그러므로 이때 야학에 다닌 학생은 나머지 6퍼센트 출신이라고 보아도 무방할 것이다. 대부분 학생들은 15~19세로 나이가 어렸다(한국기독학생총연맹 1981, 41).[43] 이들은 1970년대 도시산업선교회에서 주도한 소모임들에 참여했던 이들과 마찬가지로, 대부분 여성이었으며 소규모 공장, 회사, 점포 등에서 일했다.

이들 야학은 많은 문제에 직면해 있었다. 교사들은 좀 더 광범위한 사회운동과 정부 탄압이라는 맥락 속에서 야학 활동의 효용성에 대해 깊은 의구심을 품었다. 일부는 야학이 시간을 낭비하는 일이며 현실적

---

**43_**기독교사회문제연구원의 조사에 따르면, 1985년에 부산 지역에 40개 정도의 야학이 있었으며 그중 약 30개 야학이 검정고시 야학이었고 나머지가 노동 야학이었다. 당시 부산에서 야학의 학생 규모는 대략 2천 명으로 추산되었다. 한국기독교사회문제연구원 편(1986a, 98)을 참조할 것.

인 사회변혁에도 별 실효가 없다고 여겼다. 이들은 야학은 학생운동도 노동운동도 아니라고 생각하기에 이르렀고, 야학에 투여되는 에너지와 시간을 다른 사업에 쏟는다면 좀 더 구체적인 결실을 얻을 것이라며 모든 야학의 문을 닫기를 제안하기도 했다(박영식 1985, 68). 교사의 경험이나 교과과정 가운데 개선된 내용은 대부분 체계적으로 전수되지 못했고, 개별 교사가 떠날 때마다 그대로 소실되고 말았다. 교사의 자질도 문제였다. 대부분 대학 1학년이나 2학년생으로서, 이들은 그 자신이 숱한 문제들과 씨름하고 있었고, 노동 전문가는 더더욱 아니었다(이동환 1984, 236-237).[44]

정부의 탄압도 만만치 않은 문제를 제기했다. 정부는 갈수록 더욱 의심스런 눈으로 야학을 바라보았다. 1980년에는 많은 야학 교사가 체포되었고, 대부분의 교자재가 몰수되었으며, 그 결과 교사들이 학생들과 함께 추진하고자 했던 협동 프로그램들은 무산되고 말았다.[45] 야학은 많은 경우 교회 건물 내에서 진행되었다. 그런 이유로 교회 측과 갈등을 빚곤 했다. 예를 들면, 교회가 교과과정에 종교 교육을 포함할 것을 요구할 경우나 야학생들의 예배 참여를 요구할 경우, 또는 정부의 탄압을 우려해 의식화 교육보다는 정규교육과정을 좀 더 엄격히 반영하길 원할 경우 긴장이 고조될 수밖에 없었다(Chung Tae Shin 1991, 1-2; 175).

---

**44**_『야학 활동 안내서』에서 논의된 몇몇 사례연구를 보면, 야학에서 대학생 교사들의 가장 심각한 문제는, 이들의 열정에도 불구하고 노동자에게 선심을 쓰는 듯하거나, 불쌍히 여기는 태도였다. 한국기독학생총연맹(1981, 49-57)을 참조할 것.

**45**_문일촌(1984, 91-92)을 참조할 것.

## 피억압자의 교육으로서의 야학

1970년대 한국의 사회정치적 상황이 제3세계의 일반적 특성을 드러내기 시작함에 따라, 다른 제3세계 국가의 경험에 바탕을 둔 사회운동론이 국내 지식인들을 사로잡았다. 『페다고지』가 1983년까지 금서로 묶여 있었음에도 불구하고 파울로 프레이리의 교육론과 사울 알린스키의 조직론이 특히 인기가 좋았다.[46] 전술했듯이 이들 이론은 1970년대 말 도시산업선교회와 가톨릭농민회의 교육철학뿐만 아니라 그 당시 야학 프로그램에도 커다란 영향을 미쳤다(이동환 1984, 232; 한국기독학생총연맹 1981, 21-22).

야학과 관련해 프레이리 교육론이 중요한 이유는 그의 '의식화' 개념 때문이다. "피억압자의 교육학"에서 유래한 이 개념은, 교육에 대한 새로운 개념으로서, 의식화는 피억압자가 자신의 자유를 스스로 책임지는 수단이다. 프레이리의 '대화적 교육 시스템'에서 교사와 학생은 모두 "비판적인 공동 탐구자"이며, 서로를 대등하게 대하며, 공통의 인간다움으로 하나가 된다. 프레이리는 이런 인간화 과정을 "의식화"라고 불렀다(Freire 1970, 42; Chung Tae Shin 1991, 169에서 재인용).

프레이리는 자신이 활동하던 빈민가 주민들에게 적합한 교육을 제공하고, 그들이 스스로 삶의 경험을 통해 인식을 넓힐 수 있는 교육 방법을 모색하던 중 의식화 개념을 개발했다. 그는 참석자들이 저마다 자신의 체험을 이야기하는 그룹 대화를 지지했는데, 이를 통해 화자인 개인과 청자인 집단이 모두 의식을 확장시킬 수 있다고 보았기 때문이다.

---

46_특히 Alinsky(1971)를 참조할 것.

이때 무엇보다 중요한 것은 관계가 대등해야 한다는 점이다. 관계의 평등이 없이는 대화가 이루어질 수 없고, 피억압자의 교육론이 가지고 있는 혁명적 요소 역시 헛된 것이 되고 만다는 것이다. 프레이리는 다음과 같이 강조했다. "대화와 혁명적 행동 사이에 이분법은 없다. 대화 단계가 있고 혁명적 행동의 단계가 따로 있지 않다. 이와 정반대로 대화란 혁명적 행동의 본질이다"(Freire 1970, 130; Chung Tae Shin 1991, 169에서 재인용).

교육이란 곧 대화를 통한 비판적 의식의 획득을 의미하며, 이런 과정을 통해 교사와 학생이 함께 인간화된다는 관점은 1970년대 야학 운동의 철학과 방향에 커다란 영향을 미쳤다(이동환 1984, 235).[47] 프레이리의 교육론을 실천에 옮기려는 여러 시도가 잇따랐다. 교사와 학생 간의 평등한 관계를 조장하기 위해 야학 참여자들은 서로 간에 '강학'(교사-학생)과 '노학'(노동자-학생)이라고 부르거나 이름 대신 서로 '별명'을 부르는 실험을 했다. 또한 교사의 옷차림은 수수해야 한다는 것, 말을 할 때는 일상 대화체를 구사해야 하며 적절한 예화와 유머를 사용할 줄 알아야 한다는 것, 시간을 잘 지키고 약속을 엄수해야 한다는 것이 강조되었다(한국기독학생총연맹 1981, 27-28).

피억압자의 교육학이 가진 해방적 이상에도 불구하고, 야학 프로그램은 무엇이든 훈시하려고 했다. 박영진은 용접공이었으나 시인이 되고자 하는 포부를 안고 문학 독서 모임에 들어갔다.[48] 그가 다니던 야학

---

47_프레이리의 의식화 개념에 대한 한국적 맥락의 실천에 대한 논의로는 한국기독학생총연맹
    (1981, 30-40)을 참조할 것.

의 교사는 세 편의 유명한 시를 소개하면서 좋은 시에 대한 박영진의 고정관념을 도발적으로 뒤흔들었다. 그 교사는 두 편의 시를 먼저 소개하면서, 이 두 편의 시가 관습적인 의미에서 아름답지만 궁극에는 식민지 통치에 이바지했으며 이에 비해 세 번째로 소개된 윤동주의 작품만이 식민지의 비참한 현실을 포착하기에 진정 아름답다고 설명했다. "참된 아름다움이란 우리 삶을 있는 그대로 그릴 때 얻어진다. …… [거짓] 현실을 미화하기 위해 어떤 형용사를 쓸지라도 그것은 더 이상 시가 아니고 무의미한 말놀이일 따름이다"(정도상 1988, 117). 이에 박영진은 윤동주와 같은 시인이 되고자 결심했고 그간 독서 모임에서 만난 동료 시인들의 진정성과 헌신을 의문시하게 되었다.

이와 같은 교훈주의에도 불구하고 많은 노동자들에게 야학은 단순히 졸업장이나 비판적 사고력을 얻는 장소 이상이었다. 1980년대 초, 운동권 출신이 운영한 소규모 출판사에서는 노동자들의 수필이나 문학작품을 엮어 몇 차례 책으로 출판한 바 있다.[49] 이들 짧은 글에서 노동자가 야학을 어떻게 생각했는지 엿볼 수 있다.

[야학은] 서로가 서로를 위해 주고 나의 이야기에 귀를 기울여 주는 곳 …… 그렇기 때문에 저는 이곳에서는 인간으로 있을 수 있었어요. …… 아직까지 저는 고민하고 있는 중이에요. 하지만 기뻐요. …… 일만 해대는 기계 같은

---

**48**_박영진은 나중에 노동3권의 보장을 요구하며 1986년 분신자살했다.

**49**_특히 김경숙 외(1986); 전점석 편(1985)을 참조할 것. 야학 교사를 문학적으로 형상화한 최초의 작품 중 하나로 공지영의 『더 이상 아름다운 방황은 없다』(푸른숲, 1998)가 있다.

내가 아닌, 머리로써 생각하는 인간인 걸요(한국기독교사회문제연구원 편 1986a, 98-99에서 재인용).

야학을 다니면서 나의 명백한 주관을 내세울 줄 아는 용기를 얻었고, 근로자에 대해서 자부심 또한 가지게 되었다. ……주관적 입장에서만 생각할 줄 알았던 '나'에서 객관적으로 파악할 수 있는 '나'를 보는 안목이 달라진 점이다. 야학에 들어오기 전까지만 해도 나 자신 외에는 아무런 관심이 없었다. 남이야 어떻게 되든 말든 내 인생에만 충실하겠다는 극히 이기적인 생각뿐이었다. ……놀랄 만큼 변한 나 자신을 발견할 수 있다(한국기독교사회문제연구원 편 1986a, 100에서 재인용).

매개체로서의 지식인이라는 프레이리의 개념 안에서, 의식을 고취시키는 지식인의 역할은, 매개체와 피억압자 사이의 대등한 관계가 그 성패를 좌우된다. 이때의 평등이라는 개념은 유토피아적이었을 수 있지만 야학의 장은 교실에 국한되어 있지 않았다. 노동자가 그들의 교사이자 대학생인 이들과 맺은 친분은 더 많은 지적·사회적 지평을 열어주었다. 노동자는 "새로운 정치 언어"를 익혔고, 이를 통해 이들은 자신들 일상의 경험을 단순한 노동 그 이상의 것으로 바꾸고, 재야 지식인 및 노동운동가들과 친밀한 관계를 맺을 수 있었다(Koo Hagen 1996, 67-68). 용접공 박영진은 그의 야학 교사와 맺은 친분을 계기로 당시 민중운동 진영에서 널리 유통되던 사회과학서적과 문학의 세계에 입문할 수 있었다(정도상 1988, 127). 전직 재봉사 김미영은 야학 수업을 마친 후 교사들을 졸라 '2차'를 갔던 것을 좋은 기억으로 간직하고 있었다(김미영 1991, 30). 사회적으로는 여전히 노동자를 공돌이, 공순이라고 무심코 부르던 시절에 다져진 이 같은 친밀한 관계(노동자가 야학 과정을 마치면 끝나는 경우가 대부분이긴 했지만)는 몇몇 사례들에서 1980년대 노동운동이 부활하는 데 도움이 되었다.


## 4. 1980년대 광주항쟁과 노동

학생들이 1970년대의 노-학 연대를 "측면 지원"이라고 한 것은 올바른 판단이었다(한국기독학생총연맹 1984a, 180). 학생과 지식인은 요청이 있으면 언제든 시위와 단식투쟁을 조직했고, 노동자를 계몽하고 의식을 일깨우기 위해 야학을 세웠으며, 도시산업선교회, 가톨릭농민회, 크리스천아카데미 및 노동연구센터 등에서 실무를 담당했다. 이들은 용공분자로 매도되어 노동자와 함께 감옥살이를 했다. 그럼에도 불구하고 이들 대부분은 자신들의 노동운동이 꼭 근본적인 사회 변화를 가져올 것이라고 생각하지 않았다. 또 이런 활동을 하기 위해 자신들의 삶을 근본적으로 바꿔야 한다는 생각도 하지 않았다. 학교나 직업으로 돌아갈 기회가 생기면 대부분은 기꺼이 그리고 "별 고민의 흔적도 없이"(김인동 1985, 18-19) 돌아갔는데, 1970년대 초 국가 전복이라는 혐의를 치른 민청학련 관련자 다수의 경우도 이와 다르지 않았다

그러나 1980년대에는 노동운동이 민주화운동의 중심을 차지했다. 이는 당시의 사회정치적 요인뿐만 아니라 운동권 내부의 역학 관계에 기인한 것이다. 지식인 사이에서 노동운동은 특권적 형태의 실천이 되었다. 노동자는 진정한 혁명적 주체로 높이 칭송받았고, 노동은 거스를

수 없는 혁명으로서 아우라를 갖게 되었다. 앞서 언급했던 권인숙을 포함한 많은 대학생과 지식인이 대학이라는 상아탑에서 내려와 대거 공장에 투신했다. 운동권이 공유한 시대정신을 한마디로 요약해 주는 '위장 취업자'는 이렇게 만들어졌다. 노동운동은 곧 사회의 근본적인 변혁을 가져오는 것이었고, 노동자가 된다는 것은 그런 혁명을 앞당기는 유일한 방법은 아닐지라도 주요한 방법이었다. 또한 노동운동에 참여한다는 것은 자신의 삶을 뿌리 채 바꾸는 것을 의미했다. 이런 방향으로 지식인을 움직이게 된 데는 여러 요인이 작용했지만, 그중에서도 가장 중요한 자극은 1980년의 광주항쟁에서 왔다.


## 광주민중항쟁

민중운동의 역사에서 광주항쟁은 하나의 영웅 서사였다. 이 영웅 서사는 운동가들로 하여금 '누가 진짜 영웅이며', 민주주의를 위해 '누가 진실로 싸웠는지'를 기억하도록 부단히 촉구했다. 광주항쟁을 계기로, 지식인은 이기주의적이고 소부르주아적인 존재이거나 '공상적인 관념가'로 오랫동안 모멸해 왔던 그 자신이, 광주항쟁이라는 혁명의 시간 가운데 실제로 얼마나 유약하고 비겁한 존재였는지 스스로 입증했다. 이에 비해 노동자는 혁명적으로 '투쟁하는 인간'으로서 자신의 존재론적 지위를 입증했다.

광주항쟁 중에 노동계급과 룸펜프롤레타리아트가 치른 희생의 과도함은 지식인의 '본래적인' 위약함과 노동자의 '본래적인' 혁명적 속성을 그대로 상징하기에 이르렀다. 광주 이후 대학생과 지식인은 자기 비하적 발언을 자주 했다. 도청에서 마지막까지 싸우다 죽은 이들은 항쟁의 영웅으로 부각되었다. 1988년에 발표된 한 단편소설에서는, 예를 들어, 이들을 역사를 만드는 진정한 주인공으로 그려 낸 바 있다. "도청에 끝까지 남아 있던 사람들을 잘 기억해 둬. 어떤 사람들이 항쟁에 가담했고 죽었는가를 꼭 기억해야 돼. ······ 그러면 너희들은 알게 될 거야. 어떤 사람들이 역사를 만들어 가는가를. ······ 그것은 곧 너희들의 힘이 될 거야"(홍희담 1986, 203).

광주의 '진실'은 학생과 지식인에게는 치욕이자 부채였다. 광주 학살에서 살아남은 자들은 살아남음에 대한 무거운 죄의식에 짓눌렸다. 광주 출신의 한 대학생은 운동권이 아니었음에도 학살 사태를 그저 무력하게 방관할 수밖에 없었던 자신에 대해 1년 동안 고뇌하다가 결국 자살하고 말았다(신준영 1990b, 140). 저 유명한 1985년 대우자동차 파업 투쟁의 주동자들은, 자신들이 노동운동에 전념하는 것은 "(광주항쟁 당시) 투쟁에 동참하지도 못하고 자신의 생존만을 도모했던 '살아남은 자의 죄의식'"(신준영 1990c, 167에서 재인용)을 극복하는 방법이었다고 고백했다.

광주항쟁 이후 지식인 사회를 짓누른 죄의식과 절망감은, 1980년 이후 한국의 사회정치적 국면과 맞물리면서, 민중운동에서 혁명 서사를 일으켰다. 이제 민중운동은 1970년대로 돌이킬 수 없는, 그와는 완전히 다른 운동으로 탈바꿈해야 했다. 즉 민중운동은 이제 혁명운동이 되어야 했다. 혁명을 향한 열기는 그 특유의 운동 문화를 창출했다. 진정으로 헌신적인 운동권은 교육과 사회적 출신 배경에서 비롯한 특권과 혜택을 스스로 저버려야 했으며, 운동권 개인은 양심상 의무감에서도 그럴 수밖에 없었다.

광주항쟁 이후인 1980년 8월, 전두환의 대통령 취임에 앞서 정부는 노동에 대해 대대적으로 탄압했다. 1970년대의 가혹한 정치 상황에서도 조심스럽게 성장해 온 노동운동이 완전히 붕괴되었다. "한국 현대사에서 가장 제약이 많고 억압적이던"(Hart-Landsberg 1993, 219) 전두환 정권의 노동정책을 여기서 다 설명할 필요는 없겠다. 수백 명의 노조 지도자들이 온갖 구실로 감옥에 보내졌고, 악명 높은 삼청교육대에 보내져 중노동과 육체적 폭력을 당했다(삼청교육대는 1장에서 논의한 바 있다). 이들 중 다수는 이미 1970년대 노조 활동으로 인해 수없이 옥고를 치른 사람들이었다. 광주항쟁 이후 이와 같이 더욱 얼어붙은 사회정치적 상황은, 모든 기득권을 포기하는 것이 역사적 책무라는, 당시 지식인들 사이에 널리 퍼져 있던 생각을 한층 강화시켰다.

## 노동 조직화의 선차성 논쟁

광주항쟁 이후 널리 퍼진 절망감은 민중운동, 특히 노동운동 진영 내부에 열띤 논쟁을 초래했다. 그러나 필자가 앞서 언급한 바 있듯이, 광주 이전에도 일부 활동가는 정치 개혁 문제에만 치중하는 '정치투쟁'을 계속 해야만 하는가를 둘러싼 오래된 논쟁을 재개한 바 있다. 1970년대 유신 독재를 막지 못한 그들의 실패는 정치투쟁의 한계를 다시 한 번 입증하는 사례였다. 이들은 사회변혁의 주역은 노동계급이며 노동운동의 강화가 가장 긴급한 당면 과제라고 결론지었다. 이들은 정권과의 직접적인 정치 대결을 피하고 노동운동에 투신하거나 연대하는 일을 준비해야 했다. 이들은 노동 조직화의 선차성을 강조하는 이른바 '현장론'의 주창자로서, 진지하게 사회변혁을 지향하는 지식인은 노동자가 되어야 한다는 입장을 취했다(이종오 1988b, 225).

현장론 주창자들에 대한 다른 노동운동가들의 공통적인 비판은, 혁명 '준비'에 대한 현장론자들의 편향성이었다. 즉 현장론자들은 너무 장기적인 준비 전략에 몰두하거나 정보기관에 의해 발각될 것을 두려워한 나머지 어떤 의미 있는 노동운동이나 사회변혁을 만들어 내지 못했고, 노동자 조직화의 선차성에 대한 그들의 확신에도 불구하고 이들 대부분에게 노동운동은 여전히 추상적이고 유토피아적인 개념으로 남아 있었으며, 현장에서의 그들의 존재는 그 당시 팽창하던 산업 노동자 대열에 자신들의 숫자를 보탰지만, 노동자의 생각, 비전, 혹은 복지에 아무런 변화를 가져오지 않았다는 것이다(이종오 1988b, 226).[50]

현장론 주창자들은 1970년대 자신들이 펼쳤던 학생운동은 너무 개혁 지향적이었고, 그 자체로 사회를 변혁시킬 수 없는 운동이었다고 평가했다. 그리고 이들의 현장론은 이런 자신들의 경험에 대한 반발이었다. 앞서 언급한 김문수가 바로 이런 경우다. 1970년 김문수는 서울대 신입생이었다. 이때, 일반적인 사회운동 대신 노동운동의 우선성을 주창하던 학생운동 지도자들은 공장 생활에 대한 지식이 전혀 없었다. 한마디로, "이론은 풍부했지만 실천은 없었다." 이에 김문수는 정치 문제에 주안점을 두는 학생운동은 할 일 없는 부유한 학생들의 사치였다고

---

[50]_한 학생 출신 노동활동가가 쓴 자전적 소설에서는 어처구니없을 정도의 지점에 다다른 이 같은 경향을 엿볼 수 있다. 소설의 주인공인 학생 출신 노동활동가는 자신에 대한 사측의 불법적인 해고에 맞서 1인 복직 투쟁을 벌인다. 그는 몇 달 동안 공장 정문에서 홀로 시위를 하는데 어느 날 두 명의 여공이 그에게 조심스럽게 다가왔다. 이들은 다른 대학 출신 노동활동가였으며, 그 밖에도 같은 공장에 두 명의 또 다른 학생 출신 노동활동가가 있음을 알게 되었다. 이들은 노출을 두려워한 나머지 아무도 자신의 투쟁을 지원하지 않았던 것이다(안재성 1989, 98-99).

판단했다. "노동자는 밥도 못 먹고 자기 육신 하나 건사하기 어려운 지경인데 정치는 무슨 얼어 죽을 정치냐 ……"(김문수 1986, 148).

이태복은 1980년대 초 전국민주노동자연맹(약칭 전민노련) 중앙 조직의 결성에 중추적인 역할을 했다. 그의 학생운동 경험은 김문수의 경우와 비슷했다. 그는 1971년에 학생운동 관련 활동으로 제적을 당한 후 군에 강제징집되었다. 그는 군에서 일부 운동권 선배들이 폭력적인 군대 문화에 곧바로 굴복하거나 군대의 요구에 순순히 따르는 것을 보았다(이들 중 일부는 그들의 운동권 경력으로 인해 유신 지지 강좌 시리즈에 연사로 동원되기도 했다). 수치스런 선배들의 행동을 목격한 후, 그는 학생운동이 효과적이지 않다고 결론지었다. 학생운동에는 규율과 결단이 부족하다고 생각했다. 이후 그는 자신이 노동자로 확고하게 다시 태어날 때까지 학생운동과의 모든 인연을 끊겠다는 결심을 했다(이태복 1994, 265-266). 이태복은 또한 당시 한국에 몇 안 되는 사회주의자였을 수 있지만, 그 당시는 그런 사실을 공개적으로 밝힐 수는 없었던 것이다.

전민노련은 1980년 5월, 광주항쟁 발발 며칠 전 결성되었다. 전민노련은 노동 조직 이론의 산물인 동시에 그 주창자들이 경험한 한계를 극복하려는 시도였다. 전민노련 멤버들에게 학생운동은 문제를 조리 있게 정리해 제기하는 보조 집단이었고, 노동운동은 문제를 해결하는 중심 세력이었다. 이런 맥락에서 전민노련은 당시 팽배한 두 갈래의 이론, 즉 한편으로는 전면적 정치투쟁의 우위론과, 다른 한편으로는 혁명준비론(즉 현장론)을 통합하고자 했다. 전민노련을 통해 1970년대 전개되었던 노동운동과 학생운동의 경험을 통합시킬 수 있다고 보았던 것이다. 노동자의 실천과 지식인의 이론을 융합하겠다는 것이었다(이종오

1988b, 226). 이들은 전민노련이 노동자와 지식인이 유기적으로 통합되는 핵심 조직이 되길 꿈꿨다. 전민노련의 규칙 가운데 하나가 지식인 대 노동자 비율이 1 대 6을 넘지 말아야 한다는 것이었는데, 이런 규칙은 바로 이들의 비전을 반영한 것이었다(정대용 1988, 185-186).

광주항쟁 이후 많은 운동가들은 향후 운동의 방향이 정치 개혁 투쟁에서 노동 조직화 쪽으로 옮겨가야 한다는 데 공감했다. 이들은 정권의 무도함을 목격하고, 정치 개혁을 요구하는 시민들의 노력이 영웅적이긴 했지만 궁극적으로는 효과가 없었음을 목도한 후, 합법적이고 투명한 수단으로는 더는 사회변혁을 이룰 수 없다는 결론을 내렸다. 이에 대한 대안을 찾는 과정에서 많은 지식인들은 사회주의로 눈을 돌리게 되었으며, 이는 다시 노동자 조직화의 선차성(현장 준비론)을 강화시켰다. 한국에서 사회주의사상은 그 역사가 식민지 시기까지 거슬러 올라가는 만큼 딱히 새로운 것이 아니었다. 그러나 분단과 그에 뒤따랐던 한국전쟁 이후, 한국 사회에서 사회주의는 공산주의와 함께(이 책의 2장에서 다루었듯이) 한국 사회를 특징짓는 국가의 적이었다. 1980년대 한국 지식인 사회가 사회주의에 열중했던 이유는 다른 한편으로 서구 자유민주주의에 대한 실망과 맞닿아 있었다. 민주화운동 진영에서는 자신들이 1970년대 유신 정권을 막는 데 실패하고 1980년대 군사독재가 다시 정권을 잡은 데는 부분적으로 자신들이 서구 자유민주주의 이념을 한국에 무비판적으로 적용하려 했기 때문이라고 생각했다.

한국 사회의 가혹한 노동법은 지식인들이 노동 현장으로 대거 이주하는 데 의도치 않게 기여했다. 1980년의 노동법은 '제3자 개입 금지'라는 독소 조항을 담고 있었는데, 이 조항은 기업별 단위 노조가 단체교섭 과정에서 산별노조나 한국노총의 지원을 받는 것을 불법화했다.

단위 노조는 여전히 산별노조와 한국노총에 소속되어야 했지만, 각자 알아서 별개의 조직으로 운영되었고, 단체교섭은 사측 대표와 사업장 노조 대표 사이에서만 가능했다. 이런 조치는 노사 간의 단체교섭 행위를 "박정희 정권하에서보다 더한 야바위"로 만들었으며, 사측과 경찰의 완벽한 노조 통제를 가능케 했다(Ogle 1990, 113). 지식인이 노동운동을 할 수 있는 유일한 방법은 스스로 노동자가 되는 길뿐이었다.

지금까지 살펴보았듯이, 1980년대 지식인이 자신의 사회적 정체성까지 전환해 가면서 노동운동에 투신했던 것은, 여러 사회사적 힘이 작동한 결과이자 운동권 정치 문화의 결과다. 즉 광주항쟁 이후 민중운동의 혁명적 열기와 운동권이 가지고 있었던 의무감과 특권적 지위 사이에서 벌어진 내부 역학, 현장론을 둘러싸고 이전부터 존재해 온 이론적 논쟁, 공장노동자 자격으로만 노동운동을 할 수밖에 없게 만든 1980년도의 노동법 개악, 사회주의 이념에 대한 지식인들의 편향 등이 그것이다. 이 모든 요인이, 불의하고 불평등한 사회 속에서 노동자의 상황은 개선되어야 마땅하다는 지식인의 신념과 합쳐졌다. 그렇게 해서 만들어진 지식인-노동자 연대는 1980년대 민중운동의 가장 역동적이면서도 문제적인 특징이었다. 다음 장에서는 이 문제를 다룬다.

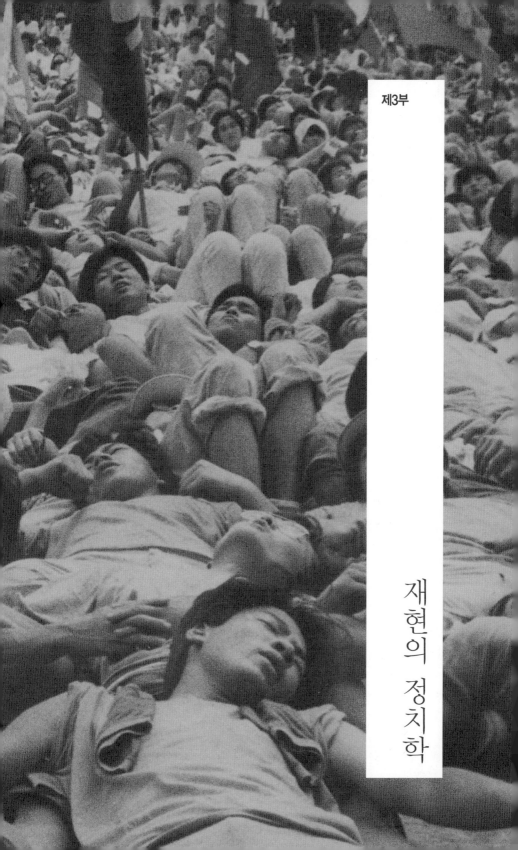

제3부

재현의 정치학

# 7

# "혁명적 노동자로
다시 태어나기 위하여"

__그람시적 융합과 레닌주의적 전위주의

1980년대 지식인이 자신의 사회적 정체성을 전환한 것은, 지식인과 노동자 사이의 사회적 구분을 깨기 위한 노력이었지 자신들이 레닌주의식 전위대가 되어 노동계급을 이끌겠다는 의미는 아니었다. 이들의 정체성 전환은 가장 '투명한' 재현, 즉 재현에 의한 그 어떤 여과도 거치지 않는 재현 양식을 가능케 하려는 시도였다. 그럼에도 불구하고, 지식인들의 이 같은 재현 논리는 근본적으로 지식인과 노동자에 대한 기존의 사회적 구분을 전제로 하고 있을 뿐만 아니라, 그 구분을 간접적으로 확인시켜 주고 있다. 즉 이 논리에서, 지식인은 사회적으로 의식이 있고 윤리적인 존재이며, 노동자는 그런 양심적 행위의 대상이자 수혜자가 된다. 노동자와 유기적으로 융합되고자 하는 지식인의 욕망과, 노동자를 선도해야 한다는 실제적 요구 사이에서 긴장은 끊이지 않았고, 1980년대 지식인-노동자 연대는 줄곧 이 문제에 시달려 왔다. 비록 문제가 많았지만, 그럼에도 노동운동이 1980년대 일약 한국 민주화운동의 중심이 될 수 있었던 것은 일정 부분 지식인들이 노-학 연대를 위해 쏟은 노력 때문이었다.

이 장의 논의는 1980년대 지식인-노동자 연대에서 필자가 '재현의 정치학'으로 부르는 주제에 초점이 맞추어져 있다. 필자는 지식인이 노동자의 육성을 어떻게든 왜곡, 검열, 혹은 무시했다는 이유로 지식인을 단순히 비판하지 않으며, 지식인이 노동자의 뭔가 다른 본질을 놓쳤다고 주장하지도 않는다. 여기서 필자의 관심사는, 특히 1987년 이후의 노동운동에서, 지식인이 노동자를 재현하는 과정에서 그들이 의도하지 않았으나 곳곳에서 나타난 결과다. 필자는 이런 문제들을 서론에서 언급했던 알코프 식 "역사적 책임성"historical accountability의 맥락, 즉 재현 행위는 그로 인해 생길 수 있는 물질적·담론적 영향을 설명하고 책임질 수 있어야 한다는 맥락에서 논의해 보고자 한다. 1987년 이후 변화한 한국의 사회정치적 현실에 미친 지식인의 영향을 고려하지 않은 채, 노-학 연대의 지식인 역할에 대한 섣부른 치하 혹은 비난은 독자를 오도할 뿐만 아니라, 역사·정치적으로 무책임한 행동이 될 것이다.

이 장은 네 개 절로 구성되었다. 1절에서는 '도덕적 특권 담론'을 다룬다. 도덕적 특권 담론은 노-학 연대에서 운동권이 주도적으로 실천한 담론이다. 2절에서는 운동권에 의한 노동자의 재현을 다룬다. 특히 1985년 구로동맹파업과 1986년 '임금인상 투쟁'이라는 구체적인 사례를 통해 이 문제를 살펴본다. 3절에서는 공장 취업의 절차, 구체적 사례, 운동권이 노동자가 되었을 때 개인과 조직이 당면하게 되는 문제점

등을 다룬다. 마지막으로 4절에서는 1987년 이후 노동운동의 맥락에서 지식인-노동자 연대를 간략하게 다룬다.


## 1. 도덕적 특권 담론

1980년대에 지식인들은 1970년대의 노-학 연대를 공장으로 들어가 '몸소' 수행했다. 자신의 사회적 정체성을 지식인에서 노동자로 전환하면서, 이들은 문자 그대로, 그리고 또한 상징적으로, 스스로를 노동 담론 속으로 밀어 넣었다. 이 사회적 정체성의 전환은 부분적으로 1980년대 민중운동이 그 운동의 방향을 근본적으로 바꾼 데 기반을 두고 있다. 6장에서 논의했듯이, 1980년대 민중운동 방향이 바뀌게 된 계기는 광주항쟁이 가져온 절망감, 결의, 혁명적 열기였다.

그러나 동시에 노-학 연대 서사는 '도덕적 특권 담론'과 얽혀 있었다. 앞서 필자는 후자를 지식인 역할에 대한 전통적 담론, 즉 교육받은 자는 도덕적으로 정직하고 사회적 책임감이 있다는 기존 인식에 의존하는 담론이라고 규정한 바 있다(4장). 1980년대 지식인들이 기존의 인식 틀과 사회정치적 질서가 근본적으로 바뀌길 기대하면서도, 민중의 목소리이자 진정한 대변자를 자임한 것은 지식인에 대한 유교적인 관념 때문이었다.

1980년대 전반에 걸쳐 도덕적 특권 담론, 즉 식자층과 특권층 입장에서 본 사회적 책임 서사는, 지식인 사이에 널리 퍼져 있었다. 예를 들면, 1981년 전민노련 사건에 연루된 스물여섯 명의 법정 진술을 보면

이 담론이 진술 내용을 지배하고 있다. 한 피고는 자신이 전민노련에 가담하게 된 것은 "특권층 출신으로 사회에 대한 빚을 갚고 가난하고 못 배우고 억눌린 이들을 도우려는" 단순한 바람에서 비롯했다고 진술했다(형사지방법원 1982, 27). 또 다른 멤버는, "나는 대학을 다닐 만큼 특권을 누리고 있는 사람으로서, 우리 사회에 빚을 지고 있는 사람으로서 한국의 민주주의를 위해 일했을 뿐이다"라고 말했다(형사지방법원 1982, 27).

노수경이라는 여학생 역시 위장 취업과 "사회주의사상 추종" 혐의로 열린 재판에서 자신의 행동 동기를 도덕적 특권 담론에 틀지어 설명했다.

> 누구라도 우리 사회가 당면한 문제에 대한 책임을 회피할 수 없다. 특히 고등교육과 사회의식을 지닌 사람이라면 사회의 새로운 윤리적 도덕적 질서를 만들기 위해 스스로 앞장서야 할 필요가 있다. 이런 단순한 이유에서 나는 공장에 들어갔다. 허영심이나 오만 때문은 아니다. 나는 오로지 내 양심과 이성에 따라 쓸모 있는 삶을 살아감으로써 내가 받은 혜택을 사회에 환원하고 싶을 뿐이다(노수경 1982, 3)

이런 진술은 법정에서 청중을 의식한 발언으로 피고의 진정한 감정을 나타내는 것이 아닐 수도 있다. 그렇지만 1980년대 운동권에서 도덕적 특권의 서사는 끊이지 않았다. 1980년대 중반에 이르러 이 서사는 더욱 널리 퍼졌는데, 당시는 민중운동이 전반적으로 '혁명적' 목표를 달성하기 위한 '과학적' 진로를 모색하는 와중이었으며, 사회주의사상이 민중운동을 지배하기 시작하던 시기였다. 마르크스-레닌주의 노선에 입각해 스스로를 혁명 조직으로 규정하던 서울노동운동연합(약칭 서노련)에서도 도덕적 특권 담론은 작동했다.

예를 들어, 서노련 관련자 재판에서 대부분은 자신이 노동운동에 가담하게 된 이유를, 특권층으로서의 의무감 때문이며, 좀 더 진실된 것이라고 생각되는 노동자의 삶에 자신들도 함께하고 싶어서였다고 진술했다. 윤현숙은 서노련에 가입하기 전에 한 예술고등학교에서 교사 생활을 했다. 예고藝高의 많은 부유층 학생은 기사가 딸린 승용차로 등교했다. 그녀는 학교를 그만두고 열 명 규모의 작은 공장에서 일하기 시작했다. 보통 아침 8시에서 저녁 9시까지 일했으며 야쿠르트 몇 병과 100원짜리 풀빵 몇 개로 끼니를 때웠다. 동료 노동자 가운데 일부는 집에 있는 동생을 위해 풀빵을 따로 남겨 두기도 했다. 그녀는 사고로 인해 첫 직장을 그만두어야 했지만 곧 다른 봉제 공장에 취직했다. 새 공장에서 초임은 일당 2,280원이었다. 잔업을 하지 않으면 한 달 임금은 7~8만 원 정도로, 그 돈으로는 최저 생계조차 가능하지 않았다. 공장에서 임금인상을 선동했다는 이유로 기소당하자 윤현숙은 항변했다. "혐의를 인정한다. 이런 현실에서 누가 투쟁을 선동하지 않겠는가?"(서울노동운동연합, 109).

유시주도 교사 출신이었다. 그녀가 첫 급료로 받은 30만 원은 '노동자의 피와 땀' 같았다. 공장 취업은 예전의 '공모와 비겁한 삶'을 청산하는 방법이었다(서울노동운동연합, 110). 서노련의 또 다른 멤버 유인혜는 '올바른 삶'을 사는 데 공장 경험은 필수적이라고 믿었다. 그녀는 손목 부상으로 더는 일을 할 수 없게 되자 공장에서 사귄 동료 노동자들과 함께 야학을 만들었다(서울노동운동연합, 108).

이상의 사례가 보여 주듯이 도덕적 특권 담론은 노동자의 저임금과

열악한 노동조건에 대한 강도 높은 폭로를 수반하기도 했다. 권인숙의
짧은 현장 경험에 대한 증언은 대표적이라 하겠다.

> 하루 일당 2,900원 …… 만일 잔업을 안 한다면 6~7만 원의 월급을 땀 흘린
> 대가로 동생들 학비다, 아버지 약값이다 하여 눈 빠지게 기다리는 엄마에게
> 가져다 드려야 합니다. 그렇기에 밤 10시까지, 때론 철야도 한 푼의 돈이 아
> 쉬워서 반가워해야 하는 우리 노동자들. …… 허리 안 펴기 운동이 바로 여기
> 에 …… 주임의 욕설 …… 그러다 보면 쏟아지는 신경질과 화풀이만이 공순
> 이들끼리 나누는 유일한 대화가 되기 쉽고, 그렇기에 '언니 힘들지'라는 열아
> 홉 살 아이의 말 한마디가 눈물겹도록 고마웠던 저의 공장 생활(권인숙 1987,
> 177-178).

## 2. "재현의 논리적 함정"

노동자와 유기적으로 융합하고자 하는 지식인의 소망은 진심에서 우
러난 것이었고, 순수했으며, 영웅적이기도 했다. 동시에 스스로를 공장
에 투신하는 일은, 운동권 자신이 안고 있는 숱한 갈등과 문제를 일거
에 해소해 버리는 일종의 데우스 엑스 마키나deus ex machina가 되어 버렸
다. 사실상 지식인-노동자 관계는 여전히 긴장감으로 팽팽했다. 즉 지
식인의 도덕적 특권 담론은 지식인과 노동자를 개념적으로 구분하는
선험적 분기에 그 뿌리를 두고 있었다. 지식인이 스스로를 사회적으로
의식 있고 책임 있는 존재로 재현하기 위해서 노동자는 곧 그런 양심적

행위의 대상이자 수혜자가 되어야 했다.


## 지식인과 노동자 사이의 이분법적 구도

지식인-노동자 관계에 따라다니는 이 재현의 문제는, 일부 다른 나라에서도 선례가 있는 것으로,[1] 한국에서는 1980년대 중반에 두 차원에서 표출되었다. 먼저 학생과 지식인은 부지불식간에 노동자를 대상화하거나 경우에 따라서는 신격화했던 반면, 노동자의 개별 정체성은 '노동계급'이라는 단순하고 투명한 범주에서만 인정했다. 이는 다시 노동자를 지식인들의 상호 경합적인 논쟁과 동원의 대상으로 만들었다.

예를 들어, 기독교 청년의 전국 조직으로 1970년대와 80년대에 걸쳐 민주화운동에 활발하게 참여했던 한국기독학생총연맹(약칭 KSCF)[2]이 1984년에 발간한 『공장 활동 안내서』가 좋은 사례다. 이 안내서의 목적은 "민중을 추상적인 형태로 대상화하려는 일반적인 경향"을 극복하기 위해 민중들의 현실을 객관적으로 파악하기 위한 것이었다. 안내서는 포괄적이고 상세했다. 노동운동에 투신하고자 하는 학생의 올바른 태도, 구직 전 필독 목록, 노동자와 토론 할 때 유용한 주제, 구직에 도움이 되는 기술(여기에는 구직 신청서에 신상 정보를 조작하는 방법도 포함되어 있다), 임금 산정 방법 및 퇴직 방법 등 갖가지 지침이 담겨 있다.

---

1_이와 관련해서는 특히 Brown(1974)을 참조할 것.

2_이하 적절할 경우 편의상 KSCF(Korea Student Christian Federation)로 표기한다. 당시 운동권 내에서 실제로 그렇게 많이 불렸다.

다음 항목은 '동료를 사귀는 방법'에 관한 것이다.

돈이 많이 들고 시간이 많이 드는 취미는 노동자들에 어울리지 않는다. 노동
자들과 함께할 수 있는 취미로 등산, 바둑, 장기 등을 알아본다. 대중가요를
구성지게 부른다든지, 기타와 같은 악기를 잘 다룬다든지, 카세트를 잘 고친
다든지, 지압을 잘 한다든지 하면 인기를 얻을 수 있다. 특히 글씨를 잘 쓸 때
면 여러 가지로 유익하다. …… 노동자와 친해지기 위해서는,

㉮ 시간을 아끼지 말아야 하며 대화의 소재를 풍부하게 마련해야 한다. 작업
시간을 제외하고는 혼자 있는 시간이 없도록 하자. 처음에 알게 되는 동료와
함께 점심시간, 휴식시간, 퇴근 후에 노동자가 가는 곳(매점, 공장주변 산보,
쇼핑, 술집, 당구장 ……)에는 항상 동행한다. 현장 밖에서 만난 동료 노동자
와 의외로 쉽게 친해질 수 있는 기회가 되기도 한다.

㉯ 작업 시간 중에 게으름을 피우거나 혼자서만 고통을 호소하거나(엄살을
피우는 것으로 보인다) 해서는 안 된다. 그러나 일만 하는 일벌레가 되어서도
곤란하다. 주의 깊게 살펴보면 작업 시간 중에 노동자들이 어떻게 대화하고
어떻게 쉬는가에 대한 요령을 터득할 수 있게 된다. 모방으로부터 배우자.

㉰ 현장 내에서는 활달함을 잃지 않는다(여자들은 좀 수다스러워도 좋으나
남자들은 자상하면서도 과묵하게 보이는 것이 좋다). 대화할 때는 표현 방법,
언어 선택에 신중을 기한다. 처음에는 간단한 질문 등을 통해 그들의 언어,
말투를 배우고 일상적 대화에 익숙해지면 점차로 대화의 수준을 높여간다.
라. 복장이나 음식의 기호, 외모, 취미 등에도 주의하여 이질감을 느끼지 않
도록 하며 자신을 숨기는 듯한 인상을 주어서도 안 된다(한국기독학생총연
맹 1984b, 21-27).[3]

이 안내서는 지식인이 노동자의 삶을 속속들이 알기 위해 얼마나 노력했는가를 보여 준다. 동시에 위 인용문은 프랑스 철학자 자크 랑시에르가 명명한 "재현의 논리적 함정"이 더없이 순진무구하게 그러나 더없이 문제적으로 작동하는 순간을 포착하고 있다. 여기서 노동자는 지나치게 단순화되어 있다. 즉 노동자는 아무나 알 수 있는 대상, 범주화하기 쉬운 대상, 그리고 무엇보다 투명한 존재라는 것이다. 노동자의 삶은 지식인의 삶과는 다르게, 그것을 작동하게 하는 정체성, 문화, 태도, 가치관 등이 따로 있는 것처럼 보인다. 좀 더 본론적으로 말하면 이런 대상화는, 랑시에르가 겨냥한 프랑스 지식인들이 그러했던 것처럼, 운동권 지식인이 노동자를 대변하고 노동자의 이념이 자신의 이념이라고 말할 수 있는 권위를 부여했다(Rancière 1989, xviii).

KSCF 안내서가 지식인과 노동자 사이의 차이를 개념적 차원에서 가정하고 있다면, 지식인들은 이런 차이를 노동자들의 신체에도 새겨 넣었다. 한 여성 노동운동가는 임금인상 투쟁을 선동한 혐의로 재판을 받던 중에 재판관과 검사 측에 다음과 같이 항변했다. "화창한 날 저녁에 이화여대와 구로공단 부근을 대여섯 시간 정도 돌아다녀 보세요. 대학생들은 윤기가 나고 명랑하고 예쁜 반면에, 노동자들은 하루 종일 앉아서 일하기 때문에 발은 큰데 핼쑥하고 키가 작답니다"(서노련, 111). 이와 같은 신체적 구별은 단지 한 운동권 활동가의 수사에 불과한 것이 아니었고, 일반 대중이 기정사실로 인정하는 차이였다. 운동권 학생이

---

3_ '기독학생총연맹'이라는 이름에도 불구하고 KSCF에는 청년, 대학생, 대학 졸업생이 활동했고, 연맹의 지도층은 대부분 20대 후반이나 30대 초반이었다.

나 지식인 역시 노동자를 재현하는 데 있어 사회적으로 익숙한 이와 같은 재현의 틀을 동원했으며, 노동자와 지식인의 차이를 강조했다. 이들 학생과 지식인은 노동자의 열악한 환경을 강조하고자 했으며, 바로 그렇기 때문에 자신들은 더더욱 노동자와 자신들 사이의 간극을 없애고자 한다는 자신들의 의지를 강조했다. 1980년대 중반, 학생들의 노동 현장 체험기를 담은 책자들은 종종 『거친 손이 아름답다』와 같은 제목을 달고 있었다(한국기독학생총연맹 편 1984).

문제는 지식인에서 노동자로 자신의 사회적 정체성을 바꾸려는 지식인의 시도가 유의미하고 효과적이기 위해서는, 지식인과 노동자 사이의 개념적·현실적 분기를 사회 전반이 인식하고 인정해야 한다는 점이다. 지식인의 도덕적 특권 담론은 부지중에 이 선험적 분기에 의거하는 동시에 그 분기를 지속시켰다. 운동권의 진정한 딜레마는 지식인과 노동자 사이의 이 같은 이분법적 배치가 없이는, 이들의 도덕적 특권 담론이 사회적·정치적 유효성을 발휘하지 못한다는 데 있었다.

물론 이 문제가 1980년대에 새롭게 대두되거나, 80년대로 국한되었던 것은 아니다. 지식인과 노동자 사이의 존재론적 구분은 1970년대 야학 운동의 바탕을 이룬 의식이기도 했다. 지식인은 야학을 통해 자신들이 노동자의 세계에 들어갈 수 있고, 노동자의 정체성을 파악할 수 있다고 확신했다. "우리는 노동자와의 만남을 통해 그네의 희망과 좌절과 분노와 고통을 이해하는데, 이것이 바로 우리가 노동자를 진실로 도울 수 있는 방도를 찾는 법이다"(한국기독학생총연맹 1981, 23). 이들은 또한 지식인과 노동자의 구분이 없어질 경우에 대한 불안감을 부지중에 드러내기도 했다. 일부 야학 교사는 노동자의 의식화 작업이 "사이비 지식인 노동자"를 양산하지 않을까 우려하며, 이런 노동자들이 공장에 자신의 뿌리를 깊게 내리기보다 대학생과 지식인을 흉내 내는 데 그치지 않을까 우려했다.

지식인은 자신들이 노동자를 대상화하고 낭만화하는 경향을 익히 인지하고 있었다. 위의 KSCF 인용문에서는 잘 나타나지 않을 수도 있겠지만, 지식인들은 실제로 자신들의 그런 경향을 솔직하게 인정하기도 했다. KSCF가 펴낸 또 다른 출판물은 이제 곧 공장에 취업할 학생들에게 동료 노동자들과의 관계에서 학생 출신 노동자가 자칫 일으킬 수 있는 문제점에 대해 경고하고 있다. 이 출판물이 지적한 문제점을 보면, 현실적인 고려보다는 이론적 입장을 높이 평가하는 경향, 노동자를 동정의 대상으로 보는 것, 노동운동만을 민중운동에 대한 헌신을 측정하는 유일한 기준으로 삼는 태도("노동운동에서 살아남을 수 없는 사람은 운동가로서의 기본 소양을 결여하고 있다"), 자신이 노동자의 "금욕적 생활"에 얼마나 잘 적응하는지 동료 운동가에 과시하며 "경건주의" 태도를 취하는 것 등을 지적하고 있다(한국기독학생총연맹 1987, 18-20). 이 출판물은 또한 학생 출신 예비 노동자에게 다음과 같은 사항을 주의하라고 경고했다. "당신이 생각하는 노동자상, 즉 탐욕적이거나 이기적 성향이 없이 단순하고 고결한 개인이라는 모습은 현실과는 다르다. 노동자들은 자본주의사회의 규칙에 굴복하는, 현실적이고 타산적인 존재이다"(한국기독학생총연맹 1987, 12).

실로, 운동권 출신이 노동 현장에서 만난 노동자들은 정형화된 노동계급 이미지에 호응하기를 거부했다. 또한 이들은 언제나 계급 해방을 향해 굳건히 나아가는 것도 아니었고, 세속적이고 "쓸데없는" 것에 관심을 갖는 것으로부터 자유롭지 않았다. 한 학출 여성 노동운동가는 외모에 신경을 쓰지 않는다며 자신을 타박하는 한 여성 노동자와의 만

남을 다음과 같이 묘사했다. "영숙은 [나에게] …… 치마를 입고 와 보라
는 등 …… [나를] 다그친다. …… 영 우습게 되었다. 영숙은 화장법에 대
해 한 시간쯤 강의를 하고 나보고 게으른 거라며 흉을 본다. …… 참으
로 노동자가 된다는 것은 힘들구나"(한국기독학생총연맹 1984a, 120).

지식인들에게 나타나는 "재현의 논리적 함정"은 의도치 않게 노동
자를 대상화했고, 일상적 실천에서 이 논리는 지식인들로 하여금 노동
자를 자신들이 가진 상충하는 열망(즉 노동자와 유기적으로 융합하고자 하
는 그람시적인 열망과 노동자를 선도하고자 하는 레닌주의적 열망)의 대상으
로 만들었다. 1980년대 민주화운동이 만들어 낸 용어 가운데 지식인의
이 상충하는 열망을 나타내는 어휘가 여러 개 있다. 그 당시 "투쟁에 경
도되어"infatuated with struggles, "정치투쟁 강조", "이데올로기적 투쟁" 같은
말이 자주 회자되었다. 지식인은 공장에 발을 들여놓자마자 '투쟁'을 하
고 싶어 했고, 정치 개혁을 요구하는 농성을 이끌고 싶어 했으며, 이런
무리한 시도를 이데올로기적으로 정당화하기도 했다. 어느 학출 노동
자가 공장에 취업한 지 몇 달 만에 노조 결성도 안 된 상태에서 파업 투
쟁을 조직한 사례는 드문 일이 아니었다.[4]

지식인들의 정치투쟁 강조는 당면 쟁점이 무엇이든 곧잘 노동자들
을 거리시위, 연좌농성, 공장점거와 같은 급진적 투쟁으로 이끌었다.
학출 노동운동가와 함께 활동한 노동자는 스터디 모임과 같은 활동에
참여했다는 단순한 이유만으로도 해고되곤 했다. 블랙리스트의 유포
로 다른 공장에서 일자리를 구할 수도 없고, 경영자 측과 국가 감시 기

---

4_이동수 면담(1993/02/14~15).

관에 노출되어 노동운동 활동도 지속할 수 없게 된 노동자는, 이런 상황에서, 처음에는 지식인들의 권유로 프롤레타리아 의식과 혁명 정신을 키우게 되었을지언정, 그 혁명 의식의 결과로 룸펜프롤레타리아트의 길이나 전투적 노동운동가의 길로 갈 수밖에 없었다. 아래에서 다루는 1985년 구로동맹파업은 이 같은 상황에 대한 구체적인 사례를 제공한다.

## 1985년 구로동맹파업과 1986년 임금인상 투쟁

한국 노동운동사에서 1985년 구로동맹파업(약칭 구동파)은 노동운동과 전체 민중운동에서 하나의 분수령이 되었다.[5] 구로동맹파업은 1985년 6월, 대우어패럴 노조 간부 세 명이 임금인상 협상 과정에서 구속되면서 시작되었다. 6월 24~29일까지 구로공단 10여 개 사업장의 수천 명에 이르는 노동자들이 파업과 연좌농성에 돌입하면서 점심 식사마저 거부했다. 이 파업에는 대학생, 재야 단체 대표자, 그리고 22개의 다른 노동단체 회원들이 최루탄을 맞으며 구속의 위협에도 불구하고 데모하는 노동자들과 어깨를 나란히 했다.

노동운동가들은 구로동맹파업을, 파업이 진행되는 와중에는 물론이고 파업이 종결된 이후에도 탁월한 "정치투쟁"이라고 평가했다. 파업이 노동자의 경제적 고충보다는 노조 운동에 대한 정치적 탄압으로부터 촉발되었기 때문이다. 또한 초기에는 학출 운동가가 아니라 노동자

---

5_구로동맹파업의 전말에 대한 상세한 논의로는 Koo Hagen(2001, 110-125)을 참조할 것.

들이 파업을 조직했다는 소문이 널리 퍼졌다. 이 구로동맹파업을 통해 노동자들은 다양한 지원 세력을 만나게 되었다. 또한 파업을 통해 법적 테두리 밖에서 싸울 필요성과 회사에 우호적인 어용노조로부터 벗어나야 할 필요성을 깨달았다(문명호 1985, 268).

구로동맹파업은 또한 일반 노동자의 가시적이고 광범위한 반향을 이끌어 냈다. 재봉사 출신 김미영은 자신이 일하던 공장의 동료 노동자들이 파업 소식을 듣고 열렬히 환호했다고 한다. 공장의 생산성은 곧바로 내려갔고, 매일 밤 기숙사에서는 파업에 대한 열띤 논쟁이 벌어졌다. 경영자 측은 노동자들의 기숙사 야간 외출을 금지하고, 구로 지역 근처에서 발견되면 구속시킬 것이라고 엄포를 놓았다. 일부 노동자는 아예 자신들의 공장에도 학생 출신 노동 활동가가 와서 파업을 주도했으면 좋겠다는 말을 공공연히 했는데, 정부와 대중매체가 일제히 구로동맹파업이 대학생 "위장 취업자"들의 작품이라고 보도했기 때문이다(김미영 1991, 67-69).

구로동맹파업은 파업에 참여한 노동자는 물론이고, 소문을 통해 혹은 텔레비전을 통해 파업 소식을 접한 노동자들을 고무시켰다. 또한 이 파업은 또한 향후 노동운동 담론에도 커다란 영향을 미쳤다. 그럼에도 불구하고, 파업이 구로 노동자들에게 가져온 즉각적인 영향은 매우 파괴적이었다. 30명의 노동자가 체포되었고, 700여 명의 노동자가 직장에서 강제로 사직하거나 해고되었으며, 1천5백 명이 파업 당시 일시로 해고되기도 했다. 또한 그동안 감시와 위협을 무릅쓰고 조심스럽게 키워 온 노조들은 뿌리째 와해되고 말았다. 학출 노동운동가들은 구로동맹파업의 배후라는 혐의를 받고 있었기에, 공장에 위장 취업한 학생들에 대한 정부와 기업의 감시 및 억압은 한층 심해졌다.

실제로 학출 노동운동가들은 구로동맹파업의 전위와 배후에 있었다. 그중 많은 운동가는 파업을 조직할 수 있을 만큼 오랜 기간 노동 현장에 있지 않았다. 나중에 활동가들은 파업에 의지한 자신들의 "성급함"과 자신들의 "급진적" 전략에 대해 자기비판을 했는데, 이들은 자신들의 이런 성급함과 급진성이 노조들이 미처 견뎌 내기 어려운 대대적인 탄압을 초래했다고 평가했다(문명호 1985, 284).

그럼에도 불구하고, 노동운동가들은 구로동맹파업이 연대의 모범을 보여 주었다고 평가했다. 재야 지식인들과 학생 단체들뿐만 아니라, 노동자들 역시 개별 사업장이나 지역의 경계를 초월해 연대했기 때문이다. 구로동맹파업 이전에 노동운동가들은 흔히 노동자들이 연대 투쟁보다는 자기 조직 보전에 더 신경을 쓴다고 생각해 왔다. 그 이유는 대개 노조를 결성하는 일이 험난하기 때문이라고 생각했다. 구로동맹파업에서 노동자들이 개별 공장의 장벽을 넘어 연대 투쟁했다는 사실은 이들에게 노동자들의 의식이 한 차원 높아졌다는 것을 의미했고, '조직 이기주의'로부터의 한 걸음 탈피했음을 의미했다.

그리하여 구로동맹파업은 1986년 '임금인상 투쟁'의 영감이 되고 모델이 되었다.[6] 임금인상 교섭은 통상 매년 5월에 이루어졌는데, 1985년 무렵까지 노사 간의 단체교섭과 계약 체결은 형식적으로 이루어졌다. 1986년 초, 민주 노동운동 단체들은 연례 임금 교섭을 통일적으로 실시한다는 데 의견을 모았으며, 나아가 단순히 임금인상만 아니라 정치 개혁을 요구하기로 결의했다. 이들은 다가오는 임금 교섭 시즌

---

6_이 대목의 논의는 주로 최현욱(1986, 60-69); 정대용(1988, 197-200)을 참조.

을, 노동운동을 한층 더 높은 수준의 투쟁으로 끌어올릴 기회로 삼고자 했는데, 노동자의 정치의식이 그만큼 고양되었다고 판단했던 것이다.

그러나 임금인상 투쟁 활동을 지역 전체 차원에서 통일적으로 조율할 수 있는 지역 위원회를 조직하려는 시도는 실패하고 말았으며 결국에는 두 개의 분리된 집단이 구성되었다. 1985년 구로동맹파업에서와 마찬가지로 1986년 임금인상 투쟁 역시 참담한 실패를 맛보았다. 전년도 임금 협상에 비해 노동자들에게 돌아온 혜택은 줄어들었다. 이런 실패가 정부와 경영자 측의 억압 탓만은 아니었다. 나중에 노동운동가들은 다음과 같은 사항을 지적했다. 첫째, 임금 교섭 대표의 많은 이들은 지식인 출신 노동운동가로서 노동자의 요구 사항이나 처지를 우선적으로 고려하지 않은 채 행동을 취했다. 둘째, 대부분 활동가가 즉각적인 결과에 연연해, 점진적이고 자발적인 참여를 통해 노동자 스스로 주인 의식을 획득할 수 있도록 하는 데 소홀했다. 끝으로, 대부분 활동가가 연좌농성이나 공장점거와 같은 투쟁적인 전술을 사용해 임금인상 교섭을 정치투쟁으로 전환시키려고 했다. 당시 임금인상 협상의 구호 가운데 하나가 "군사정권 타도하라"였다. 이 모든 현상이 지식인의 일반적 경향, 즉 노동자를 노동운동의 활동 주체가 아니라 선동이나 동원의 대상으로 여기는 경향에서 비롯되었다는 것을 일부 활동가들은 스스로 인식하고 있었다(박승옥 1991, 86-87).

임금인상 투쟁 초기에 적극적으로 참여한 노동자 가운데 일부는 활동가들의 정치투쟁적 요구를 거부했다. 이렇게 일반 조합원의 지지가 약화되면서 투쟁 지도자들은 보호막을 잃었다. 숱한 파업과 연좌농성에도 불구하고, 1986년 노동쟁의는 대부분 실패했고, 그 과정에서 수많은 노동자가 해고되고 구속되었다. 활동가들의 성급함, 장기적인 이

득보다는 눈앞의 결과에 대한 집착, 노동자의 좀 더 직접적이고 절박한 요구 사항에 대한 무관심 등이 함께 어우러져 귀결된 파국이었다. 비판의 화살이 1986년 임금인상 협상 과정에서 '정치투쟁'을 강조하던 서노련과 같은 단체에 거세게 쏟아졌다.

## 서울노동운동연합과 '정치투쟁'

1985년 8월에 결성된 서울노동운동연합(약칭 서노련)은 노동운동의 새로운 유형을 대표했다. 서노련은 자신이 혁명 조직임을 공개적으로 표방했는데, 이는 당시 한국의 사회정치적 맥락을 감안하면 실로 혁명적이었다. 서노련은 노동자가 정치의식을 점진적으로 획득해야 한다고 보던 운동 진영 내부에서의 주류적 관점을 비판했으며, 1970년대 노동운동의 실패 원인을 무엇보다 노동조합주의에서 찾았다.

여기서 '노동조합주의'란 노동조건 개선과 임금수준 향상을 노동운동의 최종적이고 최고의 목표로 상정하는 노동운동을 일컫는다. 일찍이 레닌은 자연발생적인 노동계급 운동은 노동조합주의 이상으로 발전할 수 없다며 다음과 같이 단언했다. "'자연발생적 요소'는 의식의 맹아적 상태 그 이상도 이하도 아니며, 노동자가 부르주아 이데올로기의 굴레로부터 벗어나기 위해서는 노동계급의 혁명 의식이 외부로부터 주어져야 한다"(Lenin 1975, 30-31; Fantasia 1988, 237에서 재인용). 서노련은 레닌주의를 표방하는 조직으로서 노동자의 각종 정치투쟁을 지도하고 지원하면서 노동자의 혁명 의식을 고양시키고자 했다. 이를 위해 기관지 『서노련 신문』을 통해 다양한 정치적 선전·선동을 공개적으로 감행했고 지하 소모임을 통해서는 노동자의 조직 작업을 수행했다.

서노련의 정치투쟁은 임금, 노동조건, 단결권 등과 같은 노동계급의 전통적인 쟁점보다는 노동자에게 좀 더 폭넓게 영향을 미치는 사회정치적 쟁점을 다루었다. 당시의 사회정치적 상황에서 노동자들의 정치투쟁은 수입 자유화, 남북통일, 한반도 핵 확산 등과 같은 거의 모든 쟁점에 개입함을 의미했다. 서노련은 1985년, 대통령 직선제 논의와 국가보안법 철폐에 대해 공식적으로 입장을 발표한 첫 번째 노동자 정치 조직이었다. 통상 이런 논의는 노동문제와 무관한 것으로 여겨졌다.

서노련의 정치적 입장은 민주화운동 내부에서 논란이 많았지만, 이후 서노련의 주요 지도자들이 수배자로 저명해지면서 운동권과 사회 전반에 걸쳐 상당한 경외심을 불러일으켰다. 레닌주의를 표방하는 서노련 특유의 절제와 헌신, 그리고 혁명적 생활 습관 때문이었다. 서노련은 또한 학출 노동운동가들의 문학적 상상력을 고취시켰는데, 이들은 1980년대 말과 90년대 초에 걸쳐 수많은 '노동문학'을 생산했다(이 부분은 8장에서 다룬다). 서노련을 이끈 핵심 세력은, 6장에서 언급한 바 있는, 김문수를 비롯한 일군의 지식인이었다.

## 이데올로기 투쟁

1986년 임금인상 투쟁의 중심을 차지했던 정치투쟁은 1980년대 민주화운동의 특징 가운데 하나였던 이데올로기 투쟁의 주요 부분이 되었다. 레닌의 『무엇을 할 것인가』에서 영감을 받고, 이를 모델로 한 이데올로기 투쟁은 민주화운동의 정치 이론, 조직 이론, 전략, 전술 등을 둘러싼 포괄적인 논쟁을 일컫는다. 그 대표적인 사례가 사회구성체 논쟁과 노동조합 논쟁으로, 오랫동안 이어진 이들 논쟁으로 운동권은 상당한 에너지와 시간을 소진해야 했다.

운동권 내에서 입장은 나뉘어졌다. 앞서 3장에서 다루었듯이, 민족 해방NL 그룹은 "민족 해방과 반미 투쟁"을 내세웠던 반면에, 민중민주주의PD 그룹은 "반파쇼 투쟁"을 강조했다. 이들 논쟁은 지극히 현학적이었다. 수많은 소모임과 지하 서클이 이데올로기 노선에 따라 이합집산을 거듭했다. 노선이 다른 운동가들 사이의 상호 적대감으로 인해 어떤 조직적 화합도 어려웠고, 서노련 같이 전투적이었던 조직은 철저하게 와해되었다. 노동운동에서 정치투쟁은 거리시위, 연좌농성, 공장점거 등에 집중했다. 일부는 아예 노동조합주의의 유효성을 전면으로 부정하기도 했다. 노동운동이 더욱 정치적 성향을 띠게 되자, 도시산업선교회나 가톨릭농민회와 같은 조직은 지나치게 개혁 지향적이라는 이유로 거리를 두거나 경시되는 경향마저 보였다.[7]

이들 논쟁은 1980년대 운동권의 상당한 지적 에너지를 소비했으며, 직간접적으로 관련된 사람들에게 많은 고뇌와 고통을 가져왔다. 이 소모적인 논쟁이 1980년대 한국 노동운동에 기여한 공로가 무엇이었든, 이 논쟁의 현학성, 분열성, 소모성은 그 공로를 상쇄하고도 남았다. 노동자들은 서로 으르렁거리는 운동 단체 사이에 끼어 종종 압박감을 느꼈다. 봉제사 출신으로 서노련 회원이던 김미영의 경험은 상징적이다.[8]

---

7_예를 들어, 원풍모방 노조 간부 출신 이옥순은 감옥에서 출소한 후 자신의 동료 활동가들이 도시산업선교회는 기독교 단체로서 운동 조직으로는 한계가 있다는 이유를 들어 관계를 끊었다는 사실을 알게 되었다. 이와 관련한 상세한 논의로는 이옥순(1990, 208-211)을 참조할 것.

8_다음 네 문단의 내용은 김미영(1991, 144-152)에 근거한 것이다.

김미영은 자신의 수기에서 전국 규모의 노동자 조직을 출범시키기 위한 공개 집회를 주재했던 자신의 경험을 다음과 같이 회고한다. 조직을 출범시키기로 한 결정은 서노련 지도부의 상급 기구에서 내려온 것이었다. 다수의 다른 노동단체 관계자들은 그날의 집회를 노동운동 내에서 헤게모니를 잡으려는 서노련의 시도로 보았다. 이런 정서를 눈치채지 못한 채 김미영은 최선을 다해 출범식 준비를 했고, 집회장에서 쏟아져 나올 예상 질문에 대한 답변까지 준비했다. 그녀는 "전국 노동자 조직을 결성하여 노동자가 주인이 되는 세상을 만들자!"라는 제목의 연설을 했는데, 집회장의 분위기는 냉랭했다. 각기 다른 노선을 대변하는 활동가들로부터 냉소적이고 공격적인 질문이 쏟아졌다. 수백 명의 눈길을 받으며 연단에 서있었던 김미영은, 그 순간 처음으로 "노동자가 주인이 되는 세상"을 어떻게 건설하고, 심지어 그런 세상이 자신에게 무엇을 의미하는지, 자신은 전혀 모르고 있었다는 사실을 깨달았다. 자신이 그런 세상을 갈망해 왔다는 것, 그리고 같은 꿈을 꾸는 다른 사람들이 그런 세상을 제안했다는 사실만으로 자신이 그것을 공개적으로 선언하기에 이르렀다는 것을 깨닫게 되었다.

그녀의 연설 후 다른 단체 멤버들이 연단에 뛰어 올라와 저마다의 슬로건을 외치며 청중을 동원해 거리로 나갔다. 그녀를 곤혹스럽게 한 것은 다른 단체의 개입으로 그날 집회가 중단되었다는 사실뿐만 아니라, 서노련 내부에서 지도부를 형성하는 지식인들과, 자신과 같은 일반 노동자들 사이에 점점 커져만 가는 틈이었다. 예를 들어, 서노련 간부들은 김미영에게 국가보안법 철폐와 1986년 서울 아시안게임에 대한 노동자의 성명서 초안을 작성하라고 했다. 그녀는 며칠 밤을 고생해 초안을 작성했다. 그러나 그녀에게 돌아온 답변은 다시 쓰라는 것이었고,

그녀는 지도부가 요구하는 수정 내용을 쓴다는 것은 자신의 능력 밖이라고 생각했다. 낙담과 혼란에 빠진 그녀는 스스로 무식하다고 느꼈다.

집회가 끝나고 얼마 안 되어, 서노련 내부에서 지하 문건이 회람되었다.[9] 이 문건은 서노련 활동이 "자연발생성에 대한 굴복"(Lenin 1975, 41)이라고 비판했는데, 이 표현은 레닌의 『무엇을 할 것인가』에서 따온 것이었다. 김미영은 그 표현의 의미를 종잡을 수 없었고, 그때까지 자신의 모든 활동이 "자연발생성에 대한 굴복"이 될 수 있겠다고 느꼈다. 그리고 곧 이 문건의 비판에 동의하는 이들이 서노련을 떠나고 있음을 알게 되었다. 김미영은 문제의 근본 원인은 이데올로기 투쟁이라고 생각했다.

> 사상! 그것은 이렇듯 가장 사랑하던 동지들과 헤어지고 많은 노동자들로부터 고립되는 상황을 가져왔다. …… 서노련의 조직원들은 각기 나름대로 소위 입장 정리를 하게 된 것이다. 누가 먼저랄 것도 없이 입장에 따라 하나둘 서로 갈라져서 집회 때나 가끔 만나는 사이로 전락해 버리고 말았다(김미영 1991, 152).

노동자들에게 미래에 대한 '올바른' 전망을 주입하고, 자신들 스스

---

9_ 김미영이 언급한 1986년 문건은 "올바른 지도부를 세우자"였다. 서노련 간부진이 작성한 이 문건은 대외비였다. 이는 일반 조직원 사이에 부단히 제기된 여러 비판에 대해 토의하는 내용이었는데, 일반 회원들이 제기한 주된 비판은 다음과 같다. 서노련의 조직 구조가 너무 위계적이라는 점, 지도부는 조직원들에게 형식적인 충성과 규칙 준수만을 요구한다는 점, 조직원들이 활동가로서의 주체성을 잃고 한갓 대상화되고 있다는 점 등이었다. 이 문건뿐만 아니라 당시 회람되던 여타 문건은 김용기·박승옥 편(1989)에 실려 있다.

로 그와 같은 전망을 품고자 했던 지식인들의 이 같은 광범위한 경향이
정치·이데올로기 투쟁의 핵심에 자리 잡고 있었다. 사회학자 송호근은
이런 경향으로 말미암아, 지식인들은 자신과 노동자 사이의 관계를 매
개할 수 있는 비판적 긴장감을 유지해야 할 필요성을 저버린 채, 너무
나도 안이하게 노동계급의 위치에 자신을 정박해 버렸다고 지적한다.
지식인이 노동자임을 자임함에 따라, 지식인은 자신의 동기나 위치에
대한 질문 혹은 반성적 성찰 없이 안전감과 만족감을 얻을 수 있었던
것이다(김형기 외 1991, 1267). 그뿐만 아니라, 노-학 연대의 정치적 유
효성은 지식인 개개인이 지식인으로서 권위와 지식을 유지할 때만 제
대로 발휘될 수 있었다. 즉 지식인-노동자 연대는 지식인과 노동자 사
이의 구분을 전제로 했을 뿐만 아니라 그런 구분을 일정 부분 공고히
했던 것이다.


## 3. '공장 취업'의 사회학

이상의 비판이 활동가들의 헌신과 희생마저 무효화시키는 것은 아니
다. 1980년대는 실로 지극히 평범한 학생조차 개인의 소망이나 의도와
는 무관하게, 심지어 어떤 경우는 그와는 정반대로, "격동의" 삶 속으로
내던져지는 경우가 많은 시기였다. 많은 경우, 공장노동자가 된다는 것
은 정부의 탄압, 회사 측의 감시, 부모의 실망 등을 감수 하는 것 외에
도, 삶이 근본적으로 바뀌는 변화를 의미했다. 1980년대 중반에 이르
러 공장 취업은 운동권이라면 누구나 한 번쯤은 거쳐야 할 통과의례로

인식되고, 심지어 운동권으로부터 특권적 지위를 부여받기도 하지만, 지식인이 스스로를 공장으로 이식시키는 과정은 한 개인 차원의 결단이나 역사의식만으로 가능한 것은 아니었다. 1984년 노동부는 '위장' 취업자를 색출하기 위해 회사 측에 피고용인의 고용 기록뿐만 아니라 교육, 사회, 가족 배경을 조회하도록 지시를 내렸다. 이런 조치는 학생과 지식인으로 하여금 공문서를 위조하고, 노동자의 삶에 걸맞은 새로운 약력을 만들어 신분을 가장하게 했다. 많은 활동가들은 신분을 의심받아 공장에 발을 들여놓기도 전에 퇴출되었다. 일단 체포가 되면, 6장에서 논의한 권인숙의 경우처럼, 형사법으로 기소되었다.

위조 신분증을 취득하는 것보다 더 어려운 일은 부모와의 대립이었다. 운동권의 부모 세대는 일제 식민지 시대, 참혹했던 한국전쟁, 급속한 산업화를 경험했다. 물질적으로 성공하는 자녀를 보고 싶은 이들의 의지는 맹렬했다. 물질적 성공과 신분 상승에 대한 집단적 열망이 강렬했던 만큼, 아들이나 딸이 노동자가 되었다는 사실은 이들 부모에게 커다란 충격이었고, 집안의 수치였으며, 자식 농사를 잘못 지은 부모 자신의 실패로 간주되었을지도 모른다. 운동가들의 개인 편지, 수필, 법정 진술 등에는 부모의 소망을 충족시키고 싶은 욕망과 운동가로서의 책임감 사이에서 이들이 겪는 딜레마가 생생하게 드러나 있다.

운동가들은 부모의 감시에서 벗어나기 위해 집을 떠나는 이유를, 고시 준비를 위해 절에 들어간다는 등 거짓말로 둘러대야만 했다. 부모와 자식 간의 관계를 끊겠다는 부모의 협박을 힘겹게 견뎌 내야만 했던 경우들도 있었다. 어느 남학생은 공장에 갔으나 부모의 반대로 심히 괴로워했다. 그의 아버지는 아들이 정히 공장 일을 하겠다면 다리를 분질러 버리겠다고 위협했으며, 어머니는 직접 가로막지는 않았지만 줄곧 아들을 감시하며 근심 속에 지냈다.

무사할까에 걱정이 많으실 텐데 집까지 나가 자취를 하면 이놈이 제대로 끼니는 때우나 쓰러지지 않을까 등의 걱정으로 눈물로 보내실 것만 같다. 가슴이 미어지는 것 같다. 어머니가 보고 싶다. 혼자 있는 방안이 고독하다. 참아야 한다. 그러나 이겨내야 한다. 모진 감상과 정의 늪에서 헤어 나와야 한다 (한국기독학생총연맹 편 1984, 97).

## 1970년대의 '공장 취업'

1970년대에 운동권 출신이 공장에 가려면 개인의 엄청난 결단과 지략이 요구되었다. 1980년대 초까지 운동권 출신이 공장에 들어가겠다고 결심을 할 때는 주로 혼자 그 결정을 내렸다. 즉 어떤 조직적 지원이나 현실적인 조언을 받지 못했다. 이 당시 공장에 간 노동운동가는 통틀어 1백 명 남짓으로 추정되며, 1980년대와는 달리 전국적으로 뿔뿔이 흩어져 있었다. 명문 대학 졸업생이나 재학생은 공장 내에(일부 동문 선배나 동기들이 이미 자리 잡고 있었기에) 이미 아는 사람이 있을 수도 있었지만, 운동권의 세가 약하거나 거의 없던 비명문 대학 출신들은 오로지 자신들의 역사적 책무감에만 의지할 수밖에 없었다. 공장에 들어가고자 하는 학생은 1984년이 되어서야 앞서 언급했던 KSCF의 『공장 활동 안내서』와 같은 지침서를 접할 수 있었다.

6장에서 소개했던, 이태복은 노동운동의 선차성을 주창했다. 그는 군대에서 학생운동 출신들의 실망스러운 행태를 목격한 후 노동운동(현장)에 몸을 던지기로 다짐했다. 군에서 제대한 후(그는 재학 중에 학생운동과 관련해 강제징집되었다) 그는 먼저 자신이 과연 노동자로서 살 수 있을지, 그리고 노동운동에 투신할 수 있을지 스스로 시험해 보고자 했다. 그는 용산 상가에서 일용직으로 지게로 등짐을 져 나르는 일을 시작했다. 이후에 그는 전국 각지의 공단을 돌아다니며 노동 상황과 여건을 조사하면서 몇 년을 보냈다. 그는 한국노총을 내부로부터 개혁하기 위해 그곳에 '침투'하려고도 했으나 자신이 학생운동가 출신임을 알아본 사람으로 인해 그만 좌절되기도 했다(이태복 1994, 266-267).

서노련 결성을 주도했던 김문수는 노동자의 삶이라는 대의에 헌신하기로 결정하기까지 오랜 고민의 과정을 겪었다. 그는 대학 입학 후 처음 맞은 여름방학을 저임금 봉제 공장에서 보냈는데, 그곳은 서울 외곽의 어느 채소밭 한가운데 위치해 있었다. 그때는 공장에 취직하는 데 신청서나 이력서가 필요 없었다. 김문수는 재봉틀의 페달을 밟으면서 자신의 결단에 의구심을 품기 시작했다. "매일매일 일을 하면서 나는 평생 이렇게 공장에서 생활할 수 있을까 하는 의문에 휩싸이지 않을 수가 없었습니다. 나는 가난하고 어려운 생활이라면 웬만큼 이골이 나 있는 편이었지만, …… 이렇게 살아야 한다는 생각을 하지 않고 있었던 것입니다. 나는 친구들과 노동자들이 조직되어야만 한다고 얘기만 했지 그걸 내가 해야 된다고까지 생각하지는 않았습니다"(김문수 1986, 134). 몇 년 후 그는 노동운동에 헌신하기로 결심하고 다른 저임금 공장에서 일하게 되었는데, 이번에는 남성용 셔츠의 단추 구멍을 감치는 일을 맡았다. 그는 스물두 살이었고, 명문대 출신이었고, 일이 느렸다. 그보다 훨씬 어린 동료 노동자가 그의 느린 손놀림을 끊임없이 나무랐다. 공장 세 군데에서 일정 기간을 보낸 후 1975년에 그는 보일러공 자격증을 땄다(김문수 1986, 138-140).

## 1980년대의 '공장 취업'

윤난실이 회상하듯, 광주항쟁 이후, 현장에서의 노동운동은 헌신적인 운동권이 따를 수 있는 유일하고 "올바른 진로"였다(문화방송 2005a). 또 다른 학생 출신 운동가 안재성은 자전 소설에서 회고하기를, "모든 운동가는 노동운동을 우선시했고, 공장 일은 운동에의 헌신 정도를 측정하는 기준이 되었다"(안재성 1989, 1-2). 1980년대 중반, 민주화운동이 성장하면서 운동권의 수 역시 늘어났고, 공장 취업 이외에도 다른 많은 길이 그들 앞에 열렸다. 교사와 언론인 같은 전문직, 또는 합법적 기구의 실무진 등 대학 졸업자로서의 특권을 유지하면서도 사무직 노동운동에 참여할 수 있었다. 그럼에도 불구하고, 강력한 역사적 책무감, 즉 진정 헌신적인 운동권이라면 모든 특권을 포기해야 한다는 의식이 1980년대 말까지 여전히 널리 퍼져 있었다.

1980년대 초 이전, 노동자와 지식인에 대한 사회적 범주는 이후 시기에서처럼 뚜렷하게 구분되지 않았다. 급속한 산업화와 도시로의 대대적인 인구 유입으로 인해, 대학에서는 서민층 출신 학생의 수가 대거 늘어났다. 대부분 한국인에게 교육은 계층 상승의 유일한 수단이었기에, 한 사람의 대학 교육을 위해서는 가족 성원의 커다란 희생이 요구되었다. 따라서 대학생 중에 자신의 학비를 부담하기 위해 부모나 어린 형제자매, 특히 여동생이 공장에서 일하는 경우가 많았다. 1970년대 초, 노동자가 되려던 김문수의 결단은 비록 우여곡절을 거친 선택이었으나, 그에게 공장 일은 그리 낯설거나 어색하지 않았다. 그의 여동생이 공장노동자였기 때문이다. 고려대 82학번 출신 박동은 고등학교 시절 내내 괜찮은 운동화 한 켤레를 신어 본 적이 없었고, 아버지는 일용직 노동자였다.[10]

그러나 1980년대 중반부터 상황이 달라졌다. 경제 발전은 물질적 번영을 가져왔고, 대학생들은 갈수록 식민지 시기 이후의 첫 중산층 집안에서 충원되었다. 이들은 상대적으로 풍요롭고 편안한 유년기를 보냈기에 공장 일은 아주 낯선 세계였다. 82학번 권인숙은 견고한 중산층 집안 출신이었다. 아버지는 정부 관료였고, 그녀의 대학 졸업 후 계획은 프랑스로 유학을 가는 것이었다. 1970년대의 김문수나 1980년대 초의 박동이 꿈도 꾸지 못할 일이었는데, 유학이란 그 당시 그야말로 소수의 특권층에게만 가능한 일이었다.

1980년대 중반부터 더 많은 학생이 학생운동에 참여하고 민중운동의 성장 역시 두드러지면서 운동의 경로는 관례화되고 의례화된 요소를 갖추게 되었다. 그 당시 대학교에서 3·4학년이 되면 운동권은 학습 모임이나 교내 시위를 조직해야 하는 것으로 인식되었고, 또한 감옥에 갈 준비를 하는 게 일반적 관례였다. 노동 현장 활동은 출옥한 다음 단계의 과업이었다. 물론 공장에 취업한 대학생이 모두 '골수' 운동권 학생이었던 것은 아니다. 당시의 '격변'은 민주화운동에 대해 진지한 참여 의식을 갖추지 못했던 학생들조차도 학생운동 참여를 일종의 의무 사항처럼 여기도록 했으며, 이들 중 일부는 그로 인해 공장으로 가게 되었던 것이다.[11]

서노련 출신의 최한배의 이력은 좀 유달랐다. 그는 원래 사무직으

---

10_박동 면담(1993/02/12~13).

11_1980년대 공장에 간 여학생 출신 노동활동가들과의 상세한 면담 기록으로는 Kim Seung-Kyung(1997, 134-139)을 참조할 것.

로 출발했다가 이후 노동운동에 참여했기 때문이다. 경영학과를 졸업한 그는 한 대기업의 마케팅 부서에서 일했으며 평화시장의 저임금 공장을 대상으로 마케팅 조사를 수행하고 있었다. 그는 "지옥 같은 노동 조건"에도 불구하고 나름대로 품위를 유지하던 노동자들에게 깊은 인상을 받았다. 각별히 인상적이었던 것은 청계피복노조 노동자들의 치열한 정신이었다. 노동운동을 하려면 어디서부터 시작해야 할지 몰랐던 그는 건설 현장 잡역부로 시작해 나중에 보일러공 자격증을 땄다. 그는 한동안 제지 공장과 전자 회사를 거쳐 대우어패럴에 취업했다(서울노동운동연합, 113-114).

노동운동가들은 경기·인천 지역에 집중해 있었다. 이 지역에는 소규모 공장뿐만 아니라 노동자 거주의 밀집도가 가장 높았는데 그 규모는 국내 전체 제조업 종사자의 절반에 해당될 정도였다. 또한 이 지역은 직장 이직률이 높기로 유명했다. 취업을 하기 위해 별다른 기술이 필요 없었고, 지원자에 대한 신원 조회 과정이 대기업 공장에 비해 덜 엄격했다. 경기·인천 지역은 또한 민주화운동의 중심지인 서울에 인접하고 있었다. 학생 출신 노동자 지망생들은 이곳에서 크게 눈에 띄지 않을 수 있었고, 또한 다른 운동권 출신 노동자들을 만날 수 있었다. 1980년대 중반에 한 여대생이 인천에 소재한 140명 규모의 중소 전자 공장에 들어갔을 때, 그녀는 그 공장에서만 10여 명의 학생 출신 활동가들이 일하고 있다는 사실을 알게 되었다(Kim Seung-Kyung 1997, 135).

여성 활동가들은 공장 일을 얻기 위해 숙련 기술을 습득할 필요가 거의 없었다. 기술을 요구하는 직장이 많지 않았기 때문이다. 남성 활동가의 경우 다수는 3개월에서 1년 정도 직업학교의 교육을 통해 용접공, 밀링공, 선반공 같은 자격증을 땄다. 그래야만 일자리도 쉽게 찾고 높은 봉급도 받을 수 있었는데, 이 점은 평생 노동 현장에서 살고자 하던 활동가들에게 중요한 문제였다. 또 기술이 있으면 경찰의 추적을 피해 은신해 있는 동안에도 일자리를 얻기가 한결 쉬웠다(문화방송 2005a).

위장 취업자의 수가 늘어남에 따라, 이들이 느꼈던 고립감은 상대적으로 줄어들었으나, 자신의 사회적 정체성을 노동자로 전환하는 일은 아무리 헌신적인 활동가일지라도 대단한 용기와 결단을 요구했다. 81학번 이수봉은 고려대 졸업 후 6년 동안 공장에서 일했으며, 노조 대표자로서 몇 년 더 현장에서 활동했다. 처음 공장에 들어갈 당시의 결단은 아주 "어려운 혼자만의" 선택이었다. 고려대를 졸업한 후 진로를 결정하기 전까지 1년 동안 그는 도서관에서 변증법적 유물론과 역사적 유물론 관련 도서를 탐독했다. 그런 다음 인천에서 생각이 비슷한 동창생들을 모았고, 일자리를 알아봐 줄 경험 많은 학교 선배를 찾아갔다.[12]

1970년대와 80년대에 걸쳐 노동운동가들은 혹독한 국가 탄압에 직면했다. 1980년대 중반까지도 운동가로서 노조 결성을 주도하려면 사회적 비난은 말할 것도 없고 육체적 고문이나 오랜 수감 생활을 각오해야 할 정도였다.[13] 한 전직 노동운동가의 지적대로 운동가에게는 "문둥이처럼 사회적으로 배척당하는" 용공분자라는 낙인이 찍혔다(문화방송 2005a). 정부와 대중매체는 위장 취업 활동가를 용공분자, 선동가, 불순분자 등으로 묘사했다. 이들은 노동자의 복지나 국가에 진정으로 관심

---

12_이수봉 면담(2003/08/13).

13_한 전직 노동운동가는 면담 중에, 당시 노동운동가들은 죽음까지 기꺼이 받아들일 각오를 했어야만 했다고 말했다(문화방송 2005a).

을 갖기보다는 그저 문제를 일으키는 데에만 관심이 있다는 것이었다. 예를 들어, 1985년 구로동맹파업 당시 경영자 측은 구로 지역 노동자들로 하여금 텔레비전 특별 프로그램 〈그들은 누구인가? 위장 취업자, 불순분자!〉를 시청하도록 했다.[14] 일부 노동자는 구로동맹파업 주동 세력을 진정 "멋지다"라고 여겼고, 또 자신이 다니는 공장에서도 위장 취업자가 파업을 주도해 주기를 공공연히 바라기도 했지만, 일반 노동자 다수는 여전히 지식인 노동운동가에 대한 의혹을 떨치지 못했다.[15] 전민노련은 출범한 지 얼마 안 된 1981년에 무참히 와해되었다. 이태복을 포함한 조직원 25명은 악명 높은 남영동 대공분실에 몇 주 동안 불법 수감되었고, 스스로 용공분자라고 '자백'할 때까지 고문을 받았다. 이들 대부분은 장기형을 선고받았고, 주동자 이태복은 8년 가까이 감옥 생활을 했다.

많은 지식인은 공장생활을 오래 버티지 못했다. 공장 생활에 적응하는 것 그 자체가 이들에게는 커다란 도전이었다. 노동자로서 신뢰와 정당성을 확보하려면 무엇보다 작업장에서 필요로 하는 기술에 능숙해야 했는데 문제는 이런 기술을 익히는 속도가 느렸던 것이다.[16] 또한 그들은 곧잘 사고를 당했다.[17] 1986년부터 공장 일을 시작한 윤난실의

---

14_불순분자란 문자 그대로 '불순한 요소'를 의미하는데, 통상 북한 간첩이나 북한에 동조하는 남측 사람을 지칭했다. 또한 국가가 기존 사회질서를 파괴하는 요소라고 간주하는 모든 사람을 지칭했다.

15_학출 활동가에 대한 노동자의 반응을 더욱 자세하게 다룬 논의로는 기독교사회문제연구원 편(1986b, 93-94); Kim Seung-Kyung(1997, 139-143)을 참조할 것.

16_이수봉 면담(2003/08/13).

17_한 전직 노동운동가는, 학출 노동자들의 사고가 잦았던 이유는 일하는 도중에 옆 동료와 사

경우 공장에서 이루어지는 육체노동의 강도와 자신의 서툰 솜씨에 대한 관리자의 끊임없는 비난을 견디기 어려웠다고 회고했다. 공장에서 노동자를 조직하려는 애초의 계획은 얼마 안 가 시들해지고 급기야 1년 만에 공장 생활을 그만두고 나왔다(문화방송 2005a).

익숙지 못한 육체노동, 반복적인 작업의 지루함, 소외감을 갖게 하는 작업 환경, 가족의 압력, 경영자 측의 의심, 노동자와 사귀려는 조바심, 그리고 자신이 노동자들에게 별다른 영향을 미치지 못한다는 느낌으로 말미암아 지식인 출신 노동자들은 불과 수개월 만에 공장을 그만두곤 했다.[18] 대신에 지식인 출신 노동자 다수는 노동 관련 상담가, 공장 밖 스터디 모임 조직자, 야학 교사, 노동단체 간사 등으로 활동 방향을 바꾸었다. 노조가 없는 곳에 노조를 결성한다거나 파업을 주도해 성공적으로 마무리하는 것과 같이 개별 노동 현장에 구체적인 영향을 미칠 만큼 오랜 동안 공장에 남은 활동가는 드물었다.

## 대우자동차 파업 투쟁과 통일중공업노조

지식인들이 주도한 노동운동에서 가장 성공적인 사례이자 일반적인 노사 교섭의 견지에서도 성공 사례로 손꼽히는 사례가 1985년 대우자

---

귀거나 지하 서클을 만들 방도에 골똘했기 때문이라는 해석을 내놓기도 했다(윤영상 면담 2005/07/29).

18_스스로 "내향적인 사람"이라고 밝힌 이들은 노동자와의 대화에 참여해야 하지만 그럴 수 없다는 데서 엄청난 압박감을 느꼈다. 다소 소심한 성격의 한 여학생은 저임금 작업장 세 곳에서 재봉사로서 1년간 일을 한 후 그만두었다. Kim Seung-Kyung(1997, 136)을 참조할 것.

동차 파업이었다. 대우자동차노조는 어용노조로, 1976~85년까지 노조의 주도권을 한 사람이 쥐고 있었다(Ogle 1990, 109). 몇몇 노동자들이 회사의 공식 노조에서 탈퇴한 후, 점차 대안적이고, 민주적인 노조를 결성하고, 그 집행부를 스스로 선출했다. 노조 대표자 세 명 가운데 두 명이 지식인 출신 노동운동가였는데,[19] 이들은 단체교섭의 마지막 순간까지 협상을 성공적으로 이끌었다. 이들은 대우그룹의 회장을 교섭 테이블에 불러들였다. 이는 "재벌 소유 회사에서는 전례 없는 쾌거"였다. 특히 그동안 노동자들에게는 "좋은 기업"으로 알려졌고, "단체 협상이 통하지 않는" 회사로 알려진 대우였기에 그 결과가 더욱 빛났다(Ogle 1990, 109-111).

대우자동차 파업은 지식인 출신 노동운동가의 헌신과 탁월한 조직력을 보여 주는 사례였다. 운동가들은 먼저 공장 내 소모임을 조직했는데 이들 조직원이 후일 파업 과정에서 소식지를 만들거나 노조원 사이의 합의를 도출하는 등 가장 적극적인 활동을 펼쳤다. 그러나 대우자동차 파업 투쟁은 지식인들이 주도한 단체교섭 활동 가운데 몇몇 성공적인 사례의 하나일 뿐이다. 대부분은 성공적인 결과를 맺지 못했고, 혹 처음에는 성공을 거두었을지라도, 곧바로 공권력이나 경영자 측의 만만찮은 공세에 직면하곤 했다. 다음 사례에서 이런 경우를 볼 수 있다.

통일중공업은 금속 볼베어링 제조업체로서 창원 공단에서 세 번째로 큰 공장이었다. 생산직 종업원만 해도 2천8백 명이나 되었다. 1985

---

**19_**송경평은 서울대 졸업생이었고, 홍영표는 학생운동 관련 연세대 제적생이었다(Asia Watch 1985, 250-260).

년 회사 내 어용노조가 몇 년간이나 임금인상에 실패하자 노동자들은 기존 노조와는 별도로 비상대책위원회를 구성해 임금 교섭을 하기로 결정했다. 비상대책위원회 대표로는 서울대 출신 노동자 문성현을 선출했다. 그러자 회사는 즉각 문성현에게 "임금 상승보다는 파업을 선동하려고 회사에 침투한" 북한 간첩이라는 낙인을 찍었다(한국기독교사회문제연구원 편 1986a, 152). 문성현은 자신이 대졸자임을 노조원들에게 공개적으로 밝혔으며 이에 노조원들은 긍정적인 반응을 보였다. "대졸자라고 해서 관리직에만 있어야 한다는 계약 조항은 어디에도 없다. 우리 역시 대졸자 노조원이 필요하다"(한국기독교사회문제연구원 편 1986a, 154).[20]

이에 맞서 회사 측은 새로운 임금인상 협약을 맺은 후에도 이런저런 이유를 들어 계속 노동자들과 문성현을 괴롭혔다. 노동자들은 기존의 어용 노조 대표에 대해 불신임 투표를 거쳐 물러나게 했고 대신 새노조 집행부에 문성현을 선출했다. 그리고 두 달 후, 문성현은 국가보안법 위반 혐의로 체포되었다. 나머지 집행부 간부들 역시 수사 기관에 끌려가 구타당했고 결국 해고되거나 다른 현장으로 자리를 옮겼으며, 일반 노조원들은 무료 반공 영화를 강제로 관람해야만 했다. 이리하여 통일중공업노조 투쟁 사례는 처음에는 회사 내 어용노조를 민주노조로 탈바꿈하는 데 성공적이었지만, 궁극적으로는 기존의 어용노조가 다시 복귀하는 것으로 끝나고 말았다(한국기독교사회문제연구원 편 1986a,

---

**20**_문성현은 1980년대 노동 현장에서 노동자와 학생 출신 노동운동가 사이에 널리 존경받았다. 그는 1999년에 전국금속노동조합연맹의 위원장직을 맡기도 했는데 대졸 출신으로 그 자리에 오른 첫 사례이기도 했다(안철홍 1999).

161-162).

통일중공업노조의 사례가 보여 주듯이, 학생 출신 운동가들은 공권력과 사측의 대대적인 탄압에 직면해야 했으며, 노사 교섭의 초기 승리는 오히려 더 강도 높은 탄압의 전초전이 되기도 했다.[21] 그럼으로 학생 출신 활동가가 공장에 취업함으로써 노동자나 사회 전반에 가져온 변화는 그들이 해당 사업장에서 가져온 현실적이거나 가시적인 변화에서 비롯된 것이 아니었다. 그보다는 이들이 자신들의 중산층 진로를 기꺼이 포기하고 노동자의 삶을 살겠다고 나선 점 ─ 즉 이들의 도덕적 특권 담론 ─ 이 노동자의 삶에 대한 더 많은 사회적 관심을 불러일으켰고, 그럼으로써 노동자에 관한 공공 논쟁의 조건과 전제를 변경시켰던 것이다. 위장 취업자(즉 범법자)로서 온갖 부담을 기꺼이 떠맡고자 했던 그들의 의지는, 한 평자가 지적했듯이 노동자에게 '사회적 자원을 전환시키는' 기능을 했다.[22] 두 명의 학출 노동자가 이끈 대우자동차의 성공적인 파업을 보고 한 노동자가 너무 감명을 받아서 스스로 노동자 조직 활동에 적극 참여하기도 했다(서울노동운동연합, 106). 노동자들은 자기 공장에도 '위장 취업자'가 들어와 파업을 이끌거나, 노동자 스스로 할 수 없다고 생각한 그 어떤 활동을 해주기를 원하기조차 했다. 노동운동 관련자 재판에서 피고들의 법정 진술은 외부로 몰래 반출·복사되어 널리 읽혔으며, 노동운동에 대한 더 많은 공적 논의를 생성하고 그

---

21_통일중공업노조의 경우와 비슷한 다른 사례에 대해서는 한국기독교사회문제연구원 편(1986b, 115-121); 한국기독교사회문제연구원 편(1986a, 127-147)을 참조할 것.

22_임재경 면담(1993/05/11).

논의의 방향을 형성했다.[23]

일군의 전도유망한 청년이 노동계급의 대의를 위해 대거 자신의 사회적 지위와 미래를 포기한 것은 하나의 장관壯觀, spectacle을 이루었고, 그것은 당시 한국에서 급속히 부상하던 중산층의 꿈, 기대, 야망을 정면으로 거스르는 것이었다. 이런 맥락에서, 특히 6장에서 소개한 권인숙의 경우는 이들 중산층에게 최악의 악몽이 현실화된 경우였는데, 상당수의 중산층 가정에는 저마다 공장이나 감옥에 있는 아들딸이 있었기 때문이다. 자신의 자녀가 권인숙과 같은 곤경에 처할 수도 있다는 사실, 그리고 중산층 스스로 가지고 있던 군사정권 종식에 대한 바램은, 1987년 6월 항쟁 당시 이들로부터 제한적이나마 결정적인 지원을 이끌어 내는 데 일조했고, 이는 궁극적으로 한국 사회에 의회 민주주의의 성립을 가져왔다.[24]


## 1987년 노동자 대투쟁

정치 개혁보다는 노동자 조직화가 사회변혁에 핵심적이라는 운동권의 지속적인 주장과 이를 위해 이들이 노동 현장에서 헌신적으로 노력했

---

**23_** 한 가지 예를 들면, 서노련 사건 관련자들의 법정진술을 기록한 등사물 "서노련의 법정 투쟁 기록"은 노동자들 사이에 널리 유포되었다.

**24_** 여성, 시민, 종교 단체가 가세한 시민사회 진영은 권인숙 사건 재판과 그 이후의 재정신청 과정을 지원하기 위해 총집결했다. 이들 그룹은 '성고문공동대책위'를 구성해, 소식지와 성명서를 통해 사건의 전말을 공론화했으며 마침내 재판에서 승리를 이끌어 내는 데 일조했다(권인숙 1987, 567-581). 1987년 6월 항쟁 과정 중에 중산층의 대대적인 참여에 대한 상세한 논의로는 Kim Sun-hyuk(2004, 80-95)을 참조할 것.

음에도 불구하고, 노동자 대중이 스스로 일어설 수 있도록 했던 것은, 부분적으로, 1987년 6월 항쟁을 통해 운동권이 성공적으로 이루어 낸 정치 개혁 덕분이었다. 1987년 6월 한국 사회는 장장 한 달여 기간에 걸친 대규모 시위를 목격했다. 사회 각계각층의 사람들이 시위에 참여했고, 집권당은 6월 29일 마침내 개헌을 약속했다. 6·29선언과 그에 잇따른 12월 대통령 선거는 한국의 의회 민주주의로의 전환에 분수령이 되었다. 1987년 초부터 이어진 일련의 사건이 이런 대규모 시위를 촉발했다. 1월에는 서울대 3학년생이 수사 기관의 고문 과정에서 사망했으며, 2월에는 새로 구성된 야당이 국회의원 선거에서 선전했는데, 새로 구성된 야당은 즉각적인 민주화와 헌법 개정을 요구했다. 4월 13일에는 올림픽이 끝날 때까지 개헌 논의를 유보하고 동시에 현행 헌법대로 대통령 간접 선출 기구인 대통령 선거인단을 통해 후임 대통령을 선출하겠다(이른바 4·13호헌 조치)는 전두환 대통령의 특별 담화 내용이 발표되었다. 이런 사태에 맞서 재야 운동권과 제1야당은 '4·13호헌 조치'에 반대하는 민주헌법쟁취국민운동본부를 결성했으며, 6월 10일 시청 앞에서 시민 궐기 대회를 개최했다. 그리하여 6월 10~29일까지 수십만 명에 달하는 시민이 대통령 직선제로의 개헌과 전두환의 대통령의 사임을 요구하며 연일 전국을 뒤흔들었다. 집권 여당의 정치 개혁 약속은 6월 29일, 전두환 대통령의 후계자로 지목되어 있던 당시 여당 대표 노태우에 의해 발표되었다. 정치 개혁안에는 대통령 직선제를 포함한 헌법 개정, 김대중을 비롯한 재야인사에 대한 사면, 시민권과 자유를 보장하는 법 개정 등이 포함되었다.

6·29선언 직후 수천 명의 노동자들이 노동 단결권, 임금인상, 인간적이며 정당한 대우를 요구하며 대대적인 시위를 벌였다. 노동자들의

수많은 파업, 농성, 시위가 사실상 전국적으로 매일 이어졌다. 이는 1945년 이래 최대의 노동자 투쟁이었다(Koo Hagen 2001, 153-217). 앞서의 정치 개혁 선언에 거의 모든 국민이 환호했지만, 막상 노동자의 권리나 노동조건 개선에 대해서는 별다른 언급이 없었다. 그럼에도 정치 개혁 약속을 둘러싸고 일어난 정치 환경의 변화는 노동자들이 자신들의 억눌린 불만을 표출하는 것을 가능하게 했다. 한국의 노동운동사에서 "노동자 대투쟁"이라 불리는 이 투쟁 시기를 통해 한국의 노동자들은 네 개의 신흥공업국(한국, 타이완, 싱가포르, 홍콩) 가운데 가장 전투적이고 성공적인 노동운동을 이끌었다. 노동자 대투쟁 이후 1987년 노동자 임금 상승률은 두 자리 숫자를 기록했고, 1988년에는 2천 개의 신규 노조가 결성되었다(Ogle 1990, 121-169).

1987년 노동자 대투쟁에 대한 대부분의 연구 문헌이나 논평을 보면 노동자 대투쟁은 순전히 자연발생적이었기에 운동권은 거의 아무런 역할을 하지 않았다고 한다(Koo Hagen 2001, 162-163).[25] 당시만 해도 이미 많은 노동운동 활동가들이 현장을 떠난 상태였고, 남아 있는 이들은 주로 경기·인천 지역에 집중해 있었기에 가장 격렬한 시위가 벌어졌던 울산·마산·창원·거제 지역과는 떨어져 있었다. 노동자들의 투쟁은 들불처럼 번져 갔고, 어느 특정 단체가 뚜렷하게 정해진 목표나

---

**25**_그러나 이 대목에서 구해근은 하나의 단서를 붙인다. 그는 노동자 대투쟁이 분명 자연발생적이었으나 일부 노동자들 가운데 노조 결성을 위한 사전 노력이 있었다고 주장한다. "1987년 노동자 대투쟁이 자연발생적이었다는 것은 대다수 분규가 의도적인 계획, 사전 준비, 조직적 지도 없이 일어났다는 차원에서만 그 의미가 성립되며, 집단적 저항을 조직하려는 사전 노력 없이 노동자들이, 전적으로 충동적이고 비합리적으로, 벌어진 상황에만 반응했다는 것을 의미하는 것은 아니다"(Koo Hagen 2001, 163).

방향을 가지고 조직하거나 조율할 수 있었던 것이 아니었다. 운동권은 다른 일반 시민들과 마찬가지로 자신들의 눈앞에 펼쳐진 광경을 다소 혼란스런 감정과 함께, 경우에 따라선 의심에 찬 눈초리로 바라만 볼 수밖에 없었다. 일부 운동권 활동가들이 개별 사업장 투쟁을 어떤 식으로든 지역 차원으로 묶어 보려는 시도를 한 경우도 있으나 노동자들은 이를 거절했다.[26]

그럼에도 불구하고, 1987년 노동자 대투쟁은 운동권 지식인이 중요한 역할을 한 1980년대의 지속적이고 거센 노동 담론의 맥락을 떠나서는 충분히 조망할 수 없다. 필자가 이제까지 보여 주었듯이, 1980년대 전반에 걸쳐 수천 명의 운동권 활동가들이 공장에 들어가서 노동자를 대상으로 지하 스터디 모임이나 소모임을 조직했다. 운동권 활동가들이 1987년 대투쟁에 직접 관여하지는 않았을지라도, 적어도 일부 노동자들이 1987년 노동자 대투쟁 이전에 만들어진 지하 모임이나 다른 연계망을 통해 느슨하게든 아니든 운동권과 연결되어 있었음을 쉽게 상상할 수 있다(Koo Hagen 2001, 163, n. 7). 그뿐만 아니라, 공장을 떠난 이전의 현장 활동가들은 노동자 대투쟁 기간에 지하철 입구, 거리, 공장 지역 등에서 전단을 배포하는 등 적극적인 역할을 수행했다. 이들은 대규모 현장 파업 노동자들에게 실무 지원을 했다.[27] 이들 중 일부는 이후, 1987년 노동자 대투쟁 이후 결성된 전국민주노동조합총연맹(약칭 민주노총)과 같은 노동 기구의 간사가 되었다.

---

26_정창윤 면담(2003/08/18).

27_이수봉 면담(2003/08/13).

## 4. 재현과 역사적 책임성

1980년대 말 의회 민주주의로의 이행은 많은 사람들이 오랫동안 갈망해 온 정치 개혁을 가져왔지만, 이 민주화 과정은 또한 세계화와 신자유주의 노동정책을 수반했다는 사실은 꼭 짚고 넘어가야 할 매우 중요한 문제다.[28] 이후 노동 부문은 그간 어렵게 성취한 권리를 지탱하는 데 어려움을 겪었고, 다양한 도전에 직면했다.[29] 의회 민주주의로의 이행은 또한 사회운동 전반의 패러다임 변화를 수반했다. 이를테면 한국의 사회운동에서 뚜렷한 존재론적 지위를 누렸던 1980년대의 민중해방 서사는 더는 유지될 수 없었다. 대신 1987년 이후의 새로운 사회운동은 '시민' 담론에 초점이 맞춰졌다. 요컨대 "권리를 갖고 권리를 주장하는 시민으로서, 이해관계에 기반을 둔" 사안에 주안점을 두었다(Lee Namhee 2004b, 156).

이런 변화 속에서 지식인은 노동자를 대변해야 한다는 의무감에서 벗어났고, 한국의 사회운동에서 민중이 누렸던 특권적 지위는 그 효력을 잃었다. 1990년대 이후, 노동자를 혁명의 길로 이끌 목적으로 신분을 위장하는 운동권의 모습을 찾아보기란 대단히 어렵게 되었다. 대부분의 지식인 출신 노동자는 노-학 연대를 떠나 원래의 비#노동자 신분으로 되돌아갈 수 있었지만, 대다수 노동자에게는 이런 선택의 여지가

---

**28**_강내희 교수는 한국에서 신자유주의 정책은 이미 1980년 초부터 진행되었다고 주장한다 (Kang Nae Hui, "Neoliberalism and the Vacillation of Culture in South Korea").

**29**_1990년대 이후 노동운동의 흐름에 대한 상세한 논의로는 Koo Hagen(2001, 189-217)을 참조할 것.

없었다.

1987년 이후 이렇게 변화한 한국의 사회역사적 풍경은 1980년대 노동운동에 참여했던 지식인의 역사적 역할을 무조건 긍정적으로 평가하는 것을 어렵게 한다. 물론 1987년 이후 노동운동이 직면한 도전은 ― 예를 들어 신자유주의 정책과 세계화 현상처럼 ― 대부분은 운동권이 영향을 미칠 수 없는 영역에서 일어난 구조적 문제였지만, 다른 일부는 운동권이 노동운동에 남긴 여파와도 관련이 있다. 이미 논의했듯이 1980년대의 사회운동 진영은 '민족주의'(NL) 그룹과 '사회주의'(PD) 그룹 사이의 숱한 이데올로기 투쟁으로 점철되었다. 문성현에 따르면 이들 두 이념적 성향은 1990년대 민주노조 운동 진영 내부에서, 특히 민주노총 내에서 여전히 의사 결정과 토론 과정의 내용 및 방향을 결정했다. 전체 노동자의 일반적 복지가 중요시되기보다는, 개별 의결권자의 이념 노선이나 종파적 성향에 따라 의사 결정이 종종 만들어졌다. 일례로 현대자동차노조는 오랜 파업을 거쳐 힘겹게 결성되었음에도, 노조 분파 간의 헤게모니 투쟁으로 인해 와해되었다. 문성현은, 자신이 위원장을 맡은바 있는 전국금속노동조합연맹은 2003년 현재, 세 개 조직이 세력을 경합하고 있다고 했다.[30]

물론 이데올로기 투쟁은 소수의 노동운동 조직에 국한되어 있었고, 전체 한국 노동운동의 핵심 사안은 아니었다. 하지만 운동권 대부분이 노동 현장을 떠난 후 많은 세월이 흘렀음에도, 한국의 노동운동은 여전히 1980년대 지식인-노동자 연대가 남긴 물질적·담론적 영향에서 자

---

**30**_문성현 면담(2003/08/19).

유롭지 못하다. 이는 서두에서 논의했던 알코프의 역사적 책임성의 문제를 상기시킨다. 지식인이 '비켜서기'move over로 한 결정, 즉 비민중 범주의 사회적 신분인 자신들의 예전 신분으로 되돌아오기로 한 결정은, 어떤 이유에서 그런 결정을 내렸든 한국 사회에서 그들이 가지고 있는 특권적 지위 때문에 가능했다는 점은 부인할 수 없다. 위 문성현의 말을 바꿔 말하면, 운동권은 오래전 후퇴했고, 사회정치적 구조와 지적 패러다임은 변화했으나, 노동 현장에서는 여전히 운동권이 구사한 언어가 메아리치고 있다는 것이다.

# 8

# 종속된 주체

## __노동문학 속의 지식인과 노동자

이 장은 노동문학에 나타난 지식인과 노동자의 모습을 탐구한다. 노동
문학이란 1980년대 말과 90년대 초에 출간된 단편과 장편을 망라하는
데 '계급문학', '노동소설'이라고도 알려졌다.[1] 노동문학의 저자들은 대
개 운동권 출신의 지식인 노동자들로서[2] 작품 내용 역시 주로 저자의

---

1_ 따라서 이 장에서의 '노동소설'이라는 용어는 이처럼 다른 용어들로도 대체될 수 있다.

2_ 일부 저자들의 신분은 처음에 신원 미상이었고, 노동소설 작가라고 모두가 지식인 출신 노동운
동가는 아니었지만, 노동소설 작가로서 본격적인 인정을 받은 이들의 상당수는 실제로 지식인
출신 노동운동가인 것으로 드러났다. 예를 들면, 1993년 계간 『창작과 비평』에서 마련한 특집
좌담에서 비평가들이 주목한 노동소설 작가 다섯 명 중 네 명이 지식인 출신 노동운동가였다.

공장 활동 경험과 긴박한 사회정치 상황을 다루고 있다. 노동문학은 소재의 선택과 서술 구조의 양 측면에서 리얼리즘 문학관을 따르고 있는데, 노동문학 작가들은 자신들의 문학 활동을 노동운동의 연장으로 여기고, 노동문학에서 혁명 도구로서의 잠재력을 보았다.

필자는 문학적 표상과 관련된 복잡성, 그리고 리얼리즘 소설이 "현실과의 특권적 관계"(Anderson 1990, 7; Liu 1995, 110에서 재인용)를 주장하며 문학적 권위를 획득하고자 한다는 점을 인지하고 있는 바다. 그럼에도 필자가 노동소설에 흥미를 갖는 이유는, 현실과의 특권적 관계를 주장하는 바로 그 점 때문이다. 많은 노동소설은 공공연히 자전적인 이야기를 다루면서 지식인-노동자 연대의 내적 동학에 대해 보기 드문 시선을 제공한다. 즉 이 연대 관계에 놓인 개개인의 꿈과 희망, 좌절과 실패를 보여 준다(김명인 1989, 173). 이들 소설이 각별히 소중한 이유는, 민중운동과 관련해 얼마 남아 있지 않은 자료들은 전적으로 노-학 연대 배후에 놓인 역사적·사회정치적 요인에만 초점을 맞출 뿐, 노동자와 지식인 사이에 놓여 있는 다면적이고 복잡한 관계의 미궁에 대해서는 좀처럼 건드리지 않고 있기 때문이다.

필자는 대부분 지식인 출신 노동운동가들이 펴낸 문학작품 중 문단에서 어느 정도 평판을 얻은 작품을 개괄적으로 검토했다. 노동소설 작가는 자신의 문학작품은 현실을 여과 없이 반영한 것이라고 역설한다. 하지만 필자는 이들 노동소설이 어떻게 호명interpellation 기능을 수행했는지 보여 줄 것이다. 즉 이들 문학작품들은 1980년대 혁명운동의 대

---

염무웅 외(1993)를 참조할 것.

규모 분출 후에도 여전히 구체적으로 형상화되지 않았던 노동자계급의 주체성을 살아 있는 인물의 모습으로 불러냈다. 이와 동시에 지식인 출신 작가에게 노동소설 글쓰기란 자기 정체성을 다시 한 번 명료히 표현하는 과정이기도 했다. 즉 이를 통해 노-학 연대 과정에서 그들이 겪었던 불명확하고 문제적인 경험은 역사적으로 유의미한 것으로 다시 기록되었고, 자신들의 개별적 정체성은 집단적 정체성으로 통합될 수 있었다.


# 1. 1980년대 노동문학의 출현

한국에서 노동소설의 역사는 한국 사회의 역사적 변천과 궤를 같이하며, 노동소설의 창작과 수용 양상은 문학계 일반과 문화 구조에 의해 규정되어 왔다. 먼저 한국 노동소설 역사를 간단히 살펴보면, 식민지 시기에 노동소설은 대중적 인기를 누렸으며 한동안 지배적인 장르이기도 했으나, 1930년대 말 전시 체제의 검열 강화로 인해 기억의 저편으로 사라지고 말았다. 이기영과 한설야 등과 같은 작가들은 프롤레타리아문학과 다양한 서사 구조를 지닌 실험적 작품으로 유명했다. 1925년 조선프롤레타리아예술가동맹KAPF(약칭 카프)의 결성과 더불어 사회주의 리얼리즘의 영향력이 커지면서, 프롤레타리아 작가들은 ─ 노동자 출신의 프롤레타리아 작가는 극소수였는데, 이들을 이렇게 부른 이유는 이들 작품 소재의 성향 때문이었다 ─ 1925~38년 사이에 수백 편에 달하는 문학작품을 펴냈다(안승현 편 1995, 489-501). 1945년 이후 노동운동의 붕괴와 반공주의의 부상으로, 프롤레타리아문학은 흔적도 없이 사라지게 되었다(구모룡 외 1989, 15).

노동문학은 1970년대 말에 다시 출현하는데, 그 서술 형식은 대부분 회고록이나 '르포르타주'였다. 작가들은 대부분 1970년대 노동운동에 참여한 자신들의 경험을 역사적 사건들에 비추어 이야기로 엮어 갔다(김명인 1989, 179).[3] 1980년대 초 몇몇 여성 노동자들이 자서전을 펴냈다. 이 작품들은 가난한 농촌 집안의 딸에서 노조 활동가로 성장하기까지의 감동적인 이야기와 사회 현실에 대한 날카로운 비평을 동시에 담고 있다(Barraclough 2004).

그러나 노동문학이 문학 비평가들 사이에서 진지하게 다루어지기 시작한 것은 1980년대 말에 이르러서인데, 1987년 발표된 정화진의 단편 「쇳물처럼」이 그 계기가 되었다. 「쇳물처럼」은 발표되자마자 비평가들의 주목을 끌었고, 비평가들은 이 소설을 두고 노동문학이 문학 현장에서 정당하고 유의미한 장르로 자리매김하게 되었다고 높이 평가했다. 작가 자신의 선반공 체험에 바탕을 둔 이 작품은 어느 주물공장에서 파업을 시도하는 대여섯 명의 남성 노동자들의 행적을 추적하고 있다. 소설은 노동자들이 각자 개별적으로 겪는 내면의 갈등과 동시에 이들이 회사 측과 겪는 갈등을 세밀하게 그리고 있다. 문학평론가 김명인은 「쇳물처럼」이 "노동자의 손으로 노동계급의 운명과 역사적 진로를 객관적으로 그린 최초의 산문 픽션에 속한다"라고 격찬했다. 그는 또 이 작품이 식민지 시기 노동문학에 새겨진 '감성주의와 패배주의'

---

3_이들 작가들에 대한 비평가들의 대담으로는 최원식 외(1988)를 참조할 것.

를 극복했다고 평가했다(김명인 1989, 179). 또 다른 평론가 역시 「쇳물처럼」에 갈채를 보내면서 '노동자 전문 작가'의 출현을 예고하는 동시에 프롤레타리아문학 장르의 범위를 넓혔다고 평했다(최원식 외 1988, 50). 또한 「쇳물처럼」은 남성 노동자의 삶과 투쟁을 다루고 있다는 점에서, 이전 노동문학과는 다른, 새로운 노동문학의 출발을 알리는 신호탄이라는 평가를 받았다. 평론가들의 눈에 「쇳물처럼」에 등장하는 남성 노동자 주인공들은, 1970년대 노동문학의 주인공이었던 여성 노동자들에 비해 노동자로서의 신분이 더 확고해 보였는데, 이들은 여성의 노동자 신분은 "일시적"이라고 생각했기 때문이다(김명인 1989, 179). 이와 같은 이유에서 「쇳물처럼」은 김명인과 같은 평론가에게 노동문학의 "대표적 전형"이 되었다(김명인 1989, 190; 김재용 1996, 397).[4]

대부분 남성이었던 당시의 문학평론가들은 여성 노동자 출신의 작품을 '감성적이고 패배주의적'이라고 평했으며, 여성 노동자를 '일시적' 노동계급으로 보았다.[5] 이 장의 초점은 이들 평론가들의 젠더 이데올로기와 계급 이데올로기를 검토하는 데 있지 않다. 그러나 이들 비평가들의 반응이 대부분 — 루스 배러클러프의 적절한 표현대로[6] — "'노동자 계급 형제단'으로부터 여성 노동자를 지워 버린" 한국의 문학과 문화

---

4_ 「쇳물처럼」은 노동자들 사이에서도 큰 반향을 일으켰다. 1987년에 출판되기 전부터 이미 수고(手稿) 형태의 초고가 경인 지역 노동자들 사이에 퍼져 나갔다. 노동자들은 이 작품에 각자의 경험을 첨부해 연극이나 만화 등으로 자유롭게 각색하기도 했다.

5_ 이런 쟁점에 대한 간략한 논의로는 6장 각주 28(357쪽)을 참조할 것.

6_ 필자는 이 장을 준비하는 과정에서 배러클러프에게 큰 신세를 졌다. 그녀는 이 장의 초고에 대해 예리하고 값진 논평을 주었으며, 이 주제에 대한 자신의 생각을 아낌없이 공유해 주었다. 이 문단에서 출전 표시 없는 모든 인용문은 배러클러프의 것이다.

구조에 그 뿌리를 두고 있다는 점은 각별히 지적할 필요가 있다. 배러클러프는 노동운동권과 일반 사회 내에서 공히 존재하는 노동계급으로서의 여성 노동자의 비非가시성이 문학 세계에서 여성 노동자의 비가시성과 어떻게 맞물려 있는지 보여 주고 있다(Barraclough 2004). 배러클러프는 또 문학이 "전통적으로 교양 있는 자와 중산층"의 영역이었다는 것과, 한국의 비평가들이 여성 노동자의 글쓰기를 진지하게 다루지 않았다고 지적하면서, 그 이유는 "노동계급 여성들의 자서전은 전통적으로 문학에서나 사회에서 인정받지 못하고 있었"기 때문이라고 한다. 그녀는 또한 "노동문학이 주목과 갈채를 받게 된 것은 [기존] 문학계의 어법을 터득하고 나서야였다"고 주장한다.

「쇳물처럼」의 등장 이후로 일련의 노동소설이 출현했고, 작가들과 비평가들 사이에서 노동문학의 역할을 둘러싼 열띤 토론이 집중적으로 이루어졌다. 몇몇 비평가는 노동소설의 본격적인 등장과 대중적 인기는 노동계급의 선진적인 의식과 민중운동 전반의 성장 및 성숙을 반영한 것이라고 보았다. 이와 같은 상황에 부응해, 이들 비평가들은 노동소설의 과업은 현실에 대한 충실한 반영뿐만 아니라, 사회변혁에 대한 전망을 제시하고 예견하는 것이라고 주장했다(윤지관 1990, 307).[7] 이에 따라, 작가들은 노동자를 사회변혁의 주체로 부각하고, 투쟁 속에서 싹트는 노동자들의 계급의식, 즉 '싸움의 미학'을 온전히 펼쳐 보이며, 사회에 대한 '총체적인 전망', 혁명적 낙관주의를 표출해야 했다(구모룡

---

7_노동소설의 과업에 대한 이런 입장은 마스턴 앤더슨의 다음 진술과 비교해도 흥미로울 것이다. "근대 중국 문학은 시대의 혼란을 단지 비추는 일 이상의 작업을 수행했는데 그 문학은 처음 출현할 당시부터 역사에 대한 막대한 책임감을 짊어지고 있었기 때문이다"(Anderson 1990, 3).

외 1989, 16, 53). 비평가들은 작가들에게 '대표적 전형'을 창조할 것을 촉구했다. 요컨대 대표적 전형을 보여 주는 인물과 상황의 창조는 "작가의 주관적 선택과 당대 현실의 객관적 필요가 일치"될 때 가능하다는 것이며, 따라서 작가의 주관적 선택의 객관성은 "당대 현실의 객관적 필요를 정확히 읽어 내는가에 의해 보증되는 것"이었다(김명인 1989, 173).

이와 같은 대표적 전형에 대한 요구는 1980년대 한국에서만 특유했던 건 아니었다. 프리드리히 엥겔스는 "리얼리즘이란 세부의 진실성 이외에도 전형적 상황에서 전형적 인물의 진실한 재현을 의미한다"(김재용 1996, 194-210에서 재인용)라고 제안한 바 있다. 또한 루시앙 골드만은 문학이란 삶의 '총체적' 조건을 다루는 것이라고 했다(Goldmann 1964, 35). 중국의 대작가 루쉰은 리얼리즘에 대해 "주로 타자들에 대한 글쓰기"라고 정의했다(Anderson 1990, 26에서 재인용). 리얼리즘이 전통적으로 작가들에게 호소력을 가진 이유는, 부분적으로나마 리얼리즘이 사회 속의 '타자들', 즉 역사적으로 간과되었거나 핍박받는 이들을 주목하기 때문이다. 그 배경이 1920~30년대 중국이든 1980년대 한국이든 리얼리즘 작가들은 이들 소외된 집단을 본격 문학에 끌어들임으로써 "사회적 관계를 근본적으로 재규정하고자" 했던 것이다. 식민지 시기 한국의 리얼리즘 작품에서는 농민이 주로 주인공으로 등장했는데, 이때 농민은 "완전무결하고, 식민주의가 피식민자에게 가하는 최악의 심리적 상처를 선천적으로 비켜 가는 건강한" 존재로 그려지곤 했다 (Nelson 1980, 56). 1980년대 노동소설에 나타난 주인공들 역시 이와 마찬가지로 그려졌다.

## 2. 노동문학과 혁명

노동소설을 다루는 대부분 작가와 평론가는 자신의 문학 활동을 노동운동의 연속으로 보았다. 이들 작가 다수는 공장에서 일하면서 작품을 썼다. 「쇳물처럼」의 작가 정화진은 대학 1학년 때부터 야학 활동을 통해 노동운동에 투신했다. 원래 작가가 되려 했던 그는 "노동자들의 피폐해질 대로 피폐해진 모습"을 일상적으로 대하면서 그 포부를 접고, 노동운동가가 되는 길로 들어섰다. 그는 인천에서 선반공으로 일하던 중 부상을 당해 잠시 쉴 수밖에 없었는데, 그때 처음 쓰기 시작한 작품이 단편 「쇳물처럼」이었다. 서독의 '학생운동 문학'의 작가들과 아주 비슷하게도 정화진은 문학이란 "모든 민중의 해방을 위한 무기" 역할을 해야 한다고 믿었다(정화진 1990, 64-65).[8]

방현석은 몇 편의 단편을 통해 평단의 호평을 받은 작가다. 그 역시 소설을 쓸 당시 학출 노동운동가였다. "나는 이들 단편을 쓰는 동안 여러 번 울었다. 그간 내가 만났던 사람들, 그리고 그들과 함께했던 기억이 떠올랐던 것이다." 그에게 있어 글쓰기의 문학적 가치란 "가혹한 경제적 수탈과 정치적인 억압 속에서도 내일에 대한 희망을 결코 잃은 적이 없는 이들의 무한한 창조력과 빛나는 지향을 얼마나 옳게 그렸는가"에 달려 있었다(방현석 1991b, 296).

『파업』의 작가 안재성 또한 학출 노동운동가였다. 그는 1980년에 강원대에서 제적된 후 1984~86년까지 3년 동안 구로공단에서 일했다.

---

8_서독의 '학생운동 문학'에 대해서는 무엇보다 Adelson(1984)의 논의를 참조할 것.

『파업』의 무대는 공장이었고, 작품의 주제와 사건, 등장인물은 작가 자신의 경험에 기초한 것이었다. 공단 시절의 지하 스터디 모임, 노동자 정치교육, 해고 노동자의 복직 투쟁, 노조 결성, 임금 투쟁, 동료 노동자의 분신자살, 수감 생활, 구사대[9]와 경찰의 폭력행위 등이 그런 사례들이다. 실로 이 소설은 "1980년대 노동운동의 모든 측면을 아우르는" 작품으로 선전되었다.

문학평론가들 또한 작가로서의 저자들의 사회적 책임 의식을 공유했다. 신인 작가를 평가할 때 해당 작가의 작품보다는 혁명적 이상이나 헌신성을 기준으로 평가하는 것은 드문 일이 아니었다. 민중 지향적 작품으로 유명한 윤정모는 한 작가의 '시각과 이상', 그리고 민중해방과 통일운동에 대한 헌신을 높이 평가했다(윤정모 1990, 308). 문학평론가 김명인에 따르면 노동소설의 생산은 전체 운동과의 관련 속에서 분업화라는 관점에서 접근해야 했다. 노동소설을 쓰는 것은 곧 작가가 운동성을 지속시키고 노동운동의 과업을 수행하는 하나의 방법이었으며, 특히 학출 지식인의 경우 노동 현장에서 해고되었을 때 "지식인이나 소시민화되지 않고" 노동자로서의 정체성을 유지할 수 있는 방법이었다. 김명인에 따르면, 노동소설 글쓰기를 이 같은 분업화로 바라보는 시각이 당시 운동권 내에서 확산되고 추세이며, 그 자신 역시 마땅히 그렇게 되어야만 한다고 생각했다(최원식 외 1988, 50).

이상에서 살펴본 노동문학 작가와 비평가들의 생각을 감안할 때,

---

9_문자 그대로 '회사를 구한다'는 뜻으로, 당시 공장 경영진은 구사대라는 명목으로 폭력배를 동원하곤 했다. 이들은 노조 결성을 비롯해 회사에 거스르는 활동에 참여한 노동자들을 위협하거나 폭행하기도 했다.

노동소설은 '이데올로기적'이고 문학적으로 '근본적인 뭔가'를 결여하고 있다는 혹평이 아주 근거가 없거나 역사적 선례가 없는 것도 아니다. 식민지 시기 프롤레타리아문학가 박영희가 카프에서 탈퇴한 후 한 말은 유명하다. "얻은 것은 이데올로기요 잃은 것은 예술이다"(Choi Won-shik 1995, 24에서 재인용). 문학의 기능이 무엇인가를 두고 노동소설가들의 세계관은 '좀 더 세련된' 동시대 주류 작가 및 비평가의 세계관과 많이 달랐는데, 이는 1930년대 식민지 시기에 "문학적 볼셰비키"가 스스로 "순수 문학자들"과 거리를 둔 것과 그 양상이 크게 다르지 않다(Chung Jin-bae 1995, 55-58).

1980년대 말과 90년대 초에 생산된 노동소설에서는 '사회주의 리얼리즘' 문학에서처럼 예술과 삶의 경계가 무너졌다. 사회주의 리얼리즘에서 예술과 문학은 단지 사회 비판에 머물러서는 안됐다. 대중에게 모범이 되는 이상적 행동을 교훈적으로 재현해야 했다. 문학은 "있는 그대로"의 현실이 아니라, 사회주의사회에서의 이상적인 삶을 재현해야만 했다(Anagnost 1997, 54). 이와 마찬가지로 노동소설에 등장하는 인물들은 작가가 독자에게 전하려 하는 '교훈이 담긴 그릇' 구실을 했다. 1980년대 말의 민중운동에서 그러했듯이, '선험적 개념의 틀'이 이들 작품을 지배하고 있었고, 작가의 과업은 때때로 오로지 이 틀에 정치적 내용을 채워 넣는 것처럼 비쳤다.

이들 작가 다수는, 『파업』의 경우처럼, 실증할 수 있는 역사적 맥락 속에 이야기를 위치시키고, 구체적인 동시대 상황과 사건을 소설 속에 등장시켰다.[10] 이 작품들은 역사적 사건이나 인물을 작품 줄거리 혹은 등장인물과 병렬로 배치하고, 당시 운동권 내부에 유포되었던 문건을 자주 인용하는 등 흡사 한 편의 다큐멘터리를 보는 것과 비슷한 효과를 유발했다. 예로, 차주옥의 장편 노동소설 『함께 가자 우리』(1990년)에서 주인공 경철은 동료 활동가들이 "자연발생성에 대해 굴복"했음을 비판한다. 7장에서도 언급되었듯이, 1980년대 말, 서노련의 한 지하 문건도 조직의 일부가 자연발생성에 굴복했다고 내부적으로 비판한 바 있다. 노동문학에 호의적인 한 비평가는 르포르타주에다 픽션이라는 이름을 붙인다고 해서 픽션이 만들어지는 건 아니라고 항변했다(최원식 외 1988, 46). 다른 비평가는, 작가가 다큐멘터리와 산문 소설의 차이를 인식할 수 있다면, 노동소설은 어쩌면 개선될 수 있을 것이라고 조심스럽게 제안했다(김병익 1988, 511). 또 다른 평론가는 "현재 노동소설들은 냉철한 현실주의적 분석과 치밀한 사실 묘사로 무장하여 노동자들의 생활 현실을 그리고 있지만, 뛰어난 작품들조차도 그 대부분이 노동조합의 결성과 수호, 임금인상, 노동조건 개선과 관련된 노동자들의 투쟁에 국한되어 있다"라고 했다(구모룡 외 1989, 16).

거듭 얘기하지만, 이런 측면에서도 한국의 노동소설이 예외적이었던 것은 아니다. 서독의 '새로운 주체성'New Subjectivity 작가들은 자서전, 평전, 다큐멘터리 등과 같은 '전통적 서사 구조'를 즐겨 사용했는데, 이들은 "'있는 그대로' 말할 수 있는 가능성이 아직도 남아 있다는 믿음을 대책 없이 순진하게 간직하고 있다"는 비판에 직면해야만 했다. 비평가들에 따르면, 이들 서사 구조는 주인공에 대한 독자의 감정이입에 의존하고 있는데, 이는 미학적으로나 정치적으로나 시대착오적이었다

---

10_이 점은 물론 리얼리즘에서의 통상적인 관행이었다. 현실과 현실주의 사이의 관계에 대한 더 상세한 논의로는 Huters ed.(1990)를 참조할 것.

(Adelson 1984; Kosta 1994). 중국의 문학계 역시 1980년대 중반에 "실질적으로는 거의 모든 사회적·정치적 쟁점"을 다루는 르포르타주의 폭발을 경험했다(Zhang 1997, 211).

노동소설 작가가 사실과 픽션을 명확하게 구분하지 않는 것은, 자신들의 작품을 통해 노동자의 고통을 일반 사회에 알리고, 환기시켜야 한다는 이들 작가들의 신념에서 부분적으로 비롯했다. 소설 『늙은 노동자의 노래』의 저자인 노동소설가 이택주는 일찍이, 1970년대에 자신은 애초 소설 작품을 쓸 생각을 한 게 아니었다고 말한 바 있다. 그보다는 "언론이 막혀 있어서 노동 현장의 모습을 초보적인 형태로나마 일반 독자들에게 보여 주고 싶다"(최원식 외 1988, 44에서 재인용)라고 했다. 1980년대 말, 『파업』의 작가 안재성은 그 작품이 나오게 된 긴박감에 대해 이야기했다. "실제로 일어났던 사실을 기록하는 것만으로도" 운동을 위해서는 매우 시급하게 필요했던 것이다. 일종의 "문학적 선전물"이 필요했던 것이다(안재성 1991, 318).


## 3. 지식인과 노동자의 양분화

노동소설의 서사 구조가, 문학은 사회변혁의 수단이 되어야 한다는 당시 작가들이 공유하던 문학관에서 기인한 것이라면, 노동자와 지식인 사이의 관계에 대한 작가들의 문학적 재현은 민중운동의 유토피아적 전망에 깊이 뿌리박고 있었다. 이 유토피아적 상상에서 노동자는 본래부터 혁명적인 존재로, 미래 사회의 정당한 주체로 그려졌다. 하지만 민중운동의 실천 과정 속에서 "희생자/영웅"인 노동자가 "실제로 투쟁적이고 혁명적인 인물"로 변화하려면 먼저 지식인의 "통찰력과 지도를 여전히 필요"로 했다(Feuerwerker 1990, 70). 지식인은 노동자가 혁명적 주체성을 형성하는 과정에 활발하게 개입해야 하면서도, 이와 동시에 자신의 존재를 내세워서는 안 되었다. 여기서 비롯된 역할 갈등은 1980년대 민중운동을 줄곧 괴롭혔다. 지식인이 자신의 정체성을 노동자로 전환하는 것 역시 이와 같은 갈등을 해소하기 위한 한 가지 방편으로 시작되었으나, 이는 갈등을 확대했다. 지식인은 자신을 희생하고 자기 존재를 내세우지 않음으로써 민중과 융합하고자 했다. 하지만 동시에 이런 행위는 그들이 제거하고자 하던 사회적 불평등이 전제되는 한에서만 희생으로 여겨질 수 있었다. 이 어려운 문제는 여러 노동소설이 공통적으로 다루는 주제 가운데 하나다.

노동소설은 노동계급의 당파성을 강조하는데[11] ― 지식인과 노동자가 판에 박힌 모습으로 묘사되는 이유는 이 때문이기도 하다 ― 이는 노동계급의 주체성을 우선시하고자 하던 당시 노동소설가들의 의지를 잘 드러내고 있는 것이다. 중견 작가에서 신진 작가의 작품에 이르기까지, 노동자는 언제나 순수성과 건전한 양심의 화신으로, 또 확고한 계급 정체성을 가진 존재로 묘사되었다. 다른 한편, 지식인은 통상 의문을 품으며 숙고하는 성향 탓에 결정적인 순간에 행동하지 못하고 결국 혁명적 대의를 저버리고 만다. 이와 같은 지식인과 노동자 사이의 구분을 가장 '충실하게' 보여 주는 작품 가운데 하나가 차주옥의 『함께 가자

---

11_정남영(1989)을 참조할 것.

우리』다. 작가는 학출 노동운동가 출신으로 몇 년 동안 현장 경험을 한 바 있는데, 이 소설은 그녀가 자신의 경험을 바탕으로 쓴 장편소설로 1990년에 발표되었다. 여기서 이 작품에 주목하는 이유는, 이 소설에 나오는 다섯 명의 주요 등장인물 가운데 세 명이 학출 노동운동가이며, 이 셋은 각기 1980년대 노-학 연대의 상이한 단계를 대표하기 때문이다. 이 점에서 이 소설에는 학출 노동운동가에 대한 '전형적' 묘사가 풍부하게 담겨 있다.

『함께 가자 우리』는 두 부분으로 나눌 수 있다. 전반부에서 재봉사인 주인공 계순은 학출 노동운동가인 미자와 경철이 주도한 임금인상 투쟁이 실패로 끝남에 따라 그 여파로 해고된다. 계순과 경철 사이의 연예 관계 또한 비극적으로 끝나고 만다. 계순은 경철의 아이를 임신했지만 경철의 무관심과 방관 탓에 원치 않은 유산을 한 것이다. 후반부는 노동자 조직화를 겨냥한 지하 스터디 모임에 계순이 참여하는 과정을 다룬다. 스터디 모임의 결성은 또 다른 학출 노동운동가 순이의 도움으로 완수되었다. 전반부가 노동자의 의향이나 의식의 준비 상태를 고려하지 않은 채 투쟁을 하고자 성급하게 결정을 내린 지식인의 조급함과 그로 인한 실패를 다루고 있다면, 후반부에서는 승리를 예감하게 된다. 투쟁이 계급 정체성과 노동자 스스로의 자율적 행위에 의거했기 때문이다(윤지관 1990, 311).

소설의 전반부와 후반부를 이어 주는 서사 고리는 계순의 변화 과정이다. 계순은 차츰 '평범한' 노동자에서 노조 활동가로 바뀌어 간다. 소설의 첫머리를 보면 계순은 아주 숙련된 재봉사였음에도 자신의 노동자 정체성을 경원시한다. 그녀는 여공이라는 사실을 부끄러워하며 학생처럼 보이기 위해 그 당시 대학생 사이에서 유행하던 배낭을 메고 다닌다. 그녀의 삶은 저축, 결혼, 그리고 집을 장만하고 싶은 그녀의 개인적인 꿈을 중심으로 맴돈다. 소설의 후반부에서 계순은 모범적인 노동운동가이자 한결 성숙해진 존재로 묘사된다. 그녀는 원칙적이면서도 유연하고, 뚜렷한 의식을 가졌으면서도 남에게 배려심이 많으며, 단호하면서도 섬세하다. 그녀는 또한 도량이 넓기도 하다. 자신에 숱한 고통을 주었던 옛 애인 경철을 용서한 것이다. 그녀는 애초 경철과의 연애를 계기로 노동운동에 관여하는데, 경철의 변심은 그녀로 하여금 운동의 의미와 목적에 대해 의혹을 품게도 했다. 이런 경험을 거친 이후, 그녀는 자신의 자발적 의지에 따라 헌신적인 활동가가 된다.

경철은 1980년대 말과 90년대 초에 나온 노동소설을 통틀어 보았을 때 아마도 가장 부정적으로 묘사된 지식인일 것이다. 경철은 과격한 학생운동가 출신으로, 현재는 학출 노동운동가 중심의 지하 소모임을 이끌고 있었다. 그는 언제나 자신의 이론(주로 레닌의 『무엇을 할 것인가』에 의거한)을 장황하게 설명했는데, 이는 동료 운동가들에게 자신이 지적으로 우월하다는 점을 과시하기 위한 수단이거나, 일체의 논쟁을 봉쇄하는 방법이기도 했다. 그는 '정제되지 않은 계급적 분노'에 휩싸인 채 자신이 전복시키고자 하는 체제처럼 비인간적이고 문제투성이인 인물로 바뀌어 간다. 소설에 나오는 다음 대목은 경철과 동료 활동가들이 임금인상 투쟁 전략을 논의하는 대목이다. 일부 활동가들은 노동자들이 좀 더 준비되고 상황이 호전될 때까지 기다리자는 안을 내놓는다. 이에 경철은 반박하기를,

'레닌은 『무엇을 할 것인가』에서 분명히 밝히고 있습니다. 이 원전은 다 읽어 봤으리라 여기는데 …… 레닌도 경제주의자들의 신문인 『라보체예 젤로』지

를 낱낱이 비판하면서 이런 말을 했다는 것을 다 알고 있으리라 여깁니다.'
경철은 레닌의 저작이라면 모두 머릿속에 기록이라도 되어 있는지 …… 경철
은 유난히 '다 읽어보셨겠지만'에 힘을 주면서도 입귀에는 알 듯 말 듯한 비웃
음이 가득했다. 너희들이 위대한 레닌 선생의 저작을 설사 읽었다 하더라도
그 깊은 뜻이나 헤아렸겠냐 하는 듯한 웃음인 것 같았다(차주옥 1990, 105).

동료 활동가들은 경철이 입만 열면 레닌과 마르크스를 들먹거리며
당면한 문제의 핵심을 비켜 가는 데 낙담한다. 동료들은 현장의 실제
여건을 고려할 때 즉각적인 투쟁 돌입은 타당하지 않다고 하며 경철로
하여금 현장의 상황을 고려하도록 촉구한다. 그러나 경철은 즉각적인
투쟁을 거듭 주장한다. "지금까지 자신을 버틸 수 있게 해준 [경철의] 논
리와 달변만은 이런 때에도 지치지 않고 총알이 되어 온 방으로 튀어
나갔다. …… '동지들은 프롤레타리아독재 체제의 조직과 활동의 기본
원칙의 하나인 민주주의 중앙집권제에 대해 제대로 알고나 있소?'"(차
주옥 1990, 107-108)
이 소설에서 학출 노동운동가 경철과 미자는 계순이 다니던 공장에
서 벌어진 임금인상 투쟁이 실패로 돌아가게 된 데 직접적으로 책임이
있으며, 그 실패로 인해 계순과 동료들은 결국 해고되고 만다. 임금인
상 투쟁에 대한 노동자들의 미온적인 반응에도 불구하고 경철과 미자
는 투쟁을 밀어붙였던 것이다. 그 결과, 계순과 같은 일반 노동자는 하
루아침에 일자리를 잃었을 뿐더러 그 해고의 사유도 정확히 알지 못했
다. 1985년과 1986년에 임금인상 투쟁이 실패하게 된 시대적 상황은
이 소설에서 그리는 내용보다 훨씬 복잡하지만, 지식인 출신 노동운동
가들과 함께 활동하는 노동자들은 해고에 대한 두려움에 시달려야 했

다. 실제로 구로공단 노동자였던 강명자의 경우, 그녀는 학출 노동운동 가들과 함께 지하 스터디 모임에 참여했으며 그들에 대해 존경하는 마음을 품고 있었다. 그러나 자신이 공장에서 해고된 후 정작 그들은 자신처럼 생계 문제를 걱정하지 않아도 된다는 점을 깨닫고 지독한 배반감을 느꼈다고 한다(문화방송 2005a). 원풍모방 노조 간부였던 이옥순은, 파업 이후 해고 노동자들은 블랙리스트에 올라 일자리를 찾을 수 없었다. 이들은 어쩌다 한자리에 모이게 되면, "영광스러운 과거" 이야기를 나누며 이에 대한 위안을 삼았다고 회고했다(이옥순 1990).

앞서 4장에서 논의했던 것처럼, 1980년대 한국 민주화운동의 토양은 전혀 비옥하지 못했는데, 급진적인 서적들은 물론이고 그에 대한 비평 역시 좀처럼 찾아보기 어려웠다. 당시 레닌의『무엇을 할 것인가』가 유행했다는 것도 이 점을 시사한다. 레닌은 1980년대 중반까지 운동가들 사이에서 그야말로 신적인 존재로 군림했는데, 이는 부분적으로 그의 저작만은 번역물로 접할 수 있었던 반면에 다른 저자들의 문헌은 지극히 부족했기 때문이다. 투쟁에 경도되어 있던 지식인들의 강박관념은 수년 동안 노동운동을 지배했고, 모든 노동운동가로 하여금 투쟁의 부름에 대답할 것을 강요했다. 부름에 응하지 않는 자는 '경제주의자'나 '노동조합주의자'로 낙인찍히곤 했다. 후일 많은 노동운동가들은 — 그중 다수는 자신들도 지식인 출신이었다 — 지식인 노동운동가들이 노동자의 직접적이고 실제적인 쟁점은 무시하고 오로지 자신들의 정치적 목표를 위해 노동자를 동원했다는 이유로 지식인 출신 노동운동가들을 비판하기도 했다. 이렇게 볼 때『함께 가자 우리』의 전반부는 이런 역사적 경향을 전형적으로 재현한 것이다(윤지관 1990, 312). 계순을 운동가의 길로 성공적으로 이끈 순이의 성찰에는 1980년대 노동운동에 참여한 지식인들에 대한 작가의 가차 없는 비판이 뚜렷하게 나타나 있다. 또한 이 같은 비판은 노동자와 지식인의 양분화에서도 나타난다.

> 투박하고 순결한 노동자들. …… 하지만 학생들은 노동자들로부터 한줌의 배움을 얻을 생각도 하지 않았다. 어떤 선생이 이런 말을 했고 무슨 논리는 어떻고 하면서 노동자의 건강성을 거세해 버리고 그저 입심이나 좋고 빈둥거리는 회의하는 인텔리로 만들어 놓은 사람들(차주옥 1990, 179-180).

순이(그리고 작가)는 이들 지식인이 노동자를 잘못 인도하고, 궁극적으로 노동자의 신뢰를 저버린다고 비난한다. 지식인들은 "괜히 어디서 주워들은 것만 많았지만 타인의 진실한 감정을 받아들일 수 없고 자신의 문을 꼭 닫아 버린 사람, 정제되지 않은 계급적 분노로 무조건 싸우고 봐야 한다며 노동자가 아닌 다른 계급 계층하고는 말조차 하지 않으려는 사람"(차주옥 1990, 180)이었다. 한편 노동자들은 함께 싸우던 지식인이 어디론가 사라져 버리면 "어찌할 바를 모르고 폭풍우 치는 바다에서 등대의 불빛을 찾는 사람들처럼 여기저기 기웃거려 보다" 희망을 잃어버리고 투쟁과 인간에 대한 불신을 간직한 채 결국 정서적으로 "파산"해 버린다는 것이다(차주옥 1990, 180).

노동자와 지식인 사이의 구분, 그리고 노동자는 순수하고 단순하기 때문에 지식인보다 태생적으로 우월하다는 인식은 홍희담의 『깃발』에 잘 드러나 있다.[12] 이 중편소설은 처음에 광주항쟁에 대한 새로운 접근

---

12_중편소설 『깃발』은 1988년 『창작과 비평』 봄호(복간호)에 발표되었다. 발표 즉시, 광주항쟁

으로 주목을 받았으나, 그 새로운 접근에서 핵심 내용은 노동자와 지식인 사이의 긴장이며, 이야기의 줄거리는 유아적幼兒的으로 묘사된 지식인에 대한 노동자의 승리를 암시한다(조정환 1988). 야학 교사 윤강길로 대표되는 유아적인 지식인과, 예전의 야학 학생이었던 형자로 대표되는 성숙한 노동자 사이의 명확한 양분화는, 계엄군이 진입하기 전 광주를 빠져나가는 윤강길과 도청을 사수하다가 끝내 진압군에 살해당하는 형자의 대비를 통해 극적 절정에 이른다.

작가는 작품 전반에 걸쳐 일련의 대조적인 이야기 — 노동운동에 대한 상이한 태도에서부터 광주항쟁 와중에 무기를 들 것이냐를 둘러싼 상반된 입장에 이르기까지 — 를 통해 지식인과 노동자 사이의 이분법을 표현한다. 야학 교사인 일부 대학생들이 노동자들을 성공적으로 조직하기 위해서는 현장 경험만큼이나 선험적 지식이 중요하다고 주장할 때, 형자는 이를 단호하게 반박하며, 노동자를 조직하는 활동에 나서려면 적어도 3년 공장에서 일한 경험이 필요하다고 주장한다.

그들은 공부한 이론을 현장에 적용하려고 안달을 하지요. 최소한 대학생들이 노동 현장에 들어올 때는 이론적으로 통일이 되어야 합니다. 이론은 이론이 갖는 성격으로 분열이 일어나기 마련이어서 각자 분파가 생겨나지요. 근로자는 이리 쏠리고 저리 쏠리다가 방향감각을 잃게 되고 주체적으로 설 수

---

과 관련된 기존 문학과는 현저하게 다르다는 평단의 높은 평가를 받았다. 이 소설의 주인공은 노동자들이고, 소설은 광주에서 살아남은 자들이나 지식인들의 죄의식을 다루지 않고 있으며, 작가는 공장노동자 출신이었다는 점에서 그랬다. 최원식(1988)을 참조할 것. 『깃발』의 작가 홍희담은 이화여대 졸업생이며 이 소설을 통해 작가로 등단한 것이 알려졌다.

도 없게 돼요. 그러니까 개인의 선택에 의해서 노동 현장에 들어올 것이 아니라 통합된 조직과 이론을 갖고 집단적 차원에서 들어와야지요. 아니면 아예 들어올 생각도 하지 않는 게 좋아요. 우리는 우리가 갖고 있는 성격으로 자연히 전투적이 될 수밖에 없으니까요(홍희담 1988, 188. 강조는 인용자).

이 작품에서 노동자들은 **존재론적으로** 전투적이고, 이런 노동자의 전투성은 역사적 필연성을 띠고 있다. 작가의 이런 주장은 광주항쟁 당시 시민군 무장 투쟁 여부를 놓고 벌어졌던 지식인과 노동자 사이의 갈등과 이후 지식인들이 갖게 된 죄의식으로부터 힘을 받았다. 당국에 무기 반납을 주장하는 '온건파'는 대부분 대학생과 지식인이었던 반면에, 무기 반납은 곧 항복일 따름이라고 본 '강경파'는 대부분이 노동자와 룸펜프롤레타리아트였다(홍희담 1988, 191-192). 『깃발』에서 묘사하는 지식인들은 부질없는 공론가였다. 이들은 광주 시민들이 무기를 반납하지 않을 생각임을 알게 되자, 이제는 도시 전체에 항쟁을 일으켜 '무의미하게 피를 흘리기'보다는 상황이 개선될 때까지 기다려 보자고 설득하기 시작했다. 이런 지식인에 대해 형자는 분노와 경멸을 숨길 수 없었다. "선생님들이 말하던 시가전, 봉기 등이 일어나고 있는데 어떻게 그럴 수가 있어요?"(홍희담 1988, 186).

작품의 줄거리는 지식인을 유아적 존재로 묘사함으로써 "지식인에 대한 노동계급의 우월성"(조정환 1988, 186)을 강조하는 것으로 끝난다. 야학 교사였던 대학생 윤강길은 광주 진압 당시 피신했다가 이후 광주에 돌아오자마자 야학 학생이던 순분을 찾아간다. 그리고 그녀의 방에서 혼수상태처럼 깊은 잠에 빠져든다. 순분은 자신의 예전 야학 동료 학생들을 불러 모은다. 그리고 아침이 되자 저마다 일터로 나가면서 윤강길을 위해 음식과 돈을 남겨 놓는다. 돈을 남겨 놓는 행위에 유달리 특별하거나 상징적인 의미는 없으며 또 그런 상황(윤강길은 피신 중이고 가진 돈이 없다)에서는 당연하기도 한 것이지만 이들이 아침에 공장으로 향하는 장면은 방에서 자고 있는 윤강길과는 극적 대조를 이룬다. 이들 노동자들은 공장을 향해 걸어가는데, 같은 방향으로 가는 다른 노동자들이 이들과 합류한다. 자전거를 타고 가는 한 남성 노동자는 걸어가는 이들에게 태워 주겠다고 권유하는데 한겨울 아침인지라 입에서는 "증기기관에서 솟구치듯" 더운 김을 뿜어낸다. 바람에 휘날리는 노동자들의 머릿결은 그들의 갈색 유니폼과 함께 무수한 깃발의 이미지를 연상시킨다. 노동자들의 생동감, 활기, 집단행동의 풍경과는 대조적으로 지식인은 홀로 방에서 자고 있는 것이다.

위선적이고 비겁한 사람으로서의 지식인에 대한 공공연한 적의는 작가 이동철의 단편소설집 『들어라 먹물들아』에서 극명하게 나타난다. 그 제목 자체가 지식인에 대한 불신을 적나라하게 표현한 것이다. '먹물'이란 지식인을 비하하고 경멸하는 표현인 것이다(이동철 1985; 타끼자와 히데끼 1988, 122에서 재인용). 이 소설집 중에 부유층 가정의 딸로서 부모의 반대에도 불구하고 공장에 들어갔던 한 여성의 이야기가 나온다. 그녀는 결국 공장을 그만두고 마찬가지로 운동에 대해 환멸을 느낀 부유층 대학원생과 결혼한다. 이동철은 이들을 가차 없이 조롱한다. "이런 년놈들이 시내 쌀롱이나 양주 코너에서 치즈 안주에다 양주 홀짝거리면서 민중 찾고 가난한 이웃 찾고 하는 무리들이라구"(타끼자와 히데끼 1988, 122에서 재인용).

## 4. 이데올로기 투쟁과 노동자

지식인과 노동자를 이분법으로 구분하는 것이 이들 노동소설에서 공통적인 주제였다면, 노동소설의 정석이 되다시피 한 또 다른 주제는 지식인의 무리한 투쟁 요구로 인한 노동자의 희생이다. 1989년 제2회 전태일문학상 수상작 『파업』에서는 1970년대에 노조를 지키기 위해 함께 싸웠지만 10년 이상 서로 만나지 못하던 옛 동료 두 사람이 등장한다. 이 중 진용만은 현재 한 작은 노동단체에서 상담사로 일하고 있고, 이상섭은 공장에서 노조 결성을 시도하다 최근에 해고되었다. 이상섭에게 진용만은 변한 사람이었다. 예전의 당당한 체격은 더는 볼 수 없었고, 얼굴에는 주름도 많았다. 이상섭은 언제나 진용만을 한번 만나야 할 사람으로 기억해 왔다. 진용만이 노조를 유지하려는 투쟁을 주도했을 때 "그는 양보나 타협이라는 말을 몰랐다." 그의 치열한 결단은, 경찰, 경영진, 정부 등으로부터의 어떤 위협도 무시하면서, 투쟁을 성공적으로 이끌었다. 진용만의 뛰어난 지도력 아래 "1,500여 조합원이 하나처럼 단결하여 싸웠다"(안재성 1989, 40).

두 사람이 다시 만나는 장면에서, 상섭은 자신이 최근 해고된 공장의 노조 결성에 학생 출신 노동운동가 홍기가 연루되어 있다는 소식을 전한다(홍기에 대해서는 이 장 아래에서 더 상술한다). 진용만은 이 소식을 듣고 학출 노동운동가들에게 격렬한 비난을 퍼붓는다.

학생들 하는 짓이란 몇 년 전이나 지금이나 똑같다니까. 그저 성과만 올리려고 서둘다가 노동자만 무더기로 해고시켜 놓고 그게 무슨 업적이라도 되는 양 떠벌이고 다니니, 그저 노동자는 어디 가나 희생만 당하지.

상섭은 그가 존경해 마지않던 옛 동지에게서 패배주의의 깊은 상흔을 보고 혼란스럽고 안타깝다. 진용만은 계속 불평을 토로했다.

내가 걱정하는 건 학생 출신들이 너무 조급하다는 거네. 준비도 없이, 심지어 들어간 지 며칠 되지도 않아서 싸움부터 걸어 쫓겨나고는 독재가 어쩌네 하고 거리로 뛰쳐나올 생각만 하니 되는 것이 뭐가 있겠나? 어디 그뿐이야? 말로만 노동 해방 외치지 실제로는 노동자를 발톱 밑의 때만큼도 여기지 않는 게 그네들이야. 자기네들끼리 패를 갈라 싸우고 앉아서 서로 자기 조직을 과시하려고 노동자 끌어들이기에 바쁘지. …… 심지어는 같은 공장에 들어간 학생끼리 서로 자기가 주도권을 잡으려고 상대방을 회사에 밀고한 일도 있었다네. 그게 미친놈들이지, 미친놈이 따로 있나?(안재성 1989, 155)

실로 가혹한 말이다. 진용만의 말은 『우리 함께 가자』에서 경철과 미자에 대한 순이의 비판을 반향하고 있으며, 또 이 책의 7장에서 논의한 1986년 임금인상 투쟁의 실패 이후 널리 퍼진 운동권 분위기를 반영한다. 주로 지식인 노동운동가들이 주도했던 '이데올로기 투쟁'은 그 파급효과가 중대했고 그 결과는 매우 파괴적이었다. 옥신각신하는 지식인들의 이념적 틈바구니 속에서 자신들은 볼모가 되어 가고 있다고 느끼고 있던 노동자들에게, 지식인들의 현학적인 표현과 알 수 없는 용어들은 이들을 더욱 소외시켰다. 입만 벙긋하면 쏟아져 나오거나 거론되던 운동권 용어와 당시 운동권에서 유통되던 이론 책자는 상황에 전혀 도움이 되지 않았다. 『파업』에서 한 노동자는 두 명의 학출 노동운동가가 논쟁하는 걸 듣다가 좌절 — 그리고 냉소주의 — 에 빠져 큰소리로 외쳤다. "야. 잠이나 자자. 똑똑한 사람들끼리 싸우든지 말든지.

못 배운 사람은 시키는 대로 하면 될 것 아냐?"(안재성 1989, 116)

『파업』은 또한 노동자와 지식인 사이의 괴리라는 익숙한 주제를 다루었다. 학출 노동운동가 홍기가 지하 소모임의 동료들에게 대학생 신분을 밝히면서 노동 현장을 떠나겠다고 했을 때 몇몇 노동자는 홍기의 생계 문제를 걱정하며 대책을 물었다. 홍기의 아내가 임신 중이었기 때문에 더욱 그랬다. 홍기는 동료들의 근심을 일부라도 덜어 주려고 "다 방법이 있을 거야"라고 답한다. 하지만 동료들에게 비친 홍기의 태연한 모습은 역시 지식인은 노동자와 근본적으로 다르다는 점을 상기시켜 줄 따름이었다.

["다 방법이 있을 것"이라는 홍기의 말에] 상섭은 반문하면서 어쩐지 조금 씁쓸한 기분이 들었다. 대학 다닌 사람은 역시 다르구나 하는 생각이었다. 그 점은 동연도 마찬가지였으나 그래도 걱정이 되어 말했다. 홍기와는 아무래도 같은 나이인지라 친구로서도 의미가 있는 사이였다(안재성 1989, 82).

이상섭과 같은 노련한 노동자가 볼 때 노동자와 지식인 간에는 근본적이고 메워질 수 없는 괴리가 있었다. 이는 지식인이 수년 동안 노동운동에 헌신한다고 해서 지워지거나 숨길 수 있는 성질의 것이 아니었다. 이상섭이 아는 한 "구더기는 아무리 기어 봤자 구더기일 뿐이었다." 이렇게 이상섭이 빈정거리는 이유는 몇 쪽 뒤에 가면 밝혀진다. "학생들은 본래 똑똑하겠다, 배운 것 많겠다, 아는 사람 많겠다, 그쯤[7년간 노동운동을 하게]되면 유명해지고 대우받겠지만 노동자는 아무리 고생해 봐야 말짱 헛물인 거여"(안재성 1989, 168).

2권짜리 장편『활화산』은 태백산의 한 광산촌을 배경으로 하는 소설이다. 여기서 지식인과 노동자의 괴리 문제는 여성 지식인 미영과 남성 노동자 재욱의 관계를 통해 다루어진다. 이 소설 첫 장면에서 재욱은 광산에서 작업을 하고 있다. 그는 예전 일하던 공장에서 시도했던 임금인상 투쟁이 실패한 후 그 공장을 떠났는데, 이런 결정에는 공장에서 함께 일했던 미영에 대한 불편한 심기도 어느 정도 작용했다. 그는 미영을 '진짜' 노동자라고 생각하고 있었는데, 그녀가 부유한 집안의 여대생이었다는 것이 밝혀진 것이다.

미영에 대한 연애 감정이 있었고, 그가 공장을 떠난 후 그녀가 수차례 그와의 연락을 시도했음에도 불구하고, 재욱은 그녀와 일정한 거리를 유지한다. 미영에 대한 그의 불신은 임금인상 투쟁의 실패에서 비롯된 것이다. 노동자들이 경영진과 임금인상 교섭을 진행해 합의가 거의 이루어진 시점에서, 미영은 노조 결성의 필요성에 대한 자신의 입장을 강조하면서 그런 취지의 탄원서를 돌렸고 이에 맞서 경영진은 그때까지의 합의 사항을 전부 무효화하기에 이르렀다. 이 사건을 계기로 재욱은 딱히 미영만이 아니라 지식인 노동운동가들에게 배반감을 느꼈던 것이다. 재욱은 자신이 현재 일하고 있는 광산에서 노동자들의 파업을 촉구하는 내용의 지하 팸플릿이 나돌자 그것을 쓴 사람은 과연 누구일까 궁금해 하며 그 사람이 "진짜 노동자"였으면 좋겠다는 생각을 한다 (이인휘 1990, 106).

미영은 자신과 재욱 사이에 존재하는 사회적 배경이나 교육 수준의 차이가 지금의 사회에서 큰 문제가 된다는 것을 인정하지만, 자신들은 그와는 전혀 다른 가치관을 가진 미래의 세계를 만들기 위해 이미 함께 일하고 있음으로 둘 사이의 차이는 지워졌다고 믿었다. 나중에 미영이 광산을 찾아와 재욱이 공장을 — 그리하여 노동운동을 — 떠난 이유에 대해 설명해 달라고 하자 재욱은 지식인과 노동자 사이의 "존재론적 차이"를 설명한다. "노동자들은 일단 해고를 당하면 갈 곳이 없다. 노동자들이 직면하게 되는 상황은 인텔리들과는 다른 것이다"(이인휘 1990, 93). 하지만 이 소설의 대단원은 두 사람 사이의 괴리가 극복될 수 있다고 미영이 재욱을 설득했음을 암시한다. 재욱은 병환 중인 자기 어머니에게 미영을 소개하는데 어머니는 자기 자식이 미영과 같은 "훌륭하고 예쁜 아가씨"와 결혼할 것이라는 생각에 크게 기뻐한다.

작가 박완서의 시각에서 지식인과 노동자 사이의 '존재론적 괴리'는 운동권의 이상적인 세계에서만 극복될 수 있다. 박완서의 단편 「티타임의 모녀」에서 딸은 한때 운동권에 헌신했던 남자와 결혼한다. 이남자는 한국의 "최고 명문대"를 졸업했으며 부유층 집안의 자제이기도하다. 엄마는 딸이 부유층 집안과 결혼한다는 사실을 아주 기뻐하지만딸은 이 같은 행복한 결혼이 머지않아 끝장날 수 있다는 두려움에 휩싸여 살아가고 있다. 딸이 두려워하는 것은 자신과 남편 사이의 사회적신분과 교육 수준의 차이뿐만 아니라 남편이 운동의 이상이나 목적에전적으로 헌신하는 순간에만 자신이 남편과 동등하다는 사실이다(박완서 1993, 144-160). 딸이 남편을 처음 만난 건 공장에서 일하면서였다.그들 간의 성장 배경 차이와 결혼 후 부각될 만한 여러 문제를 예의 주시하면서 그녀는 상대방에 대한 자신의 연예 감정을 억누르며 더는 관계가 진전되지 않도록 부단히 애쓴다. 남편은 연애 관계에 몰입하지 않으려는 그녀의 망설임을 자신의 정치적 활동 탓으로 여겼다. 그래서 그는 그녀에게 자신은 결코 공산주의자가 아니라고 밝히기도 했다. 딸이이에 대해 회고한다.

그때도 그이가 나를 무시하고 있었다는 것만은 분명했는데 나는 그걸 왜 그냥 보아 넘겼을까. 무시하지 않고서야, 어떻게 자기가 지니고 있는 신념에 대한 해명이 고작 '나는 빨갱이가 아니다'일 수가 있었을까. 그이는 자기 생각을 나에게 이해시킬 마음이 처음부터 없었다(박완서 1993, 155).

운동이 추구하는 이상의 세계에서만 그녀는 남편에게 진실로 존중받을 수 있다고 생각한다. 그리하여 그녀는 주변의 모든 정황이 그 반대를 가리키고 있지만, 여전히 남편이 운동의 이상을 유지하고 있다고 믿고자 노력한다. 남편과 대등하고자 하는 욕망은 자신과 남편이 함께 농촌으로 이사했으면 하는 그녀의 소망으로 표출된다. 그녀와 남편은 농사를 짓는 일에 대한 아무런 경험이 없었지만, 그녀는 농사꾼으로 새 출발을 할 수 있기를 원했던 것이다. 농촌으로 이주해 스스로 농사를 짓고 살겠다는 것은, 농민 운동이 목적이 아닌 이상, 대부분의 경우 어쩔 수 없는 상황에서 내리는 궁여지책이었으나, 그녀에게는 그것이 "유일한 희망"이었다. 그녀가 남편과 동등해질 수 있는 유일한 방도였던 것이다(박완서 1993, 154-157).

작가 박완서는 중산층의 가치관에 대한 예리하고 가차 없는 탐구로 유명하며, 이 단편소설 역시 일부 운동권 중산층의 허세를 파헤친 작품으로 볼 수 있다. 등장인물인 운동권 출신의 남편은 여느 사람과 다를 바 없이 세속적이고 속물적임이 드러난다. 실로 이 단편의 도입부에 남편은 아들의 백일잔치에서 "녀석, 볼수록 귀티가 나네그려"라는 친구의 덕담 한마디를 듣고 크게 기뻐한다. 친구들이 떠난 후 남편은 아내에게 "이 애가 정말 귀티가 그렇게 나느냐"고 거듭해서 묻는다. 남편은 '귀티'란 말을 반복하면서 자부심 가득한 얼굴을 내보인다. 아내는 남편의 이 같은 반응을 보면서 처음으로 배신감을 느꼈고 남편 역시 여느 사람과 마찬가지라는 사실이 두렵기도 했다. "운동권이 귀티를 그렇게 좋아할 줄을 누가 감히 상상이나 했겠는가?"(박완서 1993, 156).

## 5. '원숙한 이상'을 지닌 지식인 주인공들

작가의 의도와는 무관하게 박완서의 이 단편소설은 당시 시대정신이 던 운동권의 신념을 잘 포착하고 있다. 즉 참된 혁명가가 되고 새로운 세상을 열기 위해서는 제도 교육이나 장래의 성공을 포기해야만 하고, 경우에 따라서는 교육받지 못한 공장노동자와 결혼해야 했다. 순수함, 소박함, 정신과 육체의 건강함, 꿋꿋함이 이상적인 노동자를 대표했다 면, 지식인 운동가의 이상적 이미지는 교육 수준과 사회적 지위에 따른 특권을 포기하고 숱한 장애와 도전을 극복하는 사람이다.[13]

단편 「지옥선의 사람들」의 작가 방현석은 학출 노동운동가 출신이 다. 이 작품의 주인공 기대는 "남들 머리를 싸매고 들어갈라 케도 몬 가 는" 대학을 졸업한 후 해포조선소에 왔다(방현석 1991a). 그는 해포에서

---

13_운동권에 대한 이런 이상적 재현은 노동소설에만 국한되지 않았다. 김원일은 분단으로 인한 가족사의 상처를 깊이 있게 다룬 바 있다. 장편 『마음의 감옥』(1990)은 주인공의 중산층 형 을 관찰자로 하여, 빈민 운동가인 동생이 폐암으로 죽어 가면서도 순수성과 헌신, 그리고 꿋 꿋함을 잃지 않는 모습을 감동적으로 묘사한 작품이다. 동생의 폐암은 노동자와 빈민들과의 오랜 생활, 누차의 감옥 생활에서 비롯된 것으로 그려져 있다.

8년을 생활하는 동안 많은 운동권 학생이 오고가는 장면을 목격했다. 그중 반 정도는 육체노동을 제대로 할 수 없었거나 곧바로 회사 정보망에 포착되고 말았다. 다른 반은 더디고 보상 없는 운동에 환멸을 느껴 스스로 해포조선소를 떠났다.

이야기가 전개되면서 기대가 조직한 지하 학습 모임은 갖가지 도전에 직면한다. 회사의 사주를 받은 폭력배들이 기대와 동료들을 구타하고, 모임에서 가장 똑 부러지고 적극적이었던 민호는 복학을 해야겠다며 스스로 자신이 학생임을 밝히고 조선소를 그만두었다. 또 일부 노동자들은 기대에게 공공연히 적대적이고 자신들에게 부과된 과제를 의도적으로 무시한다. 민호의 탈퇴는 공부 모임에 커다란 타격을 주었다. 민호의 "논리는 명쾌했고 입장은 언제나 단호하였으며 그의 어조는 어디에서나 주저함"이 없었다. "운동의 과학성과 합법칙성을 무기로" 민호는 동료 노동자들에게 서슴지 않은 비판을 가하기도 했다. 그는 기대의 전략과 전술을 공공연히 비판한 첫 번째 인물이기도 했다. 기대는 간혹 민호의 교조주의와 학문주의가 의심스러웠으나 초심자의 열정과 헌신으로 받아들였다. 하지만 기대는 "아직도 87년 이전과 조금도 달라지지 않은 해포조선의 간고한 전선은 어설픈 관념으로 자신을 지탱하는 이들의 몫이 되기에는 너무 벅찬 것"이라는 것을 익히 알고 있었다(방현석 1991a). 여기서 "87년 이전"이란 1987년 노동자 대투쟁 이전 시기를 가리킨다.

기대는 '원숙한 이상'의 전형을 보여 주는 인물이다. 그는 이미 여러 차례 집단 폭행을 당했고, 소설 속 이야기가 전개되는 시점에서는 네 번째 린치를 당했다. "뼈다귀 오지랖에 싸서 떠나지 않으려면 내일 당장 해포 떠."라는 폭력배들의 살해 위협에 굴하지 않고 꿋꿋이 해포에 남는다. 모임을 마치고 돌아오는 길에 "괴한들"과 마주친 그는 함께 가던 "현장 동지들을 지켜내"기 위해 혼자 폭력배들을 상대한다. 폭력배들이 떠나고, "피투성이"가 된 그를 동료들은 병원으로 옮기고자 하나, 그는 동료들의 신분이 노출될 것을 우려해 병원에 갈 것을 한사코 거부한다. 그러고도 그는 "몸이 아직 회복되지 않"은 상태에서 동료 노동자들의 징계 사항까지 겸허히 받아들인다. 나중에 한 동료 노동자의 부인이 그에게 "인제 고만 서울 가서 남과 같이 살지 그라는교"라고 할 때, 그는 그 부인에게 자신이나 그 부인이 똑같이 원하는 세상이 어떤 세상인지 조용히 상기시킨다. 그런 세상은 열심히 일하면 의식주는 기본적으로 보장되는 세상, "누구나 아프면 쉬고 치료받을 수 있고," 공부하고 싶으면 "아이들은 얼마든지 학교에 다닐 수 있는 세상"이다(방현석 1991a, 179).

이처럼 믿기 어렵게 단순한 답변은 또한 민중 프로젝트의 논리를 포착하고 있다. 민중 프로젝트에서 인본주의에 기반을 둔 자유의 추구, 즉 역사에 대한 믿음은, 혁명에 대한 책임, 헌신, 그리고 운동권 개개인의 희생을 통해 얻어진다. 「지옥선의 사람들」에서의 기대, 그리고 『파업』에서의 홍기는 이 같은 역사에 대한 희망과 혁명적 헌신을 상징하는 인물이다. 이들은 민중운동에 헌신하고, 기꺼이 자신을 희생하며, 스스로를 성찰할 수 있는 인물들로, 운동의 추상적인 목표뿐만 아니라 일상적인 활동에도 헌신적이다. 홍기에게 있어서 운동 조직의 멤버가 된다는 것은 "일생에 있어서 가장 큰 사건"이었다. "그는 투쟁 그리고 동지를 위해 모든 것을 바쳤다." 그는 절제할 줄 알고, "강철같이 단단하"며, 한 치의 나태함도 허용하지 않는다. 그는 치열한 이데올로기 투쟁을 통해 끊임없이 도전하고, 그 역시 끊임없이 도전받는다. 조직의 결정을 전달하거나 토론을 하기 위해 한밤중에 동지를 찾아가는 일에 주저함이 없다. 그는 또 자신보다 어린 후배에게도 배우고 그들로부터 지시를 받을 준비가 되어 있었다(안재성 1989, 140).

홍기는 철의 규율로 단련된 레닌주의 활동가 그 이상의 존재로서, 그는 또한 인정이 많고 따뜻한 마음을 지니고 있다. 경찰의 눈을 피해 도주하면서도 할당된 과제를 수행하는 동료 운동가에 대한 그의 우려를 독자는 읽게 된다. 홍기는 돈이 별로 없는 동료 운동가가 추운 겨울 날씨에 교통비가 부족하지 않을까 걱정한다. 위조 신분증으로 취업한 공장에서 그는 조심스럽게 그러나 꾸준히 노동자들이 노조를 설립할 수 있는 기반을 닦아 왔다. 그는 먼저 지하 공부 모임에 참여할 만한 후보자를 선별하느라 몇 개월 동안이나 노동자들과 함께 술도 마시고 집에도 가면서 그들과 사귄다. 마침내 출범된 그의 공부 모임은 일주일에 세 번 씩이나 만난다! 대부분은 고등학교조차도 나오지 못하고, '공부'라면 뭐든 겁부터 나는 노동자들은 이 공부 모임이 즐겁고 따라가기도 쉽다. 홍기는 갖가지 신문이나 잡지에서 자료를 수집하고 발췌하는 등 수업 준비를 열심히 한다. 공부 모임의 동료들이 스스로의 힘으로 노조 결성을 할 시간이 무르익었다고 판단이 서자, 그리고 노조 결성으로 인한 이들 노동자들에 대한 경영진의 탄압을 방지하기 위해, 홍기는 조용히 공장을 그만두고 후방에서 사태 전개를 주시한다.

홍기가 동료 노동자에게서 존경과 신뢰를 얻었다는 것은 그가 지하 공부 모임 동료들에게 자신의 '진짜' 신분을 밝히는 장면에서 확연해진다. 홍기의 진실 고백에 대한 동료들의 반응은 놀랍게도 태연했다. 이에 한 동료가 말했다. "저는 예상했었어요. 요새 위장 취업자가 얼마나 많게요? 형은 우리가 그렇게 쑥맥인 줄 알았어요?" '좌경 침투'로 인해 노동자들이 속았다며 회사가 노조를 탄압할 것을 우려하는 홍기에게 이상섭은 다음과 같이 즉각적으로 반박한다. "요새 위장 취업했다고 누가 빨갱이라 혀? 요새야 위장 취업이라면 외려 대우받는 세상 아녀? 부귀영화 다 버리고 힘없는 노동자 위해 공장에 들어온 사람을 누가 뭐래?" 이에 동연은 반찬을 대주겠다며 나서고, 진영은 "형은 우리에게 더도 말고 형이 아는 만큼 가르쳐 줘요. 형이 아는 만큼만 우리가 알아도 세상은 뒤집어질 꺼예요"라며 홍기네 쌀과 부식을 책임지겠다고 한다 (안재성 1989, 82-83).

바로 이런 순간을 홍기는 기다려왔던 것이다. 그것은 또한 민중운동이 기다려왔던 순간이기도 했다. 노동자가 스스로 자신이 세상을 바꿀 수 있다고 깨닫는 순간이며, 지식의 전달자이자 전체 사회 속에서 노동자의 이익을 대변한다는 지식인에 대한 전통적 정체성이 더는 유효하지 않는 순간이다. 노동자가 일단 필요한 지식을 획득하고 나면, 중재자로든 대변자로든 지식인은 더는 필요하지 않는 것이다. 『파업』은 1989년에 출간되었다. 노동운동 진영이 전반적으로 다양한 도전에 직면하던 때였다. 구해근의 표현을 빌면, 1987년 노동자 대투쟁 이후 "국가와 자본의 총공세"(Koo Hagen 2001, 190-198)가 펼쳐진 것이다. 『파업』은 노동계급과 노동운동의 미래가 갈수록 불확실해져 가는 시점에서, 1987년 노동자 대투쟁 이후에도 아직 구현되지 않은 노동계급의 주체성을 호명하고 있다.

## 6. 종속된 주체

식민지 시기의 리얼리즘 작가들이 묘사한 농민은 순수함의 구현체이자 미래의 희망이었다. 베버리 넬슨은 이 시기 리얼리즘 문학의 또 다른 중요한 측면을 지적한 바 있는데, 한편으로는 이들 작품이 의도한 교훈적 메시지, 그리고 다른 한편으로는 아무리 이념적으로 철저히 무장한 작가들이라도 개인적으로 피할 수 없던 회의懷疑, 이 둘 사이의 긴장이 바로 그것이다. 이 같은 측면은 1980년대와 90년대의 노동소설과도 상당한 공명을 일으킨다. "대부분의 프롤레타리아문학에서 …… 최고의 작품에는 긴장이 있다. 즉 한편으로는 외부 정치 조직가에 대한 필요성, 다른 한편으로는 농촌 공동체의 고유하고 자생적인 능력, 이둘 사이의 긴장이다"(Nelson 1980, 57-64).

1980년대 민중운동에서 이런 긴장은 여러 가지 모습으로 드러난 바 있다. 예를 들면, 노동자의 의식화 교육 필요성과 노동자 고유의 '본래적인 혁명적 속성' 사이의 긴장, 노동자 의식의 실제 상태와 이상적 상태 사이의 긴장, 지식인의 과도한 교훈적 접근과 이런 접근으로 인해 노동자가 자칫 투쟁하는 혁명가가 아니라 단순히 먹물로 탈바꿈하게 될 우려감 사이의 긴장이 있었다. 이 장에서 살펴보았듯이, 이런 긴장은 문학적 재현에서 지식인과 노동자의 양분화로 나타나고 있다. 이 이항 대립이 해체되고 전복적 순간이 제시될 경우, 다음 이야기에서 보듯이, 이런 순간 역시 이미 정해진 것이다.

공지영의 단편 「동트는 새벽」은 1988년에 발표되었다. 작품에 등장하는 여성 학출 운동가 정화는 동료 노동자 순영을 1987년 대선 당시에 자행된 부정 선거를 규탄하는 시위 현장에 데려간다. 두 사람은 함께 경찰서에 끌려가서 심문을 받는다. 그러던 중 정화의 신분이 대학생이라는 사실이 순영에게 밝혀진다. 이에 앞서 순영은 함께 연행된 다른 이들에게 노동자인 자신이 너무 부끄러워 자신을 노동자라고 소개하지 못하고 대신에 회사원이라고 말했다. 이에 정화는 순영에게 귓속말로 얘기했다. "순영아, 우리는 노동자야, 이걸 당당하게 말하자." 정화의 당당한 태도는 순영뿐만 아니라 주로 대학생인 다른 연행자들에게도 깊은 인상을 주었다.

순영에 대한 심문이 끝난 직후 정화는 형사들 간의 대화를 귓전에 얼핏 들었다. 순영이 진술서에다 대통령 선거 부정에 대해 끝까지 싸울 것이라고 썼다는 것이다. 정화는 일순간 모골이 송연해짐을 느꼈다. 순영은 어떻게 저런 이야기를 생각하게 된 것일까? 그간 순영은 오로지 일하기, 간식 먹기, 그리고 화장품을 사기 위해 저축하기에만 관심 있는 것으로 보였다. 정화는 자신이 회사 사장과 똑같이 주체성을 결여한 존재로 노동자를 바라보았던 것은 아닌지 반성하기 시작한다. 정화는 그동안 자신이 공장에서 직면하는 차별에 대해 그리고 1980년 광주항쟁이나 1987년 노동자 대투쟁 같은 정치적 격변에 대해 노동자들이 지나치게 무신경하다고 생각해 왔고, 그런 노동자의 태도에 좌절, 아니 질식할 정도였다. 그런데 숨 막히는 저 좁은 심문실에서 순영은 자랑스럽고 또렷하게 "나는 이 부정선거와 끝까지 싸우겠다"고 공언했다는 것이다. 정화는 고개를 흔들었다. "나는 순영이를 믿지 않았다. 노동자들과 그들의 건강한 힘을 믿지 않았다. …… 혹시 내 자신이 믿고 있던 것은, 사실은 머릿속의 얄팍한 관념뿐이었던 것은 아닐까"(공지영 1988, 421-425).

순영은 어떤 종류의 정치 활동에도 진지하게 참여한 적이 없으며 심지어는 투표조차 해본 적이 없다. 적어도 소설 독자로서는 그렇게 생각할 수밖에 없는데, 그런 순영이 실로 어떻게 정치의식을 쌓게 되었으며 선거 부정에 대해 끝까지 투쟁할 의지를 갖게 된 것인가? 순영의 내면세계가 그려져 있지 않음에도 불구하고, 소설에서는 독자들이 그녀의 의식 변화를 당연한 것으로 받아들일 것을, 또한 화자인 정화와 마찬가지로 순영의 본래적인 혁명적 잠재력을 일찍이 간파하지 못한 사실에 놀라움(그리고 자기비판)을 표현할 것으로 기대된다. 이것은 루이 알튀세르의 주체성 개념과 일치한다. 주체는 사회 속에서 주어진 주체 위치 탓에 "항상-이미 큰 주체 안에서 호명된" 존재라는 것이다(Althusser 1971, 175; Zhang 1997, 228에서 재인용). 순영은 실제로 "큰 주체"에 의해 "호명"되었다. 즉 자본주의사회 속에서 노동자계급인 그녀는 선천적으로 혁명가인 것이다. "항상-이미 호명된" 주체를 전제하는 알튀세르의 이데올로기론은 "과잉 결정론적이거나 선행 결정론적"이며 주체성의 형성에 뒤얽힌 담론 과정을 간과한다고 비판받아 왔다(Zhang 1997, 228). 이 점에서 담론의 결핍, 즉 노동자가 혁명적 주체로 변화하는 과정 속에 결여된 내면성은 노동소설이 실로 가지고 있는 문제다.

『함께 가자 우리』에서, 자신의 노동자 신분이 부끄러워 대학생인 양 배낭을 메고 다니던 계순이 완벽한 노동운동가로 변모하는 과정에서도 별다른 매개 고리가 없다. 계순은 학출 노동운동가와의 낭만적 사랑에서 실패했다. 이것이 그녀의 혁명적 변화를 촉진하기는 했으나 소설에서 그녀 자신의 생각이나 심리 변화는 거의 찾아보기 힘들다. 실제로, 또 다른 학출 운동가 순이가 계순을 돕기 위해 등장한다. 단편「동트는 새벽」과 장편『함께 가자 우리』에 나타나는 노동자에 대한 이분법적 이미지와 변혁 이미지는, 그러나 나름의 문학적 혁명적 논리에 따

른 것으로, 1980년대 민중운동의 혁명적 프로젝트에 내재되었던 긴장
과도 일치한다.

1980년대 민중 프로젝트는 '두 개의 정반대되는 것에 대한 동시 수
용'을 필요로 했다. 즉 한편으로는 혁명가로서의 자질과 낙천적 성향을
선천적으로 가지고 태어난 노동자들의 주체성에 대한 유토피아적 전
망, 다른 한편으로는 지식인의 통찰력과 안내를 필요로 하는 노동자(즉
학생)를 동시에 수용하는 것이 필요했다. 지식인들이 제공한 이 유토피
아적 전망과 안내는 — 노동자의 혁명적 자질이 자본주의사회에서 억
눌린 그들의 위치로 인해 이미 주어진 것이긴 했으나 — 노동자를 주체
로 '불러들인' 힘이었다.


## 7. 혁명적 언어로서의 노동문학

프랑스혁명에서 중국의 문화대혁명에 이르기까지, 혁명은 언어와 함
께 번식한다고 한다. 여기서 언어는 "새로운 세상을 빚어내는 수행적
힘을 지닌"[14] 언어를 의미한다. 린 헌트에 따르면, 프랑스혁명에서

> ······ 혁명적 언어는 혁명적 변화와 갈등의 현실을 단순히 반영하는 데 그치
> 지 않고, 그 스스로 정치적·사회적 변혁의 도구로 변신했다. 정치적 언어는

---

14_Sewell(1980); Hunt(1992); Perry & Xun(1993)를 참조할 것.

단순히 제반 사회적 혹은 정치적 이해관계에 의해 결정된 이념적인 입장을 표출하는 것이 아니었다. 언어 그 자체가 이해관계에 대한 인식을, 따라서 이데올로기의 형성을, 결정했다. 혁명적 정치 담론은 수사적이었다. 요컨대 그것은 설득의 수단이자 사회적·정치적 세계를 재구성하는 방법이었다(Hunt 1984, 24).

이상의 관찰을 단서로 삼아, 그리고 자신들의 작품은 현실의 여과 없는 반영이라고 단언하는 노동소설 작가들의 주장과는 달리, 필자는 이들 작품을 '혁명적 언어'로 읽기를 제안한다. 그것이 혁명의 한복판에서, 혹은 혁명이 임박한 상황에서 발화되었기 때문이 아니다. 오히려 그 언젠가 혁명이 일어날 가능성이 사라져 가고 있던 시기에 발화되었기 때문이다. 대부분의 노동소설은 역동적인 사회·정치 운동으로서의 민중 프로젝트가 막 소멸되기 시작한 즈음에 집필되고 출판되었다. 1980년대 운동가들은 공장에 '위장 취업'함으로써 지식계급과 노동계급 사이의 차이를 강화시켰던 특권을 포기하고자 했다. 1980년대 지식인의 정체성 전환은 재현의 여과를 거치지 않은 재현 양식의 추구였다. 대부분의 경우, 이 유토피아적인 전망은 공장 안에서 결코 구현되지 않았다. 이런 맥락에서, 지식인 출신 노동자가 노동소설을 쓰는 행위는 스스로 말할 수 있는 현실의 투명한 반영으로서 노동자계급의 주체성을 창조하는, '호명' 기능을 하는 것이다.

노동소설은 동시대 물질적·정치적 상황의 반사가 아니라, 사회구조와 인간관계가 근본적으로 재편성되는 미래 세계에 대한 투사였다. 노동소설은 그런 변화의 '도구'가 되고자 했다. 이런 혁명적 언어로서의 노동소설은 1980년대 한국 문학계를 강타한 역사소설 및 자전적 소설에서 그 역사적 선례를 찾아볼 수 있다. 1980년대 한국에서는 해방 후 벌어진 역사적 사건을 다루는 '역사소설'이 쇄도했다. 각종 역사적 사건에 대해 국정교과서에 실린 내용 외에는 수십 년 동안 그 어떤 대항 서사도 부재했던 시기에, 이들 소설은 "역사책이 말할 수 없었던"[15] 역사를 이야기하기 시작했고, 공식적이고 지배적인 해석에 맞서는 대항기억을 제공했다. 1980년대 초에 출판된 여성 노동자들의 자전적 글 또한 '혁명적 언어'였다. 평단과 사회에서 거의 주목을 받지 못했으나, 이들 여성 노동자들은 산업 발전과 근대화라는 메타 서사 속에 자신들의 존재를 쐐기 박듯 부각시켰고, 이를 통해 근대화와 발전에 대한 기존의 인식을 새롭게 했다.[16] 1987년 이후 명백하게 드러난 비혁명적인 한국에서 더욱 커진 노동소설의 주장과 현실 사이의 괴리에도 불구하고, 노동소설을 '혁명적 언어'로 읽는다는 것은, 밀려오는 세계화와 신자유주의의 파도 속에서 이제는 희미해진 민중운동의 비전이 혁명적이었다는 것을 인정하는 것이다.

---

**15_**이 구절은 『창작과 비평』 16-2호(1988)의 속표지에 실린 장편소설 『태백산맥』의 광고 문안에서 따온 것이다.

**16_**Barraclough(2004)를 참조할 것.

# 역사로서의 민중운동

국가의 무자비한 탄압 속에서 30여 년 이상 진행된 민중운동은 무수한 희생자와 영웅을 배출했으며, 그 과정에서 사회와 정부를 상대로 도덕적 권위를 확보했다. 또한 민중운동은 권위주의와 민주주의, 지배와 저항, 적과 동지, 자본주의적 경쟁과 민중의 상호 협력 등과 같은 이분법적 서사 속에서 그 수사적 호소력과 정치적 효력을 발휘했다. 실로, 불굴의 정신과 사심 없는 헌신은 운동권이 스스로 부단히 추구했던 위대한 정신이었다. 가혹한 탄압에도 불구하고 민주화를 위한 저항은 이 기간 내내 끊이지 않았다. 많은 이들이 생명을 잃었고, 더 많은 이들이 청춘을 감옥에서 보내야만 했다. 이들은 사형선고를 받으면서도 한국의 민주화를 위해 죽을 수 있어서 영광이라고 당당하게 외쳤다. 광주항쟁 이후에는 수천 명의 운동권 지식인이 화이트칼라 전문직이 아닌 공장

노동자로서의 삶을 기꺼이 선택하며 공장으로 갔다. 경찰이나 국가 정보 요원의 추적을 받을 경우 때로는 수년 동안 가족과 연락을 끊고 지내야만 했다. 이들의 부모 가운데 일부는 자식이 수감되거나 사망했을 때 받은 실망, 충격, 혹은 슬픔으로 인해 예기치 못한 죽음을 맞이하기도 했다.

만약, 미국의 토머스 제퍼슨이 말한 대로 "자유라는 나무는 때때로 애국자와 독재자의 피로 재충전되어야 한다"(Jefferson 1955, 356)라면, 한국에서 민주주의의 나무는 민주화운동 참여자들이 흘린 피로 재충전되었다. 1969년 이래 약 431명이 민주화운동 과정에서, 고문으로 인해, 최루탄에 맞은 부상으로 인해, 건물에서 추락해서, 장기 복역 와중에 얻은 병이나 치료 결핍으로 인해 사망한 것으로 현재까지 알려져 있다.[1] 많은 운동가가 '적극적인 저항'의 표시로 자살하기도 했다. 구금 상태에 있던 남학생들은 강제징집되기도 했는데, 그중 일부는 군복무 중에 사체로 발견되었다. 감옥 생활을 마친 이들 중 다수는 공공 부문 및 대기업 취업과 해외여행이 금지되었거나 제약을 받았다.

이들의 용기와 헌신을 감안하면, 민중운동에 대한 기존의 그리 많

---

1_그중 272명은 1980년 광주항쟁 중에 사망했다. 이 숫자는 '5·18민주화운동 관련자 보상심의위원회'의 보고서에 근거한 것이다. 1999년 12월 28일 국회는 '민주화운동 관련자 명예회복 및 피해보상법'(약칭 민주화보상법)을 제정, 통과시켰으며 이 법의 해당 사항을 실천하기 위해 이듬해 8월 8일 민주화보상심의위원회를 출범시켰다. 이 위원회는 2000~01년에 민주화운동 관련 사망자들의 가족들로부터 명예 회복과 보상 신청을 받았다. 이 법은 1969년 이후의 사건 관련자에게만 적용되고 책임성과 관련된 시효 만료가 없기 때문에, 사망자의 숫자는 가족 신청자가 늘어나거나 기존 신청서에 오류가 발견되면 바뀔 것이다. 그간 이 법의 제정과 관련해 '민주화운동'의 범위를 둘러싼 여러 논쟁이 있었다. 조희연(2002, 20-25)을 참조할 것.

지 않은 역사적 분석이 민중운동을 전적으로 국가의 탄압과 영웅적인 저항이라는 틀 안에서 다루고 있다는 점은 이해할 만하다. 이들 문헌들은 대부분 운동권 출신이나 운동에 동조하는 연구자들이 민중운동의 절정기에 집필한 것들인데, 지배 권력에 맞서 자신들을 옹호해야 한다는 집필자들의 내적 압박감과, 특정 사건 혹은 전략과 전술을 변론해야 한다는 의무감을 무심결에 드러내고 있다.[2] 또 이들은 민중운동을 억압적 군사정권과 급속한 산업화 및 그에 따른 부정적 영향의 당연한 귀결로 다룬다. 그뿐만 아니라 이들 연구는 민중운동과 운동권의 통합성과 응집력을 과도하게 부각하고, 민중해방이라는 거대한 서사 속으로 모든 균열과 파편을 종속시켜 버리는 경향을 보여 준다.

이 책에서는 민중운동을 정치·문화·상징 권력을 획득하기 위한 전방위적인 세력 다툼의 장에서 펼쳐진 담론 경쟁으로 이해하고, 그런 이해를 돕기 위해 이 프로젝트가 지닌 설득력, 진정성, 역사성과 함께 그 모순과 결함도 함께 살펴보았다. 1968년 세계 곳곳의 청년 세대에게 특징적이던 종말론적인 사고(Katsiaficas 1987, 199), 즉 "지금이 아니면 언제"라는 혁명에 대한 절박함을 공유한 1980년대 남한의 운동권 학생과 지식인들은 바로 프리드리히 니체가 말한 "총체성의 기사騎士"(Konrád & Szelényi 1979, 135)였다. 요컨대 혁명은 이들에게 바로 지상명령이었고, 과장되고 도덕적으로 경직된 것을 포함한 이들의 모든 언행은 물론, 이들이 숨 쉬고 사는 목적 그 자체가 혁명을 하기 위한 것이었다. 그

---

2_예를 들어, 황의봉(1986); 이재오(1984)를 참조할 것. 황의봉은 월간 『신동아』 기자였으며, 이재오는 1970년대와 80년대에 반정부 인사였다.

러나 민중운동이 스스로를 대항 공론장으로 형성하는 과정은 '새로운 규범과 위계'의 확립을 수반했다. 이 새로운 규범과 위계에서 민중에게 적대적이라고 간주되는 모든 세력은 반민중·반민주·반민족적이라고 규정되었다. 한편으로는 민중을 예찬하고, 다른 한편으로는 국가, 재벌, 외세 등을 타자화하거나 때로는 악마화하는 운동권의 이분법 전략은, 운동권 자신의 대항 정체성을 공고히 하는 역할도 함께했다.

자신들이 타도하고자 하는 권력 구조를 답습하고 그런 가운데 새로운 규범과 위계를 확립한 사례는 한국의 운동권이 유일하지 않다. 미셸 푸코가 예의 지적했듯이, 진보세력의 "주된 적, 전략적 적수"는 바로 "우리 모두 안의 파시즘, 즉 우리의 머리와 일상 행위 속에 들어 있는 파시즘, 권력을 사랑하고 우리를 지배하고 착취하는 바로 그것을 욕망하게 하는 그 파시즘"이다(Foucault 1983, xiii). 달리 말하면, "무無권력의 순수 담론"이란 존재하지 않으며, 모든 저항 행위는 여러 형태의 배제와 억압을 수반한다.[3]


## 비판으로서 민중운동의 불확정성

텍스트, 이론, 논쟁이 조직 활동이나 거리 투쟁만큼 중요했던 운동권 문화는 다분히 현학적이었다. 따라서 1980년대 초, 마르크스-레닌주

---

3_당대비평 편집부(1999, 27-151)를 참조할 것.

의는, 그 해방적 잠재력이 세계 여타 지역에서 급속히 효력을 잃어 가고 있었음에도 불구하고, 한국의 운동권을 매료시켰다. 이들은 한국 사회의 성격을 어떻게 규정할 것이냐를 둘러싼 논쟁(이른바 사회구성체 논쟁)에 상당한 지적 에너지를 소모했다. 이 시기, 한국에는 천 명의 레닌이 있다는 말이 회자되기도 했는데, 민중운동 내에서 이론 논쟁이 얼마나 치열했는지, 그리고 얼마나 문제적이었는지, 단적으로 보여 주는 대목이다.

민중 프로젝트는, 그 급진적 외양에도 불구하고, '국민-국가', '자본주의 발전'과 같은 근대적 개념을 딱 잘라 부정하지는 않았다. 민중 활동가들이 국가에 대한 이항 대립적 견지에서 자신의 전망을 표현했을지라도 그들의 해방적 상상력은 국민국가의 통념 속에 놓여 있었던 것이다. 이들은 미래에 대한 자신들의 전망을 국민-국가라는 서사 위에 부단히 투영하면서, 자신들을 민족주의자로, 그리고 민족주의 유산의 진정한 계승자로 묘사했다. 그러나 민족을 위한 헌신에 대한 운동권의 거듭된 입장 표명과 대중적 행보는 정치적·이념적 차이의 "유일무이한 최고 심판관 및 집행자로서" 국가가 지니고 있다고 당연시되는 권력과 효능을 확인시키는 기능을 했다. 국가권력에 대한 운동권의 격렬한 저항에도 불구하고 국가는 "정치 공동체의 특권적 형태, 따라서 정치적 행동이 벌어지는 주요한 그리고 어쩔 수 없이 특권적인 장소"가 되었다 (McClure 1996, 63).

운동권의 여러 상징적 제스처는 국가가 특권적 위치에서 스스로 — 그리고 그 외 다른 세력들이 — 주장하는 바를 인정하고, 유효하게 하고, 실행시키는 지위를 강화시켜 주었다. 예를 들어, 광주항쟁 당시 군부의 잔혹한 진압에 맞서 스스로를 방어하고자 했던 시민들은 차량 행렬에 태극기를 휘날렸으며 애국가를 불렀다. 또 광주 진압 과정에서 미국의 암묵적 지원에 항의해 1985년 5월 서울 미국문화원을 점거했던 학생들 또한 온몸에 태극기를 휘감고 있었고, 법정에서 국가보안법 위반죄로 재판 중이던 학생들은 '민주주의 만세!'와 함께 '대한민국 만세!'를 외쳤다.

운동권은 당대 정권의 정당성에 대한 이의를 부단히 제기하면서도, 국가권력 그 자체에 대해서는 근본적인 의문을 제기하지 않았다(임지현 1999, 41). 그들이 추구하던 혁명은, 문부식이 지적했듯이 "나쁜 독재"가 "좋은 권력"으로 대체되면서 종료되었고(문부식 1999c, 238), 1980년대 말 한국 사회가 의회 민주주의로 이행하고, 동유럽에서는 '현실 사회주의'가 붕괴되면서 민중운동을 지탱하던 논리는 와해되었다.

한국의 자본주의 발전에 대한 민중 프로젝트의 입장 역시 양가적이었다. 민중운동은 남한의 경제 발전을 과거 식민지 역사와 당대의 신식민지성에 연루시켜 설명하고자 했다. 이들은 동시에, 박정희 정권의 경제개발 계획으로 첫 삽을 뜨고 근대화론에 의해 뒷받침된 한국의 경제 발전을 실패한 역사를 '바로잡을' 기회라고 보기도 했다. 1970년대 말까지만 해도 한국은 전형적인 제3세계 나라였다. 당시 한국은 근대화론의 주창자들이 저개발 국가의 주된 특징으로 꼽는 세 가지 특징을 모두 가지고 있었는데, 그것은 첫째, 식민지 경험으로 인해, 특히 지식인층 사이에 사회주의에 대한 편향성이 두드러진다는 점이다. 둘째, 정치적 민주주의보다 경제성장을 중요시하고, 그만큼 경제발전에 높은 가치를 부여한다는 점이다. 셋째는 민족주의 성향이 강하다는 점이다. (Rostow 1962, 4-5; 9-10).

저개발 국가의 경제 발전을 위한 근대화론의 처방은, 앞서의 특성들을 최대한 활용해 민족주의 정서를 근대화 노력으로 바꾸라는 것이었다. 한국은 근대화론의 전제를 성공적으로 입증한 사례가 되었다. 1980년대 중반에 이르면 한국에서는 자본주의 이데올로기가 민족주의 정서를 흡수할 만큼 경제 규모가 커졌다. 이는 다시 "미국식 가치관을 강화시키는 사회적·정치적 동기부여"를 촉진시켰고(Pearce 2001, 68-72), 미국은 한국 사회에 영향력을 행사할 수 있는 자리에 굳건히 서게 되었다.

그러나 군사정권의 독재하에서 지식인 사회는 '제도권'(관변) 지식인과 '비판적'(반정부) 지식인으로 나뉘었다. 역사학자 홍석률이 지적하듯이 체제에 결합한 지식인은 자신의 전문·기술 분야에 스스로 고립되어 사회에 대한 폭넓은 관점이나 비판 의식을 함양하지 않거나, 할 수 없었다. 다른 한편 '반정부' 지식인은 정부나 대학 제도에서 소외되었으며 그들이 그토록 명징하게 지적했던 문제들에 대해 구체적이고 대안적인 해법을 제안할 통로를 차단당했다(홍석률 1999 191-193).

19세기 말 조선의 개화파 지식인들이 그들이 추구하던 민족주의의 "이중적 성격"[4](Schmid 2002, 38)으로부터 벗어날 수 없었듯이, 1980년대 한국의 비판적 지식인은 근대화와 경제성장의 이중적 성격으로부터 벗어날 수 없었는데, 그것은 곧 국민의 물질적 풍요가 민족적 자율성을 담보로 하고 있었다는 것이다.[5] 민중이라는 개념은 바로 이 딜레

---

4_여기서 이중적 성격이란 개화파 지식인들이 당면했던 인식론적 문제로서, 개화파 지식인들이 그토록 주장했던 조선의 문명개화가 일본으로 하여금 조선의 주권을 침해하고, 심지어는 그 과정에서 자신들을 내몰아 버리는 데 이용된 것을 의미한다.

5_한국 지식인 사회에서 근대화론의 수용 과정에 대한 논의로는 이용성(2003)을 참조할 것.

마의 핵심에 자리하고 있다. 민중운동은 국가가 국민을 단순히 대중(이 용어는 통상 정치적 주체성의 결여를 함축한다)으로, 즉 근대화란 톱니바퀴의 한 톱니로만 동원한다는 이유로 국가를 비판했다. 그러나 한국인은 전반적으로 근대화 프로젝트를 통해 주체적 행위자로서의 의식을a sense of agency 획득했다. 국가의 대중 동원은 대중을 국민 주체national subjects 혹은 시민으로 재구성하는 과정을 의미했으며, 다수의 정체성들을 동질적이고 국민화된 주체로 호명했다. 경제 발전 프로젝트는 많은 한국인에게 진보, 풍요, 국민적 단결의 상징이 되었다. 근대화 프로젝트는 또한 빈곤으로부터 탈출하고 생활수준을 개선하고자 하던 대다수 국민의 열망, 즉 아래로부터의 올라온 평등주의 압박이 위로부터 내려온 국가 주도의 발전주의와 결합되는 과정이었다(황병주 2004).

그리하여 민중 프로젝트가 제시한 민중, 즉 역사의 주체이며 국가의 대안적 역사를 보증할 능력을 보유한 민중이 살고 있는 땅은 애초부터 가상의 영토, 혹은 그 존재가 매우 불확실한 영토였다. 즉 경제 발전 프로젝트에서 민중은 역사의 주체로서 당연히 경제 발전을 이끄는 주인공이 되어야겠지만, 민중은 또한 자본주의 발전의 부정적 양상에 저항할 수 있는 능력을 태생적으로 가지고 있어야 했다. 민중에게 부여된 이런 태생적 능력은 얼핏 민중이 자본주의 발전의 대안인 것처럼 보이게 했다. 이는 1930년대 일본 향토 민속학이 "우직한 사람들"an abiding folk의 발견을 통해 그들을 "자본주의 근대성에 대한 대안인 것처럼 보이게" 한 것과 크게 다르지 않다(Vlastos 1998, 10; 12).

## 민중운동 시대 이후의 운동권

1990년대 초, 서구에서 폐기된 '개량 아니면 혁명'이라는 이분법이 한국에서도 폐기되고 있음이 명백해졌다. 이런 자각은 운동권 사이에 적지 않은 혼란·고민·불안정을 가져왔다. 일부는 자신들의 이전 활동에 대한 열정에 근본적인 질문을 던지기 시작했다. 다음은 이 시기 한 시인이 쓴 자기 비하적인 '고백'이다.

> 물론 나는 알고 있다
>
> 내가 운동보다도 운동가를
>
> 술보다도 술 마시는 분위기를 더 좋아했다는 걸
>
> 그리고 외로울 땐 동지여!로 시작하는 투쟁가가 아니라
>
> 낮은 목소리로 사랑노래를 즐겼다는 걸
>
> 그러나 대체 무슨 상관이란 말인가
>
> (최영미 1994, 10).

목숨을 건 절박함과 고도의 '정서적 투자'affective investment는 1980년대 운동권을 특징짓는 모습이다. 이런 모습은 1990년대 들어 운동권 자신들에게도 실로 다소 엉뚱하게 비쳤을 것이다. 한 문학평론가는 1990년대를 "바야흐로 역사성에 대해 일상성이, 공공성에 대해 개인성이, 계몽성·정치성에 대해 탈계몽성·탈정치성이 우위에 선 시대"라며 1980년대와는 현격한 대조를 보이고 있다고 묘사하고 있다. 따라서 "이 시대에 다시 민중을 이야기하는 작가는 시대 착오자라는 암묵적 낙인을 각오해야 했다"(김명인 2000, 24; Ryu Youngju 2006, 12에서 재인용). 1990년대에 운동권 출신 다수는 실로 스스로 시대에 뒤떨어졌다고 느

겪는데, 이들은 변화한 시대에 적응할 수 없었거나 적응하려고 하지 않았다.

한국의 운동권 출신 다수가 변화한 시대의 새로운 도전에 맞설 길을 찾아 고민하는 동안, 이들의 열정·헌신·희생은 시대를 대표하는 이미지로서 대중문화 차원에서 점점 더 소비의 대상이 되어 갔다. 마치 1980년대 모든 사람이 민주화운동을 한 것처럼, 운동권의 이타적 자기 부정과 집단적 선의는 1980년대의 시대정신으로 끊임없이 호출되었고 여전히 호출되고 있다. 이는 1990년대 이후 이미 만연해 있는 노스탤지어와 정치적 무력감을 더욱 부추겼다. 1990년대에 대거 선보인 민주화운동을 배경으로 한 문학작품과 방송드라마는, 1980년대 민중운동의 비판 정신이 어쩌면 이제 새로운 시대를 맞아 체제 안으로 사실상 그리고 안정적으로 흡수되었으며, 이제 운동권은 새 출발을 하거나move on, 혹은 비켜서야move over한다는 신호였는지도 모른다.

민중운동의 쇠퇴는, "도덕적 정체성·집단적 지성·역사적 행위자·문화적 세력"(Davies 2001, 18)으로서 지식인이 이전에 누리던 특권적 지위의 현저한 위축을 가져왔다. 이 시기 한국의 많은 저자가 러셀 야코비의 『마지막 지식인』과 비슷한 논조로[6] 공적 지식인public intellectuals의 소멸을 애도했는데, 이들의 애도대로 그람시적인 의미의 유기적 지식인(지식인의 이상으로서의 유기적 지식인상은 물론이고, 그와 같은 실천을 보여 주었던 실제의 지식인들 모두)은 소멸 중인 것으로 보였다. 실제로 이들

---

6_러셀 야코비의 『마지막 지식인』과 에드워드 사이드의 『지식인의 표상』은 1990년대 한국 지식인 사회에서 널리 읽힌 바 있다.

의 글은 1990년대 한국 사회가 지식인에게 거는 변화된 기대에 대한 매우 현실적인 불안감을 나타내고 있는데, 1990년대 한국 지식인의 활동, 정체성, 조직에 큰 영향을 미친 것은 '전문화' 논리였다. 이 논리에 따르면 지식인의 지식 생산은 개별 학문 분과에 이바지해야 할 뿐만 아니라, 국가와 시장을 상대로 전문가 증언을 해야 한다.[7]

1990년대 지식인의 사회참여는 또한 이전의 '정치'적 수단에서 '문화'적 수단으로 옮겨갔다. '이론, 실천, 정치'에 대한 1980년대 지식인들의 관심사는, 1990년대에는 '감수성, 순발력, 소비'에 대한 찬양으로 대체되었다. 지행일치를 몸소 실천하는 지식인들의 '논쟁과 영웅적 주장'보다 사유의 독창성이나 수입 이론을 소화하는 능력이 더욱 요구되었다. 1980년대의 정치적 행동주의 대신에 이제 대중문화가 주요 저항 영역이 되었고, 이 시기 새롭게 부상하는 "문화비평가" 집단은 "문화 게릴라"의 지위를 획득했다(신현준 1998, 11).

"거대서사에 대한 불신"이 포스트모던 시대의 특징이라면(Lyotard 1984), 한국 사회는 실로 포스트모던 단계에 진입한 것으로 보인다. 민중의 거대서사는 이제 과거의 얘기가 되었다. 국가는 더는 권력의 단일 소재지가 아니며 어떤 단일 쟁점도 1980년대처럼 전 사회를 뒤흔들 수 없다. 사람들은 "대문자 해방Emancipation보다는 소문자 해방emancipations을 말한다"(Laclau 1990, 225).[8] 그렇지만 한국에서 포스트모더니티는 단순

---

**7**_이런 추이의 전형적인 사례로는 김대중 정부의 '신지식인' 캠페인을 들 수 있다. 김필중(2000)을 참조할 것.

**8**_양심적 병역 거부나 게이 및 레즈비언의 커밍아웃 현상이 소문자 '해방들'의 사례다.

히 모더니티 이후에 온 것이 아니라, "근대의 특정한 발현 이후에"(Dirlik & Zhang eds. 2000, 4) 나타났다. 한국에서 포스트모던은 탈권위주의를 의미할 뿐만 아니라 탈민중을 의미한다.

한국에서 포스트모더니티는 1997년 국제통화기금IMF으로부터 구제금융을 받은 금융 위기와 동시에 발생했다. IMF 구제금융 사태는 대규모 정리 해고와 임금 삭감을 불러왔다. 또한 그동안 격렬한 투쟁을 통해 어렵게 얻어 낸 노동자들의 복리 후생뿐만 아니라 기본권마저 급격하게 약화시켰다. IMF 사태 당시 한국인이 겪은 곤경은 한국전쟁 이후 가장 혹독했다는 평도 있다. 이로부터 비롯된 경제적·사회적 불안정성은 일부 사회적 담론을 예전의 발전주의 단계로 되돌려 놓았다. 이들 담론은, 차이보다는 국민 총화를, 분배의 평등보다는 빠른 경제 회복을 강조했다.[9]

민중운동가들은, 일본 좌파 진영 사회운동이 1970년대 궤멸한 이후 일본이 걸은 길을 보았고, 한국은 이와 다른 길을 갈 수 있기를 희망했다. 일본 연구자 빅터 코슈만에 따르면 일본의 과격파 학생들은 "물신화된, 가끔은 유아독존적인 개념에 몰두"해 "냉정한 상황 분석이나 전술 분석을 소홀히 했고," 1970년대 일본 사회운동의 소멸은 부분적으로 여기에 기인한다. 좌파의 패배는 우파의 득세를 가져왔고 일부 과격파 지도자는 일본의 신보수주의 신봉자로 변신하고 말았다(Koschmann 1996, 247).

1980년대 말 이래 민중운동은 급속한 변화와 불투명한 상황의 궤

---

9_IMF 사태가 미친 사회적 영향에 대해서는 당대비평 편집부(1998, 48-131)를 참조할 것.

적을 그리고 있기에 단적인 평가를 내리기 어렵다. 1980년대에 민중운동을 주도했던 이른바 '386세대'는[10] 현재 정계와 학계 그리고 영화계에 이르기까지 한국 사회의 거의 모든 공적 부문에서 중요한 위치를 차지하고 있다. 386세대의 존재감은 특히 정계에서 두드러지는데, 2004년 4월 총선에서는, 49석의 소수당이던 열린우리당이 무려 162석을 차지했다. 의원 당선자 가운데 상당수가 386세대였으며, 그중 최소한 10명 정도는 1987년 이래 학생운동을 주도했던 전국대학생대표자협의회 (약칭 전대협)의 의장이거나 간부 출신이었다. 주로 노동자와 농민을 지지 기반으로 한 민주노동당 역시 국회에서 제3당으로 급부상했는데 민주노동당 의원은 대체로 일찍이 수년간 공장 활동 경험을 했던 386세대였다.[11] 민주노동당은 한국 역사상 처음으로 입법부에 등원한 좌파 정당이다. 1970년대 민주화운동 지도자들의 정계 활동 역시 활발했는데, 일부는 김대중 정부와 노무현 정부에서 장관을 역임했다.

386세대 국회의원 중 적지 않은 의원은 또한 보수당인 한나라당에 소속해 있다. 이들 중 몇몇은 현재 한국의 자본주의 체제가 충분히 혁신되었다고 보고, 한국의 경제체제가 국내에서뿐만 아니라 세계적으로도 평등을 더욱 신장시킬 수 있는 제도라고 천명했다. 이들을 또 이른바 '뉴라이트' 노선을 선언하며 미국의 레이건과 영국의 마거릿 대처

---

10_'386세대'란 1990년대에 만들어진 신조어로서 1960년대 태어나서, 1980년대에 대학을 입학하고, 1990년대 당시에 30대에 속하던 세대를 가리키는데, 주로 그 세대 운동권을 지칭할 때 쓰인다.

11_민주노동당의 두 지도자 노회찬과 심상정은 대학생 시절부터 공장에서 노동운동을 한 전력이 있다.

로 대표되는 신보수주의 정책을 적극 옹호하기도 한다.

그럼에도 불구하고, 대다수의 운동권 개개인은 여전히 진보 의제에 대한 자신들의 신념을 고백한다. 물론 현실정치 차원에서 볼 때, 개인의 정치적 취향은 수시로 바뀔 수 있다는 점과, 한국의 정치 상황은 한 치 앞을 예측할 수 없을 정도로 급변한다는 점을 감안하면 운동권 출신 개개인의 정치적 성향에 큰 의미를 두지 않아도 될 것이다. 한국의 운동권은 확실히 '냉정한 상황 분석 및 전술 분석'을 간과하지 않았다. 권력의 자리로 옮겨간 운동권은, 근본적으로 구조가 달라진 사회에서 이전의 정치적 대립 관계는 더는 유효하지도 바람직하지도 않을 수도 있다고 곧바로 자각했다. 그러나 1980년대에 민주화운동과 통일운동에 투신한 운동권 중 일부는 여전히 1980년대 개념, 문제 틀, 실천 방식에서 벗어나지 못하고 있다. 한 386세대가 지적한 것처럼, 예를 들어 열린우리당 내 386세대는 여전히 정치적 민주주의의 의제에 몰두한 나머지 '경제민주주의'의 의제를 다루는 데에서는 취약점을 노정했다. 따라서 김대중 정부와 노무현 정부에서 신자유주의는 핵심 경제정책이었으며, 집권당 내 386세대의 다수는 신자유주의의 논리에 굴복했다. 이전 정부에 비해 상대적으로 높았던 이들 정부의 도덕적 권위가 신자유주의의 수용을 정당화하는 데 기여했다.[12]

오늘날 한국 사회는 일반적으로 지적 패러다임이 변화하고 있는 시기이며, 좀 더 구체적으로는, 민중과 지식인에 대한 관심이 변화하고 있는 시기다. 필자가 대학원생으로 현재의 연구를 시작한 이래, 이 책

---

12_심상정 면담(2005/08/03).

의 목적은 다소 바뀌었다. 이 책의 목적은 여전히 민중운동의 꿈, 희망, 포부, 문제점 등을 포함해 민중운동 "이야기를 하"는 것이지만, 이 연구를 진행하면서 필자는 역사적 책임의 필요성을 깨닫게 되었다. 1980년대 한국의 사회운동을 이야기함에 있어, 그것의 성과와 실패를 함께 설명 할 수 있어야 하고, '역사'·'민중' 등 본질주의적 개념을 무조건 추종해서도 안 되겠지만, 민중운동의 다양한 개념들이 '이론적으로 세련되지' 않다는 이유로 무조건 부정해서도 안 된다는 것이 이 연구와 관련해 필자가 생각하는 역사적 책임이다. 포스트민중 시대인 현재 전개되고 있는 여러 상황은 필자의 이런 생각을 더욱 고양시켰다. 1980년대의 이상理想과 전망은 부분적으로 성취되었을 뿐이고, 민중운동의 경험은 점점 더 "노스탤지어나 혼성 모방의 목적을 위한"(O'Hanlon & Washbrook 1992, 153) 이미지와 파편이 되어 가고 있다. 역사는 한낱 '신화와 전설 같은 이야기'가 되어 버리고, '과거의 견고함에 대한 우리 감각은 녹'아 버린다. 이렇게 표피화된 감감 속에서 자기 성찰의 장場으로서의 역사는 부정된다. 이 책은 민중운동을 '구출'하고자 한다. 민중운동은 마땅히 역사적으로 다뤄져야 할 주제로서, 민중운동이 역사적·정치적 세력으로서 부상하게 된 배경은 역사화되어야 한다. 이는 곧 역사적 실천을 가능하게 하기 위함이다. 과거의 영웅을 살려 내는 것이 목적이 아니라, 개인과 사회가 공히 권한을 갖고 참여하는 방식으로 사회적 관계를 재개념화하는 데 역사가 그 능력을 발휘하게 하기 위함이다.

# | 참고문헌 |

강만길. 1978. "분단시대 사학의 성격."『분단시대의 역사인식: 강만길 사론집』. 창작과비평사.

_____. 1989. "대학 한국사교육, 현대사 강의가 없다."『역사비평』 7호.

강신철 외. 1988.『80년대 학생운동사: 사상이론과 조직노선을 중심으로』. 형성사.

강영진. 1989. "집중연구: 주사파."『신동아』 8월호.

강인철. 1992. "한국전쟁기 반공이데올로기 강화, 발전에 대한 종교인의 기여." 한국사회학회 편.『한국전쟁과 한국 사회변동』. 풀빛.

강준만. 1995.『전라도 죽이기: 강준만 교수의 본격 이의 제기』. 개마고원.

강준만·김환표. 2004.『희생양과 죄의식: 대한민국 반공의 역사』. 개마고원.

경남대학교극동문제연구소 편. 1988. "한미관계의 정치적 갈등과 반미운동."『한국과 미국』 제1권. 경남대학교 출판부.

경남대학교극동문제연구소 편. 1993.『한국 정치, 사회의 새흐름』. 나남.

고려대학교대학원 정치외교학과. 1998. "최장집 교수에 대한 조선일보사의 왜곡·음해 보도 관련 자료."

고석규. 1989. "대학의 한국사 교육은 더욱 강화되어야 한다."『역사비평』 6호.

고영구 편. 1986. "성고문 사건 변론 요지"(11월 21일). 미간행 법정문서.

고영복. 1991. "한국 대학생의 의식과 이념."『한국 사회의 구조와 인식』. 사회문제연구소.

공지영. 1988. "<신인투고작품> 동트는 새벽."『창작과 비평』 16-3호.

광주광역시 5·18사료편찬위원회 편. 1997a.『5·18 광주민주화운동 자료총서』 제2권. 광주광역시.

_____. 1997b.『5·18 광주민주화운동 자료총서』 제6권. 광주광역시.

구모룡·백진기·임규찬·조만영·홍정선. 1989. "현 단계 민족문학의 상황과 쟁점."『창작과 비평』 17-2호.

국가안보기획부. 1989. "학원 좌파 세력 의식화와 MT자료 분석"(3월).

권영민 외. 1989.『월북문인 연구』. 문학사상사.

권인숙. 1987. "탄원서." 한국기독교교회협의회 인권위원회 편.『우리들의 딸 권양』. 한국기독교교회협의회 인권위원회.

_____. 2005.『대한민국은 군대다: 여성학적 시각에서 본 평화, 군사주의, 남성성』. 청년사.

권혁범. 1999. "『<특집: 우리 안의 파시즘> 내면화된 권력, 혹은 '자발적 복종'에 대하여』 반공주의 회로판 읽기: 한국 반공주의의 의미 체계와 정치 사회적 기능."『당대비평』 8호.

기독야학연합회. 1985.『민중야학의 이론과 실천』. 풀빛.

김　원. 2006.『여공 1970: 그녀들의 反역사』. 이매진.

김경숙. 1986.『그러나 이제는 어제의 우리가 아니다: 80년대 노동자 생활글 모음』. 돌베개.

김경호(광주 통신원). 1994. "오월은 다시 하나다."『시사저널』 259호.

김계유. 1991. "현장증언 1948년 여순봉기: 당시 일기를 토대로 재구성한 여수인민위원회 활동상과 좌익협력자에 대한 대량 학살의 진상."『역사비평』17호.

김광동. 2003.『반미운동이 한국 사회에 미친 영향』. 자유기업원.

김광일. 1987. "국립서울대학을 해부한다."『월간조선』1월호.

김기영. 2001. "부미방 사건과 이회창, 문부식, 김현장의 기묘한 인연."『신동아』503호.

김기중·신윤동욱·한홍구. 2002. "<좌담> '양심적 병역 거부'의 자유는 있는가: '여호와의 증인', 유승준, 대체 복무제."『당대비평』19호.

김동춘. 1990. "4·19시기 과연 혼란기였나."『역사비평』10호.

_____. 1994. "1960, 70년대 민주화운동의 대항 이데올로기." 역사문제연구소 편.『한국 정치의 지배이데올로기와 대항이데올로기』. 역사비평사.

_____. 1997.『분단과 한국 사회』. 역사비평사.

_____. 1999. "20세기 한국에서의 '국민'."『창작과 비평』27-4호.

김만흠. 1997.『한국 정치의 재인식: 민주주의 지역주의 지방자치』. 풀빛.

김명섭. 1989. "분단의 구조화 과정과 한국전쟁." 최장집 외.『해방전후사의 인식: 민중항쟁, 무장투쟁, 문화예술운동, 한국전쟁의 해명』제4권. 한길사.

김명인. 1989. "먼저 '전형'에 대해 고민하자."『창작과 비평』17-4호.

_____. 2000. "무섭게 변하는 민중 주변만 서성이는 작가들."『한겨레』1월 25일자.

김문수. 1986. "어느 실천적 지식인의 자기 반성." 무크지『현장』6호. 돌베개.

김미영. 1991.『마침내 전선에 서다』. 노동자의 벗.

김민석. 1985a. "공판조서." 서울형사지방법원(8월 5일). 미간행 법정문서.

_____. 1985b. "항소이유서"(12월). 미간행 법원문서.

_____. 1992. "내가 겪은 사건: 미문화원 점거농성과 서울대총학생회장 시절."『역사비평』18호.

김병걸. 1985. "우리 모두 가자 통일로." 통일문제연구소 편.『해방의 노래, 통일의 노래』. 화다.

_____. 1987. "우리모두 가자 통일로." 서울지역대학생 대표자협의회 편.

김병곤기념사업회준비위원회 편. 1992.『영광입니다: 고 김병곤 회고문집』. 거름.

김병익. 1988. "'노동'문학과 노동 '문학': 최근의 노동소설을 읽고."『문학과 사회』1-2호.

_____. 1989. "80년대: 인식 변화의 가능성을 향하여."『문학과 사회』2-4호.

김상일 편. 1988.『반미소설선』. 도서출판 한겨레.

김성동. 1988. "<서평:『감옥으로부터의 사색』,『새벽노래』> 죽임의 세월에 피어나는 살림의 꽃."『창작과 비평』16-4호.

김세균. 1989. "자유민주주의의 허울 40년: 자유민주주의와 극우파쇼."『역사비평』8호.

김언호. 1987. "'한길 역사 강좌'를 책으로 엮어내면서." 진덕규 외.『한국 현대사와 역사의식』. 한길사.

_____. 1997.『책의 탄생』전 2권. 한길사.

김영기·박승옥 편. 1989.『한국 노동운동 논쟁사 자료모음: 80년대를 중심으로』. 현장문학사.

김영하. 1992.『무협: 학생운동』. 아침.

김원일. 1990. "마음의 감옥." 『이상 문학상 수상 작품 문집』. 문학사상사.

김은숙. 1988. 『불타는 미국: 부미방의 진실』. 아가페.

김인걸·강만길·배영순·윤한택·김성보. 1989. "<좌담> 80년대 민중사학론, 무엇이 문제인가: 한국 역사학계의 새 기류와 90년대 전망." 『역사비평』 9호.

김인동. 1985. "80년대 지식인의 노동운동 참여와 관련하여." 김금수 외. 『한국노동운동론』 제1권. 미래사.

김인숙. 1995. "80년대의 나의 문학: 추억할 수 없는 현재." 『역사비평』 32호.

김재용. 1996. 『민족문학운동의 역사와 이론』 제2권. 한길사.

김종환. 1988a. "<인터뷰: 김근태 전 민청련 의장> 그래도 민중 곁으로 가겠다." 『월간조선』 9-8호.

_____. 1988b. "79년대 운동권 기수들의 오늘: 조영래·이신범·장기표·심재권·김근태 등 서울대생 내란음모 관련자들의 그 후 16년." 『월간조선』 9월호.

김주연. 1988. "풍자의 제의를 넘어서." 『문학과 사회』 1-1호.

김진균·백영서·방기중·강순원·고재호. 1988. "<좌담> 새로운 대학공동체의 모색." 『창작과 비평』 62호.

김진명. 1988. "언어 의미체계의 분석을 통해서본 대학생 저항문화: 성분 분석방법을 이용한 운동권 영역에 대한 사례연구." 『현상과 인식』 12-2호.

김창남. 1995. "'유신문화'의 이중성과 대항문화." 『역사비평』 32호.

김필중. 2000. "전환기 한국 지식정책의 현주소: '신지식인'론과 'BK21사업'을 중심으로." 『경제와 사회』 46호.

김하기. 1990(1993). 『완전한 만남』. 창작과비평사.

김형기·송호근·전태국. 1991. "<좌담> 사회주의권의 변화와 한국 사회." 『문학과 사회』 4-4호.

노민영 편. 1988. 『잠들지 않는 남도: 제주도 4·3항쟁의 기록』. 온누리.

노수영. 1982. "항소이유서"(4월 10일). 미간행 법원문서.

눈 편집부 편. 1989. 『강철서신』. 눈.

당대비평 편집부. 1998. "<특집> 다가온 '신질서' 축복인가 재앙인가." 『당대비평』 3호.

맥코맥, 거번 & 마크 셸던 편. 1988. 『남북한의 비교연구』. 장을병·김일영·문성호 옮김. 일월서각.

문명호. 1985. "노학연대와 재야 노동운동" 『신동아』 9월호.

_____. 1987. "우리들의 딸 권양의 찢긴 젊음." 『신동아』 8월호.

문부식. 1999a. "잃어버린 기억을 찾아서: 광기의 시대를 생각함." 『당대비평』 9호.

_____. 1999b. "<주제서평: 『서승의 옥중 19년』> 우리, 대한민국의 야만을 잊었는가." 『당대비평』 7호.

_____. 1999c. "『<기획산문> 20세기의 야만과 결별하기 위하여』 잃어버린 기억을 찾아서: 광기의 시대를 생각함." 『당대비평』 9호.

문일촌. 1984. "80년대 초 노동운동의 전개." 무크지 『현실과 전망』 창간호. 풀빛.

문화방송. 2005a. 다큐멘터리 <이제는 말할 수 있다: 한국의 진보 3부작 1부>. 4월 24일 방송.

_____. 2005b. 다큐멘터리 <이제는 말할 수 있다: 한국의 진보 3부작 2부>. 5월 1일 방송.

민경환. 1991. "사회심리적으로 본 지역감정." 김종철 외. 『지역감정 연구』. 학민사.

민속학회 편. 1994. 『한국민속학의 이해』. 문학아카데미.

민족극연구회 대본선편집위원회 편. 1988. 『민족극대본선: 대학극 편』 제2권. 풀빛.

민주화실천가족운동협의회·민족민주운동연구소 편. 1989.『80년대 민족민주운동 10大 조직 사건』. 아침.

민주화운동기념사업회. "실록 민주화운동." http://db.kdemocracy.or.kr/board/pds_sillok/view.asp?bid
=pds_sillok&num=51&page=3&od=&ky=&sh=(검색일: 2006년 8월 5일).

박경리. 2002.『토지』. 나남.

박명림. 1996.『한국전쟁의 발발과 기원』제1권. 나남.

박성준. 1994. "'공안' 벌판에 선 시련의 대학."『시사저널』252호.

박승옥. 1991. "80년대 노동조합운동의 새로운 출발." 전태일기념사업회 편.『한국노동운동 20년의 결산과
전망』. 세계.

박영식. 1985. "70, 80년대 노동운동에 대한 소사." 무크지『민중』2호.

박완서. 1993. "티 타임의 모녀."『창작과 비평』21-2호.

박원순. 1989. "민족의 가슴에 난 바람구멍."『창작과 비평』17-2호.

_____. 1990. "6·25 40주년 특집 전쟁부역자 5만여 명 어떻게 처리되었나."『역사비평』11호.

_____. 1992.『국가보안법연구』제2권. 역사비평사.

박재권. 1994. "양산체제 갖춘 '사상감별'."『시사저널』262호.

박찬승. 1985. "동학농민전쟁의 사회·경제적 지향." 박현채·정창렬 편.『한국민족주의론: 민중적 민족주의』
제3권. 창작과비평사.

박태균. 2005.『한국전쟁』. 책과함께.

박태순·김동춘. 1991.『1960년대의 사회운동』. 까치.

박태원. 1977.『갑오농민전쟁』. 평양: 문예출판사.

_____. 1989.『갑오농민전쟁』. 깊은샘.

박현채. 1989. "추천의 말." 오연호.『식민지의 아들에게: 발로 찾은 반미교과서』. 백산서당.

박현채·백낙청·양건·박형준. 1988. "<좌담> 민족 통일운동과 민주화운동."『창작과 비평』61호.

박현채·조희연 편. 1992.『한국 사회구성체 논쟁』제4권. 죽산.

방현석. 1991a. "지옥선의 사람들."『내일을 여는 집』. 창작과비평사.

_____. 1991b. "후기."『내일을 여는 집』. 창작과비평사.

배인준. 1980. "격동하는 학원가."『신동아』190호.

삼청교육대인권운동연합 편. 2003.『2002 삼청교육대백서』제2권. 삼청교육대인권운동연합.

서울노동운동연합. "서노련 법정투쟁 기록." 연도 미상.

서울대메아리 편. 1989.『메아리 제9집』. 새길.

서울지방검찰청. "공소장 소위 남조선민족해방전선 사건 신향식 외 18명." 1979년 12월 26일(미간행 법정 문서).

서울형사지방법원. 1982. "이른바 민주 학생 연맹, 민주노동 연맹 사건 구속자 26명 최후진술."
서울형사지방법원(1월). 미간행 법정문서.

서준식. 1988.『나의 주장: 반 사회안전법 투쟁기록』. 형성사.

_____. 1993. "<특집> 전향과 변절의 역사 전향, 무엇이 문제인가: 영광과 오욕의 날카로운 대치점."
『역사비평』24호.

서중석. 1988a. "<특집: 해방 후 학생운동의 민족사적 위치> 3선 개헌반대, 민청학련투쟁, 반유신투쟁." 『역사비평』 3호.

_____. 1988b. 『80년대 민중의 삶과 투쟁: 서중석 르뽀집』. 역사비평사.

_____. 1989. "<발제> 광주학살·광주항쟁은 민족사의 분수령이었다." 『역사비평』 7호.

_____. 1999. 『조봉암과 1950년대』 상. 역사비평사.

성민엽. 1989. "열린 공간을 향한 전환." 『문학과 사회』 2-4호.

세계 편집부. 1986. 『공안사건기록』. 세계.

송광성. 1989. "우리 역사 바로 알자, 8·15는 해방의 날이 아니다." 『역사비평』 8호.

송상헌. 1989. "교사발언 중고교 역사교육 논의, 무엇이 빠져 있나." 『역사비평』 6호.

신동아 편집부. 1975a. "<뉴스와 화제> 대학서클 호국단 산하로." 『신동아』 132호.

_____. 1975b. "<뉴스와 화제> 반공은 대회에서 운동으로" 『신동아』 132호.

_____. 1975c. "<뉴스와 화제> 중앙학도 호국단 발단." 『신동아』 134호.

신준영. 1990a. "80년대 학생운동 야사 1: 10·26에서 무림까지." 『월간 말』 44호.

_____. 1990b. "80년대 학생운동 야사 2: 황무지에 움트는 들꽃이 되어." 『월간 말』 45호.

_____. 1990c. "80년대 학생운동 야사 4: 미문화원 투쟁에서 민정당연수원 점거까지." 『월간 말』 48호.

_____. 1990d. "80년대 학생운동 야사 5: 민민투와 자민투." 『월간 말』 49호.

신현준. 1998. "사회과학의 위기?: 보편적 사회변혁 이론이 종언된 시대의 '대안적인' 정치적 실천의 모색." 김성기 외. 『현대사상』 특별 중간호. 민음사.

심양섭. 1989. "운동권의 주사파." 『월간조선』 3월호.

심재택. 1983. "4월 혁명의 전개과정." 한완상 편. 『4·19혁명론』. 일월서각.

아라리연구원(아시아·아프리카·라틴아메리카연구원) 편. 1988. 『제주민중항쟁』 전 3권. 소나무.

안승현 편. 1995. 『한국노동소설전집』 제1권. 보고사.

안영민. 1999. "<9박10일 연쇄 인터뷰> 출소 장기수 17인의 삶으로 엮은 분단 현대사." 『월간 말』 154호.

안재성. 1989. 『파업』. 세계.

_____. 1991. "작가의 말." 『사랑의 조건』. 한길사.

안철흥. 1999. "새봄에 만난 사람: 학생출신 금속연맹 위원장 문성현." 『월간 말』 1999년 4월호.

양성우. 1977. 『겨울 공화국』. 화다출판사.

양은식 편. 1984. 『분단을 뛰어넘어: 북한방문기』. 고려연구소.

여영무. 1984. "학생회냐 호국단이냐." 『신동아』 27-12호.

역사비평 편집부. 1996. "대토론: 19세기, 근대로의 이행인가 반동인가." 『역사비평』 37호.

염무웅·현기영·김향숙·임홍배·권성우. 1993. "<좌담> 90년대 소설의 흐름과 리얼리즘." 『창작과 비평』 21-2호.

오세영. 1989. "사랑의 입법과 사법: 조세희의 『난장이가 쏘아올린 작은 공』." 『세계의 문학』 51권.

오연호. 1989. 『식민지의 아들에게: 발로 찾은 반미교과서』. 백산서당.

오효진. 1988. "한국의 선비, 김준엽." 『월간조선』 9-5호.

우태영. 2005. 『82들의 혁명놀음』. 선.

월간 말 편집부. 1985. "시장개방 압력으로 위기에 처한 천만 농민." 『월간 말』 4호.

_____. 1988. "통일운동의 새로운 전개." 『월간 말』 25호.

유석춘·박병영. 1991. "한국 학생운동의 구조와 기능." 한국사회학회 편. 『현대한국 사회 문제론』. 한국복지정책연구소 출판부.

유영익 편. 1998. 『수정주의와 한국 현대사』. 연세대학교 출판부.

유청하. 1988. "대학가 휩쓰는 반미운동, 반미논리." 『신동아』 31-7호.

윤광봉. 1996. "민속극의 역사." 임재해·한양명 편. 『한국민속사 입문』. 지식산업사.

윤석진. 1988. "<현장분석> 대학생과 현실인식." 『월간중앙』 148호.

윤정모. 1990. 후기. 정수리. 『우리 갈 길 멀고 험해도』 전 2권. 녹두.

윤지관. 1990. "<해설> 노동소설의 새로운 지평." 차주옥. 『함께 가자 우리』. 실천문학사.

윤해동. 1990. "'아리랑'이 들려온다: 혁명가 김산, 그 의문의 죽음을 찾아서." 『역사비평』 10호.

이 철. 1991a. "'민청학련' 사건에서 사형수가 되기까지." 『역사비평』 16호.

_____. 1991b. "<내가 겪은 사건> 민청학련 사건에서 사형수가 되기까지." 『역사비평』 16호.

이규환. 1993. 『한국교육의 비판적 이해』. 한울

이길상. 1992. "제국주의 문화침략과 한국교육의 대미종속화." 『역사비평』 20호.

이동철. 1985. 『들어라 먹물들아』. 동광출판사.

이동환. 1984. "노동 교육의 측면에서 바라본 야학 소사." 무크지 『노동-일터의 소리 I』 10월.

이두현. 1979. 『한국의 가면극』. 일지사.

이만열. 1988. "한국사 연구 대상의 변화." 『한국 근대 학문의 성찰』. 중앙대학교 중앙문화연구원.

이명준·박형준. 2005. "인혁당, 민청학련 사건은 조작." 『동아일보』 12월 8일자.

이문재. 1994. "동학은 진화론을 극복한다." 『시사저널』 260호.

이미숙. 1999. 『변화는 시작됐다: 김정일 시대의 북한, 어디로 가는가』. 학민사.

이병천. 1993. "세계사적 근대와 한국의 근대." 『세계의 문학』 69호.

이산하. 2003. 『한라산: 이산하 장편서사시』. 시학사.

이삼성. 1993. 『미국의 대한정책과 한국민족주의: 광주항쟁, 민족 통일, 한미 관계』. 한길사.

이상일. 1990. "민중극의 실상과 이해." 이상일 외. 『민중문학의 실상과 이해』. 성남: 한국정신문화연구원.

_____. 1993. 『축제와 마당극』. 한국일보사.

이시영·이오덕·김인회·성래운·김윤수. 1978. "<좌담> 분단현실과 민족교육." 『창작과 비평』 48호.

이영미. 1989. "노래로 본 80년대 학생운동." 『월간 말』 42호.

_____. 1991. "광주민중항쟁에 대한 노래적 형상화." 『민족예술운동의 역사와 이론』. 한길사.

_____. 1993. "노래의 사회사." 서울대중강연(4월 21일).

이옥순. 1990. 『나 이제 주인되어』. 녹두.

이용성. "1960년대 비판적 지식인 잡지연구:『사상계』의 위기와『창작과 비평』의 등장을 중심으로."
　　　『동아시아문화연구』37호.

이우영. 1990. "박정희 민족주의의 반민족성."『역사비평』12호.

이인휘. 1990.『활화산』전 2권. 세계.

이재오. 1984.『해방 후 한국 학생운동사』. 형성사.

이종오. 1988a. "<특집: 해방 후 학생운동의 민족사적 위치> 반제반일민족주의와 6·3운동."『역사비평』3호.

　　　. 1988b. "80년대 노동운동론 전개과정의 이해를 위하여." 한국기독교산업개발원 편,『한국
　　　노동운동의 이념』. 정암사.

이진경 편. 1989.『주체사상비판』전 2권. 벼리.

이태복. 1992. "재야운동권은 이제 북한과 결별하라."『월간조선』13-11.

　　　. 1994. "노동운동 투신 동기와 민노련 민학련 사건."『역사비평』27호.

이태호. 1984.『불꽃이여 이 어둠을 밝혀라: 한국 여성 노동자들의 투쟁』. 돌베개.

이효선. 1985. "한국 사회와 학원 갈등." 한국사회학회 편.『한국 사회와 갈등의 연구』. 현대사회연구소

임낙평. 1987.『광주의 넋: 그의 삶과 죽음』. 광주: 사계절출판사.

임영태. 1989. "북으로 간 맑스주의 역사학자와 사회경제학자들: 김광진, 김석형, 김한주, 박문규, 박시형,
　　　백남운, 이청원, 인정식, 전석담."『역사비평』8호.

임재해. 1997.『한국민속학과 현실인식』. 집문당.

임지현. 1998. "이념의 진보성과 삶의 보수성." 현대사상편집부 편.『지식인 리포트 2: 한국좌파의 목소리』.
　　　민음사.

　　　. 1999. "<특집: 우리 안의 파시즘> 일상적 파시즘의 코드 읽기."『당대비평』제8호.

임진택. 1990. "녹두꽃." 이상일 외.『민중문학의 실상과 이해』. 성남: 한국정신문화연구원.

임헌영. 1990. "74년 문인간첩단사건의 실상."『역사비평』13호.

　　　. 1992. "일제하 혁명적 지식인과 체제순응적 지식인."『역사비평』20호.

장기표. 1988.『장기표 옥중서한: 새벽노래』. 미래사.

장달중. 1988. "반미운동과 한국 정치." 경남대학교극동문제연구소 편.『한국과 미국: 정치, 안보 관계』제1권.
　　　경남대학교 출판부.

장신환. 1985. "연세학생운동 백년사."『연세』21호.

전상인. 1994. "너도 58년 개띠냐?: 58년생의 사회학."『시사저널』224호.

전인권. 2002. "박정희의 민주주의관: 연설문을 중심으로." 서울대학교 한국정치연구소.『한국정치연구』
　　　11-2호.

전재호. 1998. "박정희 체제의 민족주의: 담론의 변화와 그 원인." 한국정치학회.『1998년
　　　연례학술회의논문집』.

전점석 편. 1985.『인간답게 살자: 부산지역 야학노동자 글모음』. 녹두.

전태일기념관건립위원회 편. 1983.『어느 청년노동자의 삶과 죽음: 전태일 평전』. 돌베개.

정 민. 1988. "한국 사회구조와 대학생."『월간중앙』148호.

정과리. 1994. "벌거숭이 지식인." 『문학과 사회』 28호.

정근식. 1991. "광주민주화운동과 지역문제." 김학민·이두엽. 『지역감정연구』. 학민사.

정남영. 1989. "민족문학과 노동자계급문학." 『창작과 비평』 17-3호.

정대용. 1988. "재야 민주노동운동의 전개과정과 현황." 한국기독교산업개발원 편. 『한국 노동운동의 이념』. 정암사.

정도상. 1988. 『천만 개의 불꽃으로 타올라라: 노동열사 박영진의 삶을 그린 실명소설』. 청사.

정문길. 1989. "한계의 인식과 가능성에 대한 기대." 『문학과 사회』 2-4호.

정지창. 1989. 『서사극, 마당극, 민족극: 정지창 평론집』. 창작과비평사.

정창렬. 1989a. "한국사에서의 민중 인식." 이영희선생 화갑기념문집편찬 위원회 편, 『이영희선생 화갑기념문집』. 두레.

_____. 1989b. "한국에서 민중사학의 성립·전개과정." 한신대학제3세계문화연구소 편. 『한국민중론의 현 단계: 분과학문별 현황과 과제』. 돌베개.

정화진. 1987. "쇳물처럼." 무크지 『문학예술운동』 1호. 풀빛.

_____. 1990. "문학을 해방의 무기로 삼고자." 방현석 외. 『새벽출정』. 녹두.

조돈만. 1987. "교수들의 고민." 『월간조선』 6월호.

조동일. 1988. 『탈춤의 역사와 원리』. 기린원.

_____. 1997. 『카타르시스 라사 신명풀이: 연극, 영화 미학의 기본원리에 대한 생극론의 해명』. 지식산업사.

조상호. 1999. 『한국 언론과 출판저널리즘』. 나남.

조성관. 1989. "김현장과 문부식: 사형에서 무기, 다시 20년으로 감형돼 복역 중 7년만에 석방되는 주인공의 삶과 부산미문화원방화사건." 『월간조선』 10-1호.

조성구. 1990. "6·25 40주년 특집 현장취재 경남·전라지역의 보도연맹원·양민학살." 『역사비평』 11호.

조세희. 1978. 『난장이가 쏘아올린 작은 공』. 문학과지성사.

조승혁. 1981. 『도시 산업 선교의 인식』. 민중사.

조영래. 1991. 『전태일 평전』. 돌베개.

조용준. 1993. "<인터뷰: 한완상 부총리 겸 통일원장> 핵사찰 이뤄지면 기업인 방북 허용." 『시사저널』 202호.

조정래. 1988. 『태백산맥』. 한길사.

조정환. 1988. "민주주의 민족문학의 현 단계와 문학적 현실주의의 전망." 『창작과 비평』 16-3호.

조중식. 1992. "81학번 운동권 출신의 11년 뒤." 『월간조선』 8월호.

조희연. 1992. "북한의 통일노선과 통일전책에 대한 연구: 지역혁명론과 연방제론을 중심으로." 박현채·조희연 편. 『한국 사회구성체 논쟁』 제4권. 죽산.

_____. 1993. 『현대 한국 사회운동과 조직: 통혁당, 남민전, 사노맹을 중심으로 본 비합법 전위 조직 연구』. 한울.

_____. 1995. "민청세대 '긴조세대'의 형성과 정치 개혁 전망." 『역사비평』 32호.

_____. 2002. "한국 군부 권위주의 정권하에서의 국가변혁에 의한 희생 및 민주주의 이행 과정에서의 과거청산의 동학." 민주화운동기념사업회. 『한국의 민주화 이행과 과거청산』. 민주화운동기념사업회.

주강현. 1997.『한국의 두레』전 2권. 집문당.

지명관.『한국으로부터의 통신: 세계로 발신한 민주화운동』. 김경희 옮김. 창비. 2008.

지해범. 1988. "운동권 대학생 대해부."『월간조선』9-8호.

진덕규·강만길·신용하·임헌영·김윤식·이영희. 1987.『한국 현대사와 역사의식』. 한길사.

차기벽. 1983. "4·19 과도정부 및 장 면 정권의 의의." 한완상 편.『4·19혁명론』. 일월서각.

차주옥. 1990.『함께 가자 우리』. 실천문학사.

채광석. 1984. "목동 철거민 시위사건." 임정남 외.『현실과 전망 1: 80년대의 민중상황』. 풀빛.

채명석. 1993. "님 웨일스 추적한 재일 동포작가 이회성씨 현지 인터뷰: 김산을 역사상 인물로."『시사저널』205호.

채호철. 1994. "역사화 실패한 문학 속의 동학."『시사저널』260호.

채희완. 1982. "70년대의 문화운동." 한국기독교사회문제연구원 편.『문화와 통치』. 민중사.

_____. 1993. "탈춤." 정지창 편.『민중문화론』. 영남대학교 출판부.

채희완·임진택. 1985. "마당극에서 마당굿으로." 정이담 외.『문화운동론』. 공동체.

채희완·임진택 편. 1985.『한국의 민중극: 마당굿 연희본 14편』. 창작과비평사.

최민지. 1983. "4·19 민주혁명과 오늘의 현실." 한완상 편.『4·19혁명론』. 일월서각.

최영미. 1994.『서른, 잔치는 끝났다』. 창작과비평사.

최원식. 1988. "광주항쟁의 소설화."『창작과 비평』16-2호.

_____. 1994. "한국 문학의 근대성을 다시 생각한다."『창작과 비평』겨울호.

최원식·임영일·전승희·김명인. 1988. "민족문학과 민중문학."『창작과 비평』16-1호.

최장집. 1991. "지역감정의 지배 이데올로기적 기능." 김종철 외.『지역감정연구』. 학민사.

최장집·이종범·조희연·김민석·서중석. 1989. "<토론> 광주항쟁의 역사적 성격과 80년대의 반미자유화 투쟁."『역사비평』7호.

최재봉. 2001. "김지하 씨, '10년만의 화해'."『한겨레』(5월 30일자).

최현욱. 1986. "임금인상 투쟁의 과제와 방향." 임재경 외, 무크지『현장』6호. 돌베개.

최혜월. 1988. "<특집: 해방 후 학생운동의 민족사적 위치> 미군정기 국대안반대 운동의 성격."『역사비평』3호.

타끼자와 히데끼. 1988. "삶의 구체성과 진실성."『창작과 비평』16-4호.

한용 외. 1989.『80년대 한국 사회와 학생운동』. 청년사

한국교회여성연합회. 1984. "기생관광에 짓밟히는 우리 딸들." 임영일 외.『민중현실과 민족운동』. 돌베개.

한국기독교교회협의회 인권위원회 편. 1987.『고문없는 세상에 살고 싶다』. 한국기독교교회협의회 인권위원회.

한국기독교사회문제연구원 편. 1986a『부산 지역 실태와 노동운동』. 민중사.

_____. 1986b.『성남 지역 실태와 노동운동』. 민중사.

한국기독교산업문제연구원. 1978.『도시 산업화와 교회 사명』. 한국기독교산업문제연구원.

한국기독교협의회. 1984.『노동 현장과 증언』. 풀빛.

한국기독학생총연맹(KSCF). 1981. 『야학 활동 안내서』. 한국기독학생총연맹.

_____. 1984a. "70년대 후반의 학생운동." 한국기독학생총연맹.

_____. 1984b. 『공장 활동 안내서』. 한국기독학생총연맹.

_____. 1987. "한 알의 밀알이 이 땅에 떨어져: 사회 현실과 청년 학생의 나아갈 길." 한국기독학생총연맹.

한국기독학생총연맹(KSCF) 편. 1984. 『거친 손이 아름답다: 현장체험 수기 문집』. 한국기독학생총연맹.

한국민중사연구회 편. 1986a. 『한국 민중사』 제1권. 풀빛.

_____. 1986b. 『한국 민중사』 제2권. 풀빛.

한국방송공사. 2003. DVD <영상실록: 해방 50년(1970~79)>. KBS미디어.

_____. 2005a. 다큐멘터리 <KBS 영상실록, 1974>. 8월 21일 방송.

_____. 2005b. 다큐멘터리 <KBS 영상실록, 1976>. 9월 4일 방송.

_____. 2005c. 다큐멘터리 <KBS 영상실록, 1977>. 9월 11일 방송.

_____. 2005d. 다큐멘터리 <KBS 영상실록, 1978>. 9월 25일 방송.

한국사회학회 편. 1985. 『한국 사회와 갈등의 연구』. 현대사회연구소.

_____. 1992. 『한국전쟁과 한국 사회변동』. 풀빛.

한만길. 1997. "<역비논단> 유신 체제 반공 교육의 실상과 영향." 『역사비평』 38호.

한석정. 1999. 『만주국 건국의 재해석: 괴뢰국의 국가효과, 1932-1936』. 동아대학교 출판부.

한완상. 1986. 『역사의 벼랑끝에 서서: 한완상 사회평론』. 동아일보사.

한완상·박명규. 1992. "<권두논문> 한국 사회연구와 한국전쟁연구." 한국사회학회 편. 『한국전쟁과 한국 사회변동』. 풀빛.

한지희. 1996. "<기획2> 정부수립 직후 극우반공주의가 남긴 상처 국민보도연맹의 조직과 학살." 『역사비평』 37호.

한홍구. 2003a. 『대한민국사』 제1권. 한겨레신문사.

_____. 2003b. 『대한민국사』 제2권. 한겨레신문사.

허 광. 1988. "한-미 방위비 분담의 실체." 『월간 말』 25호.

허인회. 1986. "항소이유서." 미간행 법정문서.

현기영. 1993. "내 소설의 모태는 4·3항쟁." 『역사비평』 22호.

_____. 1994. 『순이 삼촌』. 창작과비평사.

홍석률. 1999. "1960년대 지성계의 동향: 산업화와 근대화론의 대두와 지식인 사회의 변동." 한국정신문화연구원 편. 『1960년대 사회변화 연구』. 백산서당.

홍세화. 1995(2006). 『나는 빠리의 택시운전사』. 창작과비평사.

홍정선. 1989. "6월 항쟁 이후의 현실과 소설." 『문학과 사회』 7호.

홍희담. 1988. "<신인투고작품> 깃발." 『창작과 비평』 봄호.

황병주. 2004. "박정희 체제의 지배 담론과 대중의 국민화." 임지현·김용우 편. 『대중독재: 강제와 동의 사이에서』. 책세상.

황석영. 1985. 『죽음을 넘어 시대의 어둠을 넘어: 광주 5월 민중항쟁의 기록』. 풀빛

황의봉. 1984. "서울 1984년 대학생 시위." 『신동아』 12월호.

_____. 1985a. "전학련, 삼민투와 미문화원 사건." 『신동아』 28-7호.

_____. 1985b. "학원 자율화에서 '학원법'까지." 『신동아』 28-9호.

_____. 1985c. "구속학생과 그 가족들." 『신동아』 28-11호.

_____. 1986. 『80년대의 학생운동』. 예조각.

황지우. 1980. "대답 없는 날들을 위하여 1·3." 『문학과 지성』 11-2호.

황태연. 1997. 『지역패권의 나라: 5대 소외지역민과 영남서민의 연대를 위하여』. 무당미디어.


Adelson, Leslie A. 1984. *Crisis of Subjectivity: Botho Strauss's Challenge to West German Prose of the 1970s*. Amsterdam: Rodopi.

Ahn, Byung-ook & Park Chan-seung. 1994. "Historical Characteristics of the Peasant War of 1894." *Korea Journal* 34, no. 4.

Alcoff, Linda. 1991-92. "The Problem of Speaking for Others." *Cultural Critique* 20.

Alexander, Jeffrey C. 1995. "Modern, Anti, Post, and Neo." *New Left Review* 210.

Alinsky, Saul. 1971. *Rules for Radicals: A Practical Primer for Realistic Radicals*. New York: Random House.

Althusser, Louis. 1971. *Lenin and Philosophy and Other Essays*. Ben Brewster trans. New York: Monthly Review Press.

Amnesty International. 1986. *South Korea, Violations of Human Rights*. London: Amnesty International Publications.

_____. 1987. External Report, Republic of Korea. "The Marxist-Leninist Case." April.

_____. 1989. *Amnesty International Report, 1989*. London: Amnesty International Publications.

_____. 1995. *Amnesty International Report, 1995*. London: Amnesty International Publications.

Amnesty International, USA. 1988. "South Korea: Detention of Prisoners of Conscience and Torture Continues." August.

_____. 1989. "South Korea: Long-Term Political Prisoners."

Amsden, Alice H. 1992. *Asia's Next Giant: South Korea and Late Industrialization*. Oxford University.

Anagnost, Ann. 1994. "Politics of Ritual Displacement." Charles F. Keyes et al. *Asian Visions of Authority: Religion and the Modern States of East and Southeast Asia*. Honolulu: University of Hawaii Press.

_____. 1997. *National Past-Times: Narrative, Representation, and Power in Modern China*. Durham, N.C.: Duke University Press.

Anderson, Benedict. 1991. *Imagined Communities*. New York: Verso[베네딕트 앤더슨, 『상상의 공동체: 민족주의의 기원과 전파에 대한 성찰』, 윤형숙 옮김, 나남, (1991), 2002].

Anderson, Marston. 1990. *The Limits of Realism: Chinese Fiction in the Revolutionary Period*. Berkeley: University of California Press.

Arendt, Hannah. 1969. Introduction to *Illuminations: Essays and Reflections*. by Walter Benjamin. New York: Schocken Books. 1986.

Armstrong, Charles K. 2003. *The North Korean Revolution, 1945-1950*. Ithaca: Cornel University Press[찰스 암스트롱, 『북조선의 탄생』, 김연철·이정우 옮김, 서해문집, 2006].

Ashcroft, Bill et al. 1998. *Key Concepts in Post-Colonial Studies*. London: Routledge.

Asia Watch. 1985. *Human Rights in Korea*. New York: Asia Watch Committee.

Austin, J. L. 1975. *How to Do Things with Words*. Oxford University Press[J. L. 오스틴, 『말과 행위』, 김영진 옮김, 서광사, 1992].

Baker, Keith Michael. 1990. *Inventing the French Revolution: Essays on French Political Culture in the Eighteenth Century*. New York: Cambridge University Press.

Balibar, Etienne. 1991. "The Nation Form: History and Ideology." Etienne Balibar & Immanuel Wallerstein. *Race, Nation, Class: Ambiguous Identities*. New York: Verso.

Barraclough, Ruth. 2004. "When Korean Working-Class Women Began to Write." Resented at the conference "The Park Era: A Reassessment after 25 Years." Wollongong University, Wollongong, Australia, no. 10-13[루스 배러클러프, "한국 여성 노동자들이 글을 쓰기 시작했을 때." 이일수 옮김, 『창작과 비평』 33-1호, 2005].

Benjamin, Walter. 1968. "Thesis on the Philosophy of History." Hannah Arendt. *Illuminations: Essays and Reflections by Walter Benjamin*. New York: Harcourt Brace Jovanovich.

_____. 1969. "What Is Epic Theater?" *Illuminations: Essays and Reflections*. New York: Schocken Books[발터 벤야민, 『문예비평과 이론』, 이태동 옮김, 문예출판사, 1987].

Benston, Kimberly W. 1980. "Aesthetic of Modern Black Drama: From Mimesis to Methexis." Errol Hill ed. *The Theater of Black Americans* vol. 1. Englewood Cliffs, N.J.: Prentice-Hall.

Björkman, Ingrid. 1989. *'Mother, Sing for Me': People's Theartre in Kenya*. London: Zed Books.

Bloch, Ernst. 1977. "Nonsynchronism and the Obligation to Its Dialectics." *New German Critique* 11.

Boal, Augusto. 1985. *Theatre of the Oppressed*. Charles A. McBride & Mario-Odilia Leal McBride trans. New York: Theatre Communications Group[아우구스또 보알, 『민중연극론』, 민혜숙 옮김, 창작과비평사, 1985].

Bourdieu, Pierre. 1984. *Distinction: A Social Critique of the Judgement of Taste*. Cambridge, Mass.: Harvard University Press[피에르 부르디외, 『구별짓기: 문화와 취향이 사회학』 상·하,

최종철 옮김, 새물결, 1985(2005)].

Brown, Bernard E. 1974. *Protest in Paris: Anatomy of a Revolt*. Morristown, N.J.: General
Learning Press.

Brun, Ellen & Jacques Hersh. 1976. *Socialist Korea: A Case Study in the Strategy of
Economic Development*. New York: Monthly Review Press[엘렌 브룬 & 재퀴스 허쉬.
『사회주의 북한』, 김해성 옮김, 지평, 1988].

Buck-Morss, Susan. 1992. "Aesthetics and Anaesthetics: Walter Benjamin's Artwork Essay
Reconsidered." *October* 62.

Byrne, Moyra. 1987. "Nazi Festival: The 1936 Berlin Olympics." Alessandro Falassi ed. *Time
Out of Time: Essays on the Festival*. Albuquerque: University of New Mexico Press.

Cabral, Amícar. 1969/1970. *Revolution in Guinea: Selected Texts*. Richard Handyside trans.
& ed. New York: Monthly Review Press.

Calhoun, Craig ed. 1996. *Habermas and the Public Sphere*. Cambridge, Mass.: MIT Press.

Carpenter, Ted Galen. 1992. "South Korea: A Vital or Peripheral US Security Interest?" Doug
Bandow & Ted Galen Carpenter eds. *The U.S.-South Korean Alliance: Time for a
Change*. New Brunswick, N.J.: Transaction.

Chatterjee, Partha. 1986. *Nationalist Thought and the Colonial World: A Derivative
Discourse*. Delhi: Oxford University Press.

_____. 1998. "Beyond the Nation? Or Within?" *Social Text* 56.

Ching, Leo T. S. 2001. *Becoming Japanese: Colonial Taiwan and the Politics of Identity
Formation*. Berkeley: University of California Press.

Cho, Hwa Soon. 1988. *Let the Weak Be Strong: A Woman's Struggle for Justice*.
Bloomington: Meyer-Stone Books.

Cho, Oh Kon. 1979. *Korea Puppet Theatre: Kroktu Kraksi*. East Lansing, Mich.: Asian
Studies Center, Michigan State University.

_____. 1980. "The Theatrical Presentation at the Hahoe village Festival." *Korea
Journal* 20, no. 12.

_____. 1981. "Ogwandae: A Traditional Mask-Dance Theatre of South Kyongsang
Province." *Korea Journal* 21, no. 7.

_____. 1988. *Traditional Korean Theatre*. Berkeley: Asian Humanities Press.

Ch'oe, Yŏngmi. 2002. "At Thirty, the Party Was Over." *Three Poets of Modern Korea: Yi Sang,
Ham Tong-sŏn, Ch'oe Yŏng-mi*. Yu Jung-yul & James Kimball trans. Louisville, Ky.:
Sarabande[최영미, 『서른, 잔치는 끝났다』, 창작과비평사, 1994].

Choi, Chungmoo. 1987. "The Competence of Korean Shamans as Performers of Folklore."
PhD diss., Indiana University.

_____. 1993. "Discourse of Decolonization and Popular Memory: South Korea."
*positions: east asia cultures critique* 1, no. 1.

Choi, Jang Jip. 1993. "Political Cleavages in South Korea." Hagen Koo ed. *State and Society in Comtemporary Korea*. Ithaca: Cornell University Press.

Choi, Kyeong-Hee. 2001. "Impaired Body as Colonial Trope: Kang Kyŏng'as's 'Underground Village'." *Public Culture* 13, no. 3.

Choi, Q Won. 1982. "Where the Universities in Korea Stand." *Universities in Mass Society: Proceedings of the SNU Conference October 5-10*. Seoul: Seoul National University Press.

Choi, Won-shik. 1995. "Rethinking Korean Literary Modernity." *Korea Journal* 35, no. 2[최원식, "한국 문학의 근대성을 다시 생각한다," 『창작과 비평』 1994년 겨울호].

Chung, Erin Aeran. 2000. "Korean Voluntary Associations in Japanese Civil Society." Japan Policy Research Institute Working Paper, no. 69. July.

Chung, Jin-bae. 1995. "Korean and Chinese Experience of Marxism: Hermeneutic Problems and Cultural Transformation." *Korea Journal* 35, no. 2.

Chung, Sangyong et al. 2003. *Memories of May 1980: A Documentary History of the Kwangju Uprising in Korea*. Park Hye-jin trans. Seoul Korea Democracy Foundation.

Chung, Tae Shin. 1991. "Making History in the Trench City of Kwangju: The Dialectic of Class and Cultural Conflicts in South Korea." PhD diss., Michigan State University.

Chwe, Michael Suk-Young. 2001. *Rational Ritual: Culture, Coordination, and Common Knowledge*. Princeton: Princeton University Press[마이클 S. 최, 『사람들은 어떻게 광장에 모이는 것일까?: 게임이론으로 본 조정 문제와 공유지식』, 허석재 옮김, 후마니타스, 2014].

Cohen, Jean & Andrew Arato. 1992. *Civil Society and Political Theory*. Cambridge, Mass.: MIT Press.

Comaroff, Jean. 1985. *Body of Power, Spirit of resistance*. Chicago: University of Chicago Press.

Connerton, Paul. 1989. *How Societies Remember*. New York: Cambridge University Press.

Cumings, Bruce. 1981. *The Origins of the Korean War, vol. 1*. Princeton: Princeton University Press.

_____. 1990. *The Origins of the Korean War*. vol. 2. Princeton: Princeton University Press[브루스 커밍스, 『한국전쟁의 기원: 해방과 단정의 수립 1945-1947』 전 2권, 김주환 옮김, 靑史, 1986; 『한국전쟁의 기원』, 김자동 옮김, 일월서각, 2001].

_____. 1997. *Korea's Place in the Sun: A Modern History*. New York: W.W. Norton[브루스 커밍스, 『한국 현대사』, 김동노 외 옮김, 창작과비평사, 2001].

Davies, Gloria ed. 2001. *Voicing Concerns: Contemporary Chinese Critical Inquiry*. Lanham, Md.: Rowman & Littlefield.

Davis, Natalie. 1965. *Society and Culture in Early Modern France*. Palo Alto, Calif.: Stanford University Press.

Dirks, Nicholas B. 1994. "Ritual and Resistance: Subversion as a Social Fact." Nicholas B. Dirks et al. ed. *Culture, Power, History: A Reader in Contemporary Social Theory*.

Princeton: Princeton University Press.

Dirlik, Arif & Xudong Zhang eds. 2000. *Postmodernism and China*. Durham, N.C.: Duke University of Chicago Press.

Dorson, Richard M. 1972. "Introduction." Richard M. Dorson ed. *Folklore and Folklife*. Chicago: Universitiy of Chicago Press.

Duara, Prasenjit. 1995. *Rescuing History from the Nation: Questioning Narratives of Modern China*. Chicago: University of Chicago Press.

Editorial Comment. 1970. "The International Status of Korea." *American Journal of International Law* 1, no. 2.

Em, Henry. 1993. "'Overcoming' Korea's Division: Narrative Stategies in Reecent South Korea Historiography." *positions: east asia cultures critique* 1, no. 2.

Fantasia, Rick. 1988. *Cultures of Solidarity: Consciousness, Action, and Contemporary American Workers*. Berkeley: University of California Press.

Fernandez, J. W. 1966. "Folklore as an Agent of Nationalism." Immanuel M. Wallerstein ed. *Social Change: The Colonial Situation*. New York: John Wiley & Sons.

Feuerwerker, Yi-tsi Mei. 1990. "The Dialectics of Struggle: Ideology and Realism in Mao Dun's 'Algae'." Theodore Huters ed. *The Modern Chinese Short Story: Studies on Modern China*. Armonk, N.Y.: M.E.Sharpe.

Foster-Carter, Aidan. 1978. "North Korea. Development and Self-Reliance: A Critical Appraisal." Gavan McCormack & Mark Selden eds. *Korea, North and South: The Deepening Crisis*. New York: Monthly Review Press.

Foucault, Michel. 1975. "Film and Popular Memory: An Interview with Michel Foucault." Martin Jordin trans. *Radical Philosophy* 11.

_____. 1983. Preface to *Anti-Oedipus*, by Gilles Deleuze & Felix Guattari. Minneapolis: University of Minnesota Press.

Fraser, Nancy. 1987. "What's Critical about Critical Theory? The Case of Habermas and Gender." Seyla Benhabib & Drucilla Cornell eds. *Feminism as Critique*. Minneapolis: University of Minnesota Press.

_____. 1996. "Rethinking the Public Space." Craig Calhoun ed. *Habermas and the Public Sphere*. Cambridge, Mass.: MIT Press.

Freire, Paulo. 1970. *Pedagogy of the Oppressed*. Myra Bergman Ramos trans. New York: Herder& Herder[파울루 프레이리, 『페다고지』, 남경태 옮김, 그린비, 2008].

Fridjonsdottir, Katrin. 1987. "The Modern Intellectual: In Power or Disarmed?" Ron Eyerman et al. ed. *Intellectuals, Universities, and the State in Western Modern Societies*. Berkeley: University of California Press.

Goldmann, Lucien. 1964. *The Hidden God*. Philip Thody trans. New York: Humanities Press.

Gottschalk, Peter. 1997. "Multiple Pasts, Multiple Identities: The Role of Narrative among Hindus and Muslims in Some Villages in Bihar." PhD diss., University of Chicago.

Gramsci, Antonio. 1967. *The Modern Prince and Other Writings*. Louis Marks trans. London: Lawrence and Wishart.

Guha, Ranajit & G. C. Spivak eds. 1988. *Selected Subaltern Studies*. New York: Oxford University Press.

Habermas, Jürgen. 1989. *The Structural Transformation of the Public Sphere*. Cambridge, Mass.: MIT Press[위르겐 하버마스, 『공론장의 구조 변동: 부르주아 사회의 한 범주에 관한 연구』, 한승완 옮김, 나남, 2001].

Haboush, Jahyun Kim. 1994. "Academies and Civil Society." Leon Vandermeersh ed. *La Société civile face à L'Etat: Dans les traditions chinoise, japonaise, coréenne et vietnamienne*(Civil society in the face of the state: In the Chinese, Japanese, Korean and Vietnamese traditions). Paris: Ecole francaise d'Extrême-Orient.

Hahn, Man-young. 1990. *Kugak: Studies in Korean Traditional Music*. Inok Paek & Keith Howard trans. & eds. Seoul: Tamgu Dang.

Halbwachs, Maurice. 1992. *On Collective Memory*. Lewis A. Coser trans. Chicago: University of Chicago Press.

Han, Sang-bok. 1990. "Continuity and Change in the Korean Village Life." Sang-bok han & Kwang-ok Kim eds. *Traditional Cultures of the Pacific Societies*. Seoul: Seoul National University Press.

Han, Sung-joo. 1974. *The failure of Democracy in South Korea*. Berkeley: University of California Press[한승주, 『제2공화국과 한국의 민주주의』, 종로서적, 1983].

Han, Sung-joo ed. 1983. *U.S.-Korea Security Cooperation: Retrospects and Prospects*. Seoul: Asiatic Research Center, Korea University.

Harrison, Selig S. 1992. "Political Alignments in the Two Koreas: The Impact of the American Presence." Doug Bandow & Ted Galen Carpenter eds. *The U.S.-South Korean Alliance: Time for a Change*. New Brunswick, N.J.: Transaction.

Hart-Landsberg, Martin. 1993. *The Rush to Development: Economic Change and Political Struggle in South Korea*. New York: Monthly Review Press.

Hayes, Peter. 1987. "American Nuclear Dilemma in Korea." U.S.-Korean Securitiy Council. *U.S.-Korean Security Relation: New Challenges and Opportunities, Proceedings of the Third Annual Conference, 1987, Seoul, Korea*. Seoul: Council on U.S.-Korean Security Studies.

Healy, Chris. 1997. *From the Ruins of Colonialism: History as Social Memory*. New York: Cambridge University Press.

Hobsbawm, Eric J. & Terence O. Ranger eds. *The Invention of Tradition*. New York: Cambridge University Press.

Holub, Renate. 1992. *Antonio Gramsci: Beyond Marxism and Postmodernism*. London: Routledge[르네이트 홀럽, 『그람시의 여백』, 정철수 옮김, 이후, 2000].

Hunt, Lynn. 1984. *Politics, Culture, and Class in the French Revolution*. Berkeley: University of California Press.

_____. 1992. *The Family Romance of the French Revolution*. Berkeley: University of California Press.

Huters, Theodore ed. 1990. *Reading the Modern Chinese Short Story: Studies on Modern China*. Armonk, N.Y.: M.E.Sharpe.

In, Myong-jin. 1986. "Rethinking the Work of Urban Industrial Mission in the Presbyterian Church of Korea in the Light of Minjung Theology." DMn diss., San Francisco Theological Seminary.

Ivy, Marilyn. 1995. *Discourses of the Vanishing: Modernity, Phantasm, Japan*. Chicago: University of Chicago Press.

Jacoby, Russell. 1987. *The Last Intellectuals: American Culture in the Age of Academe*. New York: Noonday Press.

Jager, Sheila Miyoshi. 2003. *Narratives of Nation Building in Korea*. Armonk, N.Y.: M.E. harpe.

Janelli, Roger. 1986. "The Origins of Korean Folklore Scholarship." Journal of American Folklore 99, no. 391.

Jayasuriya, J. E. 1980. *Education in Korea: A Third World Success Story*. Sri Lanka: Associated Educational Publishers.

Jefferson, Thomas. 1955. "Letter to William Stephens Smith, November 13, 1787." In *The Papers of Thomas Jefferson*, vol.12, edited by Julian P. Boyd. Princeton, N.J.: Princeton University Press.

Judt, Tony. 1992. *Past Imperfect: French Intellectuals, 1944-1956*. Berkeley: University of California Press.

Kaitaro, Tsuno. 1979. "The Asian Political Theaters." *AMPO: Japan-Asia Quarterly Review* 11, nos. 2, 3.

Kamenetsky, Christa. 1972. "Folklore as a Political Tool in Nazi Germany." *Journal of American Folklore* 85, no. 337.

Kang, Nae Hui. "Neoliberalism and the Vacillation of Culture in South Korea." 미출간 원고.

Katsiaficas, George. 1987. *The Imagination of the New Left: A Global Analysis of 1968*. Boston: South End Press.

Kavanagh, Robert Mshengu ed. 1981. *South African People's Plays*. London: Heinemann.

Kidd, Ross. 1984. *From People's Theatre for revolution to Popular Theatre for Reconstruction: Diary of a Zimbabwean Workshop*. Toronto: International Council for Adult Education.

Kim, Ch'ang-nam. 1987. "The Spirit of Folksongs and Realism in Song." *Korea Journal* 27, no. 3.

Kim, Chi Ha. 1974. "Five Bandits." *Cry of the People and Other Poems*. Kanagawa-ken, Japan: Autumn Press.

_____. 1978. "A Declaration of Conscience." Chong Sun Kim & Shelly Killen eds. *The Gold Crowned Jesus and Other Writings*. New York: Orbis Books.

Kim, Chi Ha. 1979. "Chinogi." Jean Inglis & Iwatani Kuniko & Tsukahara Asako trans. with the collaboration of Chung Kyung-Mo. *AMPO: Japan-Asia Quarterly Review* 11, nos. 2, 3.

Kim, Chong-whi. 1983. "Peace and Security of Korea: A Korean View." Sung-joo Han ed. *U.S.-Korea Security Cooperation: Retrospects and Prospects*. Seoul: Asiatic Research Center, Korea University.

Kim, Deukshin. 1987. "Hahoe Pyolsin-kut: The Oldest Extant Korean Mask Dance Theatre." PhD diss., City University of New York.

Kim, Hong Nack. 1987. "Political Changes in South Korea and Their Implications for U.S.-Korean Securitiy Relations." U.S.-Korean Security Council, *U.S.-Korean Security Relations: New Challenges and Opportunities, Proceedings of the Third Annual Conference, 1987, Seoul, Korea*. Seoul: Council on U.S.-Korean Security Studies.

Kim, Hyun Sook. 1991. "The Politics of Repression, Resistance, and Revolution: State-making in Postwar Korea, 1945-1948." PhD diss., New School for Social Research.

Kim, Jae-on & B. C. Koh. 1976. "Regionalism and Voter Alignment." C. I. Eugene Kim & Young Whan Kihl eds. *Party Politics and Elections in Korea*. Seoul: Research Institute on Korean Affairs.

Kim, Jinwung. 1994. "The Nature of South Korean Anti-Americanism." *Korea Journal* 34, no. 1.

Kim, Jun-Tae. 2003. "Ah! Gwangju! Korea's Cross." Chung Sangyong & Rhyu Simin. *Memories of May 1980: A Documentary History of the Gwangju Uprising in Korea*. Park Hye-jin trans. Seoul: Korea Democracy Foundation.

Kim, Key-Hiuk. 1980. *The Last Phase of the East Asian World Order: Korea, Japan, and the Chinese Empire, 1860-1882*. Berkeley: University of California Press[김기혁, 『근대 한·중·일 관계사』, 연세대학교 출판부, 2007].

Kim, Kwan Bong. 1971. *The Korea-Japan Treaty Crisis and the Instability of the Korean Political System*. New York: Praeger.

Kim, Kwang-Ok. 1996. "Reproduction of Confucian Culture in Contemporary Korea: An Anthropological Study." Wei-ming Tu ed. *Confucian Traditions in East Asian Modernity*. Cambridge, Mass.: Harvard University Press.

Kim, Kyong Dong. 1966. "The Role of the Christian Church in the Modernization of Korean Society." Harold S. Hong et al. ed. *Korea Struggles for Christ*. Seoul: Christian Literature Society of Korea.

Kim, Kyong-jae. 1996. "History and Prospects of the Protestant Church in Korea." Yu Chai-shin ed. *Korea and Christianity*. Seoul: Korean Scholars Press.

Kim, Se-jin. 1971. *The Politics of Military Revolution in Korea*. Chapel Hill: University of North Carolina Press.

Kim, Seong Nae. 1989. "Chronicle of Violence, Ritual of Mournings: Jeju Shamanism in

Korea." PhD diss., University of Michigan.

_____. 1996. "Mourning Korean Modernity: Violence and the Memory of the Cheju Uprising." Paper presented at the Rethinking East Asia Workshop, University of Chicago, May 3.

Kim, Seung-Kyung. 1997. *Class Struggle or Family Struggle? The Lives of Women Factory Workers in South Korea*. New York: Cambridge University Press.

Kim, Sunhyuk. 2004. *Democratization in Korea: The Role of Civil Society*. Pittsburgh: University of Pittsburgh Press.

Konrád, George & Iván Szelényi. 1979. *The Intellectuals on the Road to Class Power*. Andrew Arato & Richard E. Allen trans. New York: Harcourt Brace Jovanovich.

Koo, Hagen. 1990. "From Farm to Factory: Proletarianization in Korea." *American Sociological Review* 55, no. 10.

_____. 1993. "The State, Minjung, and the Working Class in South Korea." *American Sociological Review* 55, no. 10.

_____. 1996. "Work, Culture, and Consciousness of the Korean Working Class." Elizabeth J. Perry ed. *Putting Class in Its Place: Worker Identities in East Asia*. China Research Monograph no. 48. Berkeley: institute of East Asian Studies, University of California.

_____. 2001. *Korean Workers: The Culture and Politics of Class Formation*. Ithaca: Cornell University Press[구해근, 『한국 노동계급의 형성』, 신광영 옮김, 창작과비평사, 2002].

Koschmann, J. Victor. 1996. *Revolution and Subjectivity in Postwar Japan*. Chicago: University of Chicago Press.

Kosta, Barbara. 1994. *Recasting Autobiography: Women's Counterfictions in Contemporary German Literature and Film*. Ithaca: Cornell University Press.

Kwak, Tae-Hwan. 1987. "North Korea and South Korea: Toward Peaceful Coexistence." Jai Kyu Park ed. *The Foreign Relations of North Korea*. Seoul: Kyungnam University Press.

Kwok, D. W. Y. 1994. "Moral Community and Civil Society in China." Leon Vandermeersh ed. *La Société civile face à L'Etat: Dans les traditions chinoise, japonaise, coréenne et vietnamienne* (Civil society in the face of the state: In the Chinese, Japanese, Korean and Vietnamese traditions). Paris: Ecole francaise d'Extrême-Orient.

Kwon, Insook. 2000. "Militarism in My Heart: Women's Militarized Consciousness and Culture in South Korea." PhD Diss., Clark University[권인숙, 『대한민국은 군대다: 여성학적 시각에서 본 평화, 군사주의, 남성성』, 청년사, 2005].

Laclau, Ernesto. 1990. *New Reflections on the Revolution of Our Time*. London: Verso.

Lawless, Richard P. 2006. "The US-ROK Relationship." Prepared Statement for the Record for the US House of Representatives Committee on International Relations, http://www.internationalrelations.house.gov/109/law092706.pdf(검색일: 2006년 11월 20일).

Lazarus, Neil. 1994. "National Consciousness and Intellectualism." Francis Baker et al. ed.

*Colonial Discourse/Postcolonial Theory*. Manchester: Manchester University Press.

Lee, Ho-Ill. 1995. "Confucianism and the Market in a Post-Confucian Society: Intellectual Radicalism, Destruction of Cultural Environment and Resistance in South Korea." PhD diss., University of Oregon.

Lee, Jae-eui. 1999. *Kwangju Diary: Beyond Death, Beyond the Darkness of the Age*. Kap Su Seol & Nick Mamatas, trans. Los Angeles: UCLA Asian Pacific Monograph Series[황석영, 『죽음을 넘어 시대의 어둠을 넘어: 광주 5월 민중항쟁의 기록』, 풀빛, 1985].

Lee, Jae-kyoung. 1993. "Anti-Americanism in South Korea: The Media and the Politics of Signification." PhD diss., University of Iowa.

Lee, Meewon. 1983. "Kamyŏn-gŭk: The Mask-Dance Theatre of Korea." PhD diss., University of Pittsburgh.

Lee, Namhee. 2004a. "'*Minjung*' as a Critique of Capitalistic Modernity? A Reconsideration of the Discourse of *Minjung* in the Democratization Project." Presented at the conference "The Park Era: A Reassessment after 25 years." Wollongong University, Wollongong, Australia, November 10-13.

_____. 2004b. "South Korean Student Movement: '*Undongkwŏn*' as a Counterpublic Space." Charles Armstrong ed. *Korean Society: Civil Society, Democracy and the State*. New York: Routledge.

Lee, Young-ho. 1994. "Socioeconomic Background and the Growth of the New Social Forces of the 1894 Peasant War." *Korea Journal* 34, no. 4.

Lenin, V. I. 1975. *What Is to Be Done?* Peking: Foreign Language Press[블라디미르 레닌, 『무엇을 할 것인가?: 우리운동의 긴급한 문제』, 김민호 옮김, 백두, 1988; 『무엇을 할 것인가』, 최호정 옮김, 박종철출판사, 1999].

Levitt, Cyrill. 1979. "The New Left, the New Class, and Socialism." *Higher Education* 8, no. 6.

Levy, Carl. 1987. "Socialism and the Educated Middle Classes." Ron Eyerman et al. ed. *Intellectuals, Universities, and the State in Western Modern Societies*. Berkeley: University of California Press.

Lew, Young Ick. 1990. "The Conservative Character of the 1894 Tonghak Peasant Uprising: A Reappraisal with Emphasis on Chŏn Pong-jun's Background and Motivation." *Journal of Korean Studies* 7.

Liu, Lydia H. 1995. *Translingual Practice: Literature, National Culture, and Translated Modernity-China, 1900-1937*. Stanford: Stanford University Press[리디아 리우, 『언어횡단적 실천』, 민정기 옮김, 소명출판, 2005].

Löwy, Michael. 2005. "On the Concept of History." trans. Chris Turner. *Fire Alarm: Reading Walter Benjamin's*. London & NewYork: Verso.

Lyotard, Jean-Francois. 1984. *The postmodern Condition*. Minneapolis: University of Minnesota Press.

Macdonald, Donald Stone. 1992. *U.S.-Korean Relations from liberation to Self-Reliance: The*

*Twenty-Year Record*. Boulder: Westview Press.

McClure, Kirstie. 1996. "On the Subject of Rights: Pluralism, Plurality, and Political Identity." Chantal Mouffe ed. *Dimensions of Radical Democracy: Pluralism, Citizenship, Community*. London: Verso.

McCormack, Gavan. 1981. "North Korea: Kimilsungism, Path to Socialism?" *Bulletin of Concerned Asian Scholars* 13, no. 4.

_____. 1993. "Kim Country: Hard Times in North Korea." *New Left Review* 198.

Mitchell, Timothy & Lila Abu-Lughod. 1993. "Questions of Modernity." *Items* 47, no. 4.

Moon, Bu-Shik. 1983. "Moon Bu-Shik's Appellate Court Final Statement." *Korea Communiqué*. February 15.

Moon, Seungsook. 2005. *Militarized Modernity and Gendered Citizenship in South Korea*. Durham, N.C.: Duke University Press.

Naewae Research Institute on Policy. 1982. "An Analysis of the Backgrounds and Characteristics of College Students' Leftist Movements." 『내외 논평』 4-1호.

Nam, Hwasook. 2003. "Labor's Place in South Korean Development: Shipbuilding workers, capital, and the state, 1960-79." PhD diss., University of Washington.

_____. 2009. *Building Ships, Building a Nation: Korea's Democratic Unionism under Park Chung Hee*. Seattle: University of Washington Press[남화숙, 『배 만들기, 나라 만들기』. 남관숙·남화숙 옮김, 후마니타스, 2014].

Nelson, Beverly. 1980. "Nationalism and Agrarian Populism in Modern Korean Literature." *Hitotsubashi Journal of Arts and Sciences* 21, no. 1.

Nietzsche, Friedrich W. 1980. *On the Advantage and Disadvantage of History for Life*. Peter Preuss trans. Indianapolis: Hackett.

O'Hanlon, Rosalined & David Washbrook. 1992. "After Orientalism: Culture, Criticism, and Politics in the Third World." *Comparative Studies in Society and History* 34, no. 1.

Oberdorfer, Don. 1997. *The Two Koreas*. Reading: Addison-Wesley[돈 오버더퍼, 『두 개의 코리아』. 뉴스위크 한국판뉴스팀 옮김, 중앙일보사, 1998; 『두 개의 한국』, 이종길 옮김, 길산, 2002].

Ogle, George E. 1990. *South Korea: Dissent within the Economic Miracle*. New Jersey: Zed Books.

Ostrovskii, Nikolai Alekseevich. 1976. How the Steel was Tempered: A Novel in Two Parts. Moscow: Pregoressive Publishers[니콜라이 오스트로프스키, 『강철은 어떻게 단련되었는가』, 조영명 옮김, 온누리, 1986].

Ozouf, Mona. 1988. *Festivals and the French Revolution*. Alan Sheridan trans. Cambridge, Mass.: Harvard University Press.

Park, Chung Hee. 1962 (1970 2nd edition). *Our Nation's Path: Ideology of Social Reconstruction*. Seoul: Hollym Corp.

Pearce, Kimber Charles. 2001. *Rostow, Kennedy, and the Rhetoric of Foreign Aid*. East Lansing: Michigan State University Press.

Perry, Elizabeth J. 1992. "Casting a Chinese 'Democracy' Movement: The Roles of Students, Workers, and Entrepreneurs." Jeffrey N. Wasserstrom & Elizabeth J. Perry eds. *Popular Protest and Political Culture in Modern China*. Boulder: Westview Press.

Perry, Elizabeth J. & Li Xun. 1993. "Revolutionary Rudeness: The Language of Red Guards and Rebel Workers in China's Cultural Revolution." Indiana East Asian Working Paper Series on Language and Politics in Modern China, Paper 2, July.

Peterson, Mark. 1988. "Americans and the Gwangju Incident: Problems in the Writing of History." Donald Clark ed. *The Gwangju Uprising: The Shadow over the Regime*. Boulder: Westview Press.

Pietropaolo, Domenico ed. 1989. *The Science of Buffoonery: Theory and History of the Commedia dell'arte*. Ottawa: Dovehouse Editions.

Plunk, Daryl M. 1992. "The Continuing Cold War in Korea and U.S. Policy toward the Peninsular in the 1990s." Doug Bandow & Ted Galen Carpenter eds. *The U.S.-South Korean Alliance: Time for a Change*. New Brunswick, N.J.: Transaction Publishers.

Rancière, Jacques. 1989. *The Nights of Labor: The Workers' Dream in Nineteenth-Century France*. John Drury trans. Philadelphia: Temple University Press.

Rinser, Louise. 1981. *Nordkoreanisches Reisetagebuch*. Frankfurt am Main: Fischer Taschenbuch Verlag.

Rostow, W. W. 1962. *The Stages of Economic Growth: A Non-Communist Manifesto*. New York: Cambridge University Press.

Rubinstein, Alvin Z. & Donald E. Smith eds. 1985. *Anti-Americanism in the Third World: Implications for U.S. Foreign Policy*. New York: Praeger Special Studies.

Ryang, Sonia. 1997. *North Koreans in Japan: Language, Ideology, and Identity*. Boulder: Westview.

Ryu, Youngju. 2006. "The Neighbor and Politics of Literature in 1970s' South Korea: Yi Mungu, Hwang Sgyong, Cho Sehui." PhD diss., UCLA

Sasaki-Uemura, Wesley Makoto. 1993. "Citizen and Community in the 1960 Anpo Protest." PhD diss., Cornell University.

Schmid, Andre. 2002. *Korea between Empires: Nation and Identity in East Asia, 1895-1919*. New York: Columbia University Press[ 앙드레 슈미드, 『제국 그 사이의 한국 1895~1919』, 정여울 옮김, 휴머니스트, 2007].

Schwarcz, Vera. 1992. "Memory and Commemoration: The Chinese Search for a Livable Past." Jeffrey N. Wasserstrom & Elizabeth J. Perry eds. *Popular Protest and Political Culture in Modern China*. Boulder: Westview Press.

_____. 1994. "Strangers No More." Rubie S. Watson ed. *Memory, History, and Opposition under State Socialism*. Santa Fe: School of American Research Press.

Scott, James C. 1990. *Domination and the Arts of Resistance*. New Haven: Yale University Press.

Sewell, William H. 1980. *Work and Revolution in France: The Language of Labor from the Old Regime to 1948.* New York: Cambridge University Press.

_____. 1996. "Historical Events as Transformations of Structures: Inventing Revolution at the Bastille." *Theory and Society* 25. no. 6.

Shaw, William ed. 1991. *Human Rights in Korea: Historical and Policy Perspective.* Cambridge, Mass.: Council on East Asian Studies, harvard University.

Sohn, Hak-Kyu. 1989. *Authoritarianism and Opposition in South Korea.* New York: Routledge.

Song, Ho-Keun. 1991a. "Heavy-Chemical Industrialization and Inequality, 1972-1984: Analysis of Wage Differentials in the Manufacturing Industries." *Korean Social Science Journal* 17.

_____. 1991b. "Who Benefits from Industrial Restructuring?" *Korea Journal* 31, no. 3.

Song, Young Sun. 1987. "U.S. Military Troops in the Pacific: The Philippines and Korea." *U.S.-Korean Security Relation: New Challenges and Opportunities, Proceedings of the Third Annual Conference, 1987, Seoul, Korea.* Seoul: Council on U.S.-Korean Security Studies.

Spivak, Gayatri C. 1988a. "Can the Subaltern Speak?" Cary Nelson & Lawrence Grossberg eds. *Marxism and the Interpretation of Culture.* Urbana: University of Illinois Press.

_____. 1988b. "Subaltern Studies: Deconstructing Historiography." Ranajit Guha & G. C. Spivak eds. *Selected Subaltern Studies.* New York: Oxford University Press.

Strand, David. 1990. "'Civil Society' and 'Public Sphere' in Modern China: A Perspective on Popular Movements in Beijing, 1919/1989." *Working Papers in Asia/Pacific Studies.* Durham, N.C.: Asian/Pacific Studies Institute, Duke University.

Suh, Dae-Sook. 1967. *The Korean Communist Movement, 1918-1948.* Princeton: Princeton University Press[서대숙, 『한국공산주의 운동사연구』, 현대사연구회 옮김, 화다, 1985; 『한국공산주의 운동사연구』(개역판), 현대사연구회 옮김, 이론과실천, 1995].

_____. 1988. *Kim Il Sung: The North Korean Leader.* New York: Columbia University Press[서대숙, 『(북한의 지도자) 김일성』, 서주석 옮김, 청계연구소, 1989].

Suh, Sung. 2001. *Unbroken Spirits: Nineteen Years in South Korea's Gulag.* Jean Inglis trans. Lanham, Md.: Rowman & Littlefield[서승, 『서승의 옥중 19년』, 김경자 옮김, 역사비평사, 1999].

Swartz, David. 1997. *Culture and Power: The Sociology of Pierre Bourdieu.* Chicago: University of Chicago Press.

T. K. 1976. *Letters from South Korea.* Sekai ed. David L. Swain trans. Tokyo: Iwanami Shoten.

Turner, Victor. 1974. *Drama, Fields, and Metaphors.* Ithaca: Cornell University Press.

_____. 1987. *The Anthropology of Performance.* New York: PAJ Publications.

van Erven, Eugene. 1988. "Resistance Theatre in South Korea" TDR: The Drama Review 32, no. 3.

Vlastos, Stephen. 1998. "Tradition: Past/Present Culture and Modern Japanese History." Stephen Vlastos ed. *Mirror of Modernity: Invented Traditions of Modern Japan.* Berkeley: University of California Press.

Von Dirke, Sabine. 1997. *"All Power to the Imagination!" The West German Counterculture from the Student Movement to the Greens*. Lincoln: University of Nebraska Press.

Wales, Nym & Kim San. 1941. *Song of Ariran: A Korean Communist in the Chinese Revolution*. San Francisco: Ramparts Press[님 웨일즈 & 김산, 『아리랑』(개정3판), 송영인 옮김, 동녘, 2005].

Watson, Rubie S. ed. 1994. *Memory, History, and Opposition under State Socialism*. Santa Fe: School of American Research Press.

Wells, Kenneth. 1995. "The cultural construction of Korean History." Kenneth Wells ed. *South Korea's Minjung Movement: The Culture and Politics of Dissidence*. Honolulu: University of Hawaii Press.

White, Gordon. 1975. "North Korean Chuch'e: The Political Economy of Independence." *Bulletin of Concerned Asian Scholars* 7, no. 2.

White, Hayden. 1973. *Metahistory: The Historical Imagination in Nineteenth-century Europe*. Baltimore: John Hopkins University Press[헤이든 화이트, 『메타역사』, 천형균 옮김, 문학과지성사, 1991].

Williams, Raymond. 1977. *Marxism and Literature*. Oxford: Oxford University Press[레이몬드 윌리엄스, 『문학과 문화 이론』, 박만준 옮김, 경문사, 2003].

Winichakul, Thongchai. 1994. *Siam Mapped: A History of the Geo-body of a Nation*. Honolulu: Hawaii University Press.

Yang, Jongsung. 1988. "Madanggŭk: The Rejuvenation of Mask Dance Drama Festivals as Sources of Social Criticism." Master's thesis, Indiana University at Bloomington.

Yang, Sung Chul. 1970. "Revolution and Change: A comparative Study of the April Student Revolution of 1960 and the May Military Coup D'etat of 1961 in Korea." PhD diss., University of Kentucky.

_____. 1994. "South Korea's Top Bureaucratic Elites, 1948-1993." *Korea Journal* 34, no. 3.

Yang, Woo Jin. 2005. "Two Key Historical Moments of the Early 1960s: A Preliminary Reconsideration of 4·19 and 5·16." *Journal of Korean Studies* 10, no. 1.

Yi, Mahn-yol. 1996. "The Birth of the National Spirit of the Christians in the Late Choson Period." Yu Chai-shin ed. *Korea and Christianity*. Seoul: Korean Scholars Press.

Yu, Youngmin. 2007. "Musical Performance of Korean Identities in North Korea, South Korea, Japan, and the United States." PhD diss., University of California, Los Angeles.

Yun, Heung-gil. 1989. "The Man Who Was Left as Nine Pairs of Shoes." Martin Holman ed. *The House of Twilight*. London: Readers International.

Zhang, Ying-jin. 1997. "Narrative, Ideology, Subjectivity: Defining a Subversive Discourse in Chinese Reportage." Liu Kang & Xiaobing Tang eds. *Politics, Ideology, and Literary Discourse in Modern China*. Durham, N.C.: Duke University Press.

• 구술(면담) 자료

김수경. 1993년 4월 2일.

김영환. 2005년 7월 28일.

김종민. 1993년 5월 26일.

김철기. 1992년 11월 13일.

나병식. 1993년 5월 17일.

남윤주. 1993년 3월 2일.

문성현. 2003년 8월 19일.

박  동. 1993년 2월 12~13일.

심상정. 2005년 8월 3일.

안재환. 1993년 3월 17일.

윤영상. 2005년 7월 29일.

이경숙. 1993년 3월 15일.

이동수(본명 이범재). 1993년 2월 14~15일.

이수봉. 2003년 8월 13일.

이희경. 2005년 7월 27일.

임재경. 1993년 5월 11일.

정창윤. 2003년 8월 18일.

정철영. 1993년 1월 14일.

최인철(본명 김두수) 1993년 2월 14일.

한지수. 1993년 2월 27일.

허인회. 1993년 2월 19일.

# | 인명 찾아보기 |

505

# | 용어 찾아보기 |

케인스 혁명 다시 읽기 | 하이먼 민스키 지음, 신희영 옮김

기업가의 방문 | 노영수 지음

그의 슬픔과 기쁨 | 정혜윤 지음

니콜로 마키아벨리, 군주론 | 니콜로 마키아벨리 지음, 한국어판 서문 최장집, 박상훈 옮김

신자유주의와 권력 | 사토 요시유키 지음, 김상운 옮김

코끼리 쉽게 옮기기 | 김영순 지음

사람들은 어떻게 광장에 모이는 것일까? | 마이클 S. 최 지음, 허석재 옮김

감시사회로의 유혹 | 데이비드 라이언 지음, 이광조 옮김

신자유주의의 위기 | 제라르 뒤메닐·도미니크 레비 지음, 김덕민 옮김

젠더와 발전의 정치경제 | 시린 M. 라이 지음, 이진옥 옮김

나는 라말라를 보았다 | 무리드 바르구티 지음, 구정은 옮김

가면권력 | 한성훈 지음

반성된 미래 | 참여연대 기획, 김균 엮음

선택이라는 이데올로기 | 레나타 살레츨 지음, 박광호 옮김

세계화 시대의 역행? 자유주의에서 사회협약의 정치로 | 권형기 지음

위기의 삼성과 한국 사회의 선택 | 조돈문·이병천·송원근·이창곤 엮음

말라리아의 씨앗 | 로버트 데소비츠 지음, 정준호 옮김

허위 자백과 오판 | 리처드 A. 레오 지음, 조용환 옮김

민주 정부 10년, 무엇을 남겼나 | 참여사회연구소 기획, 이병천·신진욱 엮음

민주주의의 수수께끼 | 존 던 지음, 강철웅·문지영 옮김

왜 사회에는 이견이 필요한가(개정판) | 카스 R. 선스타인 지음, 박지우·송호창 옮김

관저의 100시간 | 기무라 히데아키 지음, 정문주 옮김

우리 균도 | 이진섭 지음

판문점 체제의 기원 | 김학재 지음

불안들 | 레나타 살레츨 지음, 박광호 옮김

스물다섯 청춘의 워킹홀리데이 분투기 | 정진아 지음

민중 만들기 | 이남희 지음, 유리·이경희 옮김